suhrkamp
wissenschaft

In dem Jahrhundert zwischen Aufklärung und Bismarcks Reichsgründung, in dem Deutschland sich vor allem als Kulturnation beschreiben konnte, waren es in erster Linie das aufsteigende Bildungsbürgertum und bestimmte Gruppen von Intellektuellen, die als Konstrukteure der nationalen Identität der Deutschen auftraten. Aus einer gewissen Distanz zur umgebenden Gesellschaft, und nicht selten in einer Lage der Isolation und Entwurzelung, entwarfen Intellektuelle das Volk und die Nation als das kollektive Allgemeine, das einer in Unruhe geratenen Moderne ein festes, einheitsstiftendes und unhinterfragbares Fundament bieten konnte. Diese Vorstellungen nationaler Identität entwickelten sich zunächst nur im Rahmen anspruchsvoller Diskurse innerhalb der Intellektuellenzirkel, fanden dann aber in trivialisierter Form Verbreitung in der Gesellschaft; neue Generationen von Intellektuellen gingen wiederum auf Distanz zu diesen Trivialisierungen und konstruierten neue Entwürfe nationaler Identität. Die Romantiker etwa distanzierten sich so vom Patriotismus der Aufklärung, und die Vormärzintellektuellen ersetzten den transzendenten Volksbegriff der Romantik durch die Vorstellung des »Volkes auf der Barrikade«. Mit dem moralisch orientierten Patriotismus der Aufklärung, dem transzendenten ästhetischen Volksbegriff der Romantik, dem demokratischen Volksbegriff der Vormärzintellektuellen und der realpolitischen Idee der Reichsnation wurde – so die These des Buches – ein Repertoire von Codierungen der nationalen Identität entwickelt, auf das auch das staatlich geteilte Deutschland der Nachkriegszeit bis zur Vereinigung zurückgreifen konnte.

Bernhard Giesen ist Professor für Soziologie an der Justus Liebig-Universität Gießen. In der stw hat er veröffentlicht: *Die Entdinglichung des Sozialen. Eine evolutionstheoretische Perspektive auf die Postmoderne* (stw 908); herausgegeben hat er den Band *Nationale und kulturelle Identität. Studien zur Entwicklung des kollektiven Bewußtseins in der Neuzeit* (stw 940).

Bernhard Giesen
Die Intellektuellen und die Nation

Eine deutsche Achsenzeit

Suhrkamp

Die Deutsche Bibliothek – CIP-Einheitsaufnahme
Giesen, Bernhard:
Die Intellektuellen und die Nation :
eine deutsche Achsenzeit /
Bernhard Giesen. –
1. Aufl. – Frankfurt am Main :
Suhrkamp, 1993
(Suhrkamp-Taschenbuch Wissenschaft ; 1070)
ISBN 3-518-28670-6
NE: GT

suhrkamp taschenbuch wissenschaft 1070
Erste Auflage 1993
© Suhrkamp Verlag Frankfurt am Main 1993
Suhrkamp Taschenbuch Verlag
Alle Rechte vorbehalten, insbesondere das
des öffentlichen Vortrags, der Übertragung
durch Rundfunk und Fernsehen
sowie der Übersetzung, auch einzelner Teile.
Satz und Druck: Wagner GmbH, Nördlingen
Printed in Germany
Umschlag nach Entwürfen von
Willy Fleckhaus und Rolf Staudt

1 2 3 4 5 6 – 98 97 96 95 94 93

Inhalt

I Vorwort 9

II Einleitung:
Die Nation als Thema von Sozialwissenschaft und
Geschichte 10

III Die Konstruktion kollektiver Identität:
ein neuer Analysevorschlag 27

  1   Codes der Konstruktion kollektiver Identität . 27
  1.1 Konstruktion von Grenzen 30
  1.2 Der Grenzbereich 31
  1.3 Ursprüngliche Referenzen 32
  1.4 Code, Prozeß und Situation 34
  1.4.1 Die situative Konstruktion der Differenz ... 36
  1.4.2 Die Selbstproduktion des Kollektivs 39
  1.4.3 Die Reflexion über kollektive Identität 43

  2   Primordiale Codes 48
  2.1 Natürliche Klassifikation 48
  2.2 Primordiale Gemeinschaften 49
  2.3 Naturalisierung 52

  3   Konventionelle Codes 54
  3.1 Lebenswelten 55
  3.2 Rituelle Inklusion 56
  3.3 Reflexion über Konventionen 58

  4   Kulturelle Codes 60
  4.1 Embleme 60
  4.2 Missionierung und Schichtung 61
  4.3 Die Erfindung des Neuen 64

  5   Sozialstrukturelle Netzwerke und kollektive
      Identität 66
  5.1 Intellektuelle und Politiker 68
  5.2 Intellektuelle und ihr Publikum 73
  5.3 Intellektuelle Diskursrituale 76
  5.4 Der Dialog mit dem unsichtbaren Gegenüber 79

IV Vorspiel: Die Begegnung mit dem Fremden 86

   1 Das Fremde am Rande der Welt: die
Klassifikation des Unbekannten 86

   2 Die Fremden in der eigenen Gesellschaft:
Diskriminierung und Inklusion 94

   3 Die Fremden in der Fremde: die Entdeckung
nationaler Eigenart 98

V Die Nation als unsichtbares Publikum: der
patriotische Code 102

   1 Bildungsbürgertum 105

   2 Vereine, Moral, Öffentlichkeit 115

   3 Patriotismus und die moralische Konstruktion
kollektiver Identität 122

   4 Der Blick auf Frankreich: Begeisterung und
Enttäuschung 129

VI Die Nation als Gral der Intellektuellen: der
transzendente Code der Romantik 130

   1 Die Entwurzelung der Intellektuellen 130

   2 Esoterik, Cliquen und Ironie 137

   3 Transzendenz, Individualität und romantischer
Nationencode 142
   3.1 Die transzendente Identität der Nation 145
   3.2 Die Inkommunikabilität des Nationalen 152
   3.3 Die Ästhetisierung des Nationalen 156

   4 Die revolutionäre Entladung: die Nation in Waffen 159

VII Das Volk auf der Barrikade: der demokratische Code 163

   1.1 Die Trivialisierung des Nationalen 163
   1.2 Die Aufklärung im Kleinbürgertum: die Lehrer 166
   1.3 Die Distanzierung der Intellektuellen 168

2.1	Ironie, Engagement und Boheme	175
2.2	Schule, Polemik, Partei	177
3	Der demokratische Nationencode	184
3.1	Die Verzeitlichung kollektiver Identität	184
3.2	Die »Rehabilitation des Fleisches« und die neue Wirklichkeit	189
3.3	Das Volk auf der Barrikade	191
4	Das Scheitern der Revolution	195

VIII Die Staatsnation vor der Reichsgründung: der realpolitische Code 200

    1 Die »deutschen Mandarine« 201

    2 Pädagogische Kommunikation und akademische Kontroverse als Modelle der Politik 207

    3 Die realpolitische Codierung des Nationalen .. 213
    3.1 Geschichtswissenschaft als Nationalpädagogik . 213
    3.2 Die Staatsnation als autonomer Machtbetrieb . 217
    3.3 Die Nation als homogene Gesellschaft: die kleindeutsche Lösung 224

    4 Bismarck und die Reichsgründung 229

IX Die nationale Identität der Deutschen: Versuch einer Bilanz 233

X Nachwort:
Die deutsche Identität zwischen 1945 und 1990 .. 236

Literatur 256

1 Vorwort

Wer eine Studie über die Intellektuellen und die Nation schreibt und darin die Intellektuellen als die Erfinder der deutschen Identität behandelt, der bezieht sich gleich in mehrfacher Weise auf sich selbst. Die Darstellung des historischen Materials ebenso wie die allgemeinen Überlegungen zum Verhältnis von Intellektuellen und nationaler Identität sind – bei allem Bemühen um Distanz und Abstraktion – doch unausweichlich von der zeitgenössischen Perspektive auf die jüngere Geschichte und dem Selbstverständnis deutscher Intellektueller in der Gegenwart bestimmt. Man kann eine solche Perspektivität reflexiv einholen, ganz vermeiden kann man sie nicht.
Die vorliegende Arbeit entstand im Rahmen des Forschungsschwerpunktes ›Nationale und kulturelle Identität als Problem der europäischen Neuzeit‹ an der Universität Gießen. Ich schulde vor allem meinen Mitarbeitern Christian Kritschgau und Kay Junge Dank für mühsame Analysen des historischen Materials, für Kritik und eine Vielzahl von Literaturhinweisen – ohne sie wäre das Manuskript kaum so frühzeitig fertiggestellt worden. Zahlreiche Freunde und Kollegen haben direkt durch Kritik und Anregungen zu den Überlegungen des Buches beigetragen. Dies gilt vor allem für Shmuel N. Eisenstadt, dessen Idee der ›Achsenzeit‹ die Studie entscheidend beeinflußt hat und der – wie auch Helmut Berding, Jörg R. Bergmann, Günther Oesterle und Wolfgang L. Schneider – große Teile des Manuskripts gelesen und kritisch kommentiert hat. Für ausführliche Diskussionen über die Thesen der Studie und eine Vielzahl von kritischen Hinweisen danke ich darüber hinaus Jeffrey C. Alexander, Reinhard Bendix, Randall Collins, Klaus Eder, Harold Garfinkel, Reimer Gronemeyer, Karl Otto Hondrich, Klaus Kröger, Claus Leggewie, Iván Szelény, Johannes Weiss und Conrad Wiedemann.
Schließlich sei allen Mitgliedern des Gießener Forschungsteams, insbesondere P. Fuchs und S. Ruwisch für Kritik und Einzelanalysen, D. Schimmel, G. Barr und L. Karschies für ihre Hilfe bei der technischen Fertigstellung des Manuskripts, gedankt.

II Einleitung:
Die Nation als Thema von Sozialwissenschaft und Geschichte

Dieses Buch beschäftigt sich mit der nationalen Identität der Deutschen. Das Thema hat infolge der deutschen Vereinigung und im Rahmen der Renaissance nationaler Bewegungen in Ost- und Mitteleuropa eine Aktualität gewonnen, die anspruchsvolle Wissenschaft nicht selten als anrüchig empfindet. Die vorliegende Studie gewinnt den notwendigen Abstand zum bloß Aktuellen nicht nur dadurch, daß sie das Gegenwärtige erst auf dem Umweg über die Vergangenheit erreicht, sondern auch und vor allem dadurch, daß die Entstehung der nationalen Identität in einem theoretischen Rahmen rekonstruiert wird. Ein solcher theoretischer Rahmen des historischen Materials mag umständlich erscheinen (und wem Theorie nicht behagt, der beginne gleich mit Kap. IV), aber er hält Vergleichsmöglichkeiten zur Verfügung und stellt die Entstehung der deutschen Identität in den Zusammenhang allgemeiner Probleme der Moderne. Wir beginnen also mit einem Überblick über unterschiedliche Perspektiven auf das Thema ›Nation‹ und stellen dann in Kapitel III einen allgemeinen Theorieversuch über die Konstruktion von kollektiver Identität vor.

1) Im 19. Jahrhundert entdeckte Europa die Nation als Grundlage politischer Souveränität, gesellschaftlicher Organisation und geschichtlicher Orientierung.[1] Nicht nur für den Entwurf künftiger Geschichte, sondern auch für die Rekonstruktion der historischen Vergangenheit galt die Nation als das alles andere überragende »kollektive Subjekt« der Geschichte; andere Kräfte – dynastische Interessen, individueller Ehrgeiz und der Streit der Konfessionen – konnten aus dieser Sicht zwar noch über lange Zeit die Entdeckung der Nation und ihr Selbstbewußtsein verhindern, aber der

---

1 Diese Entdeckung kann natürlich an Vorarbeiten des 18. Jahrhunderts anschließen, wird aber erst im 19. Jahrhundert, d. h. im Anschluß an die Sattelzeit (Koselleck), allgemeinverbindlich. Vgl. Conze, W., Nation und Gesellschaft – Zwei Grundbegriffe der revolutionären Epoche, in: Historische Zeitschrift, Bd. 198, 1964, S. 1-16.

Übergang von einer gleichsam schlafenden Existenz zum selbstbewußten Handeln der Nation schien unvermeidbar. Ähnlich wie ein individuelles Subjekt im Reifungsprozeß zur Selbstbestimmung und zum selbständigen Handeln findet, sollten auch die Nationen im Laufe der Geschichte zur Erkenntnis und Bestimmung ihrer Identität gelangen. Der hegelianische Hintergrund dieses Geschichtsmodells ist vor allem in der deutschen Geschichtsschreibung kaum zu übersehen. Die Identität der Nation wurde zum Bezugspunkt politischen Handelns und ökonomischer Interessen, kultureller Reflexion und pädagogischer Bemühung: Im Nationalstaat versöhnten sich Territorialstaatlichkeit und demokratisches Legitimationsbedürfnis auf eine Weise, die die individuelle Zustimmung zur Herrschaft nicht mehr benötigte. Das Volk als Ganzes war souverän und brauchte sich der Verbindung von Herrschaft und Volkswillen nicht mehr im einzelnen zu versichern. In der Nationalökonomie wurde eine mittlere Ebene zwischen den alle Grenzen überspannenden Beziehungen des Weltmarktes einerseits und den regionalen Märkten andererseits gefunden, in der die Spannung zwischen universeller wirtschaftlicher Rationalität und besonderer gemeinschaftlicher Bindung abgemildert und gleichzeitig der rechtliche Rahmen wirtschaftlichen Handelns durch den Staat abgesichert werden konnte.

Diese von Westeuropa ausgehende und in der Französischen Revolution verkörperte Vorstellung der Nation als Normalform von Geschichte und Gesellschaft bestimmte auch eine wichtige Tradition der wissenschaftlichen Analyse der Nationen. Sie reicht von der nationalen Geschichtsschreibung in Frankreich und Deutschland, von Treitschke, Maurras und Barrès, bis zur Modernisierungstheorie der Jahre nach dem Zweiten Weltkrieg.[2] Am Anfang

2 Vgl. zum Zusammenhang zwischen Nationenwerdung und Modernisierung: Eisenstadt, S. N./Rokkan, S. (Hg.), Building States and Nations, 2 Bde., Beverly Hills 1973; Deutsch, K. W., Nationalism and Social Communication, Cambridge/Mass. 1953; ders., Nationalism and its Alternatives, New York 1969; Dahrendorf, R., Gesellschaft und Demokratie in Deutschland, München 1965; Merritt, R. L., Nation-Building in America: The Colonial Years, in: Deutsch, K. W. et al., Nation-Building, New York 1963, S. 56-72; Lerner, D., The Passing of Traditional Society. Modernizing the Middle East, New York 1958; Rokkan, S. et al., Nationbuilding – A Review of Recent Comparative Research and a

stand hier eine emphatisch aufgeladene Geschichtsmetaphysik, die keiner empirisch-historischen Überprüfung zugänglich war. Die Nation stellte den kategorialen Rahmen, innerhalb dessen Geschichte als das Erforschbare stattfinden konnte, war selbst aber nicht mehr Gegenstand eines kritisch-empirischen Blicks. Dies änderte sich im Hinblick auf die Staaten der Dritten Welt, die in den sechziger Jahren ihre politische Unabhängigkeit innerhalb von Grenzen erhalten hatten, die durch die außenpolitischen Interessen und Verwaltungsnotwendigkeiten der Kolonialmächte gesetzt worden waren. Hier wurde *Nation-building* zu einem praktisch-politischen Projekt und zum zentralen Forschungsthema der Sozialwissenschaften.[3] Obwohl der westeuropäische Nationalstaat als ein kaum hinterfragtes Ideal diente, vollzog sich dabei eine Änderung der Blickrichtung und ein Wandel der Einstellung: während in Westeuropa die Entwicklung des Nationalbewußtseins und der nationalstaatlichen Verfassung weitgehend parallel verliefen und in Mittel- und Osteuropa die politische Geschichte erst auf das vorhandene ethnisch-kulturelle Nationalbewußtsein reagierte, waren die Staaten der Dritten Welt zumeist schon »national«-staatlich verfaßt, *bevor* sich über die Grenzen einer schmalen europäisch gebildeten Elite hinaus ein Nationalbewußtsein herausbilden konnte. An die Stelle der Nationen ohne Staat traten hier Staaten ohne Nationen.[4] Die staatstragenden Eliten Afrikas und Asiens hatten ihren Unabhängigkeitskampf mit einer Rhetorik der antikolonialen Befreiung geführt, die auch und gerade nach der Entkolonialisierung unverzichtbar blieb, wenn nicht andere fundamentalistische Ideologien an ihre Stelle gerückt werden konnten.[5] Vor die Wahl zwischen Sozialismus und Natio-

---

Selected Bibliography of Analytical Studies, in: Current Sociology, 19, 1971, S. 1-86. Über die jüngere Diskussion informiert z. B. Tiryakian, E. A., Nationalism, Modernity, and Sociology, in: Sociologia Internationalis, 1, 1988, S. 1-17.

3 Vgl. als kritischen, wenn auch nur für einen bestimmten Ausschnitt dieser Forschungen zutreffenden Rückblick: Menzel, U., Das Ende der »Dritten Welt« und das Scheitern der großen Theorien. Zur Soziologie einer Disziplin in auch selbstkritischer Absicht, in: Politische Vierteljahresschrift, 32, 1991, S. 4-33.

4 Vgl. dazu auch Chatterjee, P., Nationalist Thought and the Colonial World – A Derivative Discourse?, London 1986.

5 Geertz, C., After the Revolution: The Fate of Nationalism in the New

nalismus gestellt, unterstützte die Entwicklungspolitik des Westens dabei eher die Bemühungen um eine nationale Fundierung der neuen Staaten. Die Nation wurde so zu einem politischen Projekt, das mit Hilfe von Soziologie, Pädagogik und Politikwissenschaft beschrieben, beraten und programmatisch zu realisieren war.

Das Scheitern des Versuchs, ethnisch und kulturell äußerst heterogene tribale Gruppen zu einer Nation zusammenzuschließen, die auch nach dem Tode ihrer charismatischen Gründerfiguren Bestand hatte, führte schließlich zu einem differenzierteren Blick: An die Stelle der emphatisch unterstützten und praktisch betriebenen Nationenbildung trat nun eine empirisch und historisch differenzierte Analyse der ›Nationenwerdung‹. Gewiß blieb für eine diffusionistische oder komparative Perspektive auch weiterhin das westeuropäische Modell der verbindliche Ausgangspunkt.[6] Aber man zog die Unterschiede historischer und sozialstruktureller Ausgangslagen, kultureller und institutioneller Hintergründe mit in Betracht, man erklärte nicht mehr die Geschichte als Ergebnis nationaler Emanzipation, sondern erklärte die Nationen als Ergebnis der Geschichte. Vom metahistorischen Bezugsrahmen der Analyse wurden die Nationen so zunächst zum Projekt politischer Praxis und schließlich zum Gegenstand der historischen Beschreibung und Analyse.

2) Im Gegenzug zum emphatisch aufgeladenen Begriff der Nation, der sich auf den deutschen Idealismus berufen kann,[7] hatte die Aufklärung auch eine kritische Perspektive auf das Nationale hinterlassen, die auf Kant und seine Idee des Weltfriedens zwischen allen vernünftigen Subjekten verweisen konnte. Vor dem Hintergrund einer universell vorhandenen und transzendental begründeten Vernunft und Moral lassen sich weder Kriege zwischen

States, in: ders., The Interpretation of Culture, New York 1973, S. 234-254.
6 Vgl. dazu die Verteidigung einer diese Faktoren in Rechnung stellenden Modernisierungstheorie bei Zapf, W., Der Untergang der DDR und die soziologische Theorie der Modernisierung, in: Giesen, B./Leggewie, C. (Hg.), Experiment Vereinigung, Berlin 1991, S. 38-51.
7 Vgl. dazu z. B. Kohn, H., The Mind of Germany, London 1965; Kedourie, E., Nationalism, London 1966; Krockow, C. Graf v., Nationalismus als deutsches Problem, München 1970.

Völkern noch die Besonderheiten nationaler Interessen rechtfertigen und begründen. Aus dieser universalistischen Perspektive erscheint die Geschichte nicht als allmähliches Erwachen der Nationen, sondern als Verblassen von nationalen, konfessionellen und ständischen Besonderheiten im Hinblick auf eine Moderne, die alle Grenzen überwindet.[8] Nach der Religion, die durch Aufklärung und Wissenschaft, und nach den herrschenden Klassen, die durch Revolution und Demokratie überwunden wurden, sollten auch die Grenzen zwischen den Nationen durch den Weltfrieden und die Solidarität der Gattung überwunden und ersetzt werden.
Obwohl niemals ganz verschwunden, blieb dieser antinationale Modernismus in der Geschichtsschreibung des 19. Jahrhunderts doch auf eine Nebenrolle beschränkt. Dies änderte sich allerdings grundlegend, als die nationale Emphase im Inferno zweier Weltkriege des 20. Jahrhunderts unterging. Insbesondere nach dem Holocaust und der Verwüstung Europas durch den Zweiten Weltkrieg erschien die Orientierung von Politik und Geschichte an nationalen Interessen als ein elementarer Sündenfall der Moderne, der unweigerlich zum katastrophalen Absturz der Geschichte führen mußte.
Die Heilsgeschichte nationaler Selbstfindung verkehrte sich so zur Vorgeschichte eines beispielhaften Sündenfalls, an dem sich eine postnationale Geschichtsschreibung und Politik auszurichten hatte. An die Stelle nationaler Selbstbestimmung tritt dabei die nationalistische Verführung: Nationale Identität wird als vergängliches Ergebnis politischer Konstruktion und Propaganda entdeckt und die Rolle politischer und intellektueller Verführer ins Blickfeld gerückt. Der Auffassung vom Nationalismus als Dämon der Moderne entsprach eine politisch-pädagogische Praxis, die es sich zum Ziel gesetzt hatte, diesen Dämon durch Aufklärung und Bildung zu zähmen und zu überwinden.
Beim Versuch, die intellektuelle Vorgeschichte – insbesondere des deutschen Nationalismus – zu rekonstruieren, ergibt sich jedoch schnell der Zwang zur Differenzierung: Von Luther und Herder

---

8 Hier schließt bekanntlich Jürgen Habermas in sprachpragmatisch modernisierter Form, d. h. versuchsweise ohne geschichts- und transzendentalphilosophische Anleihen, an. Vgl. in diesem Zusammenhang insbesondere: ders., Können komplexe Gesellschaften eine vernünftige Identität ausbilden?, in: ders., Zur Rekonstruktion des Historischen Materialismus, Frankfurt/M. 1976, S. 92-126.

führt eben kein einfacher Weg zu Fichte und Nietzsche, und auch zwischen diesen und dem Rassismus Chamberlains und Rosenbergs ist der Zusammenhang gewiß nicht eindeutig.[9] Man mußte schließlich zwischen gutem Nationalismus und schlechtem Nationalismus unterscheiden, Patriotismus und nationaler Chauvinismus wurden in Gegensatz gebracht, und am Ende wird sogar die Verbindung von Nationalismus einerseits und Faschismus bzw. Nazismus andererseits gekappt.[10] Damit vollzog sich auch in der kritischen Nationenforschung eine Änderung der Blickrichtung: Die Vielfalt nationaler Wege in die Moderne wurde entdeckt, und vergleichende Erklärungen traten an die Stelle von moralisch-politischen Urteilen.

3) Auch eine solche vergleichende Nationenforschung kann an eine Debatte des 18. Jahrhunderts anknüpfen. Mit der Rezeption von Montesquieu hatte sich schon im aufklärerischen Europa ein empirisch-deskriptiver Blick auf nationale Unterschiede eingestellt. Man beobachtete nicht nur die Verschiedenheit der politischen Institutionen, sondern auch Unterschiede im Alltagsverhalten zwischen Engländern und Italienern, Franzosen und Deutschen; die Charaktere der Völker, ihre Tugenden und Vorzüge wurden enzyklopädisch erfaßt und in Zusammenhang mit Klima und Geographie gebracht. Dieser vergleichende empirische Blick auf nationale Unterschiede hat sich freilich im 19. Jahrhundert kaum halten und durchsetzen können. Erst in der vergleichenden Nationenforschung der letzten Jahrzehnte wird er wieder zur bestimmenden Perspektive.

Vergleiche können zunächst an der Ungleichzeitigkeit ansetzen, mit der sich historische Prozesse in den einzelnen Gebieten voll-

9 Obwohl es Helmuth Plessner gelingt, diese Gemengelage in einem thematisch einheitlichen Kontext zu verorten, bleibt seine Analyse doch – trotz des zum Schlagwort gewordenen Titels der »Verspäteten Nation« – in den Einzelbetrachtungen differenziert. Er zögert vor pauschaler Verurteilung, wie man sie in populären Abhandlungen des Themas finden kann: etwa bei A. Finkielkraut, La défaite de la pensée, Paris 1987. Die Zeichnung solcher Kontinuitäten ist natürlich keine »ausländische« Erfindung, vgl. deshalb statt anderer z. B. Gehlen, A., Deutschtum und Christentum bei Fichte, in: ders., Gesamtausgabe, Bd. 11, Frankfurt/M. 1980, S. 215-293.
10 Smith, A.D., Theories of Nationalism, London 1971, S. 262.

ziehen. Diese Ungleichzeitigkeit auf dem Weg in die Moderne wird dabei zum prägenden Prinzip nationaler Identität: Vorreiternationen werden Nachzüglernationen entgegengestellt, und ihre wechselseitige Wahrnehmung bestimmt nachdrücklich die Ausformung ihrer jeweiligen nationalen Identität.[11] Die Überlegenheit und der Vorsprung Englands und Frankreichs im Hinblick auf territorialstaatliche Einigung und wirtschaftliche Entwicklung versperrten den ›Nachzüglernationen‹ Ost- und Mitteleuropas den Weg zu einer *politisch-staatlichen* oder wirtschaftlichen Kennzeichnung nationaler Eigenart.[12]
Ebenso wie die späteren neuen Nationen Afrikas mußten auch die Nachzüglernationen Europas ihre nationale Identität auf anderen Gebieten und mit anderen Vorstellungen begründen. Dies war nicht selten die Idee *moralischer* Überlegenheit – etwa des Knechtes, der sich von dem ihn unterdrückenden Herrn emanzipiert, oder die des unverdorbenen, bescheidenen und ›reinen‹ Volkes, das in Gegensatz zum verdorbenen und lasterhaften Hof gesetzt wird.[12a] Vor allem aber dienten auch *kulturelle* und sprachliche Eigenart und Unterschiedlichkeit als Begründung nationaler Identität. Von Herder und der deutschen Romantik läßt sich diese Vorstellung verfolgen bis zu Meineckes berühmter Unterscheidung von »Staatsnation« und »Kulturnation«, die auch der vorliegenden Arbeit zugrunde liegt.[13]
Als Achse des Vergleichs werden hier nicht nur die Unterschiede zwischen verschiedenen Gesellschaften, sondern auch die Ungleichzeitigkeiten der Entwicklung zwischen *verschiedenen Sphä-*

11 Vgl. zu dieser zentralen Unterscheidung insbesondere Bendix, R., Freiheit und historisches Schicksal, Frankfurt/M. 1982, S. 120 ff.
12 Hroch, M., Das Erwachen kleiner Nationen als Problem der komparativen Forschung, in: Winkler, H. A. (Hg.), Nationalismus, 2. erw. Aufl., Königstein/Ts. 1985, S. 155-172; Kohn, H., Die Slawen und der Westen, Wien 1956.
12a Diese Typisierung ließe sich vielleicht in allen nationalen Bewegungen wiederfinden. Jedenfalls kann man heute nicht mehr davon ausgehen, daß sie ausschließlich für das östliche Europa gilt und im Westen nicht zu finden ist. Für die Abgrenzungsversuche z. B. englischer Patrioten gegenüber ihren französelnden Herren vgl. Newman, G., The Rise of English Nationalism. A Cultural History 1740-1830, New York 1987.
13 Vgl. Meinecke, F., Weltbürgertum und Nationalstaat. Studien zur Genesis des deutschen Nationalstaats, München–Berlin 1908.

ren innerhalb der Gesellschaft benutzt: In den westeuropäischen Nationen formte der Territorialstaat die Grenzen einer Nation, die in sich noch keineswegs kulturell homogen war. Der Gegensatz zwischen Langue d'oc und Langue d'œil in Frankreich etwa oder die Trennung zwischen den katholischen Schotten und den reformierten Engländern in Britannien wurde erst lange nach der territorialstaatlichen Einigung abgemildert und entschärft. Umgekehrt besaßen Polen und Deutsche, Italiener und Tschechen schon lange vor ihrer nationalstaatlichen Einigung eine gemeinsame Sprache und Literatur, die die Grenzen von fürstenstaatlichen Territorien überschritten.

Eine weitere Unterscheidung betrifft die historische Zeit, in der ein kulturell begründetes Nationalbewußtsein entsteht. Während die alten Staatsnationen Westeuropas, aber auch die Niederländer, Schweden, Polen, Russen und Deutschen ein solches Nationalbewußtsein schon vor dem 19. Jahrhundert, dem »Zeitalter des Nationalismus« im engeren Sinne, besaßen, entwickelten Tschechen, Slowaken, Rumänen, Serben, aber auch die neuen Nationen Asiens und Afrikas ihr Nationalbewußtsein erst vor dem Hintergrund einer weltweit verfügbaren Vorstellung nationaler Unabhängigkeit.[14] Dabei können die neuen Nationen Afrikas, Arabiens und Südasiens nur zum geringeren Teil auf eine homogene kulturelle Grundlage zurückgreifen. Sie sind zunächst vielmehr auf die Grenzen des Territoriums und die von den Kolonialmächten hinterlassenen Verwaltungsapparate angewiesen, um nationale Identität zu begründen. Neben die »*Staatsnationen*« West- und Nordeuropas und die »*Kulturnationen*« Mittel- und Osteuropas treten so noch 1960 die neuen »*Territorialnationen*« Afrikas, die – ähnlich wie die Vereinigten Staaten von Amerika – nicht über eine homogene kulturell-ethnische Grundlage verfügen.

Ein genauerer Blick zeigt freilich, daß ethnisch-kulturelle Homogenität auch bei den europäischen Nationen zu den seltenen Fällen zählt. In der Regel findet sich in jedem Nationalstaat die Un-

---

14 Vgl. z. B. Seton-Watson, H., Nations and States: An Enquiry into the Origins of Nations and the Politics of Nationalism, Boulder, Col. 1977. Gute Analysen zur Problematik der Übertragung von Termini wie »Volk« und »Nation« auf außereuropäische Kulturen finden sich insbesondere bei Mühlmann, W. E., Homo Creator. Abhandlungen zur Soziologie, Anthropologie und Ethnologie, Wiesbaden 1962, S. 409 ff.

terscheidung zwischen einer staatstragenden Mehrheitsnation einerseits und nationalen bzw. ethnischen Minderheiten andererseits, die nur unvollkommen integriert sind: Basken und Katalanen in Spanien, Waliser und Iren in Großbritannien, Bretonen und Elsässer in Frankreich; hinzu kommen die neuen ethnisch-kulturellen Minoritäten, die durch Einwanderung entstehen: Pakistaner und Westinder in Großbritannien, Nordafrikaner in Frankreich, Türken in Deutschland.

Damit gerät das Verhältnis zwischen den *Trägergruppen* nationaler Identität und den Gruppen an der Peripherie einer Gesellschaft ins Blickfeld. Die Spannung und Abhängigkeit zwischen den herrschenden Eliten und dem ökonomischen Zentrum einerseits und den peripheren Gruppen andererseits ist vor allem in der marxistischen Tradition untersucht worden.[15] Danach ruft die Dominanz einer Metropole auch bei der Bestimmung nationaler Identität im Gegenzug Bestrebungen kultureller Eigenständigkeit bei den peripheren Gruppen hervor; der Versuch dieser »internen Kolonien«,[16] Autonomie und Gleichstellung mit der metropolitanen Kultur zu erreichen, führt zur Rekonstruktion einer ›verschütteten‹ Vergangenheit und zielt auf eine ›nationale Wiedergeburt‹.

---

15 Vgl. dazu insbesondere: Nairn, T., The Break-up of Britain, London 1977.
16 Hechter, M., Internal Colonialism. The Celtic Fringe in British National Development, 1536-1966, Berkeley-Los Angeles 1975; ders., Group Formation and the Cultural Division of Labor, in: American Journal of Sociology, 84, 1978, S. 293-318; ders., Internal Colonialism Revisited, in: Tiryakian, E. A./Rogowski, R. (Hg.), New Nationalisms of the Developed West, London 1985, S. 17-26. Hechter begann seine Analysen mit einem eher strukturalistischen Ansatz, hat diesen aber heute zu einem strengen Rational-Choice-Design umgeformt. Vgl. auf dieser Linie auch die durch ihre einheitliche Systematik faszinierenden Analysen von M. Banton, Racial and Ethnic Competition, Cambridge 1983. Ferner: Nagel, J./Olzak, S., Ethnic Mobilization in New and Old States: An Extension of the Competition Model, in: Social Problems, 30, 1982, S. 127-143, und als Überblick Nielsen, F., Toward a Theory of Ethnic Solidarity in Modern Societies, in: American Sociological Review, 50, 1985, S. 133-149. Im deutschen Sprachraum ist insbesondere Hartmut Esser mit einem ähnlichen Ansatz hervorgetreten. Vgl. z. B. ders., Ethnische Differenzierung und moderne Gesellschaft, in: Zeitschrift für Soziologie, 17, 1988, S. 235-248.

Nationalbewußtsein als Reaktion auf die politische, ökonomische und kulturelle Dominanz einer Metropole läßt sich freilich nicht nur im europäischen Rahmen etwa bei Iren oder Korsen finden, sondern liefert auch den Schlüssel zur Erklärung der Unabhängigkeitsbewegungen Afrikas und Asiens oder der ethnischen Bewegungen Nordamerikas. Dabei ist freilich eine weitere sozialstrukturelle Differenzierung notwendig, die von marxistischen Theoretikern gerne übersehen wird: Es sind in der Regel nicht die armen und unterdrückten Volksmassen der Peripherie, die als Träger des Nationalbewußtseins auftreten, sondern die *Eliten* peripherer Sektoren und Klassen, die zwar von der metropolitanen und hegemonialen Kultur ausgeschlossen sind, aber sich keineswegs am unteren Ende der Schichtung befinden: traditionale, patrimoniale und feudale Eliten zählen hierzu ebenso wie das ökonomisch aufstrebende Bürgertum der Neuzeit, Verwaltungsbeamte und deklassierte Intellektuelle. Weniger die absolute Lage an der Peripherie als vielmehr die *Statusinkonsistenz* von traditioneller Ehre und ökonomischer Macht oder Reichtum und politischem Privileg bringen hier die Suche der Enttäuschten und Ausgeschlossenen nach kultureller Eigenständigkeit und nationaler Identität in Gang.

Diese ausgeschlossenen und enttäuschten Eliten an der Peripherie und die Mittelklasse im Vorhof der Macht benötigen jedoch die Unterstützung der *Massen*, um die Metropole ernsthaft herausfordern und als Sprachrohr der Allgemeinheit, des Volkes, ausschalten zu können. Ein solches Bündnis zwischen peripheren Eliten und Volksmassen begünstigt eine *populistische* und romantische Idee nationaler Identität, die auf traditionelle Symbole und Alltagsmythen zurückgreift. Bei der Artikulation und literarischen Begründung dieser nationalen Mythen erhalten die *Intellektuellen* in den peripheren Gruppen ein besonderes Gewicht. Sie verfügen zwar über die Bildung der hegemonialen Kultur, bleiben aber vom Zugang zur politischen Macht, von der Teilhabe am Reichtum der Metropole und von der Aufnahme in die angesehenen hegemonialen Eliten weitgehend ausgeschlossen. Aus diesem Ungleichgewicht zwischen Kultur und Bildung einerseits und gesellschaftlichem Ansehen und politischer Macht andererseits ergibt sich ein selbstverständlicher Drang, das Verhältnis zwischen Peripherie und Zentrum radikal umzudefinieren und der Peripherie eine eigenständige, ursprüngliche, ja überlegene

Kultur zuzusprechen, während das Zentrum nur durch historischen Zufall über Macht und Reichtum verfügt und seinen kulturellen Hegemonialanspruch ohne eigene Begründung vertritt.

4) Alle bis hierher skizzierten Überlegungen zur Nationenwerdung orientieren sich an einem konflikttheoretischen Rahmen. In diesem Rahmen werden kollektive Identität und Handlungsfähigkeit (agency) aus dem ungleichen Verhältnis mehrerer *sozialstruktureller Gruppen* erklärt, die schon – als Intellektuelle, als Mittelklasse, als periphere Elite – vorhanden sind und ihre Existenz durch Nationalbewußtsein aufwerten oder umdefinieren. Dabei gerät noch nicht die Frage ins Blickfeld, warum und mit welchen Verfahren, Ritualen und Mechanismen Angehörige einer Gruppe ihre Gemeinsamkeit entdecken und sich gegenüber Dritten ausdifferenzieren.

Eine solche Frage richtet sich vor allem auf die besonderen *Institutionen*, die den Rahmen für Kommunikation setzen und die Reichweite von Kommunikation begrenzen oder ausdehnen. Soziale Gruppen, Stände und Klassen sind aus dieser Sicht nicht einfach und natürlich gegeben oder durch materiale Umstände erzeugt, sondern sie *produzieren* und reproduzieren sich durch besondere Formen der *Kommunikation*, des vertrauten Gesprächs unter Gleichen, das ›Außenstehende‹ ausschließt und soziale Unterschiede als Grenzen der Vertrautheit und der Gemeinschaftlichkeit hervorbringt.

Diese Reproduktion einer sozialen Gruppe, eines Standes oder einer Klasse gerät in eine Krise, wenn Kommunikationsbeziehungen die Grenzen der Gruppe nicht nur gelegentlich, sondern häufig überschreiten. Die Ausweitung der Verkehrswege und die Verdichtung der Kommunikationsnetze in der heraufziehenden Moderne führt so immer häufiger zur Begegnung von Fremden; das für Handel und Verwaltung, für Macht und Recht unerläßliche elementare Vertrauen in eine Gemeinsamkeit mit dem Interaktionspartner kann hier immer weniger durch den Hinweis auf die gleiche regionale Herkunft oder die gleiche Standeszugehörigkeit erzeugt und gewährleistet werden. Überregionale und die Standesgrenzen übergreifende Formen der Integration müssen gefunden, durch besondere Markierungen im gesellschaftlichen Bewußtsein verankert und durch besondere Rituale im alltäglichen Handeln bekräftigt werden. Eine solche die alltäglichen, regionalen und ständischen Gemeinschaften übergreifende Form der Integration wird insbesondere durch die Vorstellung der Nation geschaffen.[17]

Aber es sind nicht nur die Ausweitung der Handelswege, die allgemeine Kommunikationsverdichtung, die Urbanisierung und die wachsende Teilnahme an den Entscheidungen in der Metropole, die neue Grundlagen von Gemeinschaftlichkeit und Integration verlangen. Eine entscheidende Rolle spielt auch die zunehmende *Mobilität* zwischen verschiedenen gesellschaftlichen Gruppen. Wenn die soziale und regionale Herkunft den Karrieren und Lebensläufen des einzelnen keine endgültigen Grenzen mehr zieht, aber auch keinen Anhalt mehr für Erwartungen bietet, wenn sich die Identität des einzelnen verflüssigt und in einem mühsamen Prozeß von ihm selbst bestimmt werden muß, dann wird im Gegenzug die Suche nach einer *umfassenden Gemeinschaft* wahrscheinlich, in der das Individuum sich unberührt von den Wechselfällen des modernen Lebens aufgehoben fühlen kann.

Die Abschwächung traditionaler Bindungen und das Wachstum von regionaler und horizontaler Mobilität gehen im Modernisierungsprozeß einher mit einem umfassenden Prozeß der *funktionalen Differenzierung*. Die Verschiedenartigkeit der einzelnen gesellschaftlichen Bereiche nimmt zu, und der einzelne wird in ein immer komplizierteres Netzwerk der Arbeitsteilung gestellt, in dem er nur wenig mit anderen gemeinsam hat. Im Gegenzug zu den entfremdenden und disruptiven Wirkungen der Differenzierung werden besondere und neue Formen der Integration und Inklusion erforderlich. Die Nation bildet so die integrative Basis für den Differenzierungsprozeß moderner Gesellschaften.

Diese Erklärung von Nationenwerdung durch Kommunikationsverdichtung und Modernisierung, durch vertikale und horizontale Mobilität betont in der Regel die Bedeutung des *Bildungs- und*

---

17 Wir können hier an eine Reihe ähnlicher Überlegungen bei anderen Autoren anschließen. Vgl. insbesondere: Gellner, E., Nationalism, in: ders., Thought and Change, London 1964, S. 147-178; ders., Nations and Nationalism, Oxford 1983; Anderson, B., Imagined Communities, 2. ergänzte Auflage, London 1991; Dann, O., Nationalismus und sozialer Wandel in Deutschland 1806-1850, in: ders. (Hg.), Nationalismus und sozialer Wandel, Hamburg 1978, S. 77-128; sowie die in Fußnote 2 angegebenen Arbeiten von K. W. Deutsch.

Erziehungssystems[18] – nicht nur als Schaltstelle und Auswahlverfahren für individuelle Karrieren, sondern auch als institutionelle Plattform, auf der die Verpflichtung des einzelnen auf das besondere Allgemeine, auf den Fürsten oder die Nation, stattfindet.

5) Der Ausbau eines allgemeinen Erziehungs- und Bildungssystems ist einerseits eng an die Grenzen einer Sprachgemeinschaft gebunden, fördert andererseits aber auch die Vereinheitlichung der Sprache und die Verbreitung der literarischen Traditionen.[19] Auf dieser Ebene der gemeinsamen literarischen Traditionen, der Helden- und Geburtsmythen, der symbolischen Markierungen durch Embleme, Flaggen und Farben setzen *kulturalistische Perspektiven* auf die Nation an. Die Zugehörigkeit zu einer Nation ist demnach keine natürliche Gegebenheit oder eine Nebenwirkung der Modernisierung, sondern gründet in der Teilhabe an einer gemeinsamen symbolischen Kultur, die – aus der Sicht der Teilnehmer – als einzigartig und unveräußerlich gilt.[20] Der Aufstieg der Nationen geschieht hier durch die symbolische Ausdifferenzierung einer nationalen Kultur, einer Hochliteratur und einer klassischen Periode in der Geschichte von Literatur, Musik und Kunst. Auch hier, bei der kulturell-symbolischen Rekonstruktion der nationalen Identität und Geschichte, nehmen Intellektuelle – Literaten, Philosophen, Historiker – wieder eine zentrale Position ein. Vor allem dann, wenn die Nation noch keine staatliche Verfassung gefunden hat, werden sie nicht selten zu Hohepriestern einer säkularisierten nationalistischen Ersatzreligion, die die Versöhnung von Kultur und Politik, Staat und Nation, Herrschern und Beherrschten verspricht. Diese millenaristischen und chilia-

18 Ein Thema, das auch heute – angesichts von großen Migrationsbewegungen und der Forderung nach Multikulturalität –, insbesondere in den USA wieder von großer Aktualität ist. Vgl. dazu Hirsch, E. D., Cultural Literacy. What Every American Needs to Know, New York 1988.
19 Vgl. Coulmas, F., Sprache und Staat. Studien zur Sprachplanung, Berlin-New York 1985; ders., Die Wirtschaft mit der Sprache, Frankfurt/M. 1992.
20 Vgl. Mosse, G. L., Die Nationalisierung der Massen. Politische Symbolik und Massenbewegung in Deutschland von den napoleonischen Kriegen bis zum 3. Reich, Frankfurt/M.–Berlin 1976.

stischen Elemente des Nationalismus können an christliche Traditionen anknüpfen und erleichtern den Übergang von der Rekonstruktion einer mythischen Vergangenheit zu geschichtlichem Handeln und politischen Bewegungen.[21]

Fassen wir zusammen: Der vergleichende Blick auf die Nationen, mit dem sich die sozial- und geschichtswissenschaftliche Forschung der letzten Jahrzehnte auf ihren Gegenstand eingestellt hat, läßt sich von unterschiedlichen Perspektiven leiten. Eine dieser Perspektiven geht von der besonderen Lage einer strukturellen Gruppe oder eines Volkes aus und erklärt das Werden einer Nation aus dieser besonderen Lage eines Kollektivs im Verhältnis zu anderen Gruppen, Völkern oder Nationen. Die Nation tritt hier als das Ergebnis von Versuchen auf, die eigene Lage zu begründen, zu verstehen und gegenüber anderen aufzuwerten. Man könnte diese Perspektive *sozialstrukturell* oder wissenssoziologisch nennen. Eine zweite Perspektive setzt nicht bei Gruppen, Klassen oder Völkern an, die historisch vorgegeben sind und sich um ihr Selbstverständnis bemühen, sondern sieht die Nation als *integrative Gegenbewegung* zu *Prozessen* der Modernisierung, Individualisierung, Mobilisierung und Differenzierung.
In diesen Prozessen zerbrechen die traditionalen Formen der kollektiven Identität und werden durch neue Muster ersetzt. Nicht die vorgängig gegebene Existenz eines kollektiven Akteurs führt hier zu entsprechendem kollektiven Handeln, das als Ausdruck der real existierenden Akteure gesehen wird, sondern erst durch diesen Prozeß makrosozialen Handelns, durch die Ausweitung von sozialen Netzwerken und die Erfordernisse moderner Institutionen wird nationale Identität geschaffen. Die Blickrichtung kehrt sich um: Der Prozeß erklärt die Struktur, das Handeln konstituiert den Akteur und nicht umgekehrt.
Ein dritte Perspektive setzt nicht beim Akteur oder bei bestimmten Prozessen der Interaktion an, sondern bei den Bildern, Vorstellungen und Mythen, die in einer *kulturellen Tradition* enthalten sind und auf die die Konstruktion nationaler Identität

---

21 Mühlmann, W. E., Chiliasmus, Nativismus, Nationalismus, in: Soziologie und moderne Gesellschaft. Verhandlungen des 14. Deutschen Soziologentages, Stuttgart 1966, S. 228-242; ders. (Hg.), Chiliasmus und Nativismus, Berlin 1961.

zurückgreifen kann. Eine solche kulturalistische Perspektive blieb aber bisher theoretisch unterentwickelt und beschränkte sich weitgehend darauf, die nationalen Mythen und Traditionen zu rekonstruieren – ohne eine allgemeine Logik der kulturellen Konstruktion von nationaler Identität, eine Mythologie des Kollektiven im engeren Sinne, vorzuschlagen. Das folgende Kapitel versucht, diese Leerstelle durch ein allgemeines Modell der Konstruktion kollektiver Identität zu füllen. Dieses Modell stellt die kulturellen Codes, mit denen kollektive Identität konstruiert wird, in den Mittelpunkt, aber es unterschlägt nicht das Gewicht der sozialstrukturellen Lage bestimmter Trägergruppen und die Bedeutung von Kommunikations- und Interaktionsprozessen für die Genese nationaler Identität. Kultureller Code, kommunikativer Prozeß und sozialstrukturelle Situation werden vielmehr in einem allgemeinen Modell zusammengespannt, das sie nicht bloß als »wichtige Erklärungsfaktoren« behandelt, sondern ihre internen funktionalen Beziehungen beleuchtet.[22]

22 Eine ausführliche theoretische Ausarbeitung dieses Modells und seine Einbettung in ein einheitliches soziologisches – genauer: evolutionstheoretisches – Theoriegebäude sowie weitere Literaturhinweise, auf die ich deshalb im folgenden weitestgehend verzichte, findet sich in: Giesen, B., Die Entdinglichung des Sozialen. Eine evolutionstheoretische Perspektive auf die Postmoderne, Frankfurt 1991; sowie ders., Code, Process and Situation in Cultural Selection, in: Cultural Dynamic, Bd. IV, 2, 1991, S. 172-185. Ein im einzelnen vergleichbares, aber in seiner Grundorientierung anderes evolutionstheoretisches Modell hat Klaus Eder in einer umfangreichen Studie auf ähnliches historisches Material angewandt. Im Unterschied zu der vorliegenden Arbeit geht es Eder bei aller historischen Differenzierung der Einzelanalysen doch um ein Anliegen der klassischen Evolutionstheorie: gesellschaftlicher Fortschritt und kulturelle Höherentwicklung sollen durch eine Theorie kollektiven moralischen Lernens erklärt werden. Auch Eder versucht dabei eine Reformulierung der These des deutschen Sonderweges. Seiner Diagnose, daß der Weg zur postkonventionellen Moral, der im Assoziationswesen vor 1848 angelegt war, durch eine zunehmende Nutzen- und Machtorientierung in der zweiten Hälfte des 19. Jahrhunderts blockiert wurde, kann man auch aus der Sicht der vorliegenden Arbeit zustimmen, ohne sich damit schon die evolutionistische Perspektive auf notwendige moralische Höherentwicklung zu eigen zu machen. Die vorliegende Arbeit stellt kollektive Lernerfahrungen gleichfalls in Rechnung, begreift sie allerdings nicht im Hin-

Vor dem Hintergrund dieses allgemeinen Modells wird dann im Hauptteil des vorliegenden Buches die Entwicklung der nationalen Identität der Deutschen zwischen Aufklärung und Reichsgründung untersucht.[23] In dieser ein langes Jahrhundert umfassenden Zeitspanne entstand – so die These – die kulturelle Identität der Deutschen, getragen vom Bildungsbürgertum und ausformuliert von bestimmten Intellektuellengruppen. Die Struktur dieser kulturnationalen Identität wird dabei in vier ideengeschichtlichen Szenarien rekonstruiert, die jeweils durch besondere Formen des intellektuellen Diskurses bestimmt waren: Aufklärung, Romantik, Vormärz und Reichsgründung. In ihnen – so vermuten wir – wurde ein Repertoire unterschiedlicher Codierungen der nationalen Identität der Deutschen entwickelt, auf das spätere Perioden zurückgreifen konnten. Dies gilt insbesondere

blick auf ein ›externes‹ Kriterium des Fortschritts, sondern als Enttäuschung einer Generation von Intellektuellen über die vorangegangenen Versuche zur Konstruktion kollektiver Identität. Das zugrundeliegende Paradigma ist nicht – wie bei Eder – ein transhistorisches Modell moralischer Höherentwicklung, sondern ein über Generationsfolgen laufendes Modell der sozialen Differenzierung und Identitätskonstruktion. Weiterhin begreift die vorliegende Arbeit nicht die gesamte Gesellschaft als Diskursgemeinschaft, sondern stellt die besonderen sozialstrukturellen Einbettungen und Eingrenzungen von Diskursen in Rechnung. Daß dabei nur die Intellektuellen und nicht auch andere gesellschaftliche Gruppen Berücksichtigung finden, kann man als Mangel empfinden, es erklärt sich aber auch aus der besonderen ›Saatbeet‹funktion der Intellektuellen im Hinblick auf die Formulierung kollektiver Identität. Vgl. Eder, K., Geschichte als Lernprozeß? Zur Pathogenese politischer Modernität in Deutschland, Frankfurt/M. 1985.

23 Die Literatur zum ›Deutschen Sonderweg‹ ist inzwischen kaum mehr zu überblicken. Besonders anregend für die vorliegende Arbeit haben – wenngleich auch zuweilen als Gegenstand kritischer Distanzierung – die folgenden Arbeiten gewirkt: Plessner, H., Die verspätete Nation, Stuttgart 1959; Dahrendorf, R., Gesellschaft und Demokratie in Deutschland, Frankfurt 1965; Elias, N., Studien über die Deutschen, Frankfurt/M. 1989; Ringer, F. K., Die Gelehrten. Der Niedergang der deutschen Mandarine 1850-1933, München 1987; Münch, R., Die Kultur der Moderne, Bd. 2, Ihre Entwicklung in Frankreich und Deutschland, Frankfurt/M. 1986; Eder, K. (wie Fußnote 22). Die Diskussion aus historischer Perspektive faßt zusammen: Winkler, H. A., Der deutsche Sonderweg. Eine Nachlese, in: Merkur, 35, 1981, S. 793-804.

für die Zeit zwischen 1945 und 1990, in der – wie schon im Jahrhundert zwischen 1770 und 1870 – die nationale Identität der Deutschen nicht auf politische, staatliche Einheit gegründet war. Diesen vier Jahrzehnten zwischen dem Zweiten Weltkrieg und der deutschen Einigung gilt ein längeres Nachwort.

III Die Konstruktion kollektiver Identität:
ein neuer Analysevorschlag

1 Codes der Konstruktion kollektiver Identität

Obwohl sich die klassische Gesellschaftstheorie in der Nachfolge von Marx und Durkheim nachdrücklich mit dem Gegensatz von Gesellschaft und Gemeinschaft, mechanischer und organischer Solidarität, sozialer Ordnung und kollektiver Identität beschäftigt hat, behandelte sie doch beide Seiten des Gegensatzes in ganz unterschiedlicher Weise. Thema der soziologischen Analyse war vor allem die Konstitution der sozialen Ordnung, die als eine spannungsreiche Verbindung von staatlicher Herrschaft und gesellschaftlicher Arbeitsteilung gesehen wurde. Beide erschienen als labile und historisch wandelbare Konstruktionen, und erst diese Zerbrechlichkeit der sozialen Ordnung machte den Weg frei für sozialen Wandel und Revolution, warf das Problem der Legitimation und der Krise auf und ermöglichte Fortschritt und Geschichte.

Diese Konstruiertheit und Zerbrechlichkeit der sozialen Ordnung tritt noch klarer zutage, wenn sie in Gegensatz gesetzt wird zu der quasi natürlichen Gegebenheit kollektiver oder individueller Identität. Identität wird dabei als nicht-soziale Grundlage und Voraussetzung sozialen Handelns, als ein vormodernes, stabiles und unwandelbares Gegenstück zu der Geschichtlichkeit, Verflüssigung und Entfremdung der modernen Gesellschaft gesehen oder – in einer evolutionstheoretischen Wende der Perspektive – gar als der endgültige Bezugspunkt für Geschichte und Erlösung betrachtet. Diese Entgegensetzung von Gesellschaft und Gemeinschaft, System und Lebenswelt, sozialer Ordnung und kollektiver Identität wird durch eine Analogie zwischen Individuum und Kollektiv gestützt. Parallelen zwischen individueller Identität und Handeln auf der einen Seite und kollektiver Identität und Geschichte auf der anderen fallen auf: In ähnlicher Weise wie Handeln die individuelle Identität des handelnden Subjekts ausdrückt, zielt Geschichte auch auf die Rückkehr der Gesellschaft zu ihrer unentfremdeten Grundlage: zu Gemeinschaftlichkeit und kollektiver Identität. Diese Spannung zwischen Gesellschaft und Gemeinschaft, geschichtlicher Bewegung und kollektiver Identität rückte das Problem der kollektiven Identität tendenziell aus dem Blickfeld der soziologischen Analyse. Kollektive Identität und Gemeinschaftlichkeit erschienen so als selbstverständlicher und letzter Bezugspunkt sozialen Wandels – ein Bezugspunkt, der scheinbar selbst keinerlei Erklärung mehr bedarf.[1]

Die folgende Theorieskizze versucht, das Problem der kollektiven Identität wieder in den Bereich des sozialen Wandels und der Geschichte zurückzubringen: *Kollektive Identität selbst wird in sozialen Prozessen konstruiert.* Obwohl diese Konstruiertheit kollektiver Identität selbst für einfache ›band‹-Gesellschaften zutrifft, erhält sie in der heraufziehenden Moderne eine zusätzliche und kritische Bedeutung durch die Beschleunigung des Wandels und den Versuch von Individuum und Gesellschaft, sich von Fremdbestimmung zu emanzipieren. Dieser Versuch mündete in eine besondere Dialektik der Moderne: Wenn die Gesellschaft von Tradition und göttlichen Geboten freigesetzt und als ein leerer Raum für die autonomen Aktivitäten der Individuen betrachtet wird, die ihre eigene Identität selbst zu bestimmen haben, dann bricht der klassische Gegensatz zwischen Individuum und Gesellschaft als Kampf zwischen Autonomie und Heteronomie, Revolte und Repression, Freiheit und Herrschaft allmählich zusammen. Überall akzeptiert, verlieren die Ideen der Befreiung und der Emanzipation ihre Kraft und ihr Pathos – sie werden ein Teil der unbezweifelbaren Werte der Moderne und verlieren sich schließlich in der Alltagsroutine. An ihre Stelle tritt ein neues und drängendes Bedürfnis nach festen Orientierungen in einem Reich der Verflüssigung des Wandels und der Anomie. Als Krise werden nicht länger Unterdrückung und Herrschaft, sondern der Mangel an Orientierung und Sicherheiten empfunden: die elementare

[1] Vgl. aber als neueren Überblick: Cohen, A. P., The Symbolic Construction of Community, London 1985. Gemeinschaft wird hier – ganz im Gegensatz zu älteren Arbeiten – nicht mehr als naturales Substrat, sondern als symbolisches Konstrukt begriffen. Auch die neuere Diskussion um den Stellenwert von Kultur erlaubt mittlerweile eine Neubestimmung des Verhältnisses von Kultur, Gemeinschaft und Gesellschaft. Hier sei insbesondere auf die Arbeiten M. Archers verwiesen. Vgl. dies., Culture and Agency. The Place of Culture in Social Theory, Cambridge 1990.

Leere von Individuum und Gesellschaft, die das Problem des existentiellen Sinns aufwirft und jene Angst hervorruft, die zum Kern der ›condition moderne‹ gehört.[2] Jenseits von Unterdrückung und Tradition regt sich so eine neue Forderung nach einem »stählernen Gehäuse«. Im Gegenzug und Gegensatz zu struktureller Differenzierung und universalistischen Werten, zu der Ausweitung sozialer Netzwerke und Abhängigkeiten müssen dann Bilder der Einheit konstruiert und Grenzen errichtet werden, die dem Wandel der Geschichte und der Wahl des Einzelnen entzogen sind. Die moderne Gesellschaft »entdeckt« so ihre primordiale Grundlage, und die klassische Gesellschaftstheorie spiegelt diese Entdeckung als die Spannung zwischen mechanischer und organischer Solidarität, zwischen Gemeinschaft und Gesellschaft, zwischen traditioneller Lebenswelt und systemischer Differenzierung.

Dabei verfängt sich auch die klassische Theorie in einem besonderen Fallstrick der Konstruktion kollektiver Identität: Kollektive Identität hat gerade den Umstand zu verbergen, daß sie selbst sozial konstruiert wurde. Würde dieser Konstruktionsprozeß nicht »latent« gehalten, so könnte das identitätssichernde Fundament damit selbst unter Kontingenzverdacht geraten. Die äußeren Grenzen der Gemeinschaft müssen daher als selbstverständlich, als eindeutig und begründet und die innere Einheitlichkeit der Gemeinschaft muß als offensichtlich und unbezweifelbar erscheinen, obwohl Grenzen auch ganz anders gezogen werden könnten und die reale Vielfalt der Individuen kaum übersehen werden kann. Dieses *Latenzproblem* bildet den Bezugspunkt der folgenden Theorieskizze zur Analyse verschiedener Codes kollektiver Identität.

---

2 Dies zuerst für die Soziologie deutlich erkannt zu haben bleibt ein Verdienst Georg Simmels. Vgl. insbesondere ders., Der Krieg und die geistige Entscheidung, München 1917. Auch bei Max Weber findet sich das Problem – insbesondere in seinen religionssoziologischen Untersuchungen – in gleicher Schärfe gestellt; in seinen politischen Texten jedoch bleibt es aufgrund ihrer Funktion als Stellungnahmen auf paradoxe Weise gerade durch ihren manchmal beschwörenden Ton versteckt. Vgl. z. B. Der Nationalstaat und die Volkswirtschaftspolitik, in: ders., Gesammelte politische Schriften, Tübingen 1988, S. 1-25, S. 13 f.

1.1 Konstruktion von Grenzen

Grenzen trennen und teilen die reale Vielfalt der Interaktionsprozesse und sozialen Beziehungen; sie markieren den Unterschied zwischen innen und außen, zwischen Fremden und Vertrauten, Verwandten und Nicht-Verwandten, Freunden und Feinden, Kultur und Natur, Aufklärung und Barbarei. Gerade weil diese Grenzen kontingente soziale Konstruktionen sind, weil sie eben auch anders ausfallen könnten, benötigen sie soziale Bekräftigung und symbolische Verdeutlichung.

Wenn so in die reale Vielfalt und Flüssigkeit sozialer Prozesse Grenzen und Trennungslinien eingezogen werden und die soziale Welt sprachlich festgestellt wird, wenn die Dinge einen Namen bekommen, dann setzt dies einen »*Code*« voraus, dessen Raster erst die Unterschiede im Fluß und Chaos der Welt sichtbar macht und die Dinge mit Konturen versieht.[3] Codes können mit Landkarten verglichen werden, die den Akteur bei seiner Reise mit Instruktionen über das versehen, was er noch zu erwarten hat. Ähnlich wie Landkarten niemals die Vielfalt der wirklichen Landschaft wiedergeben können, sondern diese in bestimmter Hinsicht abstrahieren, bieten auch Codes immer eine willkürliche Vereinfachung der Situation, und ähnlich wie Landkarten können auch Codes mehr oder weniger präzise ausfallen und der Wirklichkeit mehr oder weniger angemessen sein. Ohne elementare Landkarten im Kopf können wir uns nicht sinnvoll bewegen, und ohne Codes läßt sich die soziale Wirklichkeit nicht wahrnehmen.[4] Codes der sozialen Klassifikation machen den Kern der Konstruktion von Gemeinschaftlichkeit und Fremdheit, von kollekti-

---

3 Zerubavel, E., The Fine Line. Making Distinctions in Everyday Life, New York 1991.
4 Die Landkarte ist eine literarisch erprobte Metapher zur Veranschaulichung epistemologischer Probleme. Im Anschluß an Jorge Luis Borges vgl. insbesondere: Eco, U., Die Karte des Reiches im Maßstab 1:1, in: ders., Platon im Striptease-Lokal. Parodien und Travestien, München 1990, S. 85-97. Eine absolute Karte ist unmöglich, und auch für den Theoretiker empfiehlt sich deshalb gelegentlich der Gebrauch von »dotted lines and confessions of ignorance« statt der flächendeckenden Warnung vor »Cannibals« – so Graham Greenes Kritik an einer alten amerikanischen Liberia-Karte in: ders., Journey Without Maps, Harmondsworth 1978, S. 46 f.

ver Identität und Differenzierung aus. Ohne sie hätte keine Grenze Bestand. Um die Logik der Konstruktion von Gemeinschaftlichkeit und Freundlichkeit verstehen zu können, empfiehlt es sich daher, die elementaren Unterscheidungen freizulegen, die von jeder Vorstellung kollektiver Identität vorausgesetzt werden.

1.2 Der Grenzbereich

Aus einer kantianischen Perspektive läßt sich auf der kategorialen Ebene zwischen den *räumlichen*, den *zeitlichen* und den *reflexiven* Dimensionen der Codierung unterscheiden. Auf die räumliche Dimension beziehen sich etwa die Unterscheidungen zwischen oben und unten, zwischen links und rechts, innen und außen; die zeitliche Dimension wird in der Unterscheidung etwa zwischen Vergangenheit und Zukunft deutlich, und die reflexive Dimension stellt den Unterschied zwischen Subjekt und Objekt in den Mittelpunkt.[5]
Der Bezug auf die Welt mit Hilfe dieses kategorialen Rahmens scheint zunächst auf dichotomen Unterscheidungen zu beruhen. Ein genauerer Blick zeigt jedoch, daß zumindest in der abendländischen Tradition (wenn nicht universell) diese scheinbar dichotomen Unterscheidungen verborgene Trichotomien enthalten: Zwischen innen und außen liegt die *Grenze*, zwischen links und rechts liegt der Mittelpunkt, zwischen Vergangenheit und Zukunft ist die Gegenwart, und zwischen Gott und der Welt steht das Subjekt. Selbst auf einer sehr elementaren Ebene enthüllen Codes so eine trichotome Struktur, die einen vermittelnden und trennenden Grenzbereich enthält. *Dieser Grenzbereich ist der Platz der Identität in Wahrnehmung und Bewußtsein*: das Zentrum, die Gegenwart, das Subjekt. Das »Hier«, das »Jetzt« und das »Ich« sind die unzweifelbaren und selbstverständlichen Aus-

---

[5] Eine etwas anders gelagerte Trias von Differenzen – nämlich früher/später, innen/außen und oben/unten – schlägt Reinhart Koselleck vor. Vgl. ders., Sprachwandel und Ereignisgeschichte, in: Merkur, 43, 1989, S. 657-673. Niklas Luhmann bevorzugt bekanntlich die Trias zeitlich–sachlich–sozial, und eine wiederum etwas anders akzentuierte Unterteilung findet sich beispielsweise bei Carl Schmitt. Vgl. ders., Nehmen/Teilen/Weiden, in: ders., Verfassungsrechtliche Aufsätze aus den Jahren 1924-1954, Berlin 1985, S. 489-504.

gangspunkte für den Blick auf die Welt, für das Reden mit anderen, für die Erinnerung der Vergangenheit und das Planen der Zukunft. Eine Welt zu konstruieren bedeutet: mit dieser gegebenen Evidenz und »unmittelbaren« Identität zu beginnen und die Konstruktion von diesem Mittelpunkt auf weitere und entferntere Bereiche, von der Gegenwart auf die Vergangenheit und die Zukunft, vom Subjekt auf Gott und die Welt auszudehnen.

Diese Logik der Konstruktion, die den vermittelnden Bereich als Quelle der Identität betrachtet, hat gewichtige Folgerungen, wenn wir eine gewisse Parallele zwischen der Logik der Konstruktion einerseits und der evolutionären Genese von Konstruktionen andererseits annehmen: Aus ihr folgt eine gewisse und beschränkte Analogie zwischen der Struktur des Zentrums, der Gegenwart und des Subjekts auf der einen Seite und der Struktur der entfernten Bereiche, der Vergangenheit und der Zukunft, der Struktur von Gott und der Welt auf der anderen Seite. Die Übertragung der Struktur des Bekannten auf das Unbekannte, vom Vertrauten zum Fremden, vom Gegenwärtigen zum Vergangenen und Zukünftigen, die Vorstellung Gottes nach dem Muster des Menschen usw. sind wohlbekannte Strategien der Beobachtung und des Verstehens. Diese »analogische« Codierung der Welt schließt natürlich nicht aus, daß es fundamentale Unterschiede zwischen Vergangenheit und Gegenwart, Zentrum und Ferne, Subjekt und Welt gibt: Wir können offensichtlich die Vergangenheit nicht ändern, die Zukunft ist ungewiß, auf die Außenwelt kann man sich nicht völlig verlassen, das Ferne entzieht sich der Wahrnehmung usw. Ganz offensichtlich bedeutet analogische Codierung nicht nur Ähnlichkeit, sondern sie impliziert auch Differenzen, und diese Differenzen sind entscheidend.

1.3 Ursprüngliche Referenzen

Die unmittelbare Gegebenheit von Zentrum, Gegenwart und Subjekt hat Folgen für die Genese der Konstruktion; aber auch die Genese der Konstruktion hat ihre Spuren in der Bedeutung der resultierenden Strukturen hinterlassen. An diesem Punkt liegt es nahe, eine streng kantianische Perspektive zu verlassen und sich auf eine *pragmatistische* Sicht des Entstehens von Bedeutung einzulassen: Durch frühere Erfahrungen und durch die Einbettung in Interaktionen wird die Bedeutung von Unterscheidungen vorgeformt und vorbestimmt.[6] Insbesondere die grundlegenden und elementaren sozialen Beziehungen, die ersten Erfahrungen der Welt, prägen die Bedeutung der Codes und können als ihre »ursprünglichen Referenzen« gelten. Die Unterscheidung etwa zwischen Eltern und Kindern, Mann und Frau, dem Rohen und dem Gekochten, später dann auch zwischen Verwandten und Fremden, zwischen Hierarchie und Gleichheit, zwischen Austausch und Unabhängigkeit gehören zu diesen *ursprünglichen Referenzen*, denen symbolische Codes auch nach einer langen Reihe evolutionärer Transformationen niemals gänzlich entrinnen können.[7]

Mit diesen ursprünglichen Unterscheidungen läßt sich die Welt ordnen und klassifizieren. Sie dienen jedoch nicht nur der Unterscheidung zwischen verschiedenen *Objekten* in der Situation, sondern werden auch bei der Herstellung von Gemeinschaftlichkeit, dem Feststellen von Ähnlichkeit und Gleichheit zwischen den handelnden *Subjekten* angewandt. Hier geht es um das Entstehen eines Kollektivs, dessen Mitglieder sich wechselseitig identifizieren können. Schließlich kann diese kollektive Identität auch noch zum Gegenstand und Thema einer besonderen *Reflexion* werden, die diese Identität in den Zusammenhang einer Weltdeutung stellt. Im folgenden Kapitel sollen diese drei Ebenen – Klassifikation und Konstruktion von Unterschieden, wechselseitige Identifikation eines Kollektivs und Reflexion über kollektive Identität – auseinandergehalten werden. Auf allen Ebenen geht es dabei um die Differenz zwischen »Wir« und den »Anderen«, um eine Grenzziehung, die sich aus einer engen Verbindung mit ursprünglichen Referenzen ergibt und ganz unterschiedlich ausfallen kann – je nachdem, welche der ursprünglichen Referenzen zur Festlegung und Verstärkung der Grenze benutzt wird.

6 Zur neueren Diskussion über die Konstruktion von Kategorien und deren Bezug zu biologischen bzw. situativen Vorgaben vgl. insbesondere Lakoff, G., Women, Fire, and Dangerous Things. What Categories Reveal about the Mind, Chicago-London 1987.

7 Wir schließen hier mit einer leichten Variation an Überlegungen von Lévi-Strauss an – jedoch ohne dessen Theorieapparat im einzelnen zu übernehmen. Vgl. insbesondere Lévi-Strauss, C., Gibt es dualistische Organisationen?, in: ders., Strukturale Anthropologie I, Frankfurt/M. 1971, S. 148-180.

1.4 Code, Prozeß und Situation

Erst durch das Raster der Codes erscheint die Vielfalt der sozialen Wirklichkeit als in kollektive Identitäten gegliedert. Wenn diese symbolischen Voraussetzungen der kollektiven Identität sichtbar geworden sind, läßt sich die Blickrichtung auch wieder umkehren: Man fragt dann nach den sozialen Bedingungen, unter denen ein bestimmter Code sich erst entwickelt und denen er angemessen ist. Damit tritt eine elementare Differenz ins Blickfeld, die bei jedem Handeln und Beobachten vorausgesetzt wird, aber den Handelnden und den Beobachtern nur unter besonderen Verhältnissen bewußt wird: die Differenz zwischen Code und Situation, Sprache und Welt, Theorie und Realität, kategorialen Voraussetzungen und empirischen Bedingungen. Auch hier verbirgt sich hinter der dichotomen Unterscheidung eine Trichotomie: beide Bezugspunkte – Code und Situation – ergeben sich nur aus der Perspektive des Handelns, Beobachtens, Sprechens und Stellungnehmens. Zwischen Code und Situation, Theorie und Realität, Sprache und Welt schiebt sich also noch die Ebene der praktischen Prozesse, der Sprechhandlungen und sozialen Interaktionen, durch die Codes erst auf die Vielfalt der Welt bezogen und angewandt werden.[8] Im folgenden wird diese handlungstheoretisch begründete Trichotomie als Situation, Prozeß und Code bezeichnet.

»Situation« meint das »Vorhandene«, die »Umwelt« eines Akteurs, die sozialen Beziehungen, in die er gestellt ist, die Lage der Dinge, die er beim Handeln vorfindet – kurz, die räumlich, zeitlich und sozial bestimmten Umstände, die man aus der Perspektive des Akteurs als gegeben und durch Handeln im Augenblick als unveränderbar betrachtet. Hierzu zählen etwa die Anwesenheit von Personen, die Vergangenheit einer sozialen Beziehung, die Gleichheit oder Ungleichheit der Akteure, die verfügbaren technischen Mittel, räumliche Isolation etc. Solche Umstände sind nur im Rahmen einer gegebenen Situation konstant. Grundsätzlich lassen sie sich behandeln und verändern, unterliegen räum-

---

[8] Ethnomethodologen sprechen deshalb von einer notwendigen Indexikalität allen sozialen Geschehens – hier also der jeweils aktuell prozessierten Codes. Vgl. dazu klassisch: Garfinkel, H., Studies in Ethnomethodology, Englewood Cliffs, N.J. 1967, S. 4 ff.

lichem Wechsel und zeitlichem Wandel und sind so vielfältig und komplex, wie das Konkrete und Wirkliche eben vielfältig und komplex ist. Gerade diese Vielfalt und Besonderheit der jeweiligen Situation bringt es mit sich, daß der Handelnde, der in sie gestellt ist, niemals alles über sie weiß und niemals jede Einzelheit der Situation in Rechnung stellen kann. Situationen sind immer komplexer als das Kalkül der Handelnden. Sie lassen sich aus der Sicht des Akteurs weder vollständig kontrollieren – sie sind gegeben und vorhanden – noch vollständig erkennen – sie sind räumlich, zeitlich und sozial *spezifisch* –, und der Akteur verfügt nur über ein *allgemeines* Handlungswissen, das immer aus anderen Situationen stammt. Erst diese begrenzte Erfahrung des Akteurs ermöglicht Überraschungen.

Prozesse, das heißt Vorgänge des Handelns und der Kommunikation, sind weniger spezifisch als die Situationen, in denen sie stattfinden. Kommunikation und Interaktion haben zwar eine soziale und zeitliche Dimension, sie beziehen sich auf andere, sie haben einen Anfang und ein Ende, aber sie können räumlich unbestimmt bleiben, zumindest lassen sie sich nicht auf einen bestimmten Raumpunkt fixieren. Die Nachfrage auf Märkten, die Veröffentlichung wissenschaftlicher Forschung oder der Appell an alle Rechtgläubigen – um nur einige Beispiele zu nennen – lassen sich zwar zeitlich und sozial, aber nicht mehr räumlich spezifizieren. Prozesse, Handeln und Kommunikation können offensichtlich ohne klare räumliche Verortung geschehen, aber nicht ohne zeitliche Bestimmung und soziale Beziehung gedacht werden. Als Resultat dieser Kommunikationsprozesse stellen sich soziale Strukturen ein – Institutionen, Grenzen zwischen sozialen Gruppen etc. Kollektive Identität ist so immer das Ergebnis sozialer Kommunikationsprozesse. Dieser Prozeß der sozialen Konstruktion von Identität verläuft keineswegs immer so, wie die daran beteiligten Akteure sich dies vorstellen. Sein Ergebnis wird nachdrücklich von den situativen Umständen beeinflußt, in denen er stattfindet, und ein erfolgreicher Prozeß der Konstruktion muß Rücksicht auf diese Umstände nehmen. Soziale Kommunikation muß der Situation angepaßt sein, in die sie eingebettet ist. Wenn sich Kommunikation nicht auf die Situation einstellt, wenn Anwesenheit übersehen oder fälschlich vorausgesetzt wird, wenn Gleichheit und Ungleichheit, Vertrautheit und Fremdheit, Nähe und Distanz verwechselt werden, dann wird das Handeln mißverstanden, der Fluß der Kommunikation gerät ins Stocken, bricht ab oder muß durch zusätzliche Prozeduren repariert werden. Ähnlich wie die biologische Reproduktion der Organismen an die Selektionsfaktoren der jeweiligen Umwelt angepaßt sein müssen, stehen auch die Prozesse des intentionalen Handelns und der sozialen Verständigung unter dem Druck, sich an die jeweilige Situation anzupassen.

Alle drei Ebenen – Codes, Prozesse und die Situationen, in denen sie stattfinden – haben unterschiedliche Ordnungsformen. Codes (oder Sprachen) sind rein symbolische Strukturen, die an keinen räumlichen Ort und keine zeitliche Grenze gebunden sind; Prozesse (oder Sprechhandlungen) hingegen sind nicht nur symbolisch, sondern auch zeitlich geordnet, und Situationen schließlich haben zu ihrer symbolischen Strukturierung und ihrer zeitlichen Bestimmung auch noch eine räumliche Verortung: Sie dauern an oder ändern sich, haben eine begrenzte Reichweite und eine bestimmte Bedeutung.[9]

1.4.1 Die situative Konstruktion der Differenz

In der *natürlichen Einstellung* des alltäglichen Handelns und Sprechens sind diese drei Ebenen nicht getrennt,[10] sondern bis zur Ununterscheidbarkeit miteinander verschmolzen: Namen sind nicht nur Zeichen für die Dinge der Welt, sondern Merkmale der

9 Die Ebenen von Code, Prozeß und Situation lassen sich zurückführen auf die triadische Zeichenrelation der Peirceschen Semiotik: Der Code entspricht hier dem Zeichen; die bezeichneten »Objekte« sind Elemente der Situation und werden daraus durch die Bezeichnungsakte selegiert; die serielle Verknüpfung von Akten des Zeichengebrauchs schließlich konstituiert den Zeichenprozeß (die »Semiosis«), in dem Zeichen auf andere Zeichen als deren »Interpretanten« bezogen sind. – Als konzentrierte Formulierung der triadischen Zeichenrelation siehe Ch. S. Peirce, Phänomen und Logik der Zeichen, hg. und übersetzt von H. Pape, Frankfurt/M. 1983, S. 64; siehe dazu auch K. Oehler, Idee und Grundriß der Peirceschen Semiotik, in: Krampen, M./Posner, R./Uexküll, T. v. (Hg.), Die Welt als Zeichen. Klassiker der modernen Semiotik, Berlin 1981, S. 15-49, S. 23 ff.
10 Wir schließen hier – und das sei nur angemerkt, um einer Irreführung durch ein zuweilen phänomenologisch anmutendes Vokabular vorzubeugen – natürlich nicht direkt an Husserl an, sondern allenfalls an

Dinge selbst; ändert man den Namen, so ändert man auch die Eigenschaften der so bezeichneten Dinge, und die Art des Bezeichnens bekräftigt hier nur das Offensichtliche. In der »natürlichen Einstellung« des Alltagshandelns wird zwischen den Codes und den Dingen, die sie meinen, noch nicht unterschieden. Die Bedeutung eines symbolischen Zeichens ergibt sich weitgehend »indexikal« aus dem Hinweis auf die Situation, auf die Anwesenden, auf das Vorangegangene und Vorhandene. Der Gang der Kommunikation wird stark durch die Entwicklung der Situation bestimmt: Man reagiert auf Veränderungen der Situation, auf neue Ereignisse, und wer nicht teilgenommen hat, »wer die Situation nicht kennt«, hat Mühe, das Gespräch zu verstehen. Wenn man das Verhältnis von Landkarte, Reise und Landschaft hier zur Verdeutlichung benutzt, so bewegt sich der Reisende im Falle enger Koppelung noch ohne übergreifenden Plan und gleichsam ›flanierend‹ durch die Landschaft; er folgt den jeweils vorhandenen Reizen der Situation, geht mal in diese, mal in jene Richtung, und seine Vorstellung der Landschaft ist ganz von den jeweiligen Eindrücken bestimmt. Der Reisende ist sich dabei noch nicht bewußt, daß er bei seiner Erfahrung der Landschaft Zeichen und Codes verwendet. Ähnlich wie man fehlerfrei sprechen kann, ohne die grammatischen Regeln benennen zu können, kann man auch sein Gegenüber klassifizieren, ohne sich der Codes bewußt zu sein, die dabei zur Anwendung kommen. Die Welt wird als einfaches Gegenüber erfahren, als »offensichtliche« Gleichheit und Verschiedenheit der Dinge. Dieses Verschmelzen von Zeichen, Sprechakt und den Dingen der Welt, von Code, Kommunikationsprozeß und Situation, koppelt den Prozeß eng an die Situation, in dem er stattfindet: Handeln geschieht ohne bewußte Überlegung als spontane Antwort auf die Situation und hat die Möglichkeit nicht vor Augen, auch andere Stellungnahmen zur Situation zu wählen. Der Fluß der Interaktion ist noch eng an den Wechsel der Situation gebunden: Allein eine Veränderung in der

> einen in der Hauptsache über Schütz in der Soziologie rezipierten – und mancher Phänomenologe mag vielleicht sagen ›entstellten‹ – späten Husserl. Es kann hier deshalb auch nicht mehr um Epoché, freie Variation oder Wesensschau gehen, vielmehr bildet ein immer schon historisch geformtes, kontingentes und durch Zeichen vermitteltes Erleben den kaum zu hintergehenden Ausgangspunkt unserer Überlegungen.

Lage der Dinge, eine neue Situation, treibt ihn weiter voran. Soweit sich die Handlungssituation nicht ändert, solange keine neuen und unerwarteten Ereignisse der Welt der Kommentierung bedürfen oder neue Akteure auftauchen, besteht aus dieser Perspektive auch kein Anlaß zur Weiterführung der Kommunikation. (Dennoch redet man weiter; vgl. den nächsten Abschnitt.)
Gerade diese Stabilität oder Verschiedenheit der Situation ist freilich keineswegs von sich aus schon gegeben, sondern muß erst durch den Kommunikationsprozeß erzeugt werden. Im *Prozeß* des Redens muß die an sich chaotische Welt erst typisiert und normalisiert werden; Gleichheit und Differenz zwischen den Dingen der Welt müssen erst durch die praktische Anwendung der Codes, durch Handeln und Verhandeln erzeugt werden. Erst wenn sie durch ständige Wiederholung, durch wechselseitiges Bestätigen und Versichern als »ein Fall von« behandelt werden kann, wird die Welt zur Situation, auf die man spontan reagieren kann.[11] Dieser Vorgang der typisierenden *Konstruktion* von Gleichheit und Differenz wird im Alltagshandeln freilich immer latent gehalten; man handelt in natürlicher Einstellung, als ob die Welt voraussetzungslos gegeben sei.
Dies gilt auch für die Zurechnung kollektiver Identität. Sie vollzieht sich nach Codes und Regeln, die alltäglichem Handeln verborgen bleiben müssen, andernfalls wird das, was sicherer Ausgangspunkt – Identität eben – sein sollte, in Frage gestellt, und der Interaktionsprozeß stürzt ins Bodenlose ab. Obwohl ein solcher Absturz ständig möglich ist, gelingt alltägliches Handeln gerade deshalb, weil es die Krisen latent hält. Codes, mit denen Differenzen konstruiert und die soziale Welt klassifiziert werden können, werden noch nicht von den Dingen der Welt, und d. h. in diesem Fall von der Gegenwart eines fremden Gegenübers, getrennt. Diese Verschmelzung und enge Koppelung von Code, Prozeß und Situation zeigt sich darin, daß die Unterschiede im Gegenüber als »offensichtlich« und unbezweifelbar erscheinen: Hautfarbe, Geschlecht und Alter sind offenbar nicht Ergebnis praktischer

---

11 Zur Schwierigkeit, Prozeß und Code bzw. Wiederholung und Differenz und damit schließlich auch den Zugriff auf die Situation, d. h. die Referenz, isoliert zu denken, finden sich zahlreiche Anregungen, Verweise und Dilemmata bei Gilles Deleuze. Vgl. ders., Differenz und Wiederholung, München 1992.

Konstruktion, sondern unveränderbare und objektive Eigenschaften des Gegenübers (Ethnomethodologie und Phänomenologie haben uns inzwischen die Augen für die Konstruktionsprozesse gerade dieser scheinbar objektiven Eigenschaften geöffnet). Jede, auch die scheinbar objektivste Entscheidung enthält jedoch ein irreduzibles Element von praktischer Entscheidung und kontingenter Zuordnung, und gerade dieses Element gilt es, verborgen und latent zu halten. Im alltäglichen Handeln geschieht dies dadurch, daß die Differenz zwischen Zeichen und Welt unterschlagen wird. Wenn nun das Fremde als Eigenschaft des Gegenübers, der Situation selbst also, gesehen wird, so bleibt die Klassifikation auch an die Gegenwart des »Fremden« gebunden. Erst wenn das »offensichtlich« Andere und Fremde in der Situation auftaucht, stellt sich die Frage nach der Differenz, und man reagiert spontan mit der entsprechenden Codierung. In der natürlichen Einstellung werden Differenzen so als objektive Eigenschaften der Situation konstruiert.

1.4.2 Die Selbstproduktion des Kollektivs

Soziale Prozesse bleiben jedoch selten bei der bloßen Konstruktion der Situation, bei der Typisierung von Unterschieden zwischen den Dingen der Welt stehen. Auch und gerade dann, wenn die Konstruktion einer Situation gelungen ist, wenn die Welt also als geordnet vorausgesetzt werden kann, entwickelt sich eine eigenständige Variation des Gesprächsprozesses – jedenfalls für eine bestimmte Dauer. Dieser von der Situation abgekoppelte Prozeß wird nicht mehr durch die Konstruktion der Situation und die ›objektiven‹ Unterschiede selbst vorangetrieben, er reagiert nicht auf die »äußere Welt«,[12] sondern er schließt an vorangegangene

---

[12] Wir folgen hier der mittlerweile breit rezipierten Theoriefigur der Selbstorganisation. Vgl. zu einer neueren Variante dieser Figur insbesondere: Maturana, H. R., Erkennen: Die Organisation und Verkörperung von Wirklichkeit, Braunschweig-Wiesbaden 1982; ferner allgemein: Glasersfeld, E. v., Wissen, Sprache und Wirklichkeit. Arbeiten zum Radikalen Konstruktivismus, Braunschweig-Wiesbaden 1987; Roth, G./Schwedler, H. (Hg.), Self-Organizing Systems. An Interdisciplinary Approach, Frankfurt/M. 1981; Krohn, W./Küppers, G. (Hg.), Emergenz: Die Entstehung von Ordnung, Organisation und

Äußerungen anderer an, und er wird im Unterschied zur typisierenden Konstruktion einer Situation nicht nur durch Bestätigung, sondern auch durch *Negation*,[13] durch Zweifel, Kritik und Fragen bewegt: Man erzeugt durch diese Negationen eine Differenz zum Vorredner, an die dieser wieder durch eine weitere Negation anschließen kann. Ein Versiegen des Gesprächs, nachdem durch Bestätigung und Wiederholung Einigkeit über die Situation erzielt wurde, wird so verhindert; der Prozeß läßt sich fortsetzen und weist eine eigene, *zeitlich* geordnete Vielfalt auf, obwohl die Situation die gleiche bleibt und umgekehrt: Der Prozeß bleibt der gleiche, auch wenn die Situation sich ändert. Diese Entkoppelung von Prozeß und Situation läßt sich wiederum am Bild der Reise verdeutlichen. Sobald sich eine situationsübergreifende Reiseroute im Kopf des Akteurs entwickelt, sobald er mehrere mögliche Reiserouten erwägt und seine Bewegung in der konkreten Landschaft an einem situationsübergreifenden Reiseziel ausrichtet, sobald er ›Abkürzungen‹ finden kann, beginnt sich der Prozeß der Reise von der direkten Erfahrung der Landschaft zu lösen. Man kann über die Reise nachdenken, ohne die konkrete Landschaft im Blickfeld zu haben.

Eine ähnliche Entkoppelung von Situation und Prozeß kann auch in der alltäglichen Kommunikation geschehen. Auch hier können sich Episoden entwickeln, in denen die Behandlung der Situation gleichsam »zurückgestellt« wird und die Dynamik des Gesprächs von dem Wechsel der Situation abgekoppelt wird: Jemand erinnert sich an Vergangenes, berichtet über Entferntes oder überlegt hypothetische Situationen. Diese Fähigkeit zur Distanzierung von der jeweils vorhandenen Situation und zum Wechsel der Ein-

---

Bedeutung, Frankfurt/M. 1992; Schmidt, S. J. (Hg.), Der Diskurs des Radikalen Konstruktivismus, Frankfurt/M. 1990. Als die klassische soziologische Arbeit zum Thema vgl. Berger, P. L./Luckmann, T., Die gesellschaftliche Konstruktion der Wirklichkeit, Frankfurt/M. 1969.

13 Die konstitutive Rolle der Negation für alle Formen der Vergesellschaftung ist insbesondere von Niklas Luhmann durch eine Verknüpfung phänomenologischer und systemtheoretischer Konzepte herausgestellt worden. Vgl. ders., Über die Funktion der Negation in sinnkonstituierenden Systemen, in: ders., Soziologische Aufklärung, Bd. 3, Opladen 1981, S. 35-49. Ferner: ders., Diskussion als System, in: Habermas, J./Luhmann, N., Theorie der Gesellschaft oder Sozialtechnologie?, Frankfurt/M. 1971, S. 316-341, S. 323 f.

stellung zur Situation bildet eine entscheidende Voraussetzung für das, was wir die Anfänge der symbolischen Kommunikation nennen können und was die Eigenständigkeit der sozialen Wirklichkeit gegenüber der natürlichen Welt ausmacht. Mit ihr vollzieht sich jene *Entkoppelung* von Handlungsprozeß und situativen Bedingungen, ohne die Prozesse des Lernens und der Evolution nicht in Gang kommen können.[14] Diese Entkoppelung ist freilich niemals vollständig: Das Erinnern von Vergangenem, der Bericht über Entferntes und der Entwurf des Möglichen werden irgendwann durch die Situation unterbrochen und brauchen – solange sie dauern – ein Arrangement, das die Situation zurückhält und gleichgültig macht. Diese Zurückhaltung und Indifferenz der Situation ist außerordentlich labil und niemals von Dauer: Das »Hier« und »Jetzt« bricht in die Versuche ein, der Situation zu entkommen. Ließe sich der Interaktionsprozeß vollständig von der Situation, den lokalen Umständen, abkoppeln und bezöge er sich nur mehr auf sich selbst (wie dies Autopoiesistheoretiker anzunehmen scheinen), dann wären Lernen und Erfahrung unmöglich: Die Welt geriete außer Sichtweite. Bliebe der Interaktionsprozeß hingegen vollständig in die lokale Situation eingebunden (wie dies Ethnomethodologen anzunehmen scheinen), so gerät der situationsübergreifende Bezug von Intentionalität und Erinnerung außer Sichtweite: Gefangen in den Grenzen der Situation, beruht die Autonomie der sozialen Prozesse nur auf Blindheit und Selbsttäuschung. *Entkoppelung* von Situation und Prozeß gestattet hingegen die autonome Variation der Kommunikation, beharrt aber auf der Gegebenheit eines situativen und lokalen Rahmens, der vom Kommunikationsprozeß nicht überschritten werden kann und in den Prozesse unterschiedlich gut »eingepaßt« sind. Dieser Rahmen kann unterschiedlich eng ausfallen. Je enger er gezogen ist, desto stärker wird die Variation des Handlungsprozesses durch die Situation begrenzt und beschränkt. Erst durch dieses Gegeneinander von prozessualer Variation und situativer Selektion werden Lernen und evolutionärer Wandel möglich.

Auch der Prozeß, in dem Kollektive sich identifizieren, kann von einem direkten situativen Anlaß, d. h. der *Gegenwart eines Frem-*

---

14 Zum Konzept der Entkoppelung vgl. B. Giesen, Die Entdinglichung des Sozialen, Frankfurt/M. 1991.

den, abgekoppelt werden. Selbst wenn ein fremdes Gegenüber fehlt, können Kommunikationsprozesse durch wechselseitige Steigerung und Verstärkung auf die Ausbildung kollektiver Identität angelegt sein. Hier geht es nicht mehr um die Konstruktion von Fremdheit, d. h. um Differenzen zwischen sich selbst und dem Gegenüber, sondern um die Identifikation des Gegenübers als Gleichen, um die Herstellung von Gleichheit und Gemeinsamkeit. Man imitiert einander wechselseitig, verstärkt Ähnlichkeiten und übersieht Unterschiede, man gestattet nur Kommunikation in bestimmter Hinsicht und schränkt das Gespräch mit Abweichenden und Fremden ein. Dies alles geschieht nicht auf Anordnung eines Dritten oder als geplanter Vorgang, sondern als ein sich selbst organisierender Prozeß, der latent bleibt. Ethnomethodologen sprechen hier von *order producing activities*. Planung und Fremdbestimmung würden diese Latenz zerstören und liefen darüber hinaus der Vorstellung zuwider, daß Identität unüberbietbarer Ausgangspunkt des Handelns, seine Voraussetzung und nicht sein Ergebnis, sei. Die Genese eines Kollektivs muß latent bleiben. Dies schließt keineswegs aus, daß besondere rituelle Verfahren diese Prozesse der Herstellung von Gleichheit in einem Kollektiv verstärken und absichern. Entscheidend ist, daß die Funktion der Rituale bei den Teilnehmern latent gehalten werden muß.

Aus den vielfältigen Unterschieden der Individuen entstehen so zunächst allmählich, dann immer schneller bestimmte Gleichheiten und Gleichförmigkeiten: Einheit und Identität aus Vielfalt und Chaos. Das Gegenüber des Fremden, die Situation also, spielt in einem solchen Prozeß der »Selbstorganisation« von kollektiver Identität eine immer geringere Rolle: das Fremde verschwindet hinter dem Horizont eines Handelns, das allein auf Wechselseitigkeit angelegt ist, ja es wird sogar durch räumliche oder soziale Abschließung auf Distanz gehalten. Im Unterschied zur situativen Konstruktion des Fremden, die ja gerade durch seine Gegenwart ausgelöst wurde, wirft der Ausschluß des Fremden hier die Frage auf, wie – trotz (oder wegen) der Distanzierung zwischen Kollektiv und Außenstehenden – Grenzüberschreitungen gestattet und überwacht werden können. Die Regelung der Grenzüberschreitungen, der Initiation in ein Kollektiv, ist daher ebenso zentral für die Konstruktion von sozialen Kollektiven wie die Symbolisierung der Einheit und Gleichheit. Diese Grenzüberschreitungen, die Aufnahme in ein Kollektiv und die Ausgliederung, werden durch Rituale geregelt: Bei besonderen Gelegenheiten, an bestimmten Tagen, in besonderen und abgeschiedenen Räumen, unter Anwesenheit der Gemeinschaft oder deren Repräsentanten wird diese schwierige Passage veranstaltet. Entscheidend ist auch hier, daß die Gegenwart des Fremden von diesem Ritual der Inklusion oder Exklusion ausgeschlossen werden muß. Reinigungsrituale, Widerrufe, Umbenennungen und Vertreibungen des Dämons sollen diesen Ausschluß des Fremden bewirken und die Homogenität des Kollektivs gegenüber den verderblichen Einflüssen der Außenwelt schützen. Um diese Abkoppelung der rituellen Selbstproduktion des Kollektivs von der Außenwelt zu ermöglichen, sind jedoch besondere situative Arrangements notwendig. Die Analyse der rituellen Selbstproduktion eines Kollektivs hat diesen situativen Bedingungen der Isolation und der Verdichtung in besonderer Weise Rechnung zu tragen.

1.4.3 Die Reflexion über kollektive Identität

Auch wenn sich der durch Negation bewegte Kommunikationsprozeß von der Situation, d. h. von der Gegenwart des Fremden, gelöst hat, so bleiben die Ebenen des Codes und des Prozesses doch noch eng aneinander gekoppelt. Eine eigene, vom Prozeß unabhängige Variation des Codes selbst gerät hier noch nicht ins Blickfeld. Eine solche Entkoppelung von Code und Prozeß, von Sprache und Sprechhandlung ist jedoch durchaus denkbar: Codes oder Sprachen enthalten immer mehr Möglichkeiten, als in Sprechhandlungen jemals aktualisiert werden können. In unserem Bild der Reise bedeutet diese Entkoppelung von Code und Prozeß, daß nicht nur konkrete Reisepläne und besondere Reiseerfahrungen, sondern *Landkarten* vorliegen, die von den einzelnen Reisen abstrahieren und für eine Vielzahl möglicher Reisen genutzt werden können. Einmal vorhanden, lassen sich solche Landkarten darüber hinaus perfektionieren und variieren, ohne daß eine Korrektur immer einen neuen Reiseprozeß erfordern würde. Die Logik der Abbildung auf Landkarten deckt fehlerhafte Angaben auf und macht neue Reiserouten sichtbar. Eine solche Trennung von Landkarte und Reise, oder allgemeiner: eine solche Entkoppelung von Code und Prozeß erlaubt eine energiearme Variation von symbolischen Codes, ohne daß damit auch schon eine unmittelbare Umsetzung der neuen Codeelemente in entsprechende Handlungen verbunden wäre. Im Falle der engen Koppelung zwischen Prozeß und Code bindet und beschränkt der Handlungsprozeß auch die Variation der symbolischen Codierung; die individuellen und kollektiven Interessen, die Dynamik von Konflikten und Kooperationen setzen der freien und ungebundenen Konstruktion neuer Codes hier enge Grenzen. Es gibt dann sozusagen nur Reisepläne, Reiseempfehlungen und Reiseberichte, aber keine Landkarten. Wissen und Weltinterpretationen haben noch stark partikulare, ideologische oder dogmatische Züge; ihre Fähigkeit zur Überbrückung sozialer Grenzen und kollektiver Differenzen ist begrenzt, und neues Wissen wird mit Argwohn und Mißtrauen betrachtet, denn es könnte dem Fluß der Kommunikation eine neue Richtung geben und die klar gezogenen Grenzen zwischen sozialen Gruppen verwischen. Magische und totemistische Codierungen der Welt, aber auch religiöse Dogmen und Parteiideologien sind Beispiele für solche engen Koppelungen zwischen Code und Prozeß. Enge Koppelung bedeutet freilich nicht nur, daß die Codevariation durch den Prozeß beschränkt bleibt, sondern auch, daß eine neue Codevariante – wenn sie einmal existiert – ohne Umstände in die Tat umgesetzt werden muß.

Besondere Entwicklungen der Kommunikationssituation können die Entkoppelung von Code und Prozeß fördern. Eine entscheidende Rolle spielt dabei das Ausblenden des direkten und persönlichen Gegenübers, an das sich die Kommunikation richtet. Ein solches Ausblenden des Gegenübers wird vor allem durch die Schrift und bei der Lektüre eines Textes gefordert (vgl. Abschnitt 5.3).[15] Das Handeln richtet sich hier nicht mehr auf die Klassifikation der Objekte in einer Situation oder auf die Herstellung von Gleichheit mit einem persönlichen Gegenüber, sondern innerhalb eines bestimmten Rahmens auf alle möglichen Gegenüber, auf alle

---

15 Ein Überblick über den Stand der Forschung zum Thema Mündlichkeit und Schriftlichkeit findet sich bei Ong, W. J., Orality and Literacy – The Technologizing of the Word, London 1982. Zahlreiche Anregungen – denen wir hier zum Teil gefolgt sind – finden sich auch im Werk von Lévi-Strauss. Vgl. z. B. ders., Traurige Tropen, Frankfurt/M. 1978 (28. Kapitel).

mögliche Gegenstände der Welt. Wenn ein solches persönliches Gegenüber fehlt und die Situation ausgeblendet wird, dann tritt der Sprecher in einen Dialog mit sich selbst ein, in dem Persönliches und Besonderes an Gewicht verlieren. In diesem einsamen Dialog mit sich selbst oder mit einem gesichtslosen und unpersönlichen Anderen kann die bloße Negation den Prozeß nicht mehr in Gang halten, und auch die vorhandenen Dinge, die Situation, bieten keinen Anlaß mehr zum Gespräch.

Solche Umstände begünstigen eine neue Prozeßform, in der der Unterschied zwischen Code und Situation, zwischen der Sprache und den Dingen selbst sichtbar wird, womit die Codierung als kontingent und die Verbindung von Zeichen und Bezeichnetem als zerbrechlich erkannt wird. Codes werden als variabel betrachtet und damit selbst zum Thema; und an die Stelle der natürlichen Einstellung des Alltagshandelns tritt der *kritische Blick*. Diese besondere Form des Monologs nennen wir *Reflexion*. Auch die Reflexion über Codes kommt nicht ohne die Voraussetzung von (anderen) Codes aus: In der Reflexion werden Codes auf Codes angewandt, werden Codes erweitert, ergänzt, systematisch geordnet, und so wird eine eigenständige und zusätzliche symbolische Variation erzeugt, während Situation und Prozeß gleichsam stillgelegt werden. Dies ist etwa dann der Fall, wenn Mönche sich der Auslegung der heiligen Schriften widmen, wenn Wissenschaftler ihre Beobachtungen in Theorien umsetzen, wenn Schriftsteller über literarische Ideale nachdenken oder wenn Rechtsgelehrte die Gesetze unter neuen Gesichtspunkten ordnen und zusammenfassen. Hier wird nicht die Situation konstruiert oder die Äußerung des Gegenübers negiert, sondern *monologisch* über Codes reflektiert. Die Person des Akteurs und sein Gegenüber, die besondere Geschichte der Interaktion und die lokalen Umstände treten dabei zurück hinter eine diffuse und anonyme Adresse; man redet ohne zeitliche und räumliche Einschränkung im Hinblick auf alle vernunftbegabten Subjekte. Die monologische Reflexion ist tendenziell *universalistisch* und läßt nur *symbolische* Ordnungsleistungen zu. Neue und eigentümliche Verknüpfungsregeln nehmen dann die Stelle der Zeigegesten und Turn-taking-Regeln ein: Logik, Theorie und Methode, kurz: Metacodes. Sie eröffnen der universalistischen Reflexion neue Anschlußmöglichkeiten: Widersprüche können gelöst, Folgerungen können gezogen, Voraussetzungen sichtbar gemacht, Verallgemeinerungen vorgenommen und Differenzierungen ausgebaut werden.[16]

Die Entkoppelung von Code und Prozeß öffnet jedoch nicht nur Möglichkeiten für eine eigenständige Variation der symbolischen Ebene, sondern sie gestattet auch eine leichtere Übertragung und Reproduktion von Codes. Codes, die durch universalistische Reflexion entstanden, haben ihre Bindung an bestimmte Prozesse und besondere Umstände gelöst und können leicht – sozusagen frei schwebend – auf alle möglichen Lagen und Vorgänge angewandt werden. Sie sind all-zuständig, und ihre Reichweite kennt kaum Grenzen.

Auch im Hinblick auf kollektive Identität sind Szenarios denkbar, in denen sich die Reflexion über den Code von dem Prozeß wechselseitiger Identifikation und dem Gegenüber des Fremden löst. Eine solche gesonderte Reflexion über kollektive Identität zielt auf zusätzliche Begründungen einer Gemeinschaftlichkeit, die sich aus der Begegnung mit dem Fremden und der Kommunikation unter Gleichen nicht mehr selbstverständlich ergibt. Jenseits und unabhängig von lokalen Anstößen und dem Vollzug der Gemeinschaft werden dann tieferliegende und dauerhafte Fundamente gesucht. Die aus der Situation und dem sozialen Prozeß heraus nicht mehr selbstverständliche Identität wird durch einen Ausbau des symbolischen Codes, durch eine Metaebene der Codierung, gestützt.[17] Theologie kompensiert so die Gefährdung von praktischer Religiosität, die Metaphysik des Nationalen den Zerfall von regionalen Bindungen und die Philosophie der Geschlechterdifferenz die gesellschaftliche Nivellierung des entsprechenden Unterschieds. Solche Reflexionen über Konfession, Nation und Verfassung oder Geschlecht versuchen, die schwierige Verbindung

---

16 Vgl. zu solchen Folgen der Verschriftlichung auch allgemein Goody, J., The Domestication of the Savage Mind, Cambridge 1977.

17 Hier geht es typischerweise – um mit Odo Marquard zu sprechen – um Inkompetenzkompensationskompetenz. Vgl. ders., Inkompetenzkompensationskompetenz. Über Kompetenz und Inkompetenz der Philosophie, in: ders., Abschied vom Prinzipiellen, Stuttgart 1982, S. 23-38. Damit geht die Wirklichkeit, nämlich als sozial konstruierte und tendenziell situationsresistente Wirklichkeit, ins Fiktive über. Vgl. deshalb auch ders., Kunst als Antifiktion – Versuch über den Weg der Wirklichkeit ins Fiktive, in: ders., Aesthetica und Anaesthetica, Paderborn 1989, S. 82-99.

zwischen der Besonderheit einer kollektiven Identität und dem Universalismus der Reflexion herzustellen; auch diejenigen, die ihres Glaubens nicht mehr ganz so sicher sind, die die Begegnung mit Unbekannten nicht mehr als befremdend erleben oder bei denen die Erfahrung des anderen Geschlechts an Kontur verliert, sollen so durch *allgemeine* Gründe von der Bedeutung der *besonderen* Grenze überzeugt werden. Wie wir im folgenden Abschnitt zeigen werden, gelingt dies für »kulturelle« Codes bedeutend leichter als für »primordiale« und versagt bei »konventionellen« Codes gänzlich. Kulturelle Codes werden durch universalistische Begründung verstärkt und in eine missionarische Expansion gedrängt. Auch primordiale Codes können diese universalistische Ebene über Naturalisierung erreichen: die Besonderheit einer kollektiven Identität hat ihren Grund in der Natur, die auch den davon Ausgeschlossenen ihren Platz und eine Identität zuweist. Konventionelle Codes hingegen verlieren ihre besondere Logik, wenn diese expliziert und als planvolles Verfahren begründet wird. Sie werden in diesem Prozeß tendenziell »kulturalisiert« (vgl. 3.3).

Auch für die Reflexion über Codes kollektiver Identität gilt freilich, daß diese durch besondere situative Rahmenbedingungen erst ermöglicht und befördert werden. Eine konstruktivistische Analyse hat gerade diese situativen Bedingungen, die in der Reflexion zurücktreten und stillgestellt werden, wieder sichtbar zu machen und ins Blickfeld zu holen. Die folgende Darstellung der Logiken von Codes kollektiver Identität geht von einer Verbindung zwischen der Differenz »Wir«/»Andere« und ursprünglichen Unterscheidungen aus.[18] Diese Verbindung wird im Hin-

---

[18] Die sozialphilosophische Reflexion des »Anderen« hat sich bis auf wenige Ausnahmen vorrangig dem Ich-Du-Verhältnis oder dem Problem des Verstehens gewidmet, während die Frage nach der Genese einer kollektiven Identität, eines »Wir«, nur selten als eine Auseinandersetzung mit einem »Anderen« begriffen wurde und statt dessen endogen zu erklären versucht wurde. Als neuere und anregende Versuche, diese Verengung der Fragestellung zu überwinden, müssen insbesondere Kristeva, J., Fremde sind wir uns selbst, Frankfurt/M. 1990, und Boon, J. A., Other Tribes, Other Scribes. Symbolic Anthropology in the Comparative Study of Cultures, Histories, Religions and Texts, Cambridge 1982, gelten. Aus einer eher Foucaultschen Perspektive finden sich zahlreiche Anregungen zu einer »imaginativen Geographie« bei Said, E., Orientalism, New York 1978, insbesondere S. 49 ff.

blick auf ihre Konstruktion von Differenzen und Grenzen, ihre Identifikation eines Kollektivs und ihre Reflexionsform kollektiver Identität untersucht. Die drei Logiken von Codes kollektiver Identität, die wir im folgenden beschreiben, haben den Status von Idealtypen. Konkrete historische Codierungen kollektiver Identität verbinden zumeist Elemente mehrerer idealtypischer Codes, wobei jedoch in der Regel ein Typus überwiegt.

2 Primordiale Codes

Wenn kollektive Identität sich auf Geschlecht oder Herkunft, Verwandtschaft oder Region, Volk oder Rasse gründet und aufbaut, dann bindet der Code die konstitutive Differenz an »primordiale« Unterscheidungen wie Mann und Frau, Eltern und Kinder. *Primordiale Codes* greifen auf Merkmale zurück, die von Kommunikation und Austausch ausgenommen sind. Sie sind an jene dingliche Ordnung der Welt gebunden, die durch willkürliches Handeln scheinbar nicht verändert werden kann, sondern als gegeben betrachtet wird. Der abendländische Begriff für diesen Bereich der Welt ist »Natur«.

2.1 Natürliche Klassifikation

In der Situation der Begegnung strukturieren primordiale Codes unser Verhalten ähnlich wie die Regeln der Sprache das Sprechhandeln: Je nachdem, ob jemand schwarz oder weiß, Mann oder Frau, Kind oder Erwachsener ist, weist man ihm seinen Platz in einem Netzwerk der Zeichen zu, ohne sich über die Regeln der Zuordnung Gedanken zu machen oder sie überhaupt zu kennen. Man klassifiziert sein Gegenüber nach »selbstverständlichen« oder »offensichtlichen« Eigenschaften und erreicht gerade durch diese »Objektivierung«, daß der Typisierungs- und Konstruktionsvorgang latent gehalten werden kann. Auch diese natürliche Klassifikation ist jedoch das Ergebnis praktischer Konstruktion. Bei jeder Anwendung von Codes auf die unstrukturierte Welt sind praktische Entscheidungen zu treffen, die auch anders ausfallen könnten, ist Unsicherheit, Beliebigkeit und Kontingenz vor den Akteuren verborgen und latent zu halten.

Bei dieser alltäglichen Klassifikation des Gegenübers stellen sich Unterschiede der Vertrautheit ein: Manches ist uns ähnlich oder kann zumindest unter bestimmten Umständen ähnlich werden, anderes wird als unabänderlich ›fremd‹ und ›anders‹ empfunden, als rätselhaft und schwer verständlich. Dieses Fremde und Andere, das wir uns nicht ähnlich machen und angleichen können, hat ein bedrohliches und beunruhigendes Aussehen, es erregt und fasziniert. Als Feindliches, Fremdes, Barbarisches und Exotisches ist es Thema von Erzählungen und Darstellungen, die das Fremde in die Nähe des Kreatürlichen und des Dämonischen bringen. Die Unsicherheit, die das Fremde in uns auslöst, ist eine Unsicherheit der Klassifikation: Es ist kein Objekt, aber auch kein Subjekt, das uns gleicht und von uns aus verstanden werden könnte. Das Fremde reizt und gefährdet; es hat fast eine erotische Ausstrahlung und zeigt so seine Abkunft aus der ursprünglichen Differenz von Mann und Frau.[19] Dieses verlockende und bedrohliche Fremde darf und kann nicht angeglichen und missioniert, bekehrt oder adoptiert werden; Fremde sind nicht schuldig, eine falsche Wahl getroffen zu haben; sie können nicht erzogen, entwickelt, ja nicht einmal verstanden werden, sie sind schlicht und unveränderbar anders, und diese Differenz vermittelt Reiz und Gefahr zur gleichen Zeit.

2.2 Primordiale Gemeinschaften

Wenn die Unterscheidung zwischen Fremdem und Vertrautem unübersichtlicher wird und man sich über die Differenz nicht mehr so leicht einigt, wenn das Gegenüber seine Natur nicht mehr so offensichtlich und selbstverständlich zeigt, dann werden besondere Gelegenheiten, Orte und Formen der Kommunikation notwendig, in denen außerhalb der alltäglichen Routine der Kern des Ganzen freigelegt, in denen die Zugehörigkeit zu einer primordialen Gemeinschaft betont und angezeigt und die Einheit des

---

[19] Nicht umsonst okkupiert der Begriff der Verführung in den Arbeiten Jean Baudrillards eine Schlüsselrolle, soweit es ihm um die Konstitution und Genese von Sinn geht. Das Fremde reizt und wirkt verführerisch nur, solange es fremd ist und sich immer wieder entzieht. Vgl. insbesondere ders., Die fatalen Strategien, München 1985.

Kollektivs hergestellt und bekräftigt werden.[20] Dies ist etwa bei ständischen oder nationalen Unterschieden der Fall, die sich nicht mehr so eindeutig ermitteln lassen oder die aus der Vielfalt anderer, ebenfalls möglicher Zurechnungen als besonders gewichtig und vorrangig herausgehoben werden sollen. Man spricht so nicht nur einen muttersprachlichen Dialekt, sondern man pflegt ihn bei besonderen Gelegenheiten, ebenso wie regionale oder nationale Trachten, die durch speziellen Aufwand am Leben gehalten und bei besonderen Gelegenheiten hervorgeholt werden. Fahnen und Farben, Feiern und Feste dienen gleichfalls einer solchen Bekräftigung primordialer Gemeinschaften. Dabei geht es weniger um das Festlegen der Unterschiede als um die rituelle *Verstärkung der Einheit*, weniger um Klassifikation als um Uniformität: alle tragen die gleichen Farben, Trachten und Fahnen, singen dieselben Lieder und sprechen dieselben feierlichen Worte. Man identifiziert sich wechselseitig als Gleiche und produziert so das Kollektiv. Fremde, Außenstehende werden davon ausgeschlossen, sie stören das Bild der Einheit und Uniformität und könnten die Frage nach der Kontingenz der Differenz stellen. Man hält sie am besten fern. *Räumliche Distanz* sichert hier die Grenzen nach außen und die Einheit nach innen: Die Gemeinschaft muß »rein« gehalten werden, und den »Heimatboden« darf kein Fremder betreten. Grenzkonstruktion geschieht hier noch in einem wörtlichen Sinne: als Abgrenzung eines Territoriums und als Isolierung des Binnenraumes gegen das Eindringen von Fremden. Gerade in diesen Distanzierungen wird deutlich, daß auch die Grenzen primordialer Gemeinschaften keineswegs natürliche Barrieren sind, die ohne soziale Befestigung auskämen.[21]

20 Vgl. dazu auch Geertz, C., The Integrative Revolution: Primordial Sentiment and Civil Politics in the New States, in: ders., The Interpretation of Cultures, New York 1973, S. 255-310.
21 Zum Thema Grenze ist die Literatur vergleichsweise spärlich – trotz ihrer konstitutiven Funktion für alle Systembildungen. Und dies trifft nicht nur die Soziologie: selbst im Lexikon »Geschichtliche Grundbegriffe« findet sich keine Eintragung. Interessant ist deshalb immer noch J. Grimm, Deutsche Grenzalterthümer, in: ders., Abhandlungen zur Mythologie und Sittenkunde, Kleinere Schriften, Bd. 2, Berlin 1965, S. 30-74. Vgl. aus soziologischer bzw. anthropologischer Sicht aber auch Barth, F. (Hg.), Ethnic Groups and Boundaries: The Social Organization of Cultural Difference, Boston 1969.

Obwohl sich jeder Teilnehmer durchaus des Umstandes bewußt ist, daß bei solchen Grenzbefestigungen das Selbstverständliche auf eine besondere, zusätzliche und eben nicht »selbstverständliche« Weise betont wird, kann doch die Frage nach der Begründung der Einheit und der Explikation der Kriterien hier noch nicht gestellt werden. Man ist glücklich, sich durch ein Symbol geeint zu haben, und will diese Einheit nicht durch Zweifel gefährden.

Primordiale Grenzen lassen sich sozial nicht in Bewegung bringen, und es ist äußerst schwierig, sie zu überschreiten. Jede Grenzüberschreitung verwischt die Unterscheidung und stellt die Grenze selbst in Frage. Manchmal läßt sich jedoch auch eine *Grenzüberschreitung* nicht vermeiden – sei es, um bei internen Krisen Mitglieder aus der Gemeinschaft auszustoßen oder um neue Mitglieder zu gewinnen. Diese unvermeidbaren Grenzüberschreitungen werden jedoch auch in primordialen Gemeinschaften niemals allein durch biologische Vorgänge wie Geburt und Tod, Zeugung und Tötung vollzogen; statt dessen kontrollieren soziale *Passagerituale* den Schritt über die Grenze: Taufe und Begräbnis, Heirat und Weihe, Aufnahme und Verstoßung.[22] Weit davon entfernt, diese Grenzen zu vernachlässigen und allein natürlichen Prozessen zu überlassen, konstruieren und bestätigen diese Rituale die Grenzen auf eine *soziale* Weise: Primordiales entsteht so gerade nicht aus natürlicher Gegebenheit, sondern ist letztlich eine fragile soziale Konstruktion, die auch anders ausfallen könnte und immer wieder im sozialen Handeln gefestigt und begründet werden muß. Dies wird besonders deutlich in der Verfassung der *Korporation*. Hier verbindet sich eine scheinbar unveränderliche Grenzkonstruktion mit ausgearbeiteten Verfahren der institutionellen Distanzierung und dem Umstand, daß ein gesellschaftlicher Zusammenhang die korporative Gliederung bestimmt: Man gehört einem Stand oder einer Kaste zumeist durch Geburt und Herkunft an, aber die Aufgliederung der Stände folgt dem Prinzip der gesellschaftlichen Hierarchie.

---

22 Vgl. dazu als nach wie vor lesenswert: Gennep, A. van, The Rites of Passage, London 1960; sowie Turner, V. T., Das Ritual. Struktur und Anti-Struktur, Köln 1989. Zu neueren Arbeiten vgl. auch Soeffner, H.-G., Die Ordnung der Rituale. Die Auslegung des Alltags 2, Frankfurt/M. 1992.

2.3 Naturalisierung

Wenn die territoriale und rituelle Distanz zum Fremden immer häufiger durchbrochen wird, wenn sich die Begegnungen mit Fremden nicht mehr vermeiden lassen und zu den geläufigen Erfahrungen des Alltags gehören, wenn viele Gemeinschaften exklusive Bekenntnisse vom einzelnen fordern oder wenn soziale und regionale Mobilität Umorientierung verlangt, dann verlieren auch Kollektive ihre klaren Konturen:[23] Die Gesellschaft scheint schließlich in eine Vielzahl von Individuen zu zerfallen, die ihre Identität selbst zu bestimmen versuchen und durch individuelle Entscheidung Mitglieder von *Organisationen* werden. Moderne Organisationen mit ihren wechselnden Mitgliedschaften und vielfältigen Zurechnungsmöglichkeiten erschweren jedoch die Ausbildung kollektiver Identität. Soll kollektive Identität weiterhin eine stabile Bezugnahme vermitteln, die dem Wandel und der Verflüssigung moderner Sozialbeziehungen entzogen ist, dann muß man auf Primordiales zurückgreifen. Freilich müssen Kriterien ausgearbeitet, Typen standardisiert und die Einheit tiefer begründet werden, wenn die Kontingenz der Konstruktion in der »Verwirrung« der Moderne nicht offen zutage treten soll. Dieses Latenzproblem wird durch besondere und zusätzliche *symbolische Konstruktionen* – in der Regel von intellektuellen Spezialisten – bewältigt. Die Spannweite reicht hier vom Dichter, der Märchen und Herkunftsmythen sammelt, über die philosophische Begründung der Nation bis zum Humanbiologen, der die anatomischen Standards der Rassen festlegt. Primordiale Codes, die das alltägliche Handeln auf eine vorbewußte Weise steuern und die kollektiv bekräftigt werden können, werden hier selbst zum Gegenstand besonderer Reflexion. Im Unterschied zur räumlichen Distanzierung geschieht die Grenzkonstruktion hier allein durch *symbolische* Ordnung, durch besondere reflexive Schleifen und die Konstruktion metaphysischer Unterschiede.

Diese symbolische Konstruktion von primordialer Identität kann man *Naturalisierung* nennen.[24] Naturalisierung begründet Identi-

---

[23] Ernest Gellner spricht in diesem Zusammenhang auch von einer Art sozialer »Entropie«. Vgl. ders., Nations and Nationalism, Oxford 1983, S. 64 ff.

[24] Solche Naturalisierungen sind natürlich nicht auf vormoderne Gesell-

tät in biologischen Merkmalen wie Geschlecht, Abstammung oder Rasse oder in der Bindung an ein bestimmtes Territorium. Das Vorliegen solcher »natürlicher« Unterschiede und Grenzen kann weder geleugnet noch beeinflußt werden: Sie liegen außerhalb der Reichweite praktischen Handelns und tiefer als der gesellschaftliche Wandel. Da diese Grundlage der Gemeinschaft nicht-sozialer Art ist, läßt sich das Merkmal auch nicht imitieren, eintauschen oder erwerben; selbst Gespräche erschließen hier keinen Zugang. Verständnis ist letztlich unmöglich. Man hat es, oder man hat es nicht, ein äußerlicher Zugang bleibt unmöglich, und jeder allgemeine Versuch, Identität diskursiv zu bestimmen, ist zum Scheitern verurteilt. Jede Anstrengung, den Fremden zu bilden und zu unterweisen, wird fehlschlagen, denn ihm fehlt ganz einfach die natürliche Fähigkeit des Verstehens. Durch ihre besondere Art der sozialen Konstruktion widerstehen primordiale Merkmale jedem Versuch, sie erfolgreich zu kopieren. (Auf diese Weise konnte der Adel des 18. Jahrhunderts sich über die bürgerlichen Anstrengungen belustigen, das höfliche und vornehme Verhalten zu imitieren und zu lernen. Selbst wenn die bürgerlichen Imitationen des aristokratischen Lebensstils in einer vollkommenen Weise ausgeführt wurden, konnten sie die »oberflächliche« Prätention nicht verbergen.) Diese sozial konstruierte »Kopierschranke« gibt primordialen Codes eine besondere Bedeutung in modernen Gesellschaften: In einer Welt des Wandels, der Verflüssigung und der Bewegung legen sie scheinbar unverrückbare Grenzen fest.

Im Unterschied zur alltäglichen Konstruktion von Grenzen oder zur Produktion eines Kollektivs ist die *intellektuelle* Begründung dieses Kollektivs durch »Naturalisierung« eine vergleichsweise junge und voraussetzungsvolle Entwicklung. Naturalisierung als explizite Reflexion kann erst dann gelingen, wenn die Natur als ein Bereich unveränderbarer Strukturen und objektiver, ewiger Naturgesetze dem Reich des willentlichen Handelns, der Vernunft und der Geschichte entgegengesetzt werden kann. Zwar war auch

schaften beschränkt; Prozesse der Naturalisierung sind vielmehr auch heute noch allgegenwärtig, und zwar nicht nur als nationale Mythen, sondern eben auch als Mythen des Alltags. Vgl. dazu die mittlerweile klassischen Analysen bei Barthes, R., Mythen des Alltags, Frankfurt/M. 1964.

die analogische Codierung des sogenannten primitiven Denkens auf die Konstruktion einer gleichen Ordnung in Kultur und Natur angelegt, aber dies geschah noch nicht als besondere intellektuelle Reflexion – beide Bereiche konnten nicht anders als gleich strukturiert gedacht werden. Naturalisierung als intellektuelle Befestigung primordialer Identitäten ist hingegen auf eine spezifisch neuzeitliche Differenz zwischen Natur und Geschichte angewiesen, die das Feld von Geschichte und Gesellschaft erst frei machte für jenen Fortschritt und Wandel, der etwa durch die Idee der Nation aufgefangen werden sollte.

Damit schiebt sich ein weiteres Problem ins Blickfeld. Naturalisierung hat den Zweifel an der Sicherheit und Unüberbietbarkeit primordialer Grenzziehungen ausräumen sollen, verweist aber gleichzeitig auch auf den Gegensatz zwischen der Unruhe und Verwirrung der Geschichte einerseits und der unveränderlichen Ordnung der Natur andererseits. Hieraus ergibt sich ein besonderes *Erlösungsmotiv* für geschichtliches Handeln: Erst wenn die Geschichte sich an die Natur anpaßt, wenn die im Laufe der Geschichte verdeckten, verschütteten und verleugneten natürlichen Gemeinschaften endlich wieder zu ihrem selbstverständlichen Recht kommen, wenn die Gesellschaft wieder auf ihre gemeinschaftliche Grundlage, ihre »natürliche Heimat« zurückgeführt werden kann, erst dann werden die Leiden und Entfremdungen der Vergesellschaftung geheilt und überwunden, erst dann wird Geschichte zur Ruhe kommen und mit der Natur versöhnt werden. Der Begriff der natürlichen Gemeinschaft wird dabei seit dem 19. Jahrhundert in verschiedenen Schattierungen zur Leitidee politischen Handelns, als Volk und Nation, als Familie oder auch als mit der Natur versöhnte ökologische Gemeinschaft.

3 Konventionelle Codes

Im Unterschied zu primordialen Codierungen kollektiver Identität bindet ein zweiter Typ von Codes die konstitutive Differenz zwischen »Wir« und »Anderen« an den Unterschied zwischen der *Routine* und dem *Außerordentlichen*. Die Grenzen der Gemeinschaft werden hier durch die Vertrautheit und selbstverständliche Kenntnis der impliziten Verhaltensregeln und der sozialen Routinen definiert. Dieser Typ der Codierung kollektiver Identität könnte »konventionell« genannt werden. *Konventionelle Codes* betrachten kollektive Identität nicht als Spiegel einer externen Referenz, wie etwa der Natur oder des Heiligen; statt dessen werden die internen Routinen des alltäglichen Handelns, die besonderen Regeln einer Lebenswelt als der Kern der kollektiven Identität betrachtet. Konventionelle Codes erlauben keine Konstruktion, die die kollektive Identität als grundsätzlich überlegen oder auch nur unabänderlich darstellen – andere Kollektive mögen andere Identitäten haben, und andere Codes sind durchaus denkbar und legitim, aber hier und heute, in dieser besonderen Gruppe gilt eben dieses Kriterium der Zugehörigkeit. Konventionelle Codes haben eine besondere Nähe zu jenen Abgrenzungen, die aus der Praxis eines Gemeinwesens, aus Staatsbürgerlichkeit (civility) und ›zivilisierten Umgangsformen‹ entstehen.[25]

3.1 Lebenswelten

Diese Routinen und Regeln können zunächst nicht von der Praxis des Handelns und der Teilnahme am alltäglichen Leben getrennt werden. Jeder Versuch, sie in Frage zu stellen, nach Anweisungen im Hinblick auf richtiges Verhalten zu fragen oder auch nur, sie zu rechtfertigen und die Grenze zu markieren, verweist eindeutig auf den Außenstehenden. Der Insider ist einfach vertraut mit den *Regeln einer Lebenswelt* und nur selten in der Lage, sie beim Namen zu nennen und zu erläutern. Gerade weil die Verbindlichkeit dieser lebensweltlichen Regeln nirgendwo explizit gefordert wird, können sie auch nicht in Frage gestellt und kritisiert werden: Der Kern der Vergemeinschaftung wird so der sprachlichen Behandlung und bewußten Veränderung entzogen. Die Regeln werden beachtet, weil sie die Regeln sind, und jeder Zweifel überschreitet die Grenzen der kollektiven Identität, ja löst Verwirrung und Krisen aus. Wer etwa ein Gespräch ohne jede Form der Begrüßung beginnt, wird auf Ablehnung stoßen, und wer die sprachlichen Regeln willkürlich ändert, muß mit Unverständnis rechnen.

Auf der Ebene alltäglichen Handelns entwickeln und verstärken

---

25 Shils, E., Personal, Primordial, Sacred and Civil Ties, in: ders., Center and Periphery. Essays on Macrosociology, Chicago 1975, S. 111-126.

sich diese impliziten Regeln durch ständige Wiederholung. Man reproduziert die Regeln der Sprache beim Sprechen und die Regeln einer Lebenswelt in der Interaktion unter Gleichen: Imitation, Wiederholung, Verstärkung und Versicherung sind die Mechanismen, mit denen Regelhaftigkeit im Alltag hergestellt wird. Wer diese lebensweltlichen Regeln nicht beherrscht, bleibt unverständlich und findet keinen Zugang zur Gemeinschaft.

Der Außenseiter ist hier der *Fremde*, der einfach anders und »ungewöhnlich« ist, ohne daß ihm besondere charismatische oder dämonische Eigenschaften zugesprochen werden könnten.[26] Er ist weder verlockend noch bedrohlich, weder bildungs- noch hilfsbedürftig. Man nimmt sein Anderssein mit Indifferenz hin, möchte selbst aber auch in Ruhe gelassen werden. Da seine Handlungen schwer zu verstehen sind und sein Verhalten nicht einfach in Rechnung zu stellen ist, fordert die Logik der Interaktion selbst eine gewisse Vorsicht und Distanz, die sich von dem gelösten und entspannten Umgang mit Bekannten deutlich unterscheidet. Läßt sich die Nähe des Fremden nicht vermeiden, verfolgt man angestrengt sein Verhalten und versucht, seine Absichten zu ergründen.

3.2 Rituelle Inklusion

Beim Versuch, den Fremden zu verstehen, oder bei der Reparatur von Mißverständnissen läßt es sich zuweilen nicht vermeiden, daß die bis dahin unausgesprochenen Regeln selbst zum Gegenstand der Verhandlung und zur Grundlage der Einigung werden. Hieraus können sich besondere Verfahren und Gelegenheiten ergeben, anläßlich derer die Regeln explizit genannt und bekräftigt werden: Man eröffnet eine Parlamentssitzung, man setzt eine richterliche Entscheidung fest, man feiert Feste, und man veranstaltet Spiele. In all diesen Fällen ist den Teilnehmern durchaus die Existenz

---

26 Vgl. zum Problem des »Fremden« in diesem Zusammenhang auch die beiden klassischen Arbeiten von Georg Simmel, Exkurs über den Fremden, in: ders., Soziologie. Untersuchungen über die Formen der Vergesellschaftung, 4. Auflage, Berlin 1958, S. 509-512, und Alfred Schütz, Der Fremde, in: ders., Gesammelte Aufsätze, Bd. II, Den Haag 1972, S. 53-69. Einen Überblick über die neuere Literatur findet man in Harman, L. D., The Modern Stranger – On Language and Membership, Berlin-New York-Amsterdam 1988.

bestimmter Regeln bewußt, die bei dieser besonderen Gelegenheit beachtet werden müssen, damit die Interaktion ihren Sinn behält; Verletzungen der Regeln können beobachtet, eingeklagt und debattiert werden. Die Überwachung der Regeln wird dabei häufig einer zentralen Autorität, dem Schiedsrichter, übertragen. Obwohl man sich andere Regeln vorstellen könnte und an anderen Orten, bei anderen Gelegenheiten auch andere Regeln gelten, wird die Gültigkeit der jeweiligen Regeln jedoch auch hier nicht in Frage gestellt. Man muß nicht Fußball spielen und kann sich andere Regeln des Ballspiels vorstellen, aber die Regeln des Fußballspiels sind für die Spieler beim Spiel niemals Ziel der Kritik. Wer sie kritisiert oder zusätzliche Begründungen verlangt, wird bei Fußballspielern nur Verständnislosigkeit hervorrufen; er hat sich mit seinem Zweifel außerhalb der Grenzen der Gruppe gestellt. Hier wird dadurch, daß die Regeln niemals zur Disposition stehen, durch ein Kommunikationsverbot also, Distanz geschaffen; sie sind *Rituale*, die keinerlei zusätzlicher Begründung bedürfen und ihren Sinn in sich selbst finden.

Die Aufnahme von Neulingen in den Geltungsbereich dieser Rituale vollzieht sich ohne ein besonderes Verfahren der Initiierung, des Bekenntnisses oder der Einweihung, das die Grenzüberschreitung anzeigt; es gibt keine klare Grenze, sondern nur ein unbestimmtes und diffuses Grenzgebiet. Die einzige Möglichkeit, als Angehöriger der rituellen Gemeinschaft akzeptiert zu werden und an ihrer kollektiven Identität teilzuhaben, besteht darin, die Spielregeln zu beachten, sich am Vollzug der Praxis zu beteiligen und allmählich die Feinheiten der lokalen Gebräuche und Routinen kennenzulernen. Zeit, Geduld und eine gewisse Vorsicht, um alles Außerordentliche und Ungewöhnliche zu vermeiden, sind unverzichtbar für dieses Unternehmen.[27]

Ein konventioneller Code der Konstruktion kollektiver Identität drängt nicht auf missionarische Expansion und pädagogische Be-

---

27 Aber auch wenn man alle beobachteten Eigentümlichkeiten der »Anderen« in Rücksicht zu stellen versucht, kann die Geschichte einen unerwarteten Lauf nehmen, wie das Beispiel des Kapitän Cook zeigt. Was Cook und seine Mannschaft bei ihren beiden Besuchen auf den Hawaii-Inseln erlebten, liest sich bei Marshall Sahlins streckenweise gleichsam wie eine Kriminalgeschichte. Ders., Der Tod des Kapitän Cook. Geschichte als Metapher und Mythos in der Frühgeschichte des Königreiches Hawaii, Berlin 1986.

mühung. Wenn Regeln und Routinen noch nicht expliziert werden können, wird auch jede besondere und absichtliche Erziehung und Vermittlung der Regeln fehlschlagen. Konventionelle Codes kollektiver Identität halten die Grenze dann gerade dadurch aufrecht, daß sie sie nicht erwähnen.

Aber auch wenn die Spielregeln durchaus bekannt sind und in gesonderter schriftlicher Form vorliegen, laden sie nicht ohne weiteres zur Übernahme und Beachtung ein. Im Gegenteil: Um Außenstehende auf Distanz zu halten und soziale Eintrittshindernisse zu errichten, werden die Spielregeln kompliziert und mit zusätzlichen, nirgends explizit erwähnten Routinen verbunden; die Kenntnis dieser Routinen zeigt dann die eigentliche Zugehörigkeit an.

3.3 Reflexion über Konventionen

Gelegentlich werden aber auch diese Regeln der Gemeinschaft Gegenstand eines kritischen Blicks. Man spricht dann zuweilen von Krise und Revolution, und die jeweils besondere Gemeinschaft scheint in ihre Bestandteile zu zerfallen. An die Stelle der kollektiven Identität scheint dann wieder eine Vielzahl von individuellen Identitäten zu treten.

Eine solche Erosion der Gemeinschaft ruft im Gegenzug wieder besondere reflexive Bemühungen hervor, der bedrohten Konvention einen zusätzlichen Wert zuzusprechen, Traditionen aus Verpflichtung und im Hinblick auf übergeordnete Bezüge am Leben zu erhalten. Man subventioniert, man appelliert an die Moral und die kollektive Identität, man überhöht die Regel zur Verfassung, man sucht andere durch allgemeine Gründe zur Teilnahme zu überreden. Wenn so die Konvention nicht mehr aus sich selbst lebt, sondern reflexive Rechtfertigungen und externe Begründungen benötigt, wenn Pädagogik eingreift und die Regeln vereinfacht werden, um sie leichter vermitteln zu können, dann hat die konventionelle Codierung ihre gemeinschaftsstiftende Kraft schon verloren. Gerade die Anstrengung, den Verfall einer konventionellen Gemeinschaft aufzuhalten, bewirkt so erst diesen Verfall: Lebenswelten lassen sich nicht systemisch beatmen und planvoll erzeugen. Wenn Konventionen begründet werden und eine ›Verfassungsdebatte‹ beginnt, nimmt die Codierung ›kultu-

relle‹ Züge an, universalistische Begründungsformen und Öffnungen der Teilnahme setzen ein. Konventionelle Codierungen kollektiver Identität sind hingegen strukturell selbstgenügsam: Man lädt nicht zur Teilnahme ein und stellt keine universellen Gültigkeitsansprüche. Die individuelle Überzeugung der Teilnehmer wird ebenso ausgeblendet wie die übergeordnete kulturelle Begründung. Konventionen begründen kollektive Identität durch die kompetente Teilnahme und durch sonst nichts. Wer aber teilnehmen will, muß die Regeln beachten.
Der rituelle Kern der Vergemeinschaftung über Konventionen erweist sich auch dann noch als tragfähig, wenn die externen Stützen der kollektiven Identität längst weggebrochen sind: Nach dem Ende der göttlichen oder naturrechtlichen Begründung bleibt noch das positive Recht, nach der Auflösung eines inhaltlichen Konsenses über Weltbild und Werte bleiben noch die Verfahrensregeln des Diskurses, nach dem Ende der endgültigen Naturerkenntnis bleibt noch die naturwissenschaftliche Methode etc.
Damit gerät freilich eine neue Ebene der Konventionalisierung ins Blickfeld: Geld und Macht, die modernen Medien der Interaktion. Mediengesteuerte Interaktion hat durchaus ähnliche Wirkungen wie die ritualisierte Konvention: Sie stiftet eine Vergleichbarkeit von Handlungen durch Abstraktion, lebt nur aus dem Prozeß selbst, lädt nicht gesondert zur Teilnahme ein und bindet Zugehörigkeit an nichts als die kompetente Teilnahme selbst. Allerdings: so bedeutsam die Interaktionsmedien für die Konstitution moderner Sozialbeziehungen auch sein mögen, sie eignen sich kaum zur Konstruktion stabiler Grenzen von Kollektiven. Im Gegenteil, sie lassen die Grenzen ausfransen und halten sie ständig in Bewegung, und sie sind systematisch blind für die persönlichen Merkmale der Teilnehmer, d. h. bei modernen Interaktionsmedien öffnet sich der Teilnehmerkreis, aber eine Reflexion der Konvention ist noch nicht erlaubt. Wird Sozialität gänzlich auf abstrakte Interaktionsmedien wie Geld und Macht umgestellt, so verdampft das Problem der kollektiven Identität im schnellen Prozeß von Markt und Politik oder sucht sich alte und scheinbar überholte Lösungen. Primordiale Merkmale wie Geschlecht und Herkunft können dann mit neuer Aufmerksamkeit rechnen, und Lebenswelten erscheinen als kostbar und bewahrenswert.

4 Kulturelle Codes

Im Unterschied zu konventionellen Codes bindet ein dritter Typ die konstitutive Grenze zwischen »Wir« und »Anderen« nicht an die Selbstverständlichkeit praktischer Routinen, sondern an eine besondere Beziehung zum Heiligen.[28] Es geht hier nicht nur um die einfache Klassifikation des Gegenübers oder um die Herstellung von Gleichheit und Kollektivität, sondern um die Deutung der unsichtbaren und nichtvorhandenen Welt, um die Stellungnahme zu den vielen Möglichkeiten und Unsicherheiten, die die Welt enthält. Mit der Unterscheidung zwischen dem Heiligen und dem Dämonischen wird eine ›Deutungsachse‹ in diesen unsicheren Bereich gestellt, die sich auch für die Konstruktion sozialer Kollektive nutzen läßt. Solche im engeren Sinne *kulturellen Codes* konstruieren Grenzen durch eine besondere Bindung an den unveränderbaren und ewigen Bereich des Heiligen und Erhabenen – ganz gleich, ob dieser als Gott oder Vernunft, Fortschritt oder Rationalität definiert wird.

4.1 Embleme

Diese Verbindung zum Übernatürlichen, Heiligen und Erhabenen ist zunächst einmal selbstverständliches Geheimnis derer, die dazugehören. Es ist unsichtbar und bedarf besonderer, aber selten auffälliger Symbolisierungen im Alltag, die dem Eingeweihten eine Gemeinsamkeit anzeigen. Die Beobachtung kultureller Differenzen im Alltag kann keineswegs auf so offensichtliche Unterschiede zurückgreifen, wie sie etwa der primordialen oder konventionellen Codierung zugrunde lagen. Das Heilige ist eben nicht in die Routine des Alltags eingebunden, sondern eine nichtalltägliche und außerordentliche Instanz, der man nicht ohne Anspannung begegnet. Es geht hier um eine unsichtbare Welt, die zunächst ein geschütztes Geheimnis der Dazugehörigen bleibt

---

28 Den Hintergrund der im folgenden vorgetragenen Überlegungen bildet vor allem K. Löwith, Weltgeschichte und Heilsgeschehen, Stuttgart 1953. Im Zuge der Aufklärung werden einzelne Nationen zu den Vorreitern einer als Heilgeschichte gedeuteten Weltgeschichte apostrophiert.

und an der die Außenstehenden nicht teilhaben dürfen. Dennoch ist es notwendig, die Zugehörigkeit zur kulturellen Gemeinschaft, die Teilhabe am Geheimnis des Heiligen, nach außen anzuzeigen: Man trägt *Embleme* der Gemeinschaft, Wappen und Kleidungsstücke, Haartracht und Accessoires, mit denen das Bekenntnis zur kulturellen Gemeinschaft den Wissenden und Nichtwissenden angezeigt wird. Auch Verhaltensweisen, Sprachwendungen, Eßgewohnheiten fungieren wie sichtbare Embleme: Man zeigt das Wissen um das Geheimnis, die Zugehörigkeit zur Gemeinschaft auch den Fremden an, ohne ihnen dieses Geheimnis schon mitzuteilen. Embleme symbolisieren die Grenzen kultureller Gemeinschaften im Alltag, ohne gleichzeitig auch zur Grenzüberschreitung einzuladen. Der Fremde wird durch das emblematische Ausflaggen der Gemeinschaft erst wirklich zum Fremden, und nur gegenüber ihm, dem ausgeschlossenen, aber anwesenden Dritten, macht das Tragen von Emblemen Sinn.

4.2 Missionierung und Schichtung

An abgeschiedenen Orten und bei besonderen Gelegenheiten wird das Geheimnis der Verbindung mit dem Erhabenen unter den Eingeweihten jedoch offen ausgesprochen und sichtbar gemacht. Die heiligen Worte werden von allen wiederholt, die heiligen Schriften werden verlesen und die Bilder des Heiligen enthüllt. In der gleichen Verehrung des Heiligen, in der gleichförmigen und gleichzeitigen Wiederholung vorgegebener Texte und Lieder, im Ritual, erkennt man sich als gleich: Die kulturelle Einheit wird kollektiv hergestellt. Diese besonderen Zusammenkünfte sind um so wichtiger, als kulturelle Differenzen im Alltag nicht so deutlich zutage treten; der Umstand, daß die Verbindung zum Heiligen nicht natürlich gegeben ist, sondern den Unwägbarkeiten der Offenbarung oder der persönlichen Überzeugung ausgesetzt ist, verlangt im Gegenzug besonderen und verstärkten Schutz des Geheimnisses. Räumliche Abgeschiedenheit in Tempeln, Klöstern und zeitliche Besonderheit wie Feiertage oder besondere Stunden sollen hier Distanz schaffen und das Außerordentliche des Heiligen betonen. Einen wichtigen Anlaß für die Zusammenkünfte der Eingeweihten bietet dabei der Ritus der Einweihung neuer Mitglieder in das Geheimnis der kulturellen

Gemeinschaft; erst nach umfangreichem zeremoniellen Aufwand, unter Aufsicht der Gemeinschaftsmitglieder und unter strengem Ausschluß von Fremden wird die Grenzüberschreitung, die Konversion, gewagt. Solche rituellen Konversionen verlangen zumeist die Widerrufung des alten Irrglaubens, die Reinigung von Irrtümern und das aktive Bekenntnis des Neulings zum Glauben der Gemeinschaft. Sie vollziehen sich als ein zeitlich genau markiertes, feierliches Ereignis und stehen vor allem den Nachkommen der Gemeinschaftsangehörigen offen. Das kulturelle Geheimnis wird so zunächst innerhalb der Grenzen von Verwandtschaft und persönlicher Bekanntschaft gehalten.

Auch hier kann allerdings das Wachstum der Gemeinschaft und die Begegnung mit Fremden die Lage unübersichtlich machen. Gemeinschaftlichkeit und Vertrauen können sich dann immer weniger auf persönliche Bekanntschaft verlassen. Es liegt dann zuweilen nahe, die Grenze zu öffnen und auch diejenigen aufzunehmen, mit denen man nicht durch Bekanntschaft oder Verwandtschaft verbunden ist. Hinzu kommt bei monotheistischen Religionen die Intoleranz und der Eroberungsbefehl des einen großen Gottes: »Du sollst keine Götter neben mir haben« und »Macht Euch die Erde untertan«. Eine solche *Ausweitung* von kulturellen Gemeinschaften verändert die Logik der kulturellen Codierung auf eine folgenreiche Weise. Sie öffnet die Grenzen für die Praxis von Eroberung, Mission und Pädagogik. Diese Umorientierung kultureller Codes begründet die kollektive Identität als allumfassende und allzuständige. Zweifel an der Zerbrechlichkeit und Besonderheit der Grenzziehung lassen sich so beheben und latent halten; Unsicherheiten über die je besondere Grenzziehung werden in die Aufforderung verwandelt, die Grenzen auszuweiten und die heute noch begrenzte und besondere Identität morgen zur umfassenden allgemeinen zu machen. Diese universalistische Umorientierung wird in der Regel von *intellektuellen Spezialisten* getragen, die einerseits das kulturelle Geheimnis systematisieren, begründen, auslegen und mitteilbar machen und andererseits die Weitergabe der von ihnen ausgelegten und verwalteten Lehre an Fremde, die Instruktion und Konversion also, überwachen. Der kulturelle Code wird selbst zum Gegenstand von schriftlicher Codierung.

Der missionarische Eifer kulturell konstruierter Gemeinschaften öffnet nicht einfach die Grenzen, um Außenstehende hineinzulas-

sen, sondern drängt selbst darauf, Grenzen und Unterschiede zu überwinden: Wer der kulturellen Mission Widerstand leistet, ist nicht nur anders und unterlegen, sondern fehlgeleitet und *irrend*.[29] Da er sich seiner eigenen wahren Identität nicht bewußt ist, muß er zur Not auch *gegen* seinen eigenen Willen bekehrt werden. Außenseiter werden hier als leere »natürliche« Objekte betrachtet, die erst durch kulturelle Bildung Identität und Subjektfähigkeit erlangen können. Die Konstruktion der Grenze vollzieht sich weniger durch räumliche Distanzierung, sondern vielmehr durch Abwertung: Die Fremden sind unterlegen, müssen unterworfen und erobert werden. Sie stehen in der Hierarchie des Seins zwischen Menschen und Tieren, und man kann sich zunächst durchaus darüber streiten, ob sie verkaufbare Sache oder taufbare Seelen seien. Auch nachdem sich die Unterwerfung zivilisatorisch abgemildert hat und durch Mission und Pädagogik den Fremden Zugang zur Gemeinschaft gestattet wurde, bleibt die Abwertung der Peripherie durch das Zentrum.
Entsprechend unscharf gerät das Bild des Fremden. Im Unterschied zur Beschreibung durch primordiale Codes bleibt der fremde Außenstehende merkwürdig gesichtslos; er hat nichts Bedrohliches, vor dem man flüchten oder dem man den Krieg erklären müßte. Die missionarische Expansion universalistischer kultureller Gemeinschaften läuft gleichsam in einen leeren Raum und verschwindet erst dann, wenn alle zu Gleichen geworden sind.
Aus dieser universalistischen Öffnung und missionarischen Ausweitung ergeben sich neue Risiken für das Latenzproblem. Einerseits gründet kollektive Identität auf der Konstruktion von kulturellen Grenzen, andererseits aber ist im Prinzip jedermann fähig und aufgefordert, seine Unterlegenheit und Rückständigkeit durch Bekehrung zum richtigen Glauben, durch Annahme der überlegenen Kultur zu überwinden und die Grenze so zu überschreiten.

29 Friedrich Tenbruck geht so weit, sogar die Soziologie selber, vor allem in Form der primär amerikanischen Modernisierungstheorie, als eine spezifisch säkulare Variante kultureller Missionierung zu verorten. Vgl. vor allem ders., Die unbewältigten Sozialwissenschaften oder die Abschaffung des Menschen, Graz 1984, sowie ders., Der Traum der säkularen Ökumene. Sinn und Grenze der Entwicklungsvision, in: ders., Die kulturellen Grundlagen der Gesellschaft, Opladen 1989, S. 291-307.

Wenn aber für jeden Platz ist unter dem weiten Mantel einer kulturellen Identität, dann gerät tendenziell die Grenzziehung überhaupt in Gefahr. Die über Universalismus und Pädagogik geöffnete Grenze zwischen Natur und Kultur, zwischen Heiden und Heiligen, zwischen Aberglauben und Vernunft verlangt daher im Gegenzug besondere soziale Mechanismen, die die Grenzen betonen und verstärken. Gerade der Umstand, daß die kulturellen Merkmale im Grundsatz leicht verbreitet und mitgeteilt werden können, erfordert besondere soziale Kommunikationsbarrieren und besondere Tabus, die das Heilige vor der Profanisierung schützen. Der wichtigste institutionelle Mechanismus zum Schutz des Heiligen ist die *kulturelle Schichtung*. Die universalistische Offenheit der Grenzen wird hier durch einen abgestuften und geschichteten Zugang zum Zentrum kompensiert. Die Grenze nivelliert und vervielfacht sich zugleich. Komplizierte Rituale der Einweihung und Bildung, die Mühen und Unbequemlichkeiten von Lernen und Erziehung müssen ertragen werden, um sich dem Zentrum einer kulturellen Gemeinschaft nähern zu können; nur wenige Auserwählte, die Virtuosen, die alle Mühsal auf sich genommen haben und die sich ohne Rückhalt und Einschränkung dem Dienst am Erhabenen und Heiligen widmen, dürfen schließlich auch das innere Zentrum betreten und die unverhüllten Geheimnisse des Heiligen sehen. Zwischen den Virtuosen, denen das Geheimnis des Heiligen anvertraut ist und die seine Torwächter sind, und den ungebildeten Laien an der Peripherie verläuft eine mehrfach abgestufte *interne* Grenze innerhalb der kulturellen Gemeinschaft. Der expansiven Bewegung an der Peripherie kultureller Gemeinschaften wirkt so eine »defensive Blockade« des Zentrums entgegen, und die Kombination dieser beiden Bewegungen kann in eine komplizierte Schichtung und interne Rangordnung der Gemeinschaft münden.

4.3 Die Erfindung des Neuen

Sobald jedoch gegenüber diesen abwehrenden und beharrenden Tendenzen der Schichtung die expansive Bewegung der Mission überwiegt, wird mit Hilfe von Erziehung und Bildung das Geheimnis des Zentrums bis an die Peripherie getragen. Schichtung reicht dann nicht mehr aus, um die Inklusionstendenz kultureller

Gemeinschaften zu brechen und die – für die kollektive Identität notwendige – Spannung zwischen dem heiligen Zentrum und dem profanen Außen aufrechtzuerhalten. An die Seite der Schichtung tritt dann zuweilen eine neue Form der Behauptung des Zentrums: Vermittelt und überwacht durch die virtuosen Wächter werden immer *neue* Interpretationen und Ideen des Heiligen im Zentrum ausgearbeitet.[30]

Das Zentrum entwickelt sich so zu einem *Quell des Neuen*; dieses Neue gelangt dann in allmählichen Bewegungen vom Zentrum an die Peripherie, um dort trivialisiert zu werden und von einer neuen, im Zentrum generierten Idee des Heiligen abgelöst zu werden. Die Spannung zwischen dem heiligen Zentrum und der profanen Peripherie wird so temporalisiert und in eine Ungleichzeitigkeit zwischen der Avantgarde im Zentrum und den rückständigen Massen an der Peripherie verwandelt. Damit ergibt sich ein pulsierender Rhythmus von Innovation und Trivialisierung, der neben dem Konflikt zwischen mehreren expandierenden Zentren die Dynamik stratifizierter Gesellschaften bestimmt.

Aus dem Innovationsdruck ergeben sich für die Torwächter des Heiligen auch unerwartete und neue Perspektiven auf den identitätssichernden Kern selbst. Er wird enttraditionalisiert und zum Thema eigenständiger, auf Variation und Konsistenz bedachter Diskurse, die eine eigene ewige Ordnung des Heiligen der weltlichen Ordnung des Diesseits entgegenstellen. Der Gegensatz zwischen Diesseits und Jenseits, dem Heiligen und dem Profanen, wird nun nicht mehr als ein personeller Antagonismus gedacht oder als Rivalität von Geboten, sondern als Differenzierung von unterschiedlichen Prinzipien und *Methoden der Reflexion*: Innerhalb der Klostermauern entwickelt sich ein Interesse an Theorie, das schließlich sogar die eigene expansive kulturelle Bewegung, die Entstehung des Neuen und den Fortschritt, im Hinblick auf ein universelles Ideal der Vernunft zum Thema macht. Am Ende entsteht so Geschichtsphilosophie als Reflexion einer missionarischen Bewegung und begründet ein Erklärungsmotiv der Aufklärung, dem die Moderne nur schwerlich entkommen konnte.

---

30 Wir greifen hier Überlegungen auf, wie sie sich u. a. auch – von der Wissenschaftssoziologie herkommend – bei Thomas Kuhn finden. Vgl. ders., Die Entstehung des Neuen, Frankfurt/M. 1978.

5 Sozialstrukturelle Netzwerke und kollektive Identität

Primordiale, konventionelle und kulturelle Codes zeichnen unterschiedliche Muster der Konstruktion kollektiver Identität vor, die – je nachdem, ob sie in natürlicher Einstellung, bei besonderen sozialen Gelegenheiten oder in kritischer Reflexion angewandt werden – wiederum verschiedene Konstruktionen kollektiver Identität ermöglichen. Im vorangegangenen Abschnitt haben wir die neun Typen der Codierung erläutert, die sich hieraus ergeben (siehe als Überblick Schaubild 1). Dabei wurde zuweilen schon deutlich, daß die sinnstiftende Kraft dieser Codes an bestimmte situative Bedingungen gebunden ist, denen sie mehr oder weniger angemessen sind: einfache lebensweltliche Regeln zum Beispiel erlauben keine befriedigende Konstruktion von Grenzen mehr, wenn die Begegnung mit Fremden zur Alltagserfahrung wird, und Regeln können unter Begründungsdruck geraten, wenn neue

Schaubild 1: Typisierung von Kommunikationsprozessen anhand von Code und Situation

SITUATION \ CODE	PRIMORDIAL	KONVENTIONELL	KULTURELL
Anwesenheit eines fremden Gegenübers	Natürliche Klassifikation	Klassifikation nach lebensweltlicher Vertrautheit	Klassifikation nach kulturellen Emblemen
Anwesenheit von Gleichen	Selbstreproduktion primordialer Gemeinschaften durch Reinheitsgebote und Rituale	Selbstproduktion der Gemeinschaft durch Inklusion in Rituale	Selbstproduktion der Gemeinschaft durch Missionierung und Pädagogisierung
Isolation und Kommunikation mit Nicht-Anwesenden	Naturalisierende Reflexion	Reflexion über ›Verfassung‹	Erfindung des Neuen durch Reflexion über Identität

Gruppen sich von der Teilnahme ausgeschlossen fühlen. Solche unübersichtlichen und neuen Lagen, in denen neue und erweiterte Interaktionsbeziehungen Berücksichtigung verlangen, üben einen Druck aus, die Grenzen sowohl zu verlagern als auch zu befestigen und zu präzisieren: Neue Gruppen müssen in die Gemeinschaft aufgenommen werden, und gerade diese Erweiterung verlangt im Gegenzug die Betonung der Grenze gegenüber denjenigen, die ausgeschlossen bleiben oder ausgeschlossen werden. Die Dynamik sozialer Netzwerke, die durch andere Codes – Geld, Recht, Konfession oder politische Macht – instruiert werden und die wieder vom Verlauf der Kommunikationswege und vom Stand der Technik abhängig sind, bildet also die wichtigste situative Bedingung für die Konstruktion kollektiver Identität.[31] Solche sozialen Netzwerke sind nur in Grenzfällen isolierte und wechselseitige exklusive Einheiten; in der Regel stehen mehrere Netzwerke nebeneinander und überlappen sich zumindest teilweise. Die Personen etwa, die durch den Geldcode miteinander verbunden sind, sind – zumindest teilweise – auch durch ein Netzwerk politischer Macht oder gemeinsamer religiöser Praxis miteinander verknüpft. Innerhalb der Netzwerke selbst unterscheiden sich die Verbindungen zwischen den einzelnen Positionen einerseits nach der Häufigkeit und Dauer der Interaktionskontakte und andererseits nach der Gleichheit oder Ungleichheit der Interaktionspartner. Gleichheit und Ungleichheit, Häufigkeit und Dauer, einheitliche oder multiple Codierung der Interaktion ermöglichen eine große Vielfalt von Netzwerken, auf die Codes kollektiver Identität mehr oder weniger angemessen reagieren können. Von zentraler Bedeutung sind dabei jene Bereiche, an denen die Netzwerke durch schwache Interaktionsdichte, Ungleichheit und das Fehlen übergreifender Codes ausgedünnt sind. Hier lassen sich offensichtlich leichter Grenzen der kollektiven Identität konstruieren als in verdichteten Bereichen, in denen Grenzziehungen den Fluß

---

[31] Einen großangelegten Versuch, die Geistesgeschichte als Geschichte dynamischer, sozialer Netzwerke von Intellektuellen zu rekonstruieren, hat Randall Collins angekündigt. Die bisher vorliegenden Publikationen sind eindrucksvoll und vielversprechend. Sie stimmen mit dem hier – wenngleich mit historisch engerer Blickführung – vorgelegten Versuch in vielen Punkten überein. Vgl. ders., A Micro-Macro Theory of Intellectual Creativity: The Case of German Idealist Philosophy, in: Sociological Theory, Bd. 5, 1987, S. 47-69.

der sozialen Interaktion nur behindern und blockieren würden. Tatsächlich finden sich aber auch in den ausfransenden Rändern der Interaktionsnetze immer noch vereinzelte Beziehungen, die die Grenzen überschreiten und in Frage stellen: Luxusgüter und Sklaven wurden auch über die Grenzen der traditionellen Großreiche gehandelt, Verwaltung und Steuern passierten auch tiefe Gräben zwischen Kasten und Ständen, religiöse Konfession überbrückt die staatlichen und ethnischen Grenzen etc. Die Codierung kollektiver Identität wird daher immer in gewissem Maße unangemessen und willkürlich sein. Aber es gibt Unterschiede der Willkür, und auf diese kommt es an.
Die folgenden Überlegungen beschäftigen sich mit der besonderen Lage und den besonderen Kommunikationsformen von Intellektuellen. Obwohl allgemein gehalten, haben sie doch unübersehbar die *okzidentale* Geschichte und hier insbesondere die Lage der Intellektuellen in der Moderne vor Augen. Eine solche entwicklungsgeschichtliche Engführung rechtfertigt sich zum einen durch den im Hauptteil behandelten historischen Prozeß, die Entstehung der nationalen Identität der Deutschen, findet zum anderen aber auch systematischen Rückhalt: Obwohl andere große Zivilisationen ebenfalls bedeutende Intellektuellengruppen hervorgebracht haben, nehmen doch die Intellektuellen in der europäischen Tradition eine einzigartige Position als kritische Reflexionselite im spannungsreichen Gegensatz zur politischen Elite ein.

5.1 Intellektuelle und Politiker

Da die Konstruktion kollektiver Identität immer auch tatsächliche Vielfalt und Unterschiede übersehen muß, gelingt sie nur in Grenzfällen selbstverständlich und spontan; sie bedarf zumeist spezieller Anstrengungen, Verfahren und Begründungen, mit denen die Willkür der Codierung aus dem Blickfeld gerückt und die Zweifel überwunden werden können. Diese Aufgabe der Überzeugung und Begründung gelingt leichter, wenn die offensichtliche Vielfalt und die unleugbaren Grenzüberschreitungen als *oberflächlich*, die verborgene Identität des Kollektivs hingegen als *wesentlich* dargestellt werden können, wenn die Verwirrung des Augenscheins der Gewißheit tieferliegender Erkenntnis entgegengestellt werden kann, wenn die Ordnung des Eigentlichen und Wesentlichen anderen Prinzipien folgt als der schnelle Wechsel der Erscheinungen. Diese Unterscheidung zweier Ebenen der Wirklichkeit – einer tieferliegenden und unsichtbaren Ordnung einerseits und einer offensichtlichen und vorhandenen Erfahrung andererseits – bedeutet eine tiefgreifende Umstellung der Achse der Welt:[32] Man unterscheidet nicht mehr zwischen dem inneren vertrauten Bereich und dem unheimlichen, fremden und dämonischen Außenbereich, der aber ähnlich aufgebaut ist wie die eigene vertraute Welt und von dieser nur durch eine diffuse räumliche und soziale Grenze getrennt ist, sondern man verlagert diese Grenze *in die Gesellschaft selbst* hinein, die dann *gleichzeitig* tiefere ewige und unsichtbare Ordnung und oberflächlicher und schneller Wandel ist. Aus den horizontal angeordneten *Bereichen* werden so ›vertikal‹ geordnete *Ebenen* der Wirklichkeit, die nicht mehr durch eine räumliche Grenze, sondern durch grundlegend andere Ordnungsformen getrennt und unterschieden werden.

Mit dieser Umstellung der Weltachse werden auch neue Formen der Bewältigung, Begründung und Überbrückung der fundamentalen Grenze erforderlich. War das Überschreiten der Grenze zwischen dem Vertrauten, dem heimischen Bereich, und dem dämonischen Unbekannten draußen noch ein Akt des Mutes und der Eroberung, der im Helden- und *Krieger*kult überhöht wurde, so wird die Entdeckung der verborgenen Ordnung der Welt und die Vermittlung der beiden unterschiedlichen Wirklichkeitsebenen zur Sache der *Intellektuellen*, die das Geheimnis auszulegen verstehen. Intellektuelle sind, wie R. Michels feststellt, »Menschen, deren Urteil weniger direkt und ausschließlich aus sinnlicher Wahrnehmung und jedenfalls nie ohne durch Wissen erworbene und geschulte Reflexion« gewonnen wird.[33] Mannheim sieht

---

32 Diese Formulierung ist in Anlehnung an die Konzeption der »Achsenzeiten« gewählt, wie sie im Anschluß an Karl Jaspers von Eisenstadt weiterentwickelt wurde. Vgl. insbesondere Eisenstadt, S. N., »The Axial Age: The Emergence of Transzendental Visions and the Rise of Clerics«, in: European Journal of Sociology, 23/2, 1982, S. 299-314; sowie die Sammlung ders. (Hg.), Kulturen der Achsenzeit, 2 Bde., Frankfurt/M. 1987.

33 Michels, R., Historisch-kritische Untersuchungen zum politischen Verhalten der Intellektuellen, in: ders., Masse, Führer, Intellektuelle, Frankfurt/M.–New York 1987, S. 189-213, S. 189.

die Aufgabe der Intellektuellen in der Interpretation der Welt, Lipset betrachtet sie als diejenigen, die die symbolische Welt schaffen und verteilen, Shils versteht sie als Sachwalter des Heiligen, die den weltlichen Dingen entfremdet sind.[34] Dieses »Heilige« bleibt dem Alltagshandeln verborgen und entrückt. Im Gegensatz zum Offensichtlichen und Vorhandenen konstruieren Intellektuelle eine jenseitige Welt, deren Ordnungsprinzipien sich nur durch besondere Anstrengung und spezielle Schulung erschließen; die einfache Übertragung der Ordnung des Bekannten auf das Unbekannte verfehlt das Besondere und Eigentümliche dieser jenseitigen Ordnung. Sie ist unsichtbar und kann in Spannung und Gegensatz zur sichtbaren Welt geraten – eine Spannung, die, wie Weber gezeigt hat, auf unterschiedliche Weise gelöst werden kann.[35]

Intellektuelle verfügen nicht nur über den Schlüssel zur jenseitigen Welt, zum »Heiligen«, zur Quelle der Identität, sondern sie versuchen auch, ein *Monopol* bei der Lösung dieser Spannungen zu erlangen.[36] Solche Deutungsmonopole sind prekär und bedürfen der Absicherung; einerseits lassen sich – zumindest *in* den

---

34 Mannheim, K., Ideologie und Utopie, Frankfurt/M. 1952, S. 11. Shils, E., Intellectuals, Public Opinion and Economic Development, in: World Politics, Bd. 10, 1958, S. 232-255; ders., Intellectuals, Tradition and the Tradition of Intellectuals: Some Preliminary Considerations, in: ders., Center and Periphery. Essays in Macro-Sociology, Chicago 1975, S. 21-35; Lipset, S. M., Political Man, New York 1960, S. 311.

35 Bei Weber findet sich dieser Gegensatz nicht nur in den Schriften zur Soziologie der Weltreligionen, sondern auch in der strikten Trennung zwischen Politik und Wissenschaft, ja selbst zwischen Gesinnungsethik und Verantwortungsethik. Die deutsche Soziologie gab der Spannung zwischen »Geist und Macht« immer großes Gewicht. Vgl. Geiger, T., Aufgaben und Stellung der Intelligenz in der Gesellschaft, Stuttgart 1949, S. 79; vgl. auch Lepsius, M. R., Kritik als Beruf. Zur Soziologie der Intellektuellen, in: ders., Interessen, Ideen und Institutionen, Opladen 1990, S. 273 ff.

36 Nicht umsonst spricht Helmut Schelsky denn auch in seiner Intellektuellen-Polemik ausdrücklich von einer »Priesterherrschaft« derselben. Ders., Die Arbeit tun die anderen. Klassenkampf und Priesterherrschaft der Intellektuellen, Opladen 1975. Vgl. aber auch kritisch dazu Löwenthal, R., Neues Mittelalter oder anomische Kulturkrise, in: ders., Gesellschaftswandel und Kulturkrise, Frankfurt/M. 1979, S. 37-57.

Klostermauern – neue Auslegungen der Weltordnung nicht verhindern, ja, der intellektuelle Diskurs erzwingt sogar die Variation seines Themas; andererseits aber sind Konkurrenzen und Alternativen für kein Gut so riskant und schädlich wie für die Deutung der Welt. Im Unterschied zu materiellen Gütern, die ihren Gebrauchswert auch angesichts von Alternativen nicht verlieren, beruht der Wert einer Weltinterpretation einzig darauf, daß sie von allen für wahr gehalten wird und als Hintergrund der allgemeinen Verständigung dienen kann. Dieses Deutungsmonopol der Intellektuellen kann sich zwar grundsätzlich auch auf überlegene und höherstufige Argumentationskunst gründen, die jedem Vernunftssubjekt einsichtig ist. Sicherer aber sind externe Garantien durch Gewalt und Privileg.

Wenn nun die Macht der Intellektuellen auf die externe Absicherung eines Deutungsmonopols angewiesen ist, dann gewinnt das Verhältnis zu politischen Eliten und Gegeneliten eine kritische Bedeutung. Dies gilt um so mehr, wenn es um die Konstruktion kollektiver Identität geht, durch deren Bewahrung und Verwaltung das politische Zentrum sich zu begründen versucht. Die Macht der Intellektuellen ist daher immer erst aus ihrem Verhältnis zu den jeweiligen Eliten zu verstehen.[37] Dieses hat besonderes Gewicht für die sozialstrukturelle Lage der Intellektuellen, d. h. für ihre Beziehungen zu anderen gesellschaftlichen Gruppen.[38]

37 Vgl. dazu auch allgemein Konrád, G./Szelényi, I., Die Intelligenz auf dem Weg zur Klassenmacht, Frankfurt/M. 1978. Die Autoren fokussieren hauptsächlich die Stellung und Funktion der Intelligenz in Osteuropa. Sie formulieren ihren Ansatz in Analogie zur Marxschen Theorie der asiatischen Produktionsweise und verstehen sich auch selber noch in dieser Tradition. Eine Kritik daran und einen stärker in die Mainstream-Soziologie eingebundenen, humanistische, konservative und marxistische Elemente integrierenden Analysevorschlag hat Alvin Gouldner vorgelegt. Ders., Die Intelligenz als neue Klasse. 16 Thesen zur Zukunft der Intellektuellen und der technischen Intelligenz, Frankfurt/M.-New York 1980.

38 Insbesondere der Gramscische Terminus des »organischen Intellektuellen« ist viel diskutiert worden und kann hier als Kontrastfolie dienen. Die im Hauptteil dieser Arbeit analysierten Frühromantiker und die Intellektuellen des Vormärz sind nie »organische Intellektuelle« im Sinne Gramscis gewesen. Ihnen fehlte gerade die soziale Einbindung, die »mehr oder minder enge Beziehung zu einer grundlegenden gesellschaftlichen Gruppe«, also das »Organische« – ein Umstand, den

Aber auch hier sind freilich Ambivalenzen unvermeidbar: Einerseits sichert eine enge Verbindung zur politischen Elite das Deutungsmonopol der Intellektuellen gegen Ketzer und Häretiker, andererseits aber gefährdet eine solche Abhängigkeit gerade jene Spannung zwischen dem weltlich-politischen Diesseits und dem Jenseits, die erst den Aufstieg und die Macht der Intellektuellen ermöglichte.[39] Eine allzu eindeutige Allianz zwischen der politischen und der intellektuellen Elite verwischt die Trennung zwischen Diesseits und Jenseits und nimmt den Intellektuellen tendenziell das Problem, dessen Lösung sie monopolisieren wollen. Radikale Dissidenz und Opposition zwischen Politikern und Intellektuellen hingegen begünstigt zwar den Widerspruch im Namen der identitätssichernden höheren Ordnung, läßt die Auslegung dieser identitätssichernden jenseitigen Ordnung jedoch angesichts einer Vielfalt freigesetzter Deutungsmöglichkeiten weitgehend beliebig erscheinen.

Sowohl die radikale Dissidenz als auch die völlige Konvergenz müssen freilich als Grenzfälle gelten; in der Regel ermöglicht al-

> Gramsci auch seinen eigenen intellektuellen Zeitgenossen zum Vorwurf machte: sie seien »etwas vom Volk Losgelöstes, in der Luft Schwebendes, eine Kaste und nicht ein Stück des Volkes mit organischen Funktionen«. Vgl. zur Begriffsbildung: Gramsci, A., Zu Politik, Geschichte und Kultur, Frankfurt/M. 1980, S. 222-230, S. 228; zur Isolation der italienischen Intellektuellen und ihrem Mangel an nationaler Volkstümlichkeit: ebd., S. 235-243, S. 239. Den Romantikern wie auch den Schriftstellern des Vormärz gelingt es nicht, zu organisch eingebundenen Sprechern einer bestimmten Schicht zu werden. Sie sprechen vorrangig für sich selbst und finden nur kurzfristig breite Resonanz. Auf die Patrioten vor ihnen und die Mandarine nach ihnen scheint der Begriff des »organischen Intellektuellen« hingegen zuzutreffen: Der intellektuelle Diskurs der Patrioten bleibt eng gebunden an das expandierende Verwaltungssystem, der der Mandarine an das im internationalen Vergleich mittlerweile einzigartige Bildungssystem, insbesondere an Gymnasien und Universitäten.
>
> 39 Vgl. Geiger, T., a.a.O.; G. Konrád/I. Szelényi, a.a.O., S. 32 f.; die Frage nach der Bindung des Intellektuellen an andere sozialstrukturelle Gruppen, Schichten oder Klassen ist ein zentrales Thema der Soziologie der Intellektuellen. Zwischen Marx und Gramsci, die den Intellektuellen eng an die Interessen anderer Gruppen gekoppelt sehen, und Mannheim, der Intellektuelle als sozial freischwebend begreift, eröffnet sich ein weites Feld für Zwischenpositionen.

lein der Umstand, daß eine politische Elite nie völlig homogen ist und Herrschaftskonflikte auf Dauer nicht verhindern kann, Chancen zu differenzierten und begrenzten Koalitionen zwischen Intellektuellen einerseits und Fraktionen der politischen Elite andererseits.[40] Im günstigsten Fall können die Intellektuellen dabei in die Lage des vermittelnden Dritten geraten, dessen Urteil im Namen Gottes, der Vernunft oder des Fortschritts ergeht und der über die Begründbarkeit von Herrschaftsansprüchen entscheiden kann.

Diese Position ist freilich immer wieder auch durch interne Fraktions- und Schulenbildung gefährdet, die den ›kritisierten‹ Herrschaftseliten Möglichkeiten zur Legitimationsbeschaffung eröffnen. Schließlich muß auch noch die Möglichkeit des Rückzugs vom politischen Engagement in die unpolitische und rein kulturelle Reflexion erwähnt werden. Nicht nur die bestehende Politik, die aktuelle Lage, sondern die weltlichen Geschäfte der Politik gelten hier als unwürdig und verachtenswert für die Intellektuellen.[41]

5.2 Intellektuelle und ihr Publikum

Von ähnlich kritischer Bedeutung für die Stellung der Intellektuellen ist ihr Publikum, jener Teil der Gesellschaft also, der die Weltdeutungen der Intellektuellen liest, diskutiert und sich zu eigen macht. Dieses Publikum kann äußerst begrenzt oder aber sehr umfangreich sein, immer aber erscheint es den Intellektuellen selbst als ein anonymes und gesichtsloses, als unbeteiligter Dritter, an den sich die intellektuelle Kommunikation eigentlich richtet. Die Beziehung der Intellektuellen zu ihrem jeweiligen Publikum neigt dabei zu einer fundamentalen Asymmetrie: Erst wenn

40 Vgl. zum Verhältnis zwischen Intellektuellen und Politikern die eindrucksvolle Arbeit von Bauman, Z., Legislators and Interpreters. On Modernity, Postmodernity and Intellectuals, Ithaca-New York 1987.
41 Ralf Dahrendorf hat so den klassischen (staatstragenden) vom romantischen (unpolitischen) Intellektuellen unterschieden und beiden den überdistanzierten, tragischen Intellektuellen in der Emigration und den liberal-kritischen Intellektuellen gegenübergestellt. Vgl. Dahrendorf, R., Gesellschaft und Demokratie in Deutschland, München 1965, S. 311-324.

die Intellektuellen – und sei es nur für den Moment – einen Deutungsvorsprung, einen dem Publikum überlegenen Standpunkt, für sich annehmen können, wird die typische Unterscheidung zwischen Intellektuellen und ihrem Publikum erzeugt; fehlt dieser Deutungsvorsprung, so bleibt die Deutung der Intellektuellen eine Äußerung neben anderen ebenso hörenswerten und ebenso gewichtigen Äußerungen. Führt andererseits der Deutungsvorsprung zur völligen Abschottung der Intellektuellen, so wird damit auch die Besonderheit der intellektuellen Kommunikation gefährdet: Intellektuelle müssen einem potentiellen Publikum etwas mitteilen, was dieses noch nicht weiß, aber möglicherweise sich zu eigen machen kann. Für sie gilt in besonderer Weise der Gegensatz von missionarischem Expansionsdrang und kultureller Schichtung, von universalistischer Öffnung und partikularistischer Abschließung, den wir als besondere Dynamik kultureller Codes beschrieben haben.

Aus dieser Lage ergibt sich eine typische Ambivalenz. Einerseits klagen Intellektuelle über das Unverständnis des Publikums, das ihre Deutungen nicht oder nicht genügend zur Kenntnis nimmt oder gar ablehnt.[41a] Andererseits schafft gerade diese Ablehnung durch das Publikum aber jene typische Spannung, die sich als Deutungsvorsprung der intellektuellen Avantgarde auffassen läßt; in der Klage über das Publikum konstruiert der Intellektuelle erst die grundlegende Struktur, in der er seine Besonderheit als Intellektueller gewinnt. Umgekehrt ist die Übernahme der intellektuellen Deutungen durch ein breiteres Publikum immer auch eine Gefahr für die Distinktion des Intellektuellen.

Dies gilt insbesondere dann, wenn – was kaum zu vermeiden ist – die Übernahme der Deutungen mit einer Trivialisierung verbunden ist. In einer solchen Trivialisierung geht die Vielfalt und Mehrschichtigkeit der Reflexion verloren; der Druck, neue Ebenen einzuführen und neue Unterscheidungen aufzufinden, verschwindet, die Finessen der Argumentation werden abgeschliffen; einfache, gut reproduzierbare Rituale ersetzen die Reflexion, an

---

41a Intellektuelle sind so in einem doppelten Sinn eine »klagende Klasse«: sie kritisieren die Ordnung der Gesellschaft und klagen über das Unverständnis des Publikums für Klage und Kritik. Vgl. Lepenies, W., Aufstieg und Fall der Intellektuellen in Europa, Frankfurt/M.–New York 1992.

die Stelle des Zweifels und der Kritik tritt die Selbstverständlichkeit. Eine solche Trivialisierung entwertet das kulturelle Kapital der Intellektuellen. Gerade im Falle eines Publikumserfolgs sind sie daher gezwungen, sich von der Trivialisierung zu distanzieren und auf dem Raffinement der Reflexion zu bestehen.

Der Zwang zur kulturellen Distinktion bringt neue Formen der sozialen Distanzierung hervor; sie kann sich zunächst in einer Abstufung und Schichtung von Publikumskreisen niederschlagen: Den innersten Zirkel bildet die Gruppe der Mitintellektuellen, die als Konkurrenten und Kollegen auch die intime Kenntnis der Probleme haben; darauf folgt das kritische Publikum, das sich zwar emphatisch mit den intellektuellen Heroen identifiziert und viel Zeit und Mühe in Bildung und Verständnis der Arbeit von Intellektuellen investiert, aber dennoch von den Intellektuellen mit versteckter Verachtung behandelt wird. Es sind zwar glühende Verehrer und Gefolgsleute, aber eben doch Publikum und keine Intellektuellen. Innerhalb dieses kritischen Publikums nehmen einflußreiche ›Propagandisten‹ eine besondere Stellung ein. Obwohl sie an den Diskursen der Intellektuellen selbst nicht direkt beteiligt ist, wirkt diese Gruppe (zu der Pastoren und Lehrer ebenso zählen können wie Verleger oder Journalisten) doch häufig stärker auf die Rezeption als die Intellektuellen selbst. Ganz entfernt und verachtet schließlich findet sich das breite Publikum, das auf originelle und innovative Ideen zunächst nur mit Unverständnis reagiert, aber nach einiger Zeit, und nicht zuletzt beeinflußt durch das kritische Publikum, auch die Trivialisierungen dieser Ideen zu übernehmen beginnt. In der Regel führt eine solche Trivialisierung – nicht selten befördert durch einen Generationswechsel der Intellektuellen – zu einer neuen Form des intellektuellen Diskurses, der von einer neuen Gruppe von Intellektuellen getragen wird. Diese schafft wiederum eine kulturelle Distinktion gegenüber dem Publikum, das sich mit den trivialisierten, aber längst überholten Deutungen der Vorgänger zufriedengibt. Der Zyklus von esoterischer Reflexion und Trivialisierung wiederholt sich auch hier und treibt die Geschichte intellektueller Diskurse weiter voran.

5.3 Intellektuelle Diskursrituale

Eine Soziologie der Intellektuellen greift jedoch zu kurz, wenn sie sich in der Tradition Marxens oder Gramscis nur auf das Verhältnis der Intellektuellen zu anderen gesellschaftlichen Gruppen beschränkt. Karl Mannheim hatte demgegenüber den Blick auf eine Vielzahl von institutionellen Bedingungen gelenkt, die die Genese intellektuellen Wissens und die soziale Formierung der Intellektuellen selbst bestimmen. Damit Intellektuelle sich nicht nur zufällig und im Einzelfall von anderen sozialstrukturellen Gruppen absondern und unterscheiden, sondern sich als sozialstrukturelle Einheit reproduzieren und auf Dauer stellen können, sind besondere institutionelle Mechanismen erforderlich.[42] Als solche müssen vor allem ausdifferenzierte Verfahren der Bildung, Schulung und der internen Debatten gelten, die nicht nur den Zustrom zum Lager des Intellektuellen erschweren – und wegen der damit verbundenen Investitionen an Lebenszeit und Engagement auch das Verlassen erschweren –, sondern die auch durch besondere, allein den Intellektuellen verfügbaren Formen der Kommunikation die Einheit und Besonderheit der intellektuellen Deutung der Welt bewahren und absichern. Die Ausdifferenzierung eines eigenständigen *Bildungssystems* trägt entscheidend dazu bei, daß sich Intellektuelle als sozialstrukturelle Gruppe abgrenzen lassen und die Mobilität über die Grenzen dieser Gruppe hinweg relativ gering bleibt. Man wechselt die intellektuelle Welteinstellung nicht wie ein Hemd oder eine Ware. Diese relative Stabilität von intellektuellen Welteinstellungen ergibt sich zunächst einmal aus dem Umstand, daß die Bereitschaft, eine Interpretation der Welt zu übernehmen, im Laufe des individuellen Lebens deutlich abnimmt. Nur während einer bestimmten ›Bildungsphase‹, in der Regel nach der Pubertät und nach dem Verlassen der Familie, ergibt sich damit eine Chance, radikal neue, nicht von der Elterngeneration tradierte Welteinstellungen und Traditionen zu übernehmen, die dann nur noch in seltenen Fällen später durch

---

42 Von hier aus eröffnet sich deshalb auch eine Möglichkeit, Krisenphänomene in diesem Bereich soziologisch zu begreifen. Vgl. dazu: Collins, R., On the Sociology of Intellectual Stagnation: The Late Twentieth Century in Perspective, in: Theory, Culture and Society, Bd. 9, 1992, S. 73-96.

grundlegend andere Muster ersetzt werden. Dies gibt der Formierung von Intellektuellengenerationen, die Gleichaltrige zur gleichen Zeit für eine neue Weltinterpretation öffnen, ein besonderes Gewicht.
Aber es ist nicht nur die Abfolge der Generationen, die die Intellektuellengruppe abgrenzt und formiert, sondern es existieren auch zusätzliche institutionelle Barrieren: Komplizierte Initiationsrituale und langwierige Ausbildungsgänge dienen weniger der Vermittlung von Wissen und Geheimnis, sondern der Festigung von sozialstrukturellen Grenzen. Intellektuelle können sich so als eine soziale Gruppe mit dauerhafter, ja, lebenslanger Mitgliedschaft abgrenzen, obwohl man ihr nicht durch Geburt, sondern durch Bildungsanstrengung angehört. Sie bilden eine »*nichtaskriptive Korporation*«. Zugehörigkeit wird hier durch die kompetente Teilnahme an besonderen Formen der Kommunikation bewiesen. Diese besonderen Rituale der Kommunikation unter Intellektuellen ermöglichen erst die Reproduktion der Intellektuellen als sozialstrukturelle Einheit. Sie überbrücken individuelle Differenzen und verbinden die Vielfalt der Meinungen, sie stiften die Einheit des internen Prozesses und die Besonderheit der intellektuellen Lebensform. In ihnen entstehen – zumeist ohne Absicht und durch die besondere Logik der intellektuellen Kommunikation geprägt – jene Vorstellungen des jenseitigen Allgemeinen, die auch die Codes kollektiver Identität bestimmen. Ihnen gilt folglich auch die Aufmerksamkeit einer konstruktivistischen Makrosoziologie, die sich die Fragestellung Mannheims zu eigen macht und die sich für die Einbettung von symbolischen Codes in sozialstrukturelle Lagen sowie für die Reproduktion dieser Lagen durch Kommunikation interessiert.
Aus makrosoziologischer Perspektive fallen hier nicht nur eine Vielzahl von Unterschieden in der sozialen Lage der Intellektuellen, sondern vor allem auch Differenzen der *Kommunikationsformen* ins Auge. Akademische Disputationen und journalistische Kommentare, literarische Korrespondenz und enzyklopädische Klassifikation, die Konversation des Salons und die Konstruktion philosophischer Systeme, die klösterliche Auslegung heiliger Schriften und die öffentliche Polemik folgen ganz unterschiedlichen Ritualen intellektueller Kommunikation und begünstigen ganz unterschiedliche Vorstellungen kollektiver Identität. Sozialstrukturelle Lage, Diskursrituale und die benutzten Codes stehen

dabei in einem »symbiotischen« Verhältnis:[43] Einerseits begünstigen sozialstrukturelle Lagen die Ausdifferenzierung bestimmter Diskurse und die Plausibilität bestimmter Codierungen, andererseits aber werden sozialstrukturelle Lagen erst durch Diskurse reproduziert und Diskurse erst durch bestimmte Codes instruiert.
Im Hinblick auf die Formen und Verfahren der Kommunikation unter Intellektuellen fällt vor allem eine evolutionäre Schwelle auf: der Übergang von mündlicher zu schriftlicher Kommunikation. Dabei geht es nicht nur um die grundsätzliche Verfügbarkeit des Schriftlichen – ohne die nur schwerlich von Intellektuellen gesprochen werden kann –, sondern auch und vor allem um den Anstieg der Reproduktionsgeschwindigkeit, der mit dem Übergang vom Manuskript zum *Buchdruck* möglich wurde.[44] Solange

43 Zu den Diskursritualen der Intellektuellen existiert eine weitverzweigte Literatur, vgl. z. B. zur Technik des Entlarvens, d. h. der Behauptung der Differenz von Wesen und Erscheinung: Burke, K., The Virtues and Limitations of Debunking, in: ders., The Philosophy of Literary Form, Berkeley-Los Angeles 1973, S. 168-190; zur Technik der Stellungnahme für das Unterdrückte, Unaussprechliche oder Natürliche: Empson, W., Some Versions of Pastoral, London 1986. Diese Tradition – insbesondere aber an den dramaturgischen Ansatz von Burke anknüpfend – wird neuerdings wieder fortgeführt von Autoren wie White, H., Tropics of Discourse. Essays in Cultural Criticism, Baltimore-London 1978, und Geertz, C., Works and Lives: The Anthropologist as Author, Cambridge 1988. Die Mikroebene der Vortragstechniken untersucht – wiederum stark durch Burke geprägt – Goffman, E., The Lecture, in: ders., Forms of Talk, Pennsylvania 1981, S. 160-195 (mit einigen zum Thema der von uns fokussierten frei schwebenden Intellektualität aufschlußreichen Bemerkungen über die Verwendung von Einschüben und Fußnoten: diese erlauben es, das Gesagte oder Geschriebene noch einmal aus einem etwas anderen Winkel zu betrachten (ebd., S. 175 ff.)). Daneben finden sich aber auch in der mittlerweile als »positivistisch« gründlich verpönten Sprachkritik immer noch zahlreiche Anregungen. Vgl. hier insbesondere: Degenkolbe, G., Über logische Strukturen und gesellschaftliche Funktionen von Leerformeln, in: Kölner Zeitschrift für Soziologie und Sozialpsychologie, 17, 1965, S. 327-338; Schmid, M., Leerformeln und Ideologiekritik, Tübingen 1972. Über die quasi medial erzwungenen Techniken der Selbstzelebrierung moderner »Fernsehintellektueller« vgl. schließlich Debray, R., Teachers, Writers, Celebrities. The Intellectuals of Modern France, London 1981.
44 Vgl. dazu neben Eisenstein, E. L., The Printing Press as an Agent of

die Verbreitung schriftlicher Information an das kosten- und zeitaufwendige Verfahren des handwerklichen Kopierens gebunden war, blieb der Zugang zum Buch ein an wenige Orte und Personen gebundenes kostbares Privileg, auf dem der normale Diskurs der Intellektuellen nicht aufbauen konnte. Die Weitergabe und Verbreitung des Wissens geschah vor allem in mündlicher Lehre, in Vorlesung und Disputation – Rhetorik war wichtiger als Logik und Quellenkritik. Sobald jedoch die Texte ohne vergleichbaren Aufwand vervielfältigt und verbreitet werden konnten, stellte sich auch die Kommunikationsstruktur um: Viele konnten gleichzeitig direkten Kontakt zu den gleichen Texten haben, und die Texte selbst traten die Stelle des personalen Gegenübers an, mit dem man sich im Disput und mit rhetorischer Kunstfertigkeit auseinandersetzte. Die Standardisierung des Wissens und die Umstellung der Kommunikation von mündlicher Kommunikation unter Anwesenden auf das, was wir im folgenden den Dialog mit dem unsichtbaren Gegenüber nennen, ermöglichte erst den Aufstieg der kritischen Perspektive auf den Text, mit der sich der Intellektuelle aus der Bindung an den ›heiligen Text‹ löste. Wenn sich der Text technisch problemlos vervielfältigen läßt, braucht man die getreue Wiederholung des Textes nicht mehr als intellektuelle Tugend zu fordern; der Buchdruck eröffnete so ein Feld für die Überwindung der Tradition durch Kritik und die Ausbildung der kritischen Subjektivität des Intellektuellen.

5.4 Der Dialog mit dem unsichtbaren Gegenüber

An dieser Stelle erweist sich eine mikrosoziologische Fokussierung auf die Situation des Intellektuellen als hilfreich. Sie verdeutlicht eine besondere Eigentümlichkeit intellektueller Kommunikation, nachdem der Buchdruck die direkte mündliche Kommunikation als wichtiges Verfahren der Reproduktion abgelöst hatte und der Intellektuelle in kritische Distanz zum Text treten konnte.

> Change – Communications and Cultural Transformations in Early-Modern Europe, Cambridge 1982, jetzt auch Giesecke, M., Der Buchdruck in der frühen Neuzeit. Eine historische Fallstudie über die Durchsetzung neuer Informations- und Kommunikationstechnologien, Frankfurt/M. 1991.

Intellektuelle wenden sich unter diesen Bedingungen nicht an ein persönlich anwesendes Gegenüber, sondern an einen *unsichtbaren und gesichtslosen Dritten*, an ein anonymes und unüberschaubares Publikum, das als das unpersönliche Allgemeine die Überlegungen und Äußerungen des Intellektuellen stärker begleitet und steuert, als dies bei vielen anderen sozialen Gruppen der Fall ist. Es ist die Situation des *einsamen Dialogs* mit einem unsichtbaren Gegenüber, einem »generalisierten anderen«[45] – sei es unter dem Titel Gottes, der Geschichte, der Vernunft oder der Öffentlichkeit –, die den Intellektuellen dazu zwingt, den Ablauf und die Fortsetzung der Kommunikation unter andere und neue Regeln zu stellen als den Wechsel von Rede und Gegenrede, Frage und Antwort, Behauptung und Bestätigung in der Konversation zwischen mehreren anwesenden Personen.[46] Die Abwesenheit eines Gegenübers, das Fehlen des Anhalts und der Ausrichtung an einem »signifikanten« Anderen, die ja erst das Aushandeln und Einpendeln von Erwartungssicherheit und sozialer Ordnung ermöglichen, führt in der Reflexion des Intellektuellen zu einem Orientierungsvakuum, das durch Vorstellungskraft gefüllt und durch spezielle Verfahren zu einer unpersönlichen Ordnung gebändigt werden muß.[47] *Dabei ersetzen der Text und die Niederschrift des eigenen Gedankens die Anwesenheit eines Kommunikationspartners.*[48] Der Text wird zum Gegenüber, das befragt, wiederholt, bezweifelt, bestätigt und fortgesetzt werden kann. Die Vergegenständlichung des eigenen Gedankens im Text schafft erst die notwendige Distanz, um über Gedanken nachzudenken. Die *zeitliche Abfolge des Gesprächs* löst sich dabei allerdings auf; an ihre Stelle tritt das *Nebeneinander von Zeichen* und die Möglichkeit, eine Vielzahl von Zeichen, Behauptungen und Äußerungen

---

45 Vgl. Mead, G.H., Geist, Identität und Gesellschaft, Frankfurt/M. 1973, S. 198.
46 Walter J. Ong spricht deshalb in diesem Zusammenhang auch vom Verfall des Dialogs. Vgl. ders., Ramus, Method, and the Decay of Dialog, Cambridge/Mass. 1958.
47 Es ist deshalb sicherlich kein Zufall, daß die Reflexionen über Einsamkeit und Melancholie erst auf die Verbreitung einer an Buchdruck gebundenen Schriftkultur folgen. Vgl. dazu Lepenies, W., Melancholie und Gesellschaft, Frankfurt/M. 1969.
48 Ich verdanke diesen Gedanken mehreren langen Gesprächen mit Harold Garfinkel an der UCLA.

beim Lesen schnell zu erinnern und im Bewußtsein zu behalten. Wenn nun einerseits Sequentialität als Arbeits- und Strukturierungsprinzip des Bewußtseins nur mehr beschränkt verfügbar ist, andererseits aber die Anzahl der im Bewußtsein gegenwärtigen symbolischen Gehalte wächst und schließlich auch die unmittelbar vorhandene und sinnlich wahrnehmbare Umgebung keinen Unterschied mehr macht, dann begünstigt dies Ordnungsprinzipien, die zeitunabhängig, unsinnlich und sozial unbestimmt sind. Der Intellektuelle setzt sich mit seinem Text auseinander; dieser Text vergegenständlicht eine abstrakte Ordnung der Welt, die auf *mehrfache* Weise gedeutet und ausgelegt werden kann. Diese Wahrnehmungsform von Texten und die Auseinandersetzung mit dem Text als Gegenüber führen zur Konstruktion einer übersozialen, unsichtbaren und zeitlosen Welt, die nach besonderen Prinzipien geordnet wird.[49] Subjektivität und Objektivität, Individualität und Allgemeinheit gehen dabei ein neues und spannungsreiches Verhältnis ein. Dem individuellen Erkenntnissubjekt steht so schließlich eine unpersönliche und allgemeine Ordnung gegenüber, mit der keine Kommunikation und keine Verhandlung mehr möglich ist. Das Gegenüber ist ungreifbar und unerreichbar und nur mehr als Reflex des eigenen Denkens vorstellbar.

Die Situation des reflexiven Monologs (oder: des Dialogs mit einem unsichtbaren Gegenüber) führt in beispielhafter Weise zur Entkoppelung von Prozeß und Code: In der Klosterzelle, am Schreibtisch des Gelehrten, in der Bibliothek usw. herrscht Eintönigkeit und Ruhe – der Wechsel der äußeren Ereignisse wird ausgeschaltet und stillgestellt; selbst wenn andere etwa in der Bibliothek anwesend sein sollten, ist das Gespräch mit ihnen doch verboten oder auf das Unvermeidliche beschränkt. Erst wenn so durch besondere institutionelle Arrangements,[50] durch selbstgewählte Isolation oder durch zufällige Einsamkeit Situation und Kommunikation stillgestellt, ausgeschlossen und vergessen werden können, kann der Code selber ins Blickfeld geraten und zu eigenständigen Variationen angeregt werden. Gewiß gelingt diese

---

49 Mit der Erfindung der Schrift – insbesondere der alphabetischen Schrift – beginnt deshalb auch erst die Philosophie. Vgl. dazu Havelock, E. A., Preface to Plato, Cambridge, Mass. 1982 (Orig. 1963).
50 Nicht umsonst wählt Helmut Schelsky in seiner Abhandlung über die deutsche Universität dann auch als Titel: Einsamkeit und Freiheit, Hamburg 1963.

Stillegung von Situation und Kommunikation nur für begrenzte Zeit und bedarf besonderer Übung und Anstrengung, und ganz gewiß ist auch das Gespräch zwischen Intellektuellen nicht bedeutungslos für ihre Lebensform, aber die Grundlage dieser Lebensform ist immer der besondere und sozial ausgezeichnete Augenblick und Ort der monologischen Reflexion.[51] Im einfachsten Falle ist dies die Zeit des stillen Lesens und Schreibens; elaborierte Schweigerituale, Konzentrationstechniken, Verfahren der Kommentierung und Objektivierung von Ergebnissen tragen schließlich dazu bei, daß sich prinzipiell unendliche Ketten immer höherstufiger Reflexion aufbauen können, die den situativen Rahmen, in dem sie entstanden, vergessen und unterschlagen, zumindest aber latent halten können. Weniger die Existenz der Intellektuellen ist dann »freischwebend« und von allen sozialen Beziehungen losgelöst als vielmehr ihre Gedanken, ihre Reflexionsergebnisse und Codes. Die in der monologischen Reflexion geschaffenen Codes haben so die Spuren ihres Entstehens verwischt und werden als Elemente eines ungebundenen symbolischen Universums für viele Situationen verfügbar. Eine solche Abkoppelung der symbolischen Codes kann auch auf andere Weise als durch den reflexiven Monolog der Intellektuellen geschehen; aber erst durch diesen wird sie systematisch und mit dem Ergebnis einer transzendentalen Verdoppelung der Wirklichkeit betrieben.

Auch jenseits des reflexiven Monologs, im *Diskurs* zwischen verschiedenen Intellektuellen, zeigen sich Besonderheiten, die eine Entkoppelung von Code und Prozeß begünstigen. Der intellektuelle Diskurs ist – wie schon angesprochen – weitgehend handlungsentlastet; er legt sich selbst die Regel auf, besondere Interessen einer sozialen Gruppe oder eines Individuums als Leitidee nicht zu berücksichtigen. Sie mögen ein Motiv sein und die Teilnehmer des Diskurses bewegen, begründungs- und kritikfähig sind sie nicht. Eine solche Abkoppelung des Diskurses von partikularen Interessen fördert Äußerungen und Beiträge, die sich an allgemeinen Prinzipien ausrichten, sich im Bekenntnis zur Allge-

---

51 »Jeder dieser Dämonen beschaute sich recht oft in einem papiernen Spiegel; er betrachtete darin das höchste und das niedrigste aller Wesen ...« – so Paul Valéry, Herr Teste, Frankfurt/M. 1984, S. 56: Das Gegenüber, das Alter ego, und schließlich auch das eigene Ich werden in Buch und Papier erfahren.

meinheit wechselseitig überbieten wollen und sich um eine vielfältige Ausarbeitung des Allgemeinen bemühen. Diese Entlastung von praktischen Interessen wird bei Karl Mannheim zur sozialen Standortlosigkeit und zum Mangel an sozialer Identität. Gerade diese Standortlosigkeit beruft die Intellektuellen nach Mannheim auch zur politischen Führung der Gesellschaft.[52] Diese Orientierung am Allgemeinen wird auch durch den Umstand gefördert, daß Intellektuelle nicht nur handlungs-, sondern auch weitgehend verantwortungsentlastet die Welt interpretieren und darüber hinaus nur selten über direkten Erfahrungszugang zu dem Interpretierten verfügen. Gerade weil man nicht in Verantwortung für das Einzelne steht, sucht man die Verantwortung für das Ganze.[53] In dieser Lage wird das Allgemeine als eigentliche und tiefere Ebene der Wirklichkeit diskursiv konstruiert. So unterschiedlich sie auch sein mögen: die Disputation an mittelalterlichen Universitäten und der philosophische Salon der Aufklärer, die Clique romantischer Dichter und der Streit der Gesellschaftskritiker, sie alle folgen diesem Muster der handlungsentlasteten diskursiven Konstruktion des jeweiligen Allgemeinen.

Freilich ihre Lage ist unterschiedlich: Daher sind die besonderen Formen der Isolation, in der Intellektuelle die Welt nicht mehr dialogisch konstruieren können, sondern einsam vorstellen und erfinden müssen, historisch-typologisch nachzuzeichnen und im Hinblick auf die Vorstellung des jenseitigen Allgemeinen zu betrachten, die jeweils aus ihnen entstand.[54]

52 Vgl. Mannheim, K., Ideologie und Utopie, Frankfurt/M. 1952; ders., Essays on the Sociology of Culture, London 1956, S. 170; bei Schumpeter wird die Handlungsentlastung der Intellektuellen eher kritisch angemerkt: Intellektuelle unterscheiden sich von anderen Schriftkundigen vor allem dadurch, daß ihnen die Verantwortung für praktische Dinge fehlt, daß es ihnen an erfahrungsbedingten Kenntnissen aus erster Hand mangelt und daß ihre größten Erfolgsaussichten in ihrem Wert als Störfaktor liegen. Vgl. Schumpeter, J. A., Kapitalismus, Sozialismus, Demokratie, Bern 1946, S. 237.
53 Arnold Gehlen spricht hier deshalb auch polemisch nicht mehr von Humanismus, sondern Humanitarismus. Vgl. ders., Moral und Hypermoral. Eine pluralistische Ethik, Wiesbaden 1986.
54 Richard Münch hat in seinem großangelegten Vergleich der verschiedenen Wege in die Moderne die Einsamkeit als besondere Eigentümlichkeit der deutschen Intellektuellen herausgearbeitet. Die vorliegende Arbeit behauptet hingegen gleichermaßen die Ausdifferenzie-

Diese Konstruktion des Allgemeinen in der Reflexion des Intellektuellen war keine Erfindung, die, einmal gemacht und als Erfindung unwiederholbar, die folgende Geschichte unabsehbar und ohne jede Möglichkeit der Rückkehr zum Konkreten veränderte. Sie konnte vielmehr auch in Vergessenheit geraten und wiederholte sich in ganz unterschiedlichen historischen Problemzusammenhängen und bei ganz unterschiedlichen historischen Trägergruppen. Man kann solche historischen Vorgänge der Konstruktion des Allgemeinen als »Achsenzeiten« bezeichnen.[55] Der Universalismus der großen Weltreligionen, die Idee der immer gleichförmigen Natur, die aufklärerische Vorstellung des Naturrechts und der universellen Vernunft, die Idee der Geschichte und des Fortschritts waren solche »achsenzeitlichen Durchbrüche«, die jeweils in unterschiedlichen historischen Epochen stattfanden und von unterschiedlichen sozialen Gruppen getragen wurden. Jeder dieser achsenzeitlichen Durchbrüche hat seine eigene Problemgeschichte, und man vereinfacht sicherlich zu stark, wenn man von *einer* Achsenzeit der Weltgeschichte oder der einen Achsenzeit in der Entwicklung einer bestimmten Gesellschaft spricht. Eine differenzierte Perspektive bindet achsenzeitliche Phasen oder Paradigmenwechsel an spezifische »Problemgeschichten« und »Diskurse«, die von bestimmten Gruppen von Intellektuellen getragen werden und deren interne Kommunikation steuern.

In diesen Diskursen kann die Frage nach den identitätssichernden Quellen eines Kollektivs einen besonderen Rang erhalten. Die Konstruktion einer umfassenden kollektiven Identität erscheint dann als ein Problem, das den Diskurs der Intellektuellen in Gang bringt und das zu historisch unterschiedlichen Phasen einen achsenzeitlichen Wechsel der Codes hervorgebracht hat. Es braucht nicht besonders hervorgehoben zu werden, daß Intellektuelle keineswegs die einzigen möglichen Träger kollektiver Identität sind. Eine Vielzahl von Codierungen kollektiver Identität kommt ohne

rung bestimmter Diskursrituale wie den reflexiven Dialog mit dem unsichtbaren Gegenüber als bestimmende Merkmale intellektueller Kommunikation. Daß diese Typisierung insbesondere den deutschen Fall im Auge hat, soll jedoch nicht verschwiegen werden. Vgl. Münch, R., Die Kultur der Moderne, Bd. 2: Ihre Entwicklung in Frankreich und Deutschland, Frankfurt/M. 1986, S. 742 ff., S. 756 ff.

55 Vgl. Eisenstadt, S. N. (Hg.), Kulturen der Achsenzeit, 2 Bde., Frankfurt/M. 1987.

jede intellektuelle Reflexion aus, und erst relativ spät – und hier besonders in der okzidentalen Entwicklung – traten Intellektuelle als eine gesonderte soziale Gruppe mit spezifischen Reproduktionsmodi auf. Ausdifferenzierte Diskurse, in denen über kollektive Identität reflektiert wird, kommen jedoch insbesondere durch intellektuelle Trägergruppen in Gang.

Solche Diskurse über kollektive Identität und die Konstruktion neuer Codes der Identität geschehen freilich nicht in einem kulturellen Vakuum. Sie sind vielmehr eingebunden in umfassende kulturelle Fragestellungen und weisen eine Vielzahl von Querverbindungen zu anderen Diskursen und deren grundlegenden Codes auf. Im Zeitalter der Religionskriege etwa war die Konstruktion nationaler Identität eng an konfessionelle Codes gebunden und vollzog sich in einem Diskurs, der an religiösen Fragen orientiert war; der Aufstieg des Bürgertums zum beherrschenden politischen Subjekt gegen Ende des 18. Jahrhunderts wiederum stellte die Konstruktion nationaler Identität in den Kontext bürgerlicher Tugendlehren und staatsbürgerlicher Selbstbestimmung. Erst im 19. Jahrhundert erhielt der Diskurs über nationale Identität selbst den Rang einer ultimativen Referenz, an der sich andere Diskurse und Codierungen zu orientieren hatten. Wir werden in den folgenden Kapiteln diese vielfältigen Verbindungen der intellektuellen Reflexion über kollektive Identität nachzuzeichnen versuchen. Unser besonderes Augenmerk gilt dabei den Typen der Isolierung und Entwurzelung der Intellektuellen, die erst den reflexiven Monolog und die neuen Konstruktionen des Allgemeinen befördert haben. Die Diskursrituale der Intellektuellen führen – so unsere These – erst dann zu achsenzeitlichen Durchbrüchen in einer bestimmten Problemgeschichte, wenn sie mit besonderen Formen der kommunikativen Isolierung und nicht nur der sozialen, sondern auch der individuellen Abgeschiedenheit verbunden werden. Erst wenn der Diskurs ins Leere läuft und keine Antwort erhält, findet er das Allgemeine. Damit wird der Versuch unternommen, Karl Mannheims Wissenssoziologie der Intellektuellen fortzuführen und neu zu formulieren: Die Intellektuellen müssen sich nicht nur von anderen sozialen Gruppen, sondern auch von den weltlichen Erfordernissen der Situation abkoppeln und ihre ›freischwebende‹ Lage selbst erzeugen, um so zu Beschreibungen des gesellschaftlichen Allgemeinen vordringen zu können.

IV Vorspiel:
Die Begegnung mit dem Fremden

1 Das Fremde am Rande der Welt: die Klassifikation des Unbekannten

Das Fremde stellt unsere eigene Sicherheit in Frage. Der »namenlosen Angst«, die das Fremde in uns auslöst, begegnen wir zunächst mit einer sprachlichen Feststellung: Wir geben dem Fremden einen Namen, es erhält einen Platz in einem Netzwerk von Zeichen, was es uns erlaubt, Unterschiede zu machen, die Welt zu ordnen und mit Konturen zu versehen. Solche sprachlichen Bezeichnungen des Fremden legen eine Grenze fest und konstruieren somit auch Identitäten, Gleichheiten und Gemeinschaften. Der Notwendigkeit, die Welt sprachlich festzustellen, können wir nicht entgehen; aber damit steht noch nicht fest, was als Umwelt in unserer Wahrnehmung erscheint, was als Fremdes Bezeichnung verlangt und wie diese Ausgrenzungen von Fremdem geschehen. Die Grenze zwischen Fremdem und Eigenem, zwischen Vertrautem und Unheimlichem schneidet dabei in ein Kontinuum, das zwischen dem »absoluten« Objekt und dem selbstgewissen Subjekt verläuft; dazwischen sind vielfach abgestufte und schattierte Erfahrungen des Fremden möglich.

Welche Bezeichnung und Bedeutung das Fremde erhält, wird von den Gegebenheiten der *Situation* bestimmt, in der es erfahren und wahrgenommen wird. In dieser Situation der Erfahrung des Fremden sind die Möglichkeiten zur Verständigung und Vergemeinschaftung in gewisser Weise versperrt: Fehlten solche Hindernisse des Verstehens gänzlich, so wäre die Grenze schnell überwunden, und das Fremde würde zum Vertrauten. Die Sperren der Situation, die einer Verständigung und Vergemeinschaftung entgegenstehen und die Ausgrenzung stützen, haben räumliche und soziale Entsprechungen.

a) Fremdheit ergibt sich aus der *Distanz* zwischen dem eigenen Standort und dem des anderen. Diese Distanzierung kann auf elementare und selbstverständliche Weise durch die *räumliche Situation* selbst gegeben sein. Fremdheit ergibt sich dann aus fehlender Anwesenheit und Teilnahme an einer gemeinsamen Praxis. Der Fremde taucht unvorhergesehen in einer Situation auf, man ist unvorbereitet und ohne Erfahrung im Hinblick auf ihn, verstört und verunsichert. Das Fremde überrascht hier in einer *offenen Situation*.

Eine solche überraschende und durch soziale Erfahrungen und Erwartungen kaum geordnete Begegnung fand etwa im 16. Jahrhundert zwischen den europäischen Seefahrern und Konquistadoren einerseits und den Bewohnern der Neuen Welt andererseits statt. Weder die Indianer noch die Europäer besaßen Erfahrungen mit dem jeweiligen Gegenüber, eine gemeinsame Sprache war nicht verfügbar, und die Fremden entsprachen kaum den vertrauten Vorstellungen. Die Segelschiffe, mit denen die Portugiesen und Spanier vor den Küsten erschienen, ihre eisernen Rüstungen, vor allem aber die Pferde und Feuerwaffen ließen sie den Bewohnern der Neuen Welt als gänzlich fremde, übermächtige Wesen erscheinen. Bei ihrer Landung zeigten diese übermächtigen Wesen nicht selten freundliche Gesten: Sie warfen den verängstigten Indianern kleine Geschenke, »mancherlei Tand zu, den diese annahmen und lachend betrachteten, und dann kamen sie vertrauensvoll an Bord«.[1]

In einer Situation des ›sprachlosen‹ Entsetzens wurde die freundliche Geste zum Anlaß, die Fremden als wohlwollende *Götter* zu betrachten. Die Begegnung mit den Göttern überschreitet die Grenzen des Vertrauten, der Erfahrung, ja, der sprachlichen Verständigung überhaupt, aber man darf mit ihrem Wohlwollen rechnen. Welche tiefgreifenden und lang andauernden Wirkungen diese ersten Begegnungen in einer gänzlich *offenen vorgesellschaftlichen* Situation hinterlassen, zeigt der vergleichsweise seltene Fall der aggressiven Erstbegegnung. Von Magellan bei seiner ersten Weltumseglung, von dem Spanier Vaez de Torres an der Küste Neuguineas oder von dem englischen Kapitän John Smith vor der Küste Virginias ist ein blutrünstiges Auftreten gegenüber freundlichen Eingeborenen berichtet worden. Es führte in der Regel zur Flucht der Eingeborenen in das Landesinnere und nahm den nachfolgenden Seefahrern nicht selten für Jahrzehnte die

---

1 Verrazano, zitiert nach: Bitterli, U., Alte Welt – neue Welt. Formen des europäisch-überseeischen Kontakts vom 15. bis zum 18. Jahrhundert, München 1986, S. 18.

Möglichkeit, ihren Proviant an der entsprechenden Küste zu ergänzen oder Auskünfte über den Küstenverlauf von den Eingeborenen zu erhalten.[2]
Ging die ungeheure Fremdheit und Übermacht hingegen mit Geschenken einher, zu denen die Fremden keineswegs verpflichtet waren, so ließ dies aus der Sicht der Indianer weder Vorstellungen von Gleichheit und Reziprozität zwischen Europäern und Eingeborenen zu, noch erlaubte es eine Dämonisierung der Fremden. Sie waren also Götter, denen man mit Ehrerbietung, aber voll Vertrauen begegnen konnte.
b) Gerade dieses naive Vertrauen in die fremden Götter bestärkte wiederum das Überlegenheitsgefühl der europäischen Seefahrer. Ihre Freundlichkeit entsprang allein strategischen Interessen, und ihr Auftreten ließ bei aller Vorsicht keinen Zweifel an der Absicht der Eroberung und Unterwerfung. Man handelte im Auftrag der spanischen oder portugiesischen Krone, man achtete auf feierliche Rituale der Besitzergreifung wie das spanische ›requierimento‹, man betrat den fremden Boden mit soldatischer Eskorte und feuerte Salutschüsse ab, man bemühte Notare und Chronisten, um den Augenblick der Besitznahme, der Wahrnehmung des Finderrechts, festzuhalten. Ein solches Zeremoniell konnte sich offensichtlich nicht an die gänzlich ahnungslosen und verständnislosen Eingeborenen wenden. Es sicherte vielmehr einen Besitzanspruch gegenüber nicht anwesenden Konkurrenten, gegenüber anderen Eroberern und anderen Kronen. Die Indianer waren in Wirklichkeit nicht Partner, sondern *Gegenstand* eines Vertrags.[3]
Auch für die europäischen Seefahrer war die Beziehung zu den fremden Eingeborenen ganz offensichtlich asymmetrisch und extrem hierarchisch – freilich in umgekehrter Perspektive. Die

2 Vgl. Bitterli, U., a.a.O., S. 18 ff.; schon im 16. Jahrhundert empfahlen daher Reiseinstruktionen den Seefahrern einen möglichst freundlichen Umgang mit den Bewohnern der Neuen Welt.
3 Selbst wenn sie als Vertragspartner angesehen wurden, so hatten sie doch ganz unterschiedliche Vorstellungen von den im Vertrag vorgesehenen Rechten: Nach Auffassung der Indianer konnte man Boden nicht verkaufen, sondern nur den Aufenthalt und die extensive Nutzung großzügigerweise gestatten. Der Bau von befestigten Siedlungen wurde folglich als ein Vertragsbruch angesehen, auf den man nur mit Krieg antworten konnte. Dies führte zu den berüchtigten Virginia-Massakern von 1622. Vgl. Bitterli, U., a.a.O., S. 29.

Fremden waren nicht die unendlich Überlegenen, sondern im Gegenteil: sie waren offensichtlich auch den einfachen Matrosen und Soldaten unterlegen. (Sie als Götter zu betrachten, wäre ohnehin als Gotteslästerung betrachtet und von der Inquisition geahndet worden.) In der ›great chain of being‹[4] wurden die Fremden so am ganz unteren Ende eingeordnet. Anders als die bekannten Völker der Alten Welt brauchten sie darüber hinaus nicht unterworfen zu werden; sie setzten der Eroberung offensichtlich keinen Widerstand entgegen, in dem sich Subjektqualität, die Forderung nach Gleichrangigkeit, zu Wort gemeldet hätte. Sie waren weder Götter noch Gegner, sondern eher Sachen, die man finden, in Besitz nehmen, benutzen und verkaufen konnte.[5] Ebenso wie mit Tieren war die Verständigung mit ihnen schwierig, und eine elementare Vorsicht vor ihrer Unberechenbarkeit sollte man nicht außer acht lassen. In den ersten Reiseberichten des 15. Jahrhunderts werden die Bewohner der Neuen Welt als bizarre Wesen geschildert, deren Fremdheit man weder verstehen mußte noch konnte, als Staffage eines Abenteuers oder als künftige Untertanen eines europäischen Fürsten.

Bei der Bewältigung des Unbekannten griffen die Chronisten der Entdeckung auf die zentralen Achsen des eigenen (christlichen) Weltverständnisses zurück. Die verlorene (räumliche) Distanz wurde auf *soziale Weise durch Hierarchisierung* rekonstruiert, und diese Hierarchisierung erhielt durch die Mission kulturelle Verbindlichkeit. Dennoch waren sich die meisten Chronisten der Entdeckung der Neuen Welt durchaus bewußt, daß die Eingeborenen Menschen mit schlummernden Subjektqualitäten waren – sie konnten ihr Unglück, als Heiden geboren worden zu sein, ja grundsätzlich durch Bekehrung und Taufe überwinden.

Unterwerfung im Austausch gegen das Taufangebot wurde in der

---

4 Vgl. dazu die einschlägige Arbeit von Lovejoy, A., The Great Chain of Being, Cambridge, Mass. 1982; deutsch: Die große Kette der Wesen, Frankfurt/M. 1985.
5 Und schließlich durch die Taufe auch zu eigentlichen »Menschen« machen konnte. Hier lassen sich deutliche Unterschiede zwischen den beiden Amerikas feststellen: In den spanischen Kolonien gab es via Taufe für die »Eingeborenen« eine Chance, wenigstens ›ganz unten‹ in der sozialen Hierarchie einen Platz zu beziehen, während sie in den angelsächsischen Kolonien ganz ausgeschlossen blieben. Vgl. dazu Paz, O., Das Labyrinth der Einsamkeit, Frankfurt/M. 1988, S. 104 f.

Folge die offizielle Doktrin der spanischen Kolonisatoren. Der Missionsgedanke verband sich hier bruchlos mit dem hierarchischen Code des frühneuzeitlichen Europa. Sollte der Zustand namenloser Fremdheit überwunden werden, mußte dem Fremden ein Platz in der Rangordnung des Seins zugewiesen werden; sollte er von den Sachen unterschieden werden, mußte er getauft werden.

c) Die Verbindung beider Codes, der ›great chain of being‹ und des christlichen Universalismus, erwies sich in der weiteren Folge jedoch als äußerst prekär und labil. Sie stellte eines der großen Themen der katholischen Intellektuellen des 16. Jahrhunderts dar und beschäftigte nicht nur die Klöster, sondern auch besondere Ausschüsse der königlichen Kolonialverwaltung. Die *Lage dieser Intellektuellen* unterschied sich gewiß von der der seefahrenden Chronisten: Die Conquista war erfolgreich vollzogen, die Kolonialverwaltung etabliert, die ökonomischen Interessen verteilt, kurz: die Situation war keineswegs mehr offen, es ging nicht mehr um die Bewältigung der totalen Fremdheit, sondern um die Verbindung der theologischen Lehren mit den Verwaltungsproblemen der neuen Kolonien. Auch die Position der Anhänger Las Casas, die für den missionarischen Universalismus des Christentums und gegen die Versklavung der Indianer auftraten, war eng mit den Kolonialinteressen der spanischen Krone verflochten: langfristige Missions- und Herrschaftsinteressen wurden gegen kurzfristige Ausbeutungsinteressen gesetzt, und die Klugheit der Pädagogik sollte den Schrecken der Ketten ersetzen.

In der berühmten Debatte zwischen Las Casas und seinem Kontrahenten Sepulveda treffen der vormoderne und der moderne Modus der Bewältigung von Fremdheit aufeinander: Die vormoderne Einstellung setzt auf die soziale Distanzierung desjenigen, der räumlich (und sozial) zu nahegetreten ist, während die Moderne die Inklusion auch und gerade des Entfernten fordert. Aus der Ferne erscheint der Fremde als jemand, der dem Beobachter gleicht.

Die Debatten zwischen Sepulveda und Las Casas zeigen freilich auch das Janusgesicht jenes missionarischen Universalismus, der sich an der Schwelle zur Moderne welthistorisch durchsetzte. Im Unterschied zu Cortez und Sepulveda, die noch die Unterlegenheit und Fremdheit der Indianer betonten, aber gerade aus der Distanz auch zu genauen Beobachtungen ihres »Gegenstandes« in der Lage waren, fehlte bei Las Casas gerade diese Fähigkeit, das Eigene und Fremde der Indianer wahrzunehmen. Las Casas ist ein Intellektueller im modernen Sinne: Im Namen einer allgemeinen und umfassenden Moral muß er die Besonderheiten und Unterschiede, das bloß Faktische und Zufällige übersehen. Während das Interesse an moralischer Vergemeinschaftung und die Suche nach dem Gleichen im Fremden gerade das Eigene und »Unentfremdbare« des Fremden aus den Augen verliert, begünstigt das Interesse an Beherrschung und die Vergegenständlichung des Fremden auch die Beobachtung von Unterschieden. Klassifikation, die Beobachtung der Außenwelt, und Identifikation, die Konstruktion der Innenwelt, stehen in Gegensatz.

In einer Hinsicht gleichen sich allerdings Sepulveda und Las Casas; beide unterscheiden noch nicht hinreichend zwischen dem kontrafaktischen Universalismus der Moral und der empirischen Vielfalt von Natur und Kultur. Bei Sepulveda rechtfertigen die natürlichen Unterschiede auch den Herrschaftsanspruch; bei Las Casas verdeckt die moralische Gleichheit die kulturellen Unterschiede.[6] Während die Chronisten der Erstbegegnung die Fremdheit nur als Rechtfertigung der Reise bemühten und für die Wunder der Neuen Welt aus praktischer Notwendigkeit keine besondere Aufmerksamkeit entwickelten,[7] waren die Las Casisten aus *intellektuellen* Gründen nicht an den Besonderheiten der Fremden interessiert.

d) Im Unterschied dazu hatte sich schon früh im 16. Jahrhundert in Europa eine *Reiseliteratur* entwickelt, die die Merkwürdigkeiten und Wunder fremder Welten, zunächst der Türken und des Orients, dann aber auch des neuen Kontinents im Westen, einem Publikum schilderte, das gerade an den Besonderheiten des Fremden interessiert war. Die räumliche und soziale Distanz, aus der das Fremde erst interessant und verlockend erscheint, war hier gegeben. Weder das Publikum noch die Autoren dieser Reiseberichte waren dem direkten Eindruck der Begegnung mit den Fremden ausgesetzt oder hatten praktische Probleme der Behandlung des Fremden zu lösen. Schon die ersten Reiseberichte beruh-

---

6 Vgl. auch die weiter gefaßte Darstellung und Analyse der hier nur angeschnittenen Auseinandersetzung bei Todorov, T., Die Eroberung Amerikas. Das Problem des Anderen, Frankfurt/M. 1985.
7 Vgl. Lévi-Strauss, C., Traurige Tropen, Frankfurt/M. 1978.

ten weitgehend auf Mißverständnissen eingeborener Informanten, und später überwog die literarische Form die Erfordernisse der genauen Berichterstattung.
In jedem Falle aber schuf gerade die Distanz zur direkten Begegnung hier eine verstärkte Sensibilität für die Besonderheiten fremder Welten; sie machte die *soziale* Rekonstruktion von Distanz durch Hierarchisierung weitgehend überflüssig. Mehr noch: aus dieser Distanz konnte auch eine abstrakte Sympathie für das Fremde entstehen, die sich im weiteren Verlauf zur Sehnsucht nach dem Exotischen steigerte. Das Fremde war nun nicht mehr das Unheimliche und Bedrohliche, sondern das ferne Paradies: die verlorene Heimat. Die vormoderne Neugier nach dem Exotischen und Monströsen des Fremden, die in der frühen Neuzeit noch zur Schildung von Fabelwesen und Ungeheuern geführt hatte – das Fremde wurde durch symbolische Klassifikation dem Bereich des Menschlichen entrückt –, verband sich nach Montaigne mit dem modernen Inklusionsdrang zur Figur des Guten Wilden, der rein und unverdorben die natürliche Moral und Tugend verkörperte. Intellektuelle wie Montaigne oder Defoe konstruierten aus der räumlichen Distanz die moralische Nähe und Vertrautheit des nur scheinbar Wilden und Fremden.[8]
e) Erstbegegnungen zwischen Einheimischen und Fremden in der Alten Welt führten keineswegs immer zur Unterordnung unter die fremden Eroberer. Aus der offenen Situation der Begegnung zwischen Seefahrern und den einheimischen Mächtigen konnten sich hier zum Teil annähernd gleichgewichtige Verhältnisse entwickeln. Fragile Beziehungen des wechselseitigen Austauschs von Geschenken wurden – etwa an den westafrikanischen Küsten – gelegentlich in lang andauernde Handelsverbindungen überführt, aus denen beide Seiten – die Fremden wie die Einheimischen – Vorteile zogen. Das Interesse an langfristigen Handelsbeziehungen wirkte hier Betrugsabsichten entgegen und förderte die Konstruktion von sozialer Verbindlichkeit. In diesen – annähernd gleichgewichtigen – Beziehungen zwischen Fremden und Einheimischen erhielten Vermittler, Mischlinge und *Grenzgänger*, die sowohl mit den Fremden wie mit den Einheimischen vertraut waren, ein größeres Gewicht, als dies in extrem unbalancierten

---

8 Vgl. dazu Kohl, K.-H., Entzauberter Blick. Das Bild vom Guten Wilden und die Erfahrungen der Zivilisation, Frankfurt/M. 1986, S. 21 ff.

und ungleichen Beziehungen zwischen Herren und Sklaven, Eroberern und Eingeborenen der Fall war. Im Falle der Erstbegegnung standen solche sprachlichen Vermittler noch nicht zur Verfügung. Man verständigte sich – erstaunlich leicht – mit Hilfe von universellen Gesten. Später nahmen Gefangene, Sklaven, Mischlinge oder die Teilnehmer früherer Reisen solche Mittlerpositionen ein und konnten als Grenzgänger zwischen verschiedenen Kulturen Gewicht und Einfluß gewinnen. Noch später wurde diese Vermittlerrolle nicht mehr dem individuellen Zufall überlassen, sondern in bestimmten Ämtern institutionalisiert: Missionare und Kolonialbeamte, die europäisch gebildete Aristokratie Asiens oder die jesuitischen Missionare Südamerikas sind Beispiele hierfür.

f) Im Unterschied zu diesen gleichgewichtigen Handelsbeziehungen oder zur Begegnung zwischen europäischen Seefahrern und den Bewohnern der Neuen Welt war die Ankunft der Europäer im Orient zumeist jedoch eher durch ein Überlegenheitsgefühl auf der Seite der einheimischen Elite bestimmt. Dieses Ungleichgewicht zwischen den Fremden und den Einheimischen wurde durch rituellen Aufwand eindrucksvoll bekräftigt. Wenn die Fremden nach ihrer Ankunft den lokalen Mächtigen ihre Aufwartung machten, ihnen Geschenke überreichten und um ihr Wohlwollen und ihren Schutz baten, so betonten diese ihre überlegene Position durch entsprechenden Pomp und ein demütigendes höfisches Zeremoniell. Der Empfang der europäischen Reisenden an den Höfen von Beijing und Yedo oder die Begegnung der Engländer mit indischen Nabobs zeigen dies ebenso deutlich wie die Behandlung außereuropäischer Delegationen an den französischen und spanischen Höfen der frühen Neuzeit. Das Fremde, das seine räumliche Distanz verloren hat und beängstigend nahe gerückt ist, wird auch hier durch die soziale Konstruktion von Distanz, durch Transformation der horizontal-räumlichen in eine sozial-hierarchische Distanz, bewältigt. Bevor rechtliche Regeln eine solche soziale Distanz konstruieren und Verbindlichkeiten begründen, wird dabei die Situation der Fremdheit allein durch kulturübergreifende Gesten bewältigt: man verneigt sich, man übergibt Geschenke und erhält Gegengeschenke, man erscheint ohne Waffen, man wird bewirtet, man zeigt Bilder und Gegenstände aus dem eigenen Herkunftsland. Daß solche Besuche und Begegnungen immer noch das Risiko von Mißverständnissen und

Spannungen enthalten, die sich in Gewaltsamkeiten und Flucht entladen, braucht nicht betont zu werden. Insbesondere wenn der Versuch, das undefinierte Verhältnis der Fremdheit in eine sozial definierte Unterordnung zu überführen, von beiden Seiten mit der gleichen Absicht betrieben wird, ist die gewalttätige Distanzierung unausweichlich: die Fremden werden als Eindringlinge behandelt, getötet oder in die Flucht geschlagen.

2 Die Fremden in der eigenen Gesellschaft: Diskriminierung und Inklusion

Die Chronisten der Erstbegegnung, aber auch noch die spanischen Intellektuellen des 16. Jahrhunderts, ja selbst die Autoren der Reiseliteratur hatten dem Fremden einen Namen zu geben und ihm einen Platz in der Ordnung der Welt zuzuweisen. In der Debatte um ihre Klassifikation hatten die Fremden selbst keine Stimme. Zwischen den Fremden und den Seefahrern lag eine Distanz der Sprachlosigkeit, die eine Teilnahme an öffentlichen Debatten und gesellschaftlichen Konflikten gänzlich ausschloß. (Erst durch Heirat zwischen Indianerinnen und Spaniern konnten Generationen später auch für die indianische Bevölkerung erste Zugänge zu politischen Konfliktarenen geöffnet werden.[9])

Von dieser Situation der Klassifikation des Unbekannten und Neuen unterscheidet sich die Lage der Fremden *in* den Gesellschaften der Alten Welt deutlich. Fremde waren in den antiken Großreichen und Stadtstaaten, aber auch in der mittelalterlichen Welt keine überraschenden und unerwarteten Erscheinungen. Vor allem der wirtschaftliche Verkehr, aber auch die Sklaverei und die religiöse Heilssuche brachten es mit sich, daß Fremde, Barbaren, Metöken sich neben der ortsansässigen Bevölkerung ansiedeln konnten oder als »peregrini«, als fahrendes Volk, auf der Durchreise in Kontakt mit den Einheimischen treten konnten. Insbesondere unter dem Rechtsschutz der antiken Großreiche, aber auch

9 In Brasilien erreichte die Diskriminierung der Eingeborenen gerade auf Grund der fast gleichzeitig mit der Kolonisation einsetzenden biologischen Vermischung von Portugiesen und Einheimischen nie die dichotomische Schärfe, wie sie uns aus anderen Ländern Amerikas bekannt ist. Vgl. Freyre, G., Herrenhaus und Sklavenhütte. Ein Bild der brasilianischen Gesellschaft, Stuttgart 1982, S. 81 ff.

im ausgehenden Mittelalter war der *Reiseverkehr* intensiv und erfaßte einen beträchtlichen Teil der Bevölkerung. Soweit diese Wanderungsströme Gruppen von verschiedener Herkunft zusammenführten, entstand ein besonderes Binnenklima, auf das wir noch zurückkommen werden.
Der Kontakt zwischen den durchreisenden Fremden und den Ortsansässigen hingegen war naturgemäß *zeitlich* beschränkt und *sachlich* gebunden. Man tauschte das Nötige und hielt sozial auf Distanz. Zwar wird die freundliche Aufnahme des Fremden immer wieder als Tugend gepriesen, aber diese Tugend kann nur solange praktiziert werden, wie der Fremde selten erscheint und die kurze Dauer des Aufenthaltes eine zeitliche Form der Distanzierung ermöglicht. Wird der Fremde zur häufigen Erscheinung, so überläßt man seine Betreuung in der Regel besonderen Institutionen – Klöstern, Fürstenhöfen, Gasthäusern, Raststätten –, in denen Erfahrungen im Umgang mit den Fremden gesammelt werden.
Erleichtert wird die Aufnahme des durchreisenden Fremden, wenn dieser den Nachweis einer besonderen Verbindung und Verpflichtung zwischen sich und den Einheimischen führen kann: der Schutzbrief des Fürsten, das Empfehlungsschreiben eines Bekannten, das glaubwürdige religiöse Anliegen schufen dann jenes Vertrauen, das hier aus sozialer Nähe oder Erfahrung, aus Verwandtschaft und persönlicher Bekanntschaft eben nicht hergeleitet werden konnte. Ortsansässige und Fremde werden so durch die Beziehung zu einem vermittelnden Dritten verbunden: Gott, der Fürst, der gemeinsame Bekannte. Fehlt eine solche Vermittlung durch einen *Dritten*, so öffnet sich die Situation auf gefährliche Weise, und alles wird möglich: Raub und Diebstahl, Totschlag und Versklavung. Aber auch wenn der mäßigende Einfluß des Dritten überwiegt, ist die Beziehung zwischen durchreisenden Fremden und Einheimischen noch asymmetrisch und labil: die Fremden werden geduldet, weil ihre Anwesenheit von kurzer Dauer ist, weil sie unter dem Schutz von Dritten stehen und weil sie zuweilen über nützliche Fähigkeiten verfügen. Treten die Fremden hingegen als plündernde Soldaten oder prächtige Herrschaften auf, so verkehrt sich die Beziehung ins Gegenteil – auch hier sind freilich Distanz und Vorsicht die angemessenen und selbstverständlichen Verhaltensweisen.
Von den durchreisenden Fremden muß die Lage der *ortsansässi-*

gen Fremden unterschieden werden. Sie sind weder völlig unbekannte Wesen noch zeitlich seltene oder räumlich entfernte Erscheinungen. Man hat sich in gewisser Weise an ihre Anwesenheit gewöhnt, und eine gewisse soziale Verbindlichkeit kann nicht geleugnet werden: Sie verfügen nicht selten über Schutzverträge mit den jeweiligen Fürsten oder Stadtoberen, die von ihren besonderen wirtschaftlichen oder handwerklichen Fähigkeiten profitieren, beherrschen die Sprache der Einheimischen, halten aber nicht selten an einer eigenen Alltagskultur, Kleidung oder Religion fest. Die soziale Konstruktion von Distanz kann hier nur auf besondere Formen der Hierarchisierung setzen, die die offensichtlichen gesellschaftlichen Bindungen zwischen Fremden und Einheimischen überlagern. Gerade weil die Anwesenheit von Fremden hier nicht übersehen oder geleugnet werden kann, gerade weil sie sich durchaus verständigen können und über nützliche Fähigkeiten verfügen, gerade deshalb gilt es, ihnen zu mißtrauen und Grenzen der Gemeinschaftlichkeit zu konstruieren. Je umfangreicher die Gruppe der ortsansässigen Fremden wird und je leichter sie sich Zugang zu Sprache, Kultur und Bildung der Einheimischen verschaffen können, desto stärker wird im Gegenzug die Neigung, andere, »tieferliegende« und nicht imitierbare Grundlagen der Gemeinschaftlichkeit anzurufen und Herrschaftsrechte, das Recht zur öffentlichen Rede und zum Landbesitz, an Abstammung und Herkunft zu binden. Die Fremden, die man nicht mehr räumlich auf Distanz halten kann oder bei denen man sich nicht auf flüchtige Begegnungen beschränken kann, werden so rechtlich distanziert und diskriminiert.

Je differenzierter die Institutionen einer Gesellschaft ausfallen, desto unvermeidlicher wird der Verkehr zwischen und mit Fremden: Die primordialen Grenzen geraten in Gefahr und müssen politisch-rechtlich rekonstruiert werden.[10] Die griechischen Stadtstaaten der klassischen Antike zeigen dies deutlich: nicht nur in Sparta, sondern auch im Athen des Perikles wird das Bürgerrecht an den Nachweis athenischer Abstammung beider Elternteile gebunden, bestimmte Stadtteile bleiben den Fremden

---

10 Vgl. Alexander, J.C., Core Solidarity, Ethnic Outgroup, and Social Differentiation: A Multidimensional Model of Inclusion in Modern Societies, in: Dofny, J./Akiwowo, A. (Hg.), National and Ethnic Movements, Beverly Hills-London 1980, S. 5-28.

verschlossen, sie dürfen keinen Besitz an Grund und Boden erwerben, sie haben Sonderabgaben zu leisten und sind von der öffentlichen Rede und vom Kriegsdienst ausgeschlossen. Abwehrende Reaktionen gegen die Ansiedlung von Fremden sind der historische Regelfall von den Juden im spätmittelalterlichen Europa bis zu den Einwanderern im Amerika des 19. Jahrhunderts. Solche Reaktionen lassen sich keineswegs durch die Bereitschaft der ortsansässigen Fremden verhindern, sich institutionell zu integrieren und sogar kulturell weitgehend zu assimilieren; gerade diese Bereitschaft der Fremden, die Regeln zu respektieren, zu arbeiten und politisch mitzuwirken, wird von den Einheimischen als bedrohliches Eindringen angesehen.

Zwischen den durchreisenden Fremden und den einheimischen Vollbürgern entsteht so ein abgestufter Zwischenbereich, in dem einerseits Distanz durch ein kompliziertes Privilegiensystem geschaffen wird, andererseits aber auch durch wirtschaftlichen Austausch und Bildung diese mehrfach geschichteten Grenzen zwischen innen und außen abgemildert und überbrückt werden können.[11]

Die besonderen Kenntnisse der Fremden, aber auch der Umstand, daß Erziehung und Bildung zumeist von Rangniedrigeren, und das heißt häufig: von fremden Hauslehrern besorgt wurde, verschaffen den ortsansässigen Fremden in diesem Bereich einen besonderen Einfluß. Europäer am chinesischen Hof ebenso wie Griechen in Rom oder Christen in den islamischen Großreichen erhalten so über die sozial (zunächst) weniger angesehenen Tätigkeiten der Bildung und Unterhaltung Zugang zum Gespräch der Einheimischen. Je mehr jedoch der gebildete Diskurs an Gewicht gewinnt, in dem nur mehr das Wort gilt und die Autorität des Sprechers unaussprechlich wird, desto stärker wird auch die Stellung der fremden Lehrer, die selbst nicht mehr von der Teilnahme an diesem Diskurs ausgeschlossen werden können. Schließlich werden Form und Verlauf der Grenzen zwar an den Horizont verlagert, niemals aber aufgehoben.

11 Im Deutschen fehlt ein passendes Wort für diese ortsansässigen »Fremden«. »Denizen« ist der Terminus, der sich in der englischsprachigen Soziologie durchzusetzen scheint. Vgl. dazu Hammar, T., Democracy and the Nation State – Aliens, Denizens and Citizens in a World of International Migration (Research in Ethnic Relation Series), Aldershot: Avebury 1990.

Sowohl für die Beziehung zwischen Entdeckern und Eingeborenen in der Neuen Welt wie für das Verhältnis von Einheimischen und Fremden in der Alten Welt gilt: Sie sind asymmetrisch und labil. Nicht nur Unterschiede in Aussehen und Kleidung, Barrieren der Verständigung und des Vertrauens trennen beide Gruppen, sondern diese Grenze wird auch als Unterschied von Ohnmacht und Überlegenheit von beiden Seiten erfahren; Ungewißheit und Mißtrauen sprengen darüber hinaus die Situation und schaffen eine Spannung, die sich in Gewalt und Flucht entlädt. Kriegerische Überfälle der Einheimischen oder Eingeborenen auf die fremden Eindringlinge und entsprechende gewalttätige Reaktionen sind daher endemisch in diesen asymmetrischen Beziehungen vorgezeichnet.

3 Die Fremden in der Fremde: die Entdeckung nationaler Eigenart

Ganz anders ist die Lage, wenn einerseits die Vorteile und Überlegenheit des Einheimischen und Ortsansässigen fehlen und andererseits die Möglichkeit zur Flucht oder Gewaltanwendung verwehrt ist, wenn also auf fremdem Boden Fremde Fremden begegnen und die Spannung zwischen ihnen nicht durch einfache Distanzierung gelöst werden kann. Hier wird ein einfacher primordialer Code der Binnen-Außendifferenzierung der Situation kaum mehr angemessen sein. Neue und symmetrische Codierungen sind erforderlich, mit denen die Differenz erfaßt und als Differenz der Gleichrangigen behandelt werden kann.
Eine solche Situation findet sich, wenn im Verlauf von Migrationen mehrere Gruppen von Fremden für eine begrenzte Zeit und im Hinblick auf ein gemeinsames Ziel zusammengeführt werden: Handelsseefahrer in den Häfen der antiken Welt, mittelalterliche Wallfahrer auf dem Wege nach Santiago de Compostella, Kreuzfahrer auf der Insel Malta, Bischöfe bei spätmittelalterlichen Konzilien, Studenten an den großen vorneuzeitlichen Universitäten. Die Angehörigen dieser Gruppen konnten kaum auf Erfahrungen mit den jeweils anderen Fremden zurückgreifen, sprachliche Verständigung war zwar möglich, aber anstrengend, die Anerkennung einer übergeordneten Autorität nur schwach ausgebildet. Eine solche Lage ist beunruhigend, aber Flucht oder eskalierende

Gewaltanwendung wären gefährlich und brächten kaum stabile Vorteile. Im Verbund mit anderen Fremden läßt sich das Unheimliche des fremden Landes und die Feindseligkeit der Einheimischen besser ertragen. In bezug auf dieses fremde Land erfährt man darüber hinaus den anderen Fremden als ähnlich und gleichrangig. Das Beunruhigende des anderen Fremden läßt sich hier also weder durch Unterordnung noch durch Distanzierung bewältigen.

In einer solchen Situation der unausweichlichen Begegnung mit dem fremden Anderen entsteht ein Druck, die Verschiedenheit und Gleichrangigkeit von Gruppen durch besondere Codes zu bewältigen. Hierarchische Codierungen – wie etwa die Unterscheidung nach Ständen – greifen hier kaum: Die jeweils anderen waren ebenfalls Kreuzritter, Studenten, wallfahrende Christen etc. Auch missionarische oder pädagogische Unterscheidungen wie etwa zwischen Gläubigen und Ungläubigen, Lehrern und Kindern sowie Gebildeten und Ungebildeten erfassen diese Situation der Fremdheit nicht: Nicht selten ergibt sich die Begegnung mit dem Fremden ja gerade aus der gemeinsamen kulturellen Orientierung, und die unterschiedliche Herkunft und Abstammung der Fremden läßt sich nicht durch pädagogische Anstrengung überdecken. Die Unterscheidung zwischen verschiedenen ›nationes‹ hingegen ist dieser Lage durchaus angemessen. Sie erlaubt die Klassifikation jener Fremden, denen man weder durch räumliche, zeitliche noch durch soziale Distanzierung entgehen kann, und beschreibt die Unterschiede zwischen Fremden als unaufhebbar und gleichrangig. Gewiß bleibt ein elementarer Ethnozentrismus der Perspektive, wenn man sich innerhalb der eigenen Gruppe über die Merkwürdigkeiten der Fremden verständigt oder sich durch Karikatur und Witze Erleichterung vom spannungsreichen Umgang mit dem Fremden verschafft. In den unvermeidlichen Verhandlungen mit den fremden ›nationes‹ hingegen muß Gleichrangigkeit und Verständigungsbereitschaft herrschen, wenn man das gemeinsame Anliegen – die Pilgerfahrt, den Kreuzzug, das Studium etc. – nicht gefährden will. Gewiß sind auch Rivalitäten, Streitigkeiten und gewalttätige Auseinandersetzungen zwischen verschiedenen nationalen Gruppen keineswegs ausgeschlossen, aber die Situation der unfreiwilligen und unvermeidbaren Nähe und Gleichrangigkeit schafft nicht nur Reizbarkeit, sondern sie übt auch einen Druck zur Kompromißbildung und konventionellen Mäßigung von Konflikten aus. Streit und Konflikt sind gerade unter Gleichrangigen nur schwer zu vermeiden, aber sie dürfen in der gemeinsamen Isolation und Wurzellosigkeit der Fremde keine disruptiven Folgen haben. Die Fremdheit der anderen ist hier als unaufhebbar hinzunehmen und wird durch nationale Codierung bewältigt: gerade die internationale Begegnung und Erfahrung entdeckt und festigt so nationale Unterschiede.

Sie zeigen sich vor allem in der sozialen und räumlichen Trennung zwischen Hotels, Lagern, Rasthäusern und Herbergen der verschiedenen Nationen an den Rastplätzen in der Fremde. Zunächst werden die Fremden noch unterschiedslos in den Gasträumen der Tempel, des Hofes oder der Klöster untergebracht. Nimmt ihre Anzahl jedoch zu, und wachsen ihr Ansehen und ihre Macht, so ergeben sich Chancen zur Differenzierung und zur Stabilisierung von Unterschieden. Auch die Fremden unterscheiden sich nach Herkunft und Sprache und suchen diese Eigenheiten in besonderen Räumen zu bewahren. Von den Hotels der französischen, deutschen oder spanischen Ritter auf Malta über die Häuser der verschiedenen Nationen im Rom der Päpste bis zu den landsmannschaftlichen Wohngemeinschaften der Studenten reichen die Beispiele für eine solche Institutionalisierung von nationalen Freiräumen in der Fremde. Fremde können sich hier in der Fremde heimisch fühlen, die vertraute Sprache sprechen und ein selbstverständliches Wissen voraussetzen, die Unsicherheit der Fremde für die Dauer ihres Verweilens vergessen und entspannen. Hier ergeben sich auch Gelegenheiten, Gemeinsames zu erinnern und sich durch Scherze über die Fremden Erleichterung von der anstrengenden Begegnung mit ihnen zu verschaffen. Die Fremden erscheinen hier weder als bedrohliche Dämonen noch als erziehungsbedürftige Kinder, weder als nutzbare fremde Gattung noch als parasitäre Gäste; sie sind räumlich nahe und unvermeidbar, merkwürdige Nachbarn, mit denen man auszukommen hat, deren Aussehen und Bräuche in Karikaturen *banalisiert* werden. In dieser Banalisierung erhält das Fremde einen Namen, es wird handhabbar und erträglich, seine Bedrohlichkeit wird entschärft und sozial distanziert. Diese soziale Distanzierung des Fremden bleibt jedoch informell und privat; auf der ernsten Ebene der Kommunikation hingegen kann die Ebenbürtigkeit der Fremden nicht geleugnet werden: sie erfahren uns auf ähnliche Weise wie wir sie, und beide Seiten wissen, warum. Der Nationencode entdeckt so die Gleichheit der Nationen, die füreinander Fremde sind und sich in der Fremde befinden.[12]

---

12 Vgl. zu dieser Figur auch: Wiedemann, C., ›Supplement seines Daseins‹? Zu den kultur- und identitätsgeschichtlichen Voraussetzungen deutscher Schriftstellerreisen nach Rom – Paris – London seit Winckelmann, in: ders. (Hg.), Rom – Paris – London. Erfahrung und Selbsterfahrung deutscher Schriftsteller und Künstler in den fremden Metropolen – Ein Symposion, Stuttgart 1988, S. 1-20; sowie wiederum in der Argumentationsstruktur ähnlich: Oesterle, G., F. Schlegel in Paris oder die romantische Gegenrevolution, in: Fink, G.-L. (Hg.), Die deutsche Romantik und die Französische Revolution, in: Actes du Colloque International, Collection Recherches Germaniques, 3, Straßburg 1989, S. 163-179; weitere Variationen dieser Figur finden sich auch in der Aufsatzsammlung: Bade, K. J. (Hg.), Deutsche im Ausland – Fremde in Deutschland. Migration in Geschichte und Gegenwart, München 1992.

v Die Nation als unsichtbares Publikum: der patriotische Code

Die Modernisierung sozialer Beziehungen holt den Fremden in die eigene Gesellschaft. Der Fremde und Unbekannte taucht nicht mehr bloß am Rande der Gesellschaft auf, als eine außeralltägliche Erscheinung unter Angehörigen von Eliten, die für eine solche Begegnung besondere Voraussetzungen mitbringen, sondern er wird zum alltäglichen und selbstverständlichen Gegenüber, das bei modernen Handlungsabläufen immer in Rechnung gestellt werden muß.[1] Schon zu Beginn der Neuzeit, spätestens aber – nach einer Unterbrechung durch die Religionskriege – im Laufe des 18. Jahrhunderts, verdichten sich in Mitteleuropa die Verkehrs- und Handelsbeziehungen, die Reisetätigkeit der Kaufleute, Beamten, Wissenschaftler und Kirchenleute nimmt zu, die Bildungsreise verbreitet sich außerhalb des Adels, und der Austausch von Personen, Gütern und Wissen über die Grenzen der Fürstenstaaten hinweg verliert auch für das Bürgertum seinen Ausnahmecharakter. Man exportiert ins Ausland, liest ausländische Schriftsteller und reist der Geschäfte oder des Vergnügens wegen. Nicht nur diese wachsende regionale und horizontale Mobilität, sondern auch die allmähliche Auflösung korporativ-ständischer Strukturen trägt zu einer Lockerung der Bindungen an Vertrautes und Bekanntes bei. War das Jahrhundert nach dem Dreißigjährigen Krieg noch durch eine Wiederbelebung der korporativen Gliederungen bestimmt, so gewinnen in der zweiten Hälfte des 18. Jahrhunderts zunehmend Orientierungen an Individualität, Selbstzurechnung und funktional bemessener Leistung an Terrain. Lebenslang fixierte soziale Beziehungen werden von gelegentlichen Begegnungen zwischen Unbekannten überlagert, soziale Positionen verlieren ihre Einbindung in übersichtliche ständische Gliederungen und geraten in Bewegung. Individuelle Lebensverläufe und Leistungen nehmen bestimmenden Einfluß: Ebenso wie die Reise den räumlichen Ort des einzelnen individualisiert und

[1] Vgl. Packard, V., A Nation of Strangers, New York 1972. Im Anschluß daran: Harman, L. D., The Modern Stranger – On Language and Membership, Berlin-New York-Amsterdam 1988.

temporalisiert, so individualisiert und temporalisiert sich auch die soziale Lage in einer Gesellschaft, die in Bewegung und Unruhe geraten ist.

Diese Bewegung wird ausgelöst und befördert durch den Aufstieg der modernen Funktionssysteme – der unpersönlichen Wissenschaft, der geldorientierten Wirtschaft, vor allem aber des neuzeitlichen Territorialstaates. Die Ausdehnung der fürstlichen Herrschaft in der frühen Neuzeit bedeutete nicht nur Zentralisierung von politischer Macht und militärischer Gewalt, sondern auch von Steuern und Abgaben, Verwaltung und Rechtsetzung. Immer weitere Lebensbereiche wurden enttraditionalisiert und zentral verordnetem Recht und zentraler Verwaltung unterstellt. Die Ausübung staatlicher Herrschaft durch ein besonders ausgebildetes Personal kann sich damit nicht mehr über die Beherrschung des Gegenübers durch das persönliche Charisma des Herrschers oder seine Gewaltüberlegenheit vollziehen, sondern ist auf abstrakte Orientierungen zwischen Unbekannten und Nichtanwesenden angewiesen. Wer Herrschaft ausübt, muß das Handeln einer Vielzahl von Unbekannten in Rechnung stellen, und wer beherrscht wird, muß sich ohne Gelegenheit zur persönlichen Rücksprache an stabilen und situationsübergreifenden Richtlinien, am Recht, orientieren. Ebenso wie Markthandeln und wissenschaftliche Argumentation muß sich auch staatliches Verwaltungshandeln von *der Berücksichtigung* des persönlichen und bekannten Gegenübers absetzen und auf eine Vielzahl von unbekannten und unsichtbaren anderen Bezug nehmen. Dieser Bezug ist funktionsspezifisch und unpersönlich: Geld, Wahrheit und Recht.

Im Vollzug solcher abstrakten, eine Vielzahl von Teilnehmern erfassenden Interaktionen ergeben sich allerdings besondere Risiken und Unsicherheiten: anders als bei stabilen persönlichen Bekanntschaften kann man im Betrugsfalle nicht zurückschlagen, denn der Betrüger ist nicht auf die weitere persönliche Kooperation angewiesen und kann in der Anonymität der vielen Anderen untertauchen.[2] Märkte ebenso wie wissenschaftliche Debatten,

---

2 Mit Hirschman gesprochen: Die Exit-Optionen nehmen gegenüber den Voice-Optionen zu. Vgl. Hirschman, A. O., Exit, Voice and Loyalty – Responses to Declines in Firms, Organizations, and States, Cambridge/Mass. 1970.

Rechtsverträge und staatliche Verwaltungen stellen daher gesteigerte Anforderungen an Vertrauen und Gemeinschaftlichkeit; diese nicht vertraglichen Grundlagen des Vertrags werden in modernen Gesellschaften durch besondere Codes der Gemeinschaftlichkeit konstruiert, die einerseits eine Vielzahl von Unbekannten und Fremden einschließen, andererseits aber auch eine Vielzahl von anderen – die wirklichen Fremden, »denen man nicht trauen kann« –, ausschließen müssen; denn nur durch eine solche Grenzziehung, zum Preis der Exklusion also, läßt sich Inklusion und Gemeinschaftlichkeit gewinnen. Eine solche Grenzziehung muß die durch Reisen und soziale Mobilität, Märkte und Verwaltung geschaffenen Interaktionsnetze einschließen und darf daher nicht auf ständisch-korporativen oder regionalen Codierungen beruhen. Waren die herkömmlichen Codes kollektiver Identität – Stand, Region und Konfession – dafür offensichtlich zu eng, so war die Orientierung am radikalen Universalismus der Aufklärung zu weit, um diese vertrauenssichernde Grenze zu konstruieren. Aus der universalistisch-kosmopolitischen Perspektive verschwinden die Unterschiede zwischen einzelnen Kulturen, Marktgemeinschaften und Staaten, niemand ist mehr ausgeschlossen und niemand genießt ein Vertrauensprivileg, solange er nur der Gattung Mensch selbst angehört. Zwischen beiden Ebenen – und Elemente von beiden in sich aufnehmend – liegt der *Patriotismus* des 18. Jahrhunderts. Er bietet der Vergemeinschaftung des unbekannten Anderen eine angemessene symbolische Codierung.

Das folgende Kapitel beschäftigt sich mit der sozialstrukturellen Lage, in der er entstand, und den Kommunikationsprozessen, durch die er entstand und in denen er als angemessener Ausdruck einer umfassenden gesellschaftlichen Identität erscheinen konnte. Die Perspektive ist dabei auf den deutschen Fall begrenzt. Wie auch bei den anschließenden historischen Szenarien geht es nicht mehr um ein verallgemeinerbares Paradigma der Codierung nationaler Identität, sondern um jene besonderen historischen und sozialen Bedingungen, die zur Ausbildung der Identität der Deutschen als Kulturnation führten. Die Beschränkung der Untersuchung auf den deutschen Fall, und hier insbesondere auf die Zeit zwischen 1770 und 1870, entspringt nicht nur besonderen Forschungsinteressen, sondern läßt sich auch systematisch begründen. Im Unterschied zu den Staatsnationen Westeuropas, vor allem zu Frankreich und England, konnten die Deutschen ihre nationale Identität während dieses Jahrhunderts nicht auf politisch-staatliche Einheit, sondern allein auf die Besonderheit ihrer Kultur gründen. Den Trägern der kulturellen Identität, insbesondere den Intellektuellen, die stellvertretend für andere in ihren Diskursen diese kulturelle Identität formulierten, kommt daher im deutschen Falle eine zentrale gesellschaftliche Stellung zu. Wie in allen ›achsenzeitlichen‹ Lagen vermitteln sie zwischen der Vorläufigkeit und Begrenztheit des Bestehenden und der Einheit und Identität sichernden jenseitigen Welt. Wir werden in den folgenden Kapiteln vier historische Szenarien rekonstruieren, in denen die kulturelle Identität der Deutschen jeweils anders, von anderen Gruppen und gestützt von anderen Diskursformen, codiert wurde: Aufklärung, Romantik, Vormärz und die Zeit vor der Reichsgründung 1871. Mit der Reichsgründung fällt die achsenzeitliche Spannung zwischen der kulturnationalen Identität und der Begrenztheit des politischen Diesseits zusammen. Die Kulturnation war Staatsnation geworden, und das nationale Thema wanderte aus den Diskursen der Intellektuellen in die praktische Politik. Im Rahmen dieser vier nun folgenden Szenarien wurde jedoch der Grundstein für den ›Sonderweg‹ gelegt, den die staatlich »verspätete Nation« der Deutschen später nehmen sollte.[3]

1 Bildungsbürgertum

Im Unterschied zu England oder den Niederlanden, aber auch zu Frankreich war der Träger des Modernisierungsprozesses in den deutschen Staaten des 18. Jahrhunderts nicht das traditionelle ständische Bürgertum, das Patriziat, die Schicht der Kaufleute und zünftigen Handwerker der Städte, sondern eine aufsteigende neue Gruppe: das *Bildungsbürgertum*.[4] Die wichtige Rolle, die die

3 Vgl. resümierend Winkler, H. A., Der deutsche Sonderweg. Eine Nachlese, in: Merkur, 35, 1981, S. 793-804.
4 Vgl. Nipperdey, T., Probleme der Modernisierung in Deutschland, in: ders., Nachdenken über die deutsche Geschichte, München 1990, S. 52-70; Vierhaus, R., Umrisse einer Sozialgeschichte der Gebildeten in Deutschland, in: ders., Deutschland im 18. Jahrhundert, Göttingen 1987, S. 167-182; Lepsius, M. R., Der Europäische Nationalstaat: Erbe und Zukunft, in: ders., Interessen, Ideen und Institutionen, Opladen

›noblesse de robe‹ und die gebildeten Salons im Frankreich des Ancien régime spielten, darf nicht darüber hinwegtäuschen, daß diese Gruppe weitaus stärker mit dem städtischen Patriziat und dem Besitzbürgertum verbunden war, als dies in den deutschen Ländern der Fall war: Die ›noblesse de robe‹ erhielt ihre Ämter durch Kauf oder Verdienst, und die Intellektuellen der Salons wurden von bürgerlichen ebenso wie von adeligen Mäzenen gefördert, wenn sie nicht selbst durch Besitz, Amt oder Geschäft ihren Lebensunterhalt sichern konnten. Der entscheidende Gegensatz im Frankreich des Ancien régime war nicht der zwischen Bildungsbürgern und Besitzbürgern, zwischen Intellektuellen und Kaufleuten, sondern der zwischen Aufklärung und Tradition, zwischen den Salons der Intellektuellen einerseits und der Kirche und dem Ancien régime andererseits.[5] In England hingegen waren die Angehörigen der »naturwissenschaftlichen Bewegung«, die in der ›Royal Society‹ zusammenfanden, in der Regel wohlhabende

1990, S. 256-269; Engelhardt, U., Bildungsbürgertum. Begriffs- und Dogmengeschichte eines Etiketts, Stuttgart 1986.

5 Richard Münch hat in seinem eindrucksvollen und umfangreichen Kulturvergleich in Parsonianischer Absicht ebenfalls die These ausgeführt, daß der deutsche Weg in die Moderne entscheidend vom beamteten Bildungsbürgertum und seiner Distanz zur Welt von partikularen Interessen bestimmt würde. Vgl. Münch, R., Die Kultur der Moderne, Bd. 2: Ihre Entwicklung in Frankreich und Deutschland, Frankfurt 1986, passim. Im Unterschied zum Werk Münchs geht die vorliegende Arbeit nicht von einer durch wenige Gründerfiguren (Luther, Kant, Hegel) geschaffenen homogenen Tradition aus, die sich ohne Brüche und Krisen geschichtlich durchhält. Statt dessen werden mehrere Codierungen der nationalen Gemeinschaft vorgestellt, die jeweils von der Diskurspraxis bestimmter Intellektuellengruppen getragen werden. Damit soll einerseits ein größeres historisches Differenzierungsvermögen erzielt, andererseits aber auch die Fragerichtung umgekehrt werden: Es geht nicht um die Subsumption sozialer Gruppen oder historischer Entwicklungen unter eine immer schon vorausgesetzte und im wesentlichen unveränderte kulturelle Tradition, sondern um die Rekonstruktion unterschiedlicher kultureller Vorstellungen von gesellschaftlicher Einheit aus besonderen historischen Lagen. Darüber hinaus versucht der vorliegende Ansatz, kulturelle Traditionen nicht als homogene Schöpfungen Einzelner, sondern als teilweise inkonsistente Rekonstruktionen und als Ergebnis eines durchaus krisenhaften sozialen Prozesses aufzufassen.

Privatleute oder Adelige, die unabhängig von staatlichen Positionen waren.⁶

In Deutschland hatte die Entvölkerung insbesondere Mittel- und Süddeutschlands nach dem Dreißigjährigen Krieg das traditionelle ständische Bürgertum demographisch und ökonomisch geschwächt. Auch in den Städten, die weniger unter dem Krieg gelitten hatten, war die Bevölkerung um ein Drittel geschrumpft; die großen Konkurse des 16. Jahrhunderts hatten die führende Stellung der süddeutschen Bankhäuser langfristig geschwächt, und der Aufschwung des Seehandels hatte den Landweg zwischen Nordeuropa und Italien an Bedeutung verlieren lassen. Die Vorreiterrolle, die die deutschen Städte für den Modernisierungsprozeß im Europa des 14. und 15. Jahrhunderts noch gespielt hatten, war weitgehend an die Niederlande und an Frankreich abgegeben worden; Amsterdam, Antwerpen, Paris und London traten an die Stelle von Augsburg und Nürnberg, Köln und Leipzig; das ständische Bürgertum schloß sich durch Gilden und Zunftordnungen immer mehr ab, es betrieb eine rituelle Sicherung von Privilegien, betonte das »gesicherte Auskommen« und den »gerechten Lohn«, statt auf individuelle Leistung und das Wachstum der Märkte zu setzen.⁷ Die korporative Regulierung des Erwerbslebens wurde zunächst durch die fürstenstaatliche Herrschaft unterstützt; sie ermöglichte eine zentrale Steuerung von Preisen und Abgaben, führte aber bald zu einer Entmachtung der Zünfte und Gilden zugunsten der staatlichen Zentralverwaltung. Diese dehnte ihren Herrschafts- und Steuerungsbereich durch eine immer stärkere rechtliche Durchgestaltung des Wirtschaftslebens aus, förderte im Bemühen um neue Einnahmequellen aber auch neue Formen des Manufakturwesens und suchte im Rahmen einer *merkantilistischen Wirtschaftspolitik* eine Ergänzung der einheimischen Produktion durch neue Branchen in Gang zu bringen.

Dabei konnten die absolutistischen Kleinstaaten Deutschlands nur sehr begrenzt auf das traditionelle und wenig innovationsfreudige Bügertum der kleinen Städte, auf Handwerker und Gast-

---

6 Vgl. Ben-David, J., The Scientists's Role in Society – A Comparative Study, 2. Auflage, London 1984.
7 Gall, L., Bürgertum in Deutschland, Berlin 1989; Kocka, J., Bürgertum und Bürgerlichkeit als Probleme der deutschen Geschichte vom späten 18. zum frühen 20. Jahrhundert, in: ders. (Hg.), Bürger und Bürgerlichkeit im 19. Jahrhundert, Göttingen 1987, S. 21-63, hier S. 26.

wirte, Krämer und kleine Kaufleute[8] zurückgreifen. Deren Wirtschaftsmentalität richtete sich auf die Deckung des lokalen Bedarfs und nicht auf die Eroberung fremder Märkte.
Auch um die demographische Rückentwicklung auszugleichen, wurden – insbesondere in Brandenburg-Preußen, Hessen-Kassel und Ansbach – protestantische *Immigranten* aus Frankreich, aber auch aus den Niederlanden ins Land geholt, mit deren technischem, ökonomischem und administrativem Wissen der absolutistische Fürstenstaat einen ersten Modernisierungsprozeß in Gang brachte.[9] Im Berlin des 18. Jahrhunderts zum Beispiel waren zeitweise ein Drittel der Gesamtbevölkerung Immigranten; Spannungen zwischen dem altansässigen ständischen Bürgertum und den durch königlichen Beschluß neu angesiedelten Bürgern ließen sich kaum vermeiden; letztere (sie genossen ein besonderes Privileg des Fürsten) waren häufig einem besonderen Gericht unterstellt und von der Steuer und dem Militärdienst ausgenommen.[10] Nicht zuletzt aus dieser Gruppe der Immigranten entstand auch die zahlenmäßig kleine, aber ökonomisch bedeutende Gruppe der neuen *Bourgeoisie*, die sich aus Fernkaufleuten, Bankiers, Manufakturunternehmern und Verlegern zusammensetzte und ihr ökonomisches Handeln nicht mehr an den traditionellen Vorstellungen von »Nahrung« und »standesgemäßem Auskommen«, sondern am *Markt* orientierte. Nicht nur sprachliche, ökonomische und rechtliche Differenzen, sondern auch Unterschiede in den kulturellen Überzeugungen und der Logik beruflichen Handelns trennten das alte und das neue Bürgertum der Städte. Wer auf technischen Fortschritt und Aufklärung setzte und über neue, nicht zunftgebundene Produktionsweisen reich wurde, konnte nicht die Billigung der altständischen Bürger finden.
Aber es war nicht nur die neue Bourgeoisie der Großkaufleute und privilegierten Unternehmer, die zum Entstehen eines neuen städtischen Bürgertums beitrug. Der Versuch zur rechtlichen Regelung von konfessionellen Konflikten und Kompetenzstreitigkeiten zwischen Fürsten und Reichsorganen, Ständen und Städten, die verfassungsrechtliche »Monstrosität« des Reiches, vor

---

8 Vgl. hierzu Walker, M., German Home-Towns, Ithaca 1971.
9 Schilling, H., Die Geschichte der nördlichen Niederlande, in: Geschichte und Gesellschaft, 8, 1982, S. 475-517.
10 Kocka, J., a.a.O., S. 25.

allem aber auch die Vielzahl der territorialen Einheiten, die alle für sich zentrale Verwaltungen ausbauten, führten in Deutschland zu einem (im Vergleich zu Frankreich oder England) besonders dichten Netz *öffentlicher Verwaltungen*.[11] Der Ausbau des absolutistischen Staates, die Verwaltung der fürstlichen Domänen, das Rechtswesen und die Polizei, die Bergwerke und der Straßenbau erforderten in immer größerem Ausmaße Personal, dem nicht aufgrund von Privileg oder Geburt, sondern aufgrund von Fachwissen und individueller Leistung Positionen zugewiesen wurden. Neue staatlich kontrollierte Examina traten an die Stelle der ständischen oder lokalen Herkunft, und Bildung und Fachwissen ersetzten zunehmend die adelige Erziehung oder den Ämterkauf als Schlüssel zur Beamtenposition.[12]

1722 hieß es in einer Instruktion des preußischen Generaldirektoriums:

»Es müssen aber so geschickte Leute sein, als weit und breit zu finden, und zwar von evangelisch-reformierter und lutherischer Religion, die treu und redlich sind, offene Köpfe haben, welche die Wirthschaft verstehen und sie selber getrieben, die von Commercien, Manufactur und anderen dahin gehörigen Sachen gute Informationen besitzen, dabei auch der Feder mächtig, vor allen Dingen aber unsere angeborne Unterthanen sein, ... so müssen es solche Leute sein, die zu allem capable, wozu man sie gebrauchen will.«[13]

Gerade durch die besondere Bedeutung des absolutistischen Staates für den Modernisierungsprozeß in den deutschen Ländern entstand hier also ein neues staatsnahes Bürgertum, das seine Stellung vor allem andern seinen besonderen Fähigkeiten, seiner Bildung und seinem Fachwissen, verdankte.[14] Dieses »Bildungs-

11 Stolleis, M., Geschichte des öffentlichen Rechts in Deutschland, München 1988, S. 402.
12 Vgl. Koselleck, R., Preußen zwischen Reform und Revolution. Allgemeines Landrecht, Verwaltung und soziale Bewegung 1791-1848, 2. Aufl., Stuttgart 1981, S. 78 ff.
13 Zitiert nach Vierhaus, R., Staaten und Stände. Vom Westfälischen bis zum Hubertusburger Frieden 1648 bis 1763, Frankfurt/M.-Berlin 1990, S. 125.
14 Vgl. Rüschemeyer, D., Bourgeoisie, Staat und Bildungsbürgertum. Idealtypische Modelle für die vergleichende Erforschung von Bürgertum und Bürgerlichkeit, in: Kocka, J. (Hg.), Bürger und Bürgerlichkeit im 19. Jahrhundert, Göttingen 1987, S. 101-120.

bürgertum« umfaßte Ingenieure und Juristen, Professoren und Pastoren, Verwaltungsbeamte und Lehrer. Es war dem Projekt des aufgeklärten Absolutismus verpflichtet und konnte zur Monarchie nie jene Distanz gewinnen, die für die französische Aufklärung und das »despotische« Königtum Frankreichs so typisch war.[15] Die berufliche Praxis dieser Beamten und Professoren war nicht auf den Partikularismus kaufmännischen Erwerbssinns, sondern auf den Universalismus von Recht und Wissenschaft, von Gemeinsinn und allgemeinem Nutzen ausgelegt. (Hegel konnte daher mit Blick auf die preußische Lage feststellen, daß das Beamtentum am allgemeinen Interesse ausgerichtet war.) Ansätze zur Verachtung des bloß Kaufmännischen, vor allem aber der borniert ständischen Orientierung – ganz gleich, ob im adeligen oder bürgerlichen Interesse – sind unübersehbar.[16]

In der Regel erhielten Pastoren und Professoren, Domänenverwalter und Zollbeamte ihre Stellung nicht an dem Ort, wo sie aufgewachsen und in dessen soziale Netzwerke sie über lange Zeit eingespannt waren, sondern durch fürstliche Anordnung und Versetzung dorthin, wo eine solche Stelle frei und zu besetzen war.[17] Das alteingesessene, handwerkliche Bürgertum der kleinen Provinzstädte, in denen ständische Regeln strenger beachtet wurden als in England oder Frankreich,[18] schloß sich gegenüber den Neuankommenden zumeist ab; der gesellschaftliche Verkehr zwischen beiden Gruppen blieb schwach. Zeitgenössische Berichte verweisen auf diese im Vergleich mit Frankreich und England größere soziale Distanz zwischen Geschäftsleuten und Gebildeten. Madame de Staël stellte fest, daß »die Gelehrten und die Geschäftsleute ... zu sehr voneinander geschieden (seien), als daß sich ein Gemein-

---

15 K. Eder betont demgegenüber den oppositionellen und geheimen, d. h. öffentlichkeits- und staatsfernen Charakter des aufklärerischen Assoziationswesens nach 1870. Vgl. ders., Geschichte als Lernprozeß? Zur Pathogenese politischer Modernität in Deutschland, Frankfurt/M. 1985, S. 155 ff.

16 Vgl. Büsch, J. G., Von dem Unnatürlichen in dem Umgange der Gelehrten und Ungelehrten, in: ders., Vermischte Abhandlungen, Teil 2, Hamburg 1777, S. 509-524, S. 511.

17 Walker, M., a.a.O., S. 119 ff., spricht in bezug auf diese neuen Gruppen von »movers and doers«, die als Fremdkörper im traditionellen Stadtbürgertum wirkten.

18 Vierhaus, R., a.a.O., 1990, S. 37.

geist offenbaren könnte«.[19] Ch. Garve trennt deutlich zwischen den »gemeinen Bürgern« und den »höheren Bürgerklassen« der »durch ausgebreitete Handelsgeschäfte, oder durch Nachdenken und Wissenschaft, gebildete(n) Bürger«, bei denen man sich sogar fragen könne, ob sie dem Adel nicht näher stünden als dem Zunftmeister und kleinen Kaufleuten.[20] Der Hamburger Lehrer Johann Wolfgang Büsch konstatierte 1765,

> »daß der Umgang der Nahmensgelehrten und der Ungelehrten [gemeint waren Kaufleute] etwas beynahe eben so unnatürliches und gezwungenes, als der Umgang zwischen Juden und Christen habe, daß ihm das belehrende sowol, als das unterhaltende gewöhnlich ganz fehle und daß sie sich höchstens nur bey dem Spieltische, und beym Schmause zu einander schicken«.[21]

Der neue Bildungsstand war so in mehrfacher Hinsicht »entwurzelt« und individualisiert: Nicht nur war seine berufliche Stellung unabhängig von Herkunft und Privileg, sondern auch das private Leben war weitgehend von lokalen Bindungen entkoppelt. Gegenüber dem lokalen Bürgertum blieb man auch dann ein Fremder, wenn man kein hugenottischer Immigrant war. Die unmittelbar vorfindliche lokale Welt füllte den an Aufklärung und Vernunft ausgerichteten Horizont des Bildungsbürgertums in der Provinz nicht aus. Das Mißtrauen der Ortsansässigen wurde mit Verachtung beantwortet.

War die Ausdehnung des absolutistischen Fürstenstaates der Motor für das Entstehen des neuen Bürgertums, so vollzieht sich seine Reproduktion durch das neue und schnell wachsende System der *höheren Bildung*. Abgesehen vom Klerus, der zölibatsbedingt immer auf eine Rekrutierung über spezielle Ausbildungs-

---

19 Staël, Madame de, Über Deutschland, hg. v. M. Bosse, Frankfurt/M. 1985, S. 97.
20 Garve, C., Ueber die Maxime Rochefoucaulds: das bürgerliche Air verliehrt sich zuweilen bey der Armee, niemahls am Hofe, in: ders., Versuche über verschiedene Gegenstände aus der Moral, der Literatur und dem gesellschaftlichen Leben, Teil 1, Breslau 1792, S. 295-452, S. 303-306.
21 Büsch, J. G., a.a.O., S. 511. Vgl. auch Brandes, B. E., Über den Einfluß und die Wirkungen des Zeitgeistes auf die höheren Stände Deutschlands, Teil 2, Hannover 1810, S. 250; Knigge, A. Frhr. v., Über den Umgang mit Menschen (1788), hg. von G. Ueding, 3. Auflage, Frankfurt/M. 1982, S. 25.

institute angewiesen war, und vom Adel, der seinen Nachkommen eine besondere Erziehung zukommen ließ, vollzog sich die Sozialisation bis in die frühe Neuzeit noch nicht planvoll und ohne abgesonderte institutionelle Räume. Erst im Laufe des 17. Jahrhunderts setzte sich die Idee der besonderen Erziehung und Ausbildung durch pädagogische Spezialisten auch im Bürgertum durch. Man erhielt eine Ausbildung außer Haus, man reiste und reservierte eine besondere Zeit des Lebens für die Ausbildung, die Hausbibliothek wuchs etc. Erziehung und Bildung dienten nun nicht mehr nur religiösen, sondern auch und vor allem weltlichen und bürgerlichen Zwecken.

In den deutschen Staaten entstand so neben den traditionellen, von den Kirchen kontrollierten Bildungsanstalten ein dichtes Netz von Universitäten, Gymnasien und Akademien, die – vom Staat eingerichtet und über staatliche Examina kontrolliert – die Ausbildung der Verwaltungsbeamten, Richter, Lehrer, Ingenieure und Ärzte übernahmen, welche der expandierende Fürstenstaat benötigte.[22] Diese Ausbildung war gleichzeitig anspruchsvoll und anwendungsbezogen. Modell war zunächst die (unter pietistischem Einfluß stehende) Universität Halle, an der seit 1727 Kameralistik, Ökonomie und Polizeiwesen unterrichtet wurden. Gegen 1750 übernahmen die Staatswissenschaften an der neuen Universität Göttingen diese Vorbildposition. Im deutlichen Unterschied zu England und Frankreich spielten die naturwissenschaftlichen Fächer bis zu Beginn des 19. Jahrhunderts in Deutschland kaum eine bemerkenswerte Rolle. Das Schwergewicht lag hier auf Verwaltungs- und Rechtswissenschaften einerseits und Philosophie andererseits. Allerdings waren das Ansehen und Gewicht der Philosophischen Fakultät im 18. Jahrhundert noch sehr gering. Sie diente vor allem der Ausbildung für den Kirchendienst: Ihre Studenten entstammten dem Kleinbürgertum, und die Gehälter ihrer Professoren waren deutlich geringer als die in den angeseheneren rechts- und staatswissenschaftlichen Fakultäten. Ähnlich wie in England, Holland und Frankreich das praktische Handwerk Einfluß auf die Entwicklung der Naturwissenschaften gewonnen

---

22 Vgl. Stichweh, R., Der frühmoderne Staat und die europäische Universität, Frankfurt/M. 1991.

hat,[23] so förderte im Deutschland des 18. Jahrhunderts die Praxis der staatlichen Verwaltung und des Erziehungswesens die Staats- und Verwaltungswissenschaften.[24]

Die Konkurrenz der deutschen Kleinstaaten untereinander führte im Bemühen um landeseigene Bildungsanstalten zu einer Vielzahl von Universitäten, die im Einzelfall zwar nur sehr wenige Professoren und Studenten hatten, insgesamt aber doch die Bedeutung der entsprechenden Institutionen in England oder Frankreich übertrafen; um 1770 gab es in Deutschland vierzig, in Frankreich dreiundzwanzig, in England nur zwei wissenschaftliche Hochschulen.[25] Dabei ist allerdings zu bedenken, daß die wissenschaftliche Forschung in England und Frankreich nicht Bestandteil der Universitäten war, sondern in den französischen Akademien und der englischen ›Royal Society‹ institutionell verfaßt war. Das Gewicht eines sozial ausdifferenzierten Bildungsbürgertums war in den deutschen Ländern weitaus stärker als in Frankreich und England. Deutlicher als etwa in Frankreich, wo die Käuflichkeit der Ämter noch weit verbreitet war, koppelte hier das Bildungssystem die Reproduktion der Sozialstruktur von Geburt und Herkunft, Besitz und Geld ab und eröffnete Aufstiegskanäle, die prinzipiell auf das Wissen und die Fähigkeiten des Einzelnen ausgerichtet waren, und reservierte Ämter im Verwaltungs- und Gerichtswesen den Inhabern bestimmter Bildungspatente. Die Anzahl der Bewerber war größer als die der verfügbaren Stellen, und die Examensnote übernahm die Selektionsfunktion.

Der etablierte Adel setzte diesen neuen Rekrutierungsverfahren für den Staatsdienst zunächst Widerstand entgegen, aber der Um-

---

23 Vgl. Ben-David, J., a.a.O.; Zilsel, E., Die sozialen Ursprünge der neuzeitlichen Wissenschaft, Frankfurt/M. 1976.
24 Über die Aufnahme und Ausbildung des Beamtennachwuchses entschied bald eine ›Oberexaminationskommission‹ aus Beamten; die Selbstrekrutierung der Beamtenschicht wurde durch eine solche Abkoppelung vom direkten Einfluß des Königs gefördert.
25 Vgl. Wehler, H.-U., Deutsche Gesellschaftsgeschichte, Bd. 1.: Vom Feudalismus des Alten Reiches bis zur Defensiven Modernisierung der Reformära 1700-1815, München 1987, S. 292. Dabei ist allerdings zu bedenken, daß die wissenschaftliche Forschung in England und Frankreich nicht Bestandteil der Universitäten war, sondern in den französischen Akademien und der englischen ›Royal Society‹ institutionell verfaßt war.

stand, daß nur ein Teil des Adels über umfangreichen Grundbesitz oder Hofämter verfügte, ein anderer aber verarmt und auf Karrieren im Staatsdienst angewiesen war, führte dazu, daß auch Adelige den neuen Bildungskriterien und Examensvorschriften genügen mußten. Auch die Privilegierung des Adels für Offiziersstellen unter Friedrich II., die wachsende Bedeutung der Ritterakademien für die Erziehung des Adels und die allgemeine Kritik an dem traditionellen Universitätssystem änderten nichts an der entscheidenden Rolle von Bildung und Fachkompetenz für die Karriere im Staatsdienst. Der Adel machte so immer noch einen beträchtlichen Teil der Studenten an den Rechtsfakultäten der Universitäten des 18. Jahrhunderts aus.[26] Die damit zusammenhängende Integration – insbesondere des preußischen Adels – in den Staatsdienst steht im deutlichen Unterschied zu der entsprechenden Lage der französischen Aristokratie.

Gerade auch durch die Beamtung von Teilen des Adels entstand in Deutschland quer zu der traditionellen ständischen Sozialstruktur eine *Modernisierungselite*, die sich über Bildung und Fachkompetenz reproduzierte und an überlokalen aufklärerischen Horizonten orientierte. Niedriger, vor allem besitzloser Adel war in ihr ebenso vertreten wie die Abkömmlinge bürgerlicher Familien; diese ständeübergreifende, heterogene Herkunft[27] begünstigte ebenso wie die berufliche Praxis der Beamten eine Perspektive, die gegenüber dem Gegensatz von Bürgertum und Adel und den lokalen Unterschieden den vermittelnden Standpunkt des Dritten einnahm: Erst die Abkoppelung von besonderen ständischen und lokalen Bindungen schaffte jenen Freiraum, aus dem das gesellschaftliche Allgemeine, der gemeine Nutzen, die Tugend und der vernünftige Wille des Staates sichtbar werden konnten.

---

26 Möller, H., Vernunft und Kritik – Deutsche Aufklärung im 17. und 18. Jahrhundert, Frankfurt/M. 1986, S. 242; vgl. auch Brunschwig, H., Gesellschaft und Romantik in Preußen im 18. Jahrhundert, Die Krise des preußischen Staates am Ende des 18. Jahrhunderts und die Entstehung der romantischen Mentalität, Frankfurt/M.-Berlin-Wien 1975 (1976), S. 228 ff.

27 Vgl. Lepsius, M. R., Zur Soziologie des Bürgertums und der Bürgerlichkeit, in: Kocka, J. (Hg.), Bürger und Bürgerlichkeit im 19. Jahrhundert, Göttingen 1987, S. 79-100.

2 Vereine, Moral, Öffentlichkeit

Diese neue, ihrer Herkunft nach heterogene sozialstrukturelle Schicht konnte ihre Binnenkommunikation nicht mehr im ständisch-korporativen Rahmen – über Zünfte und Gilden etwa – organisieren. Sie benötigte Formen, die die Herkunft des Einzelnen außer acht ließen und nur von individuellen, selbst erzeugten und selbst zu verantwortenden Eigenschaften abhängig waren. Mitgliedschaft mußte frei und ins individuelle Belieben gestellt sein, und das Gespräch sollte sich nicht an vorgegebenen Hierarchien, sondern am Ideal der unpersönlichen Vernunft und Aufklärung orientieren. Die Distanz des Bildungsbürgertums zu den partikularen Interessen ständischer Gruppen legte die Organisationsziele auf die Pflege des Gemeinwohls fest. Im Gespräch und in den Aktivitäten des Vereins waren die tugendhafte Gesinnung und das Engagement für Gemeinwohl und Vernunft unter Beweis zu stellen. Gleichzeitig verlangte die Nähe zu Staat und Verwaltung eine gewisse formale Organisation der Mitglieder, um dem ernsthaften Anspruch des Bildungsbürgertums Rechnung zu tragen. Diese Organisationsform bietet das neue Institut der freien Assoziation der Individuen im *Verein*.[28]

Schon in der ersten Hälfte des 18. Jahrhunderts gründen sich vereinzelt Vereine, und ab 1760 beginnt in allen größeren Städten Deutschlands eine Welle von Vereinsgründungen, die in den westeuropäischen Staaten keine Entsprechung findet: Sprachgesellschaften, Patriotische Vereine, Gelehrte Gesellschaften, Musikgesellschaften, Freimaurerlogen und – mit zunehmender Bedeutung – Lesegesellschaften. Ihre Ziele unterscheiden sich, ihre Mitgliederzahlen variieren, aber gemeinsam ist ihnen die Ausrichtung an der neuen Schicht der Beamten und Professoren, Staatsdiener und Immigranten. Im Verein findet das deutsche Bildungsbürgertum des 18. Jahrhunderts seine neue und besondere Geselligkeit.

---

28 Vgl. dazu Nipperdey, T., Der Verein als soziale Struktur in Deutschland im späten 18. und frühen 19. Jahrhundert, in: ders., Gesellschaft, Kultur, Theorie, Göttingen 1976, S. 174-205; Tenbruck, F., Modernisierung – Vergesellschaftung – Gruppenbildung – Vereinswesen, in: ders., Die kulturellen Grundlagen der Gesellschaft, Opladen 1989, S. 215-226; Dann, O., Einleitung, in: ders. (Hg.), Lesegesellschaften und bürgerliche Emanzipation – Ein europäischer Vergleich, München 1981, S. 9-28.

Der Verein unterscheidet sich durchaus von der informellen Geselligkeit, wie sie etwa im höfischen Rahmen gepflegt wurde. Anders als diese erlaubt der Verein nicht beliebige Themen; er lebt nicht vom Themenwechsel, sondern richtet die Kommunikation an bestimmten stabilen Zwecksetzungen aus. Er unterscheidet sich hierin jedoch nicht nur von der ›reinen‹ informellen Geselligkeit, sondern auch von der traditionellen *Korporation*. Im Unterschied zu korporativ-ständischen Organisationsformen erfaßt er den Einzelnen nicht in all seinen Lebensperspektiven, sondern nur in einer bestimmten Hinsicht; anders als Korporationen, denen zwar partikulare und sozial gebundene, sachlich diffuse Interessen, aber keine sozial allgemeinen und sachlich besonderen Ziele zugeschrieben werden können, zeichnet sich der Verein gerade hierdurch aus. Er ignoriert die Besonderheiten seiner Mitglieder und richtet sich an allgemein gültigen und sachlich besonderen Zielen aus: der Pflege von Sprache, Kunst, Wissenschaft und Musik, dem allgemeinen ökonomischen und technischen Nutzen, der patriotischen oder nationalen Gesinnung.

Mit der Abkoppelung vom besonderen sozialstrukturellen Fundament öffnet sich die vereinsmäßige Organisation grundsätzlich für die Idee der *funktionalen Differenzierung*. Nicht mehr die ganze Person, sondern nur bestimmte Bereiche ihres Lebens, nicht mehr die ganze Zeit des Lebens, sondern nur bestimmte Anlässe gelten als relevant. Die Gleichheit innerhalb des Vereins ist eben keine unverrückbare Gleichheit der Herkunft und Geburt, sondern eine labile Gleichheit der Überzeugungen, nicht auf Vergangenheit, sondern auf Zukunft bezogen. Sie erfordert folglich zusätzliche Sicherungen und immer wieder neue Bekräftigungen dieser Gemeinsamkeit. Kritik und Zweifel am Zweck der Vereinigung sind daher im Rahmen der vereinsmäßigen Kommunikation ausgeschlossen: Wer solche Zweifel hegt, dem steht im Unterschied zur Korporation der Austritt offen. Die Kommunikation innerhalb des Vereins vollzieht sich durch wechselseitige Anstachelung zur Steigerung der Beiträge und durch Überbieten des Vorredners in Hinblick auf die unbezweifelbare, grundlegende und allgemeine Zielsetzung des Vereins.[29] Nebenfolgen und

29 Christian Garves »Betrachtungen zu den französischen Clubs« läßt sich in abgeschwächter Form sicherlich auf die deutschen Vereine übertragen. Vgl. ders., Clubs, in: Batscha, Z. u. a. (Hg.), Von der ständischen zur bürgerlichen Gesellschaft, Frankfurt/M. 1981, S. 279-288.

Knappheitserwägungen können die Kommunikation daher nicht einschränken. Abgekoppelt von externem Handlungsdruck und praktischen Beschränkungen, richtet sich das Gespräch auf die emphatische Bekräftigung des Gemeinwohls. Das Risiko, mit radikalen Behauptungen zu scheitern, ist wesentlich geringer als das, durch Zurückhaltung und Zweifel den Unmut der anderen auf sich zu ziehen. Hieraus ergibt sich eine Spirale sich wechselseitig steigernder und überbietender Kommunikation. Das, was außerhalb des Vereins, unter anderen Zwecksetzungen und in anderen Situationen, Berücksichtigung verlangt, die bedrohliche Vielfalt möglicher Orientierungen in der Welt der freien Individuen, muß im Verein ausgeschlossen und ignoriert werden. Gerade *weil* andere Zwecke gleichfalls denkbar sind, muß Kommunikation sie ausschließen. Da der Verein weder durch das stabile Fundament der gleichen Geburt noch durch die wechselseitige persönliche Sympathie der Anwesenden, sondern nur durch die Annahme der Gleichheit und den Konsens über eine allgemeingültige vernünftige Zielsetzung zusammengehalten wird, muß einerseits dieser Konsens ständig neu reproduziert und bestärkt werden und so allgemeingültig gehalten sein, daß jedes vernünftige Individuum sich ihm anschließen kann – andererseits aber muß jeder, der diesen Konsens bricht, als »Unvernünftiger« von der Kommunikation ausgeschlossen werden. Der Preis für die Autonomisierung und Individualisierung des Beitritts zum Verein ist also der Zwang zur Herstellung interner Gleichheit. Interne Differenzierung ist nur über die Zeitachse möglich, als Fortschritt im Hinblick auf die vorgegebenen Zwecksetzungen erlaubt. Soweit die freie Assoziation der Individuen im Verein der modernen Vergesellschaftung als Vorbild dient, wird mit dieser Kommunikationsform auch die Vorstellung von Geschichte als Fortschritt durch freies und vernünftiges Handeln befördert.

Die besondere Dynamik und die Gleichheit der Teilnehmer richtet die Kommunikation im Verein im besonderen Maße an Moral und Regel aus – eine Orientierung, die auch die Literatur um die Jahrhundertmitte noch kennzeichnete.[30] Vor dem Sturm und

---

30 Haferkorn, H. J., Zur Entstehung der bürgerlich-literarischen Intelligenz und des Schriftstellers in Deutschland zwischen 1750 und 1800, in: Lutz, B. (Hg.), Deutsches Bürgertum und literarische Intelligenz

Drang war literarisches Schaffen noch eng an den klassischen Regelkanon gebunden.

Aus dem Blickwinkel der Regeln und der *Moral* verlieren das bloß Faktische, die tatsächlichen Unterschiede der Individuen, die unvermeidbaren Nebenfolgen, die Knappheit der Mittel ihr Gewicht für Bedenken und Erwägung. Im Gegenteil: Erst durch den Kontrast zum bloß Faktischen und Vorfindlichen gewinnt die moralische Einstellung ihre Emphase. Die moralische Perspektive geht auf Distanz zur Vielfalt und Komplexität der Tatsachen und kann aus dieser Distanz die Schwierigkeiten des konkreten Einzelfalls vernachlässigen und übersehen. Erst dieser vereinfachende Abstand erlaubt es, eine klare Grenze zwischen denen, die diese moralische Sicht auf die Dinge teilen, und jenen, die sich durch Zweifel, Widerspruch oder Indifferenz außerhalb dieses Bereichs gestellt haben, zu konstruieren. Umgekehrt rechtfertigt sich diese Vernachlässigung des Details und der Vielfalt aus dem großen und alle betreffenden Zweck: dem Gemeinwohl, der Zukunft, der Geschichte, der göttlichen Sendung, dem Vaterland.

Dieser alles überragende Zweck entkoppelt moralische Kommunikation auch von Lokalem, von Vorhandenem und Anwesendem. Im Unterschied zur geselligen Konversation unter Anwesenden, die durch Themenwechsel und Widerspruch die nötige Variation des Gesprächs erzeugt und sich über die einfache lokale Anwesenheit abgrenzt, greift die moralische Kommunikation grundsätzlich über die Anwesenden hinaus. Von ihr sind auch und gerade Nicht-Anwesende betroffen, die dazugerechnet oder aber auch ausgegrenzt werden können. Ausgrenzen lassen sich vor allem Nichtanwesende; schließt man Anwesende aus, so riskiert man den allgemeinen Zusammenbruch des Gesprächs. Nur durch Verweis auf die Ausgegrenzten kann moralische Kommunikation ihren Teilnehmerkreis bestimmen, und erst durch die kontrafaktische Annahme der Gleichheit der Teilnehmer kann der moralische Diskurs auch jenseits der direkten Anwesenheit eine labile Grenze zwischen innen und außen konstruieren. Faktische Heterogenität und moralische Gleichheit stehen dabei in einem kompensatorischen Verhältnis: Je differenzierter und heterogener die Gesellschaft, desto nachdrücklicher die Forderung nach Gleichheit. Ge-

---

1750-1800, Literaturwissenschaft und Sozialwissenschaften 3, Stuttgart 1974, S. 113-275, S. 190 ff.

meinschaftlichkeit und Integration können gerade in komplexen Gesellschaften nicht mehr durch primordiale Gleichheit der Mitglieder begründet werden, sondern müssen auf eine *kontrafaktische Gleichheit moralischer Überzeugungen* zurückgreifen.[31] Durch Moral kann sich also Kommunikation von Lokalität und individueller Heterogenität der Teilnehmer abkoppeln und die Einheit des sozialen Ganzen behaupten.

Die moralische Perspektive öffnet damit einen Weg zur gesellschaftsweiten Kommunikation unter Nichtanwesenden. Gerade diese beginnt sich im letzten Drittel des 18. Jahrhunderts durch die schon von Schlegel so genannte ›Leserevolution‹ dramatisch zu entwickeln. In allen größeren Städten, aber gelegentlich auch auf dem Lande, werden *Lesegesellschaften* gegründet, deren Mitglieder nicht nur Bücher und Zeitschriften gemeinsam nutzen, sondern häufig auch das Gelesene direkt untereinander kommentieren und diskutieren konnten.[32] Allein zwischen 1780 und 1800 finden sich mindestens 370 Neugründungen solcher Lesevereine, in denen sich Angehörige unterschiedlicher Stände als Gleiche im Hinblick auf Bildung und Vernunft zusammenschlossen. Insbesondere das Bildungsbürgertum wird von einer ›Lesesucht‹ erfaßt, die die wöchentliche Ankunft der neuerschienenen Zeitungen und Bücher in der Abgeschiedenheit der Provinz zu einem ungeduldig erwarteten Ereignis machte und eine grundlegende Umstellung der Lesegewohnheiten mit sich brachte: Man las nicht mehr wenige ›kanonisierte‹ Texte zum wiederholten Male, sondern war begierig auf Neues, Unbekanntes und Unerhörtes.[33] Man kommentierte und diskutierte den Lesestoff unter Gleichen: eine diskursive Öffentlichkeit entstand.

31 Die Verbindung von Egalität und diskursiver Kommunikationspraxis hebt im Anschluß an Jürgen Habermas auch K. Eder hervor. Vgl. ders., Geschichte als Lernprozeß? Zur Pathogenese politischer Modernität in Deutschland, Frankfurt/M. 1985, S. 159.
32 Welke, M., Gemeinsame Lektüre und frühe Formen von Gruppenbildungen im 17. und 18. Jahrhundert: Zeitungslesen in Deutschland, in: Dann, O. (Hg.), Lesegesellschaften und bürgerliche Emanzipation – Ein europäischer Vergleich, München 1981, S. 29-53.
33 Engelsing, R., Der Bürger als Leser, Stuttgart 1974; ders., Die Perioden der Lesergeschichte in der Neuzeit, in: ders., Zur Sozialgeschichte deutscher Mittel- und Unterschichten, 2. erweiterte Auflage, Göttingen 1978, S. 112-154.

Etwa 15% der Bevölkerung Deutschlands um 1770 konnten lesen, aber zum engeren Kreis des gebildeten Publikums, an das sich die meisten der neugegründeten Zeitungen und neuerschienenen Bücher wandte, zählten vermutlich nicht mehr als 200 000 Menschen, d. h. weniger als 1% der Gesamtbevölkerung.[34] Die Zahl der jährlichen Buchneuerscheinungen in deutscher Sprache wuchs im letzten Drittel des Jahrhunderts ständig und erreichte 17 903 560 Titel; demgegenüber ging der Anteil der lateinischen Publikationen bis zum Ende des Jahrhunderts auf 4% zurück. Philosophischen Themen und – gegen Ende des Jahrhunderts – auch der Poesie war der weitaus größte Teil der Veröffentlichungen gewidmet; sie verdrängten theologische Arbeiten und Werke traditioneller Gelehrsamkeit.[35] Die Auflagenhöhe war zumeist relativ niedrig, Auflagen von 3000 bis 4000 galten als überdurchschnittlich erfolgreich. Ähnliches gilt für die Vielzahl der politischen, literarischen oder philosophischen Zeitschriften, die nach 1760 in der aufgeklärten Öffentlichkeit Deutschlands erschienen. Nur wenige von ihnen erreichten eine Auflage von mehreren tausend: Schlözers ›Staats Anzeigen‹ 4000, Wielands ›Teutscher Merkur‹ 2000, Nicolais Rezensionszeitschrift ›Allgemeine deutsche Bibliothek‹ 2500. Noch geringer waren die Auflagen der ›Moralischen Wochenschriften‹, die während der ersten Hälfte des 18. Jahrhunderts erschienen und sich an englischen Vorbildern orientierten. (Eine Ausnahme bildete der Hamburger ›Patriot‹ mit zeitweilig über 4000 Exemplaren.) Dennoch erreichten Zeitschriften, Zeitungen und Buchpublikationen das aufgeklärte Publikum des neuen Bildungsstandes mit großer Wirksamkeit: Es war zahlenmäßig nicht sehr umfangreich, und jedes Exemplar einer Zeitschrift und eines Buches wurde mehrfach gelesen.

Die expandierende Leseöffentlichkeit gab dem Bildungsbürgertum einen die Grenzen lokaler und ständischer Besonderheit übergreifenden Kommunikationsraum, der selbst durch Zensurmaßnahmen kaum eingeschränkt werden konnte. Anders als in Frankreich, wo die Sprachgemeinschaft mit der territorialstaatlichen Herrschaft zusammenfiel, war es in den deutschen Klein-

---

34 Vgl. Möller, H., Vernunft und Kritik – Deutsche Aufklärung im 17. und 18. Jahrhundert, Frankfurt/M. 1986, S. 269; Welke, M., a.a.O., S. 30.

35 Möller, H., a.a.O., S. 273 f.

staaten durchaus möglich, der *Zensur* zu entgehen, indem man auf die andere Seite der Grenze wechselte und für ein großes Publikum außerhalb der Reichweite der lokalen Zensur schrieb. Eine Zensur an der Grenze fand nur selten statt. So konnte ein relativ liberales Klima entstehen, das die deutsche Aufklärungsgesellschaft mit Stolz erfüllte und in Distanz zum ›despotischen‹ Frankreich brachte.

Die Abkoppelung der öffentlichen Kommunikation von lokalen, ständischen und territorialstaatlichen Einschränkungen des Horizonts begünstigte eine Orientierung an universeller Vernunft, Aufklärung und Gemeinwohl und traf damit in besonderer Weise die Bedürfnisse des neuen Bildungsstandes, der sich ohnehin in einer entwurzelten Lage quer zu den traditionellen Ständen befand.

In der öffentlichen Kommunikation konstituierte sich die Aufklärungsgesellschaft als ein Stände, Konfessionen, Dynastien und Regionen übergreifendes Gebilde.[36] Eine solche gesellschaftsweite schriftliche Kommunikation konnte nicht mehr auf persönliche Bekanntheit oder auf die jederzeit aktivierbare Anwesenheit eines Gegenübers zurückgreifen. Selbst stellvertretende Orientierungen an übermächtigen Personen – dem christlichen Gott oder der Gestalt des Herrschers – waren im Rahmen aufklärerischer Kommunikation nicht mehr verfügbar: alle Teilnehmer waren gleichermaßen vernunftbegabt und traten einander nur als abstrakte Individuen ohne Gesicht (und nicht selten auch ohne Namen) gegenüber. Öffentliche Kommunikation konnte nur dann gelingen, wenn das situativ Vorhandene, die wahrnehmbaren Unterschiede, die besondere Berücksichtigung verlangten, grundsätzlich ausgeblendet wurden. Man richtete sich an ein unsichtbares und unüberschaubares Publikum von Gleichen: »Wir schreiben ins weite Blaue, für alle Menschen und für die liebe Nachwelt – und eben dadurch für niemand«, stellt Wieland schon 1776 fest, und Herder richtete seine Werke an »eine unlimitierte Zuhörerschaft«, an ein »unsichtbares Kommerzium der Geister und der Herzen«.[37] Selbst die Positio-

36 Vgl. allgemein Habermas, J., Strukturwandel der Öffentlichkeit – Untersuchungen zu einer Kategorie der bürgerlichen Gesellschaft, Neuwied 1962 (Neuausgabe Frankfurt/M. 1990); sowie Williams, R., The Long Revolution, Harmondsworth 1961; Dülmen, R. van, Die Gesellschaft der Aufklärer, Frankfurt/M. 1986.
37 Herder, J. G., Ideen zur Philosophie der Geschichte der Menschheit,

nen von Autor und Leser waren sozial noch nicht deutlich differenziert: Ein großer Teil der Leser des ›tintenklecksenden Saeculums‹ war gelegentlich auch Autor, man begegnete sich als gleich unter dem Zeichen des Diskurses, und dies verlangte die Auswechselbarkeit der Perspektiven. Nicht zu überschätzen ist darüber hinaus der Umstand, daß zum ersten Mal das Deutsche als *literaturfähige* Schriftsprache galt, die von Autor wie Publikum gleichermaßen gesprochen wurde.[38] Alle diese Umstände trugen dazu bei, daß im Bildungsbürgertum der Aufklärung Intellektuelle noch nicht systematisch und dauerhaft in Gegensatz zu ihrem Publikum traten und die Binnenkommunikation der Intellektuellen noch nicht von der Kommunikation mit einer breiteren Öffentlichkeit geschieden wurde.

3 Patriotismus und die moralische Konstruktion kollektiver Identität

Die Entkoppelung der öffentlichen Kommunikation von persönlicher Anwesenheit, aber auch von traditionellen lokalen und sozialen Differenzierungen erforderte eine neue Codierung von Gemeinschaftlichkeit, die das freie Ausgreifen der Kommunikation mit Vertrauen abstützen und die Vorstellung eines unsichtbaren Publikums konstruieren konnte.[39]

in: Herders sämtliche Werke, hg. v. B. Suphan, Bd. 13, Berlin 1887, S. 5; Honigsheim, P., Soziologie der Kunst, Musik und Literatur, in: Eisermann, G. (Hg.), Die Lehre von der Gesellschaft, Stuttgart 1958, S. 338-373, S. 346.

38 Woesler, W., Die Idee der deutschen Nationalliteratur in der zweiten Hälfte des 18. Jahrhunderts, in: Garber, K. (Hg.), Nation und Literatur im Europa der Frühen Neuzeit, Akten des I. Internationalen Osnabrücker Kongresses zur Kulturgeschichte der Frühen Neuzeit, Tübingen 1989, S. 716-733.

39 Diese Entkoppelung steht zugleich im Zentrum eines sozio-historisch zentralen Prozesses, nämlich der Zerstörung überkommener Kommunikationsmonopole. Vgl. dazu Wegmann, N., Diskurse der Empfindsamkeit. Zur Geschichte eines Gefühls in der Literatur des 18. Jahrhunderts, Stuttgart 1988, S. 17. Vgl. zu ersten historisch greifbaren Vorgängen, bei denen das Kommunikationsmonopol der herrschenden Elite unterlaufen wird, Hill, C., Protestantismus, Pamphlete, Patriotismus und öffentliche Meinung im England des 16. und 17. Jahrhun-

Der Code, mit dem das Bildungsbürgertum sich dieses unsichtbare und unpersönliche Publikum vorstellen konnte, war der *Patriotismus*.[40]

Kaum eine Form der Selbstetikettierung und Adressierung findet sich so häufig in den Beiträgen der periodischen Publizistik des 18. Jahrhunderts wie die des »Patrioten«.[41] Der patriotische Code erlaubt eine Konstruktion von Gemeinschaftlichkeit, die einerseits Zugehörigkeit von lokalen und ständischen Bindungen abkoppelte, andererseits aber auch unterhalb der Schwelle zum universalistischen Kosmopolitismus der Aufklärung blieb, der alle Völker einschloß und für politische und praktische Zwecke, für die Organisation des Gemeinwesens, daher unbrauchbar war.[42]

  derts; ferner: Grabes, H., England oder die Königin? Öffentlicher Meinungsstreit und nationale Identität unter Mary Tudor. Beide Beiträge in: Giesen, B. (Hg.), Nationale und kulturelle Identität. Studien zur Entwicklung des kollektiven Bewußtseins in der Neuzeit, Frankfurt/M. 1991, S. 100-120 und 121-168. Zur spezifischen Publikumsidee Kants vgl. ders., Beantwortung der Frage: Was ist Aufklärung?, in: ders., Werke, hg. von E. Cassirer, Bd. 4, Berlin 1922, S. 171 f. Vgl. dazu auch Bödeker, H. E., Aufklärung als Kommunikationsprozeß, in: Vierhaus, R. (Hg.), Aufklärung als Prozeß, Hamburg 1988, S. 89-111, S. 89.
40 Vgl. Vierhaus, R., Patriotismus, in: ders., Deutschland im 18. Jahrhundert, Göttingen 1987, S. 96-109; Prignitz, C., Vaterlandsliebe und Freiheit. Deutscher Patriotismus von 1750-1850, Wiesbaden 1981; Schmitt-Sasse, J., Der Patriot und sein Vaterland. Aufklärer und Reformer im sächsischen Rétablissement, in: Bödeker, H. E./Herrmann, U. (Hg.), Aufklärung als Politisierung – Politisierung als Aufklärung, Hamburg 1987, S. 237-252.
41 Fuchs, P., Historisch-systematische Analyse des Nationencodes in der deutschen Öffentlichkeit zwischen 1770 und 1850, Arbeitspapier im Rahmen des Teilprojektes »Nation als Publikum«, Ms. Gießen 1989.
42 Gegen anonyme Netzwerke der Kommunikation wird Gemeinschaft gesetzt, und es ist eben dieser Punkt, an dem später Tönnies, F., Gemeinschaft und Gesellschaft. Grundbegriffe der reinen Soziologie (1887), Berlin 1912, seine folgenreiche Dichotomie entfaltet. Für den Zeitraum, von dem wir sprechen, ist symptomatisch, daß die Idiosynkrasie sich in einer Steigerung der Briefkultur auswirkt – natürlich nicht nur in dieser Form. Die Genese spezifischer Geselligkeitstypen des 18. Jahrhunderts wird uns noch beschäftigen. Am Rande sei erwähnt, daß sich die Sehnsucht nach Nähe, nach spezifischer interak-

Die für alle kulturellen Codes kollektiver Identität prekäre Verbindung von universalistischer Öffnung und partikularistischer Abschließung gelang im Patriotismus vor allem dadurch, daß er Anregungen der vorhandenen Codes kollektiver Identität aufnahm – den ständischen Code des Bürgertums, den kosmopolitischen Code der Aufklärung, den konfessionellen Code des Pietismus[43] und den herrschaftlichen Code des Absolutismus –, und die darin angelegten Widersprüche auf eine erfolgreiche Weise transformierte. Kollektive Identität ergibt sich auch hier aus einer symbolisch konstruierten Einheit von Vielfalt und Widersprüchen.[44]

Patriot war man nicht aufgrund von primordialen Merkmalen, durch Herkunft oder Geburt, sondern durch Tugendhaftigkeit und kulturelle Überzeugung.[45] Soweit der Patriotismus der Deutschen noch lokale und regionale Anbindungen zeigte, unterschied man zwischen der »dumpfen«, engen und lärmenden ›Deutschheit‹, die als roh und naturhaft aufgefaßt wurde, einerseits und dem vernünftigen und erleuchteten Patriotismus, der auf Bildung

    tioneller Dichte bis in die Feinheiten der bürgerlichen Baukultur hinein erstreckt. Insbesondere die Einrichtung des »Studier- oder Expeditionszimmers« ist bezeichnend, wo der Hausherr lesen und seine Korrespondenz pflegen kann, aber so, daß von ihm aus Kontakt mit der Wohnstube möglich ist. Siehe Gessinger, J., Sprache und Bürgertum. Sozialgeschichte sprachlicher Verkehrsformen im Deutschland des 18. Jahrhunderts, Stuttgart 1980, S. 17 ff.

43 Vgl. hierzu besonders Kaiser, G., Pietismus und Patriotismus im literarischen Deutschland: Ein Beitrag zum Problem der Säkularisierung, Wiesbaden 1961.

44 Strukturell entspricht das der Ausdehnung des Erfahrungshorizontes im Bildungsbürgertum. Dieser Horizont wird supraregional. Die Grenzen der Interaktion und enger ständischer Kommunikationsformen werden überschritten, die Weite des gesellschaftlichen Raums wird spürbar. Das bürgerliche Theater trägt dem Rechnung, indem es die Einheit des Dramas topologisch und temporal sprengt.

45 Man könnte sagen, daß die moderne Form des Patriotismus gekennzeichnet ist durch ein Umsetzen von ›Rekurs auf Vorfahr und Tradition‹ auf ›Tugend‹. Der Patriotismus beginnt seine moderne Karriere als Tugendlehre, die den Ausfall von Tugend beklagt. Siehe als ein Beispiel Anonymus, Moralische Schilderung des ehemals altfränkischen itzt ***artigen Frauenzimmers. Von einem altväterschen, aber redlich denkenden Patrioten entworfen, An. 1740, in: Schweizerisches Museum, Bd. 3, Jg. 1, 1784, S. 740-752.

und Aufklärung beruhte und die Möglichkeit anderer Vaterländer mitbedachte, andererseits.[46] Stratifikatorische Metaphern ließen sich dabei nicht völlig vermeiden: Der niedrige, rohe, dunkle Patriotismus wurde vom höheren, gebildeten und erleuchteten Patriotismus übertroffen.

Zwischen dem rohen, naturhaften Patriotismus und dem kulturell erzeugten vernünftigen Patriotismus wird gelegentlich noch eine dritte Form eingeschoben, die auf gemeinsamen sozialen Beziehungen und Interessen beruht.[47] Gelenkstelle dafür war die Verbindung zwischen der Praxis bürgerlichen Handelns und der kollektiven Identität der Gesamtgesellschaft. Im Patriotismus werden der ethisch geformte Eigennutz des Bürgertums, sein beruflicher Fleiß und individuelles Erwerbsstreben in die allgemeinen Tugenden des Patrioten übersetzt und die Identität der Gesellschaft als Verwirklichung bürgerlicher Tugend konstruiert.[48] Eigennutz und Gemeinwohl, Individuum und Gesellschaft, Bürger und Staat treten nicht mehr als Gegensätze auf, sondern als harmonische Verschränkung zweier Perspektiven. Der Bürger ist gerade dann guter Patriot, wenn er seinen Eigennutz verfolgt und dadurch das Gemeinwohl fördert; umgekehrt sind Staat und Regierung gerade dann vernünftig, wenn sie dem Gemeinwohl dienen und den Bürgern irdische Glückseligkeit ermöglichen. Um dies zu erreichen, muß jeder Bürger seine Pflicht tun. Die kollektive Identität der Gesellschaft wird dabei sowohl von transzendentalen Garantien als auch von der Person des Herrschers abgekoppelt[49] und an die

46 Teller, W. A., Ueber Patriotismus, in: Berlinische Monatsschrift, Bd. 22, 1793, S. 431-447, S. 442.
47 Teller, W. A., a.a.O., S. 436.
48 Vgl. als Beispieltexte Palm, G. F., Politisch-Moralische Reflexionen, in: Neues Hannoverisches Magazin, Jg. 4, 1794, S. 353-368, S. 367 f.; Anonymus, Von den Vortheilen für Industrie, Moralität, Patriotismus und Bevölkerung, wenn die Bauerngüter getheilt werden, in: Neues Hannoverisches Magazin, Jg. 5, 1795, S. 1243-1248/1249-1270. Zur expliziten Anbindung des aufgeklärten Patriotismus an die Moral vgl. Anonymus, Rede, gehalten in der vaterländischen Gesellschaft zu B..., in: Neues Hannoverisches Magazin, 7. St., Jg. 6, 1796, S. 97-116, S. 100.
49 Der Patriotismus ist dann sogar in der Lage, auf die Texte der Vorfahren zurückzugreifen, wenn es darum geht, den ›Herrn‹ der patriotischen Moral zu unterwerfen. »Treuherziger Patriotischer Rath aus dem sechszehenden Jahrhundert. Ein Herr der soll nicht allezeit,/was ihm sein Sinn und Willen geit, (gelüstet)/sich auszurichten unterste-

utilitaristische Standesethik des Bürgertums angebunden, die als allgemeine Vernünftigkeit ausgegeben wird, über die jedermann verfügt. Unter Bezug auf diesen utilitaristischen Patriotismus lassen sich dann alle möglichen Belange mit gesellschaftlicher Bedeutung versehen: Man kann für Angelegenheiten des Ackerbaus und der Buchhaltung, der Erziehung und der Forstwirtschaft weite Aufmerksamkeit einfordern, wenn man sich und sein Publikum als Patrioten kennzeichnet und damit die allgemeine Bedeutung des Besonderen markiert. Dies gelingt vor allem dann, wenn die patriotische Codierung der Gemeinschaft emphatisch vorgetragen wird. Die moralische Emphase der patriotischen Codierung fängt dabei die Sachlichkeit und Begrenztheit des Themas auf.

Auch der anspruchsvolle Bildungspatriotismus greift auf vorhandene Codes zurück: Es ist vor allem der Kosmopolitismus der Aufklärung, der hier für das Raffinement der patriotischen Codierung kollektiver Identität genutzt wird. Und auch dieser gebildete und vernünftige Patriotismus beruht auf der Überbrückung eines offensichtlichen Gegensatzes: Kosmopolitismus fordert die Auflösung aller besonderen Bindungen an ein Land, Patriotismus hingegen betont gerade die Differenzen und bekräftigt die Einzigartigkeit des Vaterlandes. Im aufgeklärten ›kosmopolitischen‹ Patriotismus wird nun die Bindung an ein Gemeinwesen als eine *universelle* Tugend gepriesen, die auch in anderen Vaterländern gilt und ein wechselseitiges Verständnis für partikulare Bindungen befördern kann. Vor allem aber darf und kann der aufgeklärte Kosmopolit nur jenem Gemeinwesen patriotisch verbunden sein, das selbst die Ideale der Aufklärung, der Vernunft und der Toleranz verwirklicht. Patriotismus stellt also die Bindung an ein besonderes Gemeinwesen her, die für politisches Handeln im Hinblick auf aufklärerisch-universalistische Ideale unerläßlich ist und erst die politische Verwirklichung der Aufklärung ermög-

hen,/vilmehr in allweg dahin sehen,/Auf daß er thu, was ehrlich sey/und halt ob dem, was recht dabey./O Keiserliche Majestat,/Dir will ich geben diesen Rath:/Daß du wollst als ein Vater seyn,/Bey Leib nit rathen dir allein;/Vilmehr wollst helfen jedermann,/Und nicht zu Herzen laßen gahn/Dein eigen Nutz; und so du was/Geboten hast, daßselbig laß/Dir selbst auch mit befohlen seyn,/Dann wirst Du Deine Unterthan/Gar leichtlich im Gehorsam han,/Wenn sie Dich sehen halten das/Was Du Ihnen befohlen hast ...«, in: Patriotisches Archiv für Deutschland, Bd. 5, 1786, S. 481.

licht.⁵⁰ Diese Verschränkung von Einzigartigkeit und Universalismus in der patriotischen Codierung kann vorzüglich in einer öffentlichen und unpersönlichen Kommunikation gedeihen: Auch hier werden scheinbare Gegensätze – Individualität und Anonymität, Gleichheit und Freiheit – auf besondere Weise kombiniert. Die Reichweite öffentlicher Kommunikation verleiht darüber hinaus der patriotischen Codierung kollektiver Identität einen zusätzlichen Anhalt: Man überschreitet mit dem patriotischen Appell zwar die engen Grenzen des lokalen und der fürstenstaatlichen Herrschaft, aber verliert sich doch nicht vorbehaltlos in der Uferlosigkeit des Allgemein-Menschlichen.

Ähnlich wie der Patriotismus den Gegensatz zum aufklärerischen Kosmopolitismus überbrückte, so ging er gelegentlich auch eine Verbindung mit pietistischen Ideen ein und konnte damit auf protestantisch-konfessionelle Codes kollektiver Identität aufbauen. Die pietistische Orientierung an Innerlichkeit und persönlicher Frömmigkeit scheint zunächst im Widerspruch zur nach außen gewandten und im Verein gefeierten Tugendhaftigkeit des Patrioten zu stehen. Über den Pflichtbegriff und die Vorstellung der emphatischen Hingabe des Einzelnen an eine höhere Bestimmung ließen sich allerdings Verbindungen zwischen patriotischer Tugend und pietistischer Frömmigkeit herstellen. Das Vaterland wird als ein »gleichsam von oben kommender Geist (...), der sich in die Herzen der Menschen einsenkt«,⁵¹ gesehen. Kaum zu übersehen ist der Einfluß dieser pietistischen Ideen auf Herders Begriff des Volksgeistes und Mosers Vorstellung vom Nationalgeist, die außerhalb der Wahlhandlungen der Individuen angesiedelt werden. Dies gelingt im protestantischen Denken um so leichter, als hier die Stelle der personalen Vermittlung zwischen Gott und dem einzelnen Individuum grundsätzlich unausgefüllt bleibt. Das Vaterland vertritt diese Leerstelle auf eine nichtpersonale, aber doch faßbare Weise; es gibt dem pietistischen Pflicht- und Opferbedürfnis einen besonderen Anhalt und läßt sich emphatisch verankern.

Allerdings ist kaum zu übersehen, daß der pietistisch eingefärbte

---

50 Beyer, C. S. L. v., Ueber Kosmopolitismus und Patriotismus, in: Deutsche Monatsschrift, Bd. 1, 1795, S. 223-230, S. 226 ff.
51 Zimmer, H., Auf dem Altar des Vaterlandes. Religion und Patriotismus in der deutschen Kriegslyrik des 19. Jahrhunderts, Frankfurt/M. 1971, S. 17.

Patriotismus nur schwer mit dem utilitaristisch-eudämonistischen Patriotismus zu vereinbaren ist: ›Irdische Glückseligkeit‹ oder auch nur ›vernünftige Zufriedenheit‹ sind weit entfernt von der Innerlichkeit und Frömmigkeit des Pietisten. Spätestens hier wird deutlich, daß der Patriotismus ganz unterschiedliche Einfärbungen erlaubt und die patriotische Tugend inhaltlich weitgehend unbestimmt bleibt. Der Patriot kann fromm oder eigennützig, kosmopolitisch oder national, republikanisch oder fürstentreu sein – entscheidend ist weniger die besondere Tugend, an die der Patriotismus sich anlehnt, als die *moralische Emphase*, mit der dies geschieht. Die patriotische Codierung konstruiert kollektive Identität durch moralische Emphase und vergißt dabei die Heterogenität dessen, was emphatisch überhöht und vereint wird.

Anders als die absolutistische Herrschaft, die die übergreifende Einheit aus der sichtbaren und überall in Abbildern erfahrbaren Person des Fürsten herleitete, bleibt die gesellschaftliche Gemeinschaft, die so über der Vielfalt der Individuen geschaffen wird, unpersönlich und unsichtbar. Diese Abstraktheit und Unsichtbarkeit erfordert zusätzliche kommunikative Absicherungen ihrer Existenz: Das, was nicht mehr fraglos gegeben und sinnlich erfahrbar ist, muß durch die Unbedingtheit der Moral und den emphatischen Nachdruck bekräftigt werden. Die Gesellschaft wird hier in einem doppelten Sinne Kommunikationsgemeinschaft: Nicht nur macht das weitreichende Netz der Kommunikation im Bildungsbürgertum entsprechende Codierungen notwendig, sondern diese Codierungen grenzen auch jeden, der an ihnen zweifelt, von der weiteren Kommunikation aus. Die moralische Emphase des Patriotismus begründet Gesellschaftlichkeit auf eine entwicklungsgeschichtlich neue Weise: Gesellschaft wird nicht mehr als Verbund unterschiedlicher und ungleicher Personengruppen gedacht, der durch die Ausrichtung auf ein personales Zentrum – den Fürsten, den Kaiser, Gott – zusammengehalten wird; statt dessen entsteht Gesellschaft durch den moralischen Konsens gleicher Individuen. Nur im Hinblick auf diesen moralischen Konsens kann sich Individualität entfalten und Gleichheit durchsetzen; nur im Hinblick auf die Gesellschaft der abstrakt gleichen Individuen kann Moral ihren Integrationsanspruch stellen. Diese Verbindung von abstrakter Individualität und abstrakter Moral ist prekär und bedarf besonderer Schärfe und Unerbittlichkeit, um kollektive Identität eingrenzen zu können: Zweifler und Abweichler sind aus der Kommunikationsgemeinschaft auszustoßen, konkrete Bedrohungen und Sündenfälle sind öffentlich zu machen, Skandale zu entdecken und Kreuzzüge zu inszenieren, um die unsichtbare Grenze zwischen den moralisch Reinen und den Sündern wahrnehmbar und handlungswirksam zu machen.

4 Der Blick auf Frankreich: Begeisterung und Enttäuschung

Es verwundert nicht, daß das Bildungsbürgertum als Träger der moralischen Codierung nationaler Identität besonders aufmerksam auf die große französische Revolution von 1789 reagierte. In der Tat schien hier die patriotische Vorstellung einer Gesellschaft ohne ständische Ungleichheiten, orientiert allein an Tugend und Vernunft, noch weitaus stärker politische Wirklichkeit zu werden als im Preußen von Friedrich II. Die Begeisterung des deutschen Bildungsbürgertums für das revolutionäre Projekt Frankreichs ist bekannt: Man reiste nach Paris und gründete Jakobinerclubs; die Spuren der Revolution im Werk der großen Intellektuellen sind unübersehbar.

Mit der Schreckensherrschaft der Tugend wurde jedoch bald die dunkle Seite einer streng moralischen Codierung nationaler Identität deutlich. Neben dem Absturz der Aufklärung in die Blutbäder der Revolution wirkte auch der Umstand irritierend, daß nach anfänglicher kosmopolitischer Öffnung die Revolution bald eine imperial-expansive Wende nahm. Als Deutscher war man in Paris immer noch Ausländer und unter Verdacht; Deutschland selbst erschien schließlich nicht mehr als ein gleichrangiges Volk von Patrioten, das es zu befreien galt, sondern wurde Gegenstand französischer Eroberung. In dieser Lage schlug die Begeisterung der deutschen Patrioten bald in Enttäuschung und Haß gegen die Franzosen um.[52] Eine neue Generation des Bildungsbürgertums trat auf den Plan.

---

52 Vgl. Prignitz, C., a.a.O., S. 66 f.

VI Die Nation als Gral der Intellektuellen: der transzendente Code der Romantik

1 Die Entwurzelung der Intellektuellen

Die aufgeklärte Öffentlichkeit des 18. Jahrhunderts schied noch nicht scharf zwischen den Intellektuellen und ihrem Publikum. Die Perspektiven von Schriftstellern und Lesern waren auswechselbar, ein großer Teil der Leser griff gelegentlich auch zur Feder, und Sonderinteressen der Intellektuellen ließen sich nur schwer feststellen. Gewiß gab es schon eine Reihe von Dichtern und Schriftstellern, die von ihrer literarischen Tätigkeit leben konnten, aber erst in den letzten beiden Jahrzehnten des Jahrhunderts bildete sich eine soziale Sonderlage der Literaten aus, die diese in Gegensatz zum gewöhnlichen Publikum brachte: Man klagte zunehmend über den schlechten Geschmack dieses Publikums und behandelte die eigene literarische Tätigkeit als eine Berufung, die nur wenigen Auserwählten aufgrund ihres »Originalgenies« zuteil wurde. Die »Sturm und Drang«-Generation festigte die fragile Scheidelinie zwischen den Intellektuellen und ihrem Publikum dadurch, daß der sozial erzeugte Unterschied auf Geburt und Begabung, auf Unabänderliches und Unentfremdbares zurückgeführt wurde.

Auch andere Entwicklungen verweisen auf eine soziale und institutionelle Ausdifferenzierung des literarischen Betriebs: Die Verehrung der großen literarischen Heroen durch das Publikum nahm zu, Rezensionszeitschriften setzten sich durch, und eine Vielzahl von neuen anspruchsvollen Zeitschriften wurde gegründet, die den Geschmack des breiten Publikums mit großer Gebärde mißachteten; die Auflagenzahlen der Publikumszeitschriften und der trivialen Unterhaltungsliteratur stiegen weiterhin, der literarische Markt expandierte[1] und erlaubte eine interne Differenzierung zwischen der anspruchsvollen Literatur für Literaten

---

1 Kiesel, H./Münch, P., Gesellschaft und Literatur im 18. Jahrhundert. Voraussetzungen und Entstehung des literarischen Markts in Deutschland, München 1977, S. 78 f.

und der Produktion von Verbrauchsliteratur für ein ›ungebildetes‹ Publikum.[2] In der anspruchsvollen Literatur blieben die Perspektiven von Autor und Leser (den man sich als einen anderen Autor vorstellte) auch weiterhin auswechselbar, in der Trivialliteratur hingegen waren sie dies nicht mehr: Man produzierte voller Verachtung für ein Publikum, das sich selbst auf die Konsumentenrolle beschränkte.

Gegen Ende des Jahrhunderts kann man von fast 10 000 Schriftstellern in Deutschland ausgehen, von denen etwa ein Drittel als ›freie Schriftsteller‹ ihr berufliches Auskommen suchten.[3] Die Herkunft dieser Literaten ist heterogen – zwar stammten die meisten aus dem Bildungsbürgertum, aus Pfarrers-, Beamten- und Professorenfamilien, aber auch das gewerbliche und kommerzielle Bürgertum und der Adel waren unter den Herkunftsfamilien vertreten.[4]

Gemeinsamkeiten der jungen Schriftsteller gegen Ende des Jahrhunderts lassen sich weniger in ihrer Herkunft als in einem bestimmten Biographiemuster und in einer *sozialen Lage* finden, die zur gesellschaftlichen Besonderheit und Unterscheidung dieser Gruppe beitrug.

Das universitäre Bildungssystem hatte in den letzten Jahrzehnten des Jahrhunderts eine Vielzahl von Studenten hervorgebracht, denen keine entsprechende Anzahl offener Positionen im Staatsdienst gegenüberstand. Die Absolventen der Universitäten und höheren Bildungsanstalten sahen sich blockierten Karrieren und langfristiger wirtschaftlicher Unsicherheit gegenüber; der *Karrierestau* und der Mangel an verfügbaren Positionen für Akademiker beschäftigten schon die Zeitgenossen und führten um die Jahrhundertwende zu einer Krise der Nachfrage nach universitärer

---

2 Vgl. Schulte-Sasse, J., Das Konzept bürgerlich-literarische Öffentlichkeit und die historischen Gründe seines Zerfalls, in: Bürger, C. u. a. (Hg.), Aufklärung und literarische Öffentlichkeit, Frankfurt/M. 1980, S. 83-115.
3 Vgl. zum folgenden insbesondere Haferkorn, H. J., Zur Entstehung der bürgerlich-literarischen Intelligenz und des Schriftstellers in Deutschland zwischen 1750 und 1800, in: Lutz, B. (Hg.), Deutsches Bürgertum und literarische Intelligenz 1750-1800, Literaturwissenschaft und Sozialwissenschaften 3, Stuttgart 1974, S. 113-275.
4 Vgl. Gerth, H., Bürgerliche Intelligenz um 1800, Göttingen 1976, S. 87.

Ausbildung.[5] Der Weg in kaufmännische oder handwerkliche Tätigkeiten erschien als kaum gangbar: Nicht nur das Fehlen der notwendigen Fähigkeiten, sondern auch Ehrgeiz und Stolz der Bildungsschicht verboten diesen Ausweg. Eher schon war an eine Steigerung des Bildungsanspruchs zu denken; man wollte nicht nur gebildet sein, sondern *selbst Bildung schaffen,* Vorhandenes übertreffen und überbieten, eher Autor als Publikum sein, Neues, Unerhörtes und Geniales der Welt verkünden. Das bloße Erwerbsleben, aber auch die konventionelle Literatur konnten aus dieser Perspektive kaum genügen. Erfolg beim breiten Publikum erschien so einerseits verlockend, andererseits aber auch verachtenswert. Am Ende dieser Distanz zum Literaturmarkt steht Brentano, der sich der Kommerzialisierung und Verdinglichung der Literatur so sehr schämte, daß er den Handel mit den »freien und geistigen Gütern (...) des Himmels« ablehnte.[6]

Die neue Generation der Literaten wiederholte damit für sich jenen Vorgang der *Distanzierung* von überkommenen sozialen Strukturen, mit der schon das Bildungsbürgertum sich Abstand von der traditionellen ständischen Gesellschaft geschaffen hatte – dieses Mal allerdings richtete er sich gegen das Bildungsbürgertum selbst, dessen Lebenspraxis als beschränkt und dessen literarischer Geschmack als ordinär empfunden wurden. Die neue Generation der Schriftsteller suchte Abstand durch *überlegene Bildung*; auch sie steigerte ihr Selbstwertgefühl durch die Vorstellung eines überlegenen Aussichtspunktes, von dem sich die Niederungen des gewöhnlichen Lebens gleichsam unbeteiligt beobachten ließen. Die ›poetische Existenz‹ wurde zu einem neuen Ideal; die Dichter begriffen sich nicht nur als »Barden der Nation« (Wieland), sondern als »Brahminen – eine höhere Kaste, nicht durch Geburt, sondern durch freie Selbsteinweihung geadelt« (F. v. Schlegel), als »Patriziat der politischen Edlen« (F. v. Schlegel). Novalis forderte, daß Dichter und Priester wieder eins werden sollten, und Campe betrachtete sie gar als »Wächter und Ratgeber der Menschheit«.[7]

5 Vgl. z. B. Vierhaus, R., Heinrich von Kleist und die Krise des preußischen Staates um 1800, in: ders., Deutschland im 18. Jahrhundert, Göttingen 1987, S. 216-234, S. 226.
6 Brentano, C., Ausgewählte Werke, hg. v. M. Morris, Bd. 3, Leipzig 1904, S. 92.
7 Alle Zitate aus Haferkorn, H. J., a. a. O., S. 229 ff.

Der hohe Ehrgeiz der neuen Schriftstellernation traf allerdings auf fast unüberwindliche Hürden. Die literarischen Heroen der deutschen Klassik, vor allem Goethe und Schiller, versperrten die Aussicht auf literarischen Ruhm und Markterfolg. »Goethe will und muß übertroffen werden«, schrieb Novalis, und Kleist verkündete: »Ich werde ihm (Goethe – B. G.) den Kranz von der Stirne reißen.«[8] Die »Sucht unserer Poeten nach Originalität« (Goethe) bestimmte seit dem Sturm und Drang den deutschen Literaturbetrieb. Nicht nur angesichts dieses Generationenkonflikts mit den überlebensgroßen Figuren der deutschen Klassik, sondern auch wegen der unaufhaltsam wachsenden *Konkurrenz* war eine solche Originalität jedoch immer schwerer zu erreichen.

»Das ganze Unheil entsteht daher, daß die poetische Kultur sich in Deutschland so verbreitet hat, daß niemand mehr einen schlechten Vers macht. Die jungen Dichter, die hier ihre Werke senden, sind nicht geringer als ihre Vorgänger, und da jene so hoch gepriesen werden, begreifen sie nicht, warum man sie nicht auch preist. Und doch darf man zu ihrer Aufmunterung nichts tun, eben weil es solcher Talente jetzt zu Hunderten gibt und man das Überflüssige nicht befördern soll ...«,

stellte Goethe fest.[9]

Dieser Generationenkonflikt und die wachsende Konkurrenz, die Versperrung von Karrieren im Staatsdienst und an den Universitäten zwang viele der ehrgeizigen jungen Schriftsteller in Stellungen, die keineswegs ihrer Selbsteinschätzung und ihrer Ambition entsprachen. Von wenigen Ausnahmen abgesehen, lebten die jungen Schriftsteller dauerhaft in schwierigen finanziellen Verhältnissen; eine große Anzahl nahm mangels anderer Positionen zumindest zeitweilig *Hofmeister-* und Privatlehrerstellen in adeligen oder bürgerlichen Haushalten an.[10] Selbst später gefeierte Schriftsteller wie Kant und Fichte, Hölderlin und Schelling mußten vorübergehend ihr Auskommen als Hauslehrer oder Hofmeister suchen. Einigen wenigen begehrten Positionen als Begleiter und

---

8 Beide Zitate aus: Mason, E. C., Deutsche und englische Romantik, Göttingen 1966, S. 39 f.
9 Eckermann, J. P., Gespräche mit Goethe, Berlin 1956, S. 226.
10 Vgl. Fertig, L., Die Hofmeister. Befunde, Thesen, Fragen, in: Hermann, U. (Hg.), Die Bildung des Bürgers. Die Formierung der bürgerlichen Gesellschaft und die Gebildeten im 18. Jahrhundert, Weinheim–Basel 1982, S. 322-328; Gerth, H., a.a.O., S. 51-60.

Hofmeister junger Adeliger stand dabei eine Vielzahl von schlechtbezahlten Hauslehrerstellen in bürgerlichen Haushalten gegenüber. Insbesondere junge Theologen blieben für lange Zeit in diesen Stellen, die als sozial deklassiert galten, und fanden so keinen wirklichen Platz in der traditionellen Ökonomie des »Ganzen Hauses«. Hölderlin etwa klagte:

»Weist Du die Wurzel alles meines Übels? Ich möchte der Kunst leben, und muß mich herumarbeiten unter den Menschen, daß ich oft so herzlich lebensmüde bin. Und warum das? Weil die Kunst wohl ihre Meister, aber den Schüler nicht nährt (...). Ist doch schon mancher untergegangen, der zum Dichter gemacht war. Wir leben in dem Dichterklima nicht.«[11]

In materieller Abhängigkeit von Bürgern, die sie nicht selten verachteten, zuweilen erniedrigt von ihren Zöglingen, in entlegenen kleinen Provinzstädten, die kaum Anregung und Gelegenheit zur direkten Begegnung mit Gleichgesinnten boten, ohne begründete Aussicht auf Besserung ihrer sozialen und ökonomischen Lage, aber voller Verachtung für die aufgezwungene Rolle des Domestiken, in einer Situation äußerster Isolierung also, bot sich nurmehr der Weg in die *Innerlichkeit* des Subjekts an:[12] Man steigerte die Fähigkeit, Gefühle wahrzunehmen, und verlagerte das Leben in den inneren Raum der Empfindsamkeit. Selbstbeobachtung und Tagebuchschreiben kamen in Mode, die Anfälligkeit für Nervenkrankheiten und Lungenleiden verbreitete sich, und neue medizinische Ideen, Magnetismus, Sauerstoffbehandlung etc. zogen die Aufmerksamkeit der Leidenden auf sich.

Dem entsprach eine Geselligkeit, die auf der unmittelbaren Begegnung der Subjekte beruhte, die die Konventionen des bürgerlichen Lebens durchbrach und auf Distanz zur Welt des normalen Erwerbslebens, zur Banalität des Offensichtlichen, Vernünftigen

11 Hölderlin, F., Brief an seinen Bruder vom 12. 2. 1789, in: ders., Sämtliche Werke, hg. v. F. Beißner, Bd. 6.1, Stuttgart 1954, Nr. 152, S. 264.
12 R. Münch führt die deutsche Innerlichkeit auf die Lutherische Frömmigkeit zurück. Ders., Die Kultur der Moderne, Bd. 2: Ihre Entwicklung in Frankreich und England, Frankfurt/M. 1986, S. 686 ff. Mit der Romantik wird Luthers Vorstellung vom Individuum als dem »Gefäß des Göttlichen« jedoch in eine neue Transformation getrieben: Im Blick nach innen findet man weder das Wort Gottes noch die Ruhe Gottes, sondern namenlose und unruhige Abgründe. Die protestantische Vorstellung, in sich selbst Festigkeit im Namen Gottes zu finden, wird hier gänzlich aufgegeben.

und Vorhandenen ging.[13] Man verschob das eigentliche und wirkliche Leben an den Ort, an dem man gerade nicht war, und aus der Gegenwart in eine ferne Vergangenheit oder die Zukunft. Sehnsucht, die sich über das Endliche und Beschränkte hinausrichtete, wurde zum Grundmotiv der literarischen Epoche; man reiste, ohne jemals wirklich anzukommen, und empfand in der Fremde um so stärker die Isolation. Dies gilt insbesondere für Reisen ins Ausland, namentlich nach Paris, das als das moderne Babylon empfunden wurde und die Sehnsucht nach dem eigenen unsichtbaren Vaterland neu entfachte.

Die Gegenwart jedenfalls bot kein Zentrum, an dem sich die Ambition der Intellektuellen hätte ausrichten können. Man suchte stille Abgeschiedenheit, Ruhe und Muße, um, abgekoppelt von den Anregungen des bürgerlichen Lebens, den Blick auf eine unsichtbare und noch unbestimmte Welt zu richten. Eine kleinbürgerliche, provinzielle und beengte Lage stand dem keineswegs entgegen. Im Gegenteil, sie bot keinerlei Ablenkung und Zerstreuung und forderte damit die Ausrichtung des Blicks auf diese unsichtbare Welt.

Aus der ständischen Gesellschaft ebenso wie aus dem Bildungsbürgertum herausgetrieben, im Gegensatz zu Frankreich und der aristokratisch-höfischen Kultur, die mit Frankreich verbunden wurde, konnten die Intellektuellen ihre Identität nur im *Prozeß der Distanzierung* selbst finden. Je weiter die Aufklärung sich im Bürgertum verbreitete, desto weniger bot sie Chancen zur intellektuellen Distinktion, und je weiter die Intellektuellen auf Distanz zum Bildungsbürgertum gingen, desto nachdrücklicher und verrückter mußte ihr Versuch zur Entdeckung des Allgemeinen ausfallen. Die romantischen Intellektuellen wiederholten und verschärften nicht nur die Distanzierungsfigur des Bildungsbürgertums, sondern auch dessen Betonung der Individualisierung.

Individualisierung bedeutete nun freilich nicht mehr nur ein Herauslösen der individuellen Karriere aus ständischen Bindungen, sondern auch eine Neigung, die Familie und die konventionellen Geschlechterbeziehungen in Frage zu stellen. Eine beträchtliche Anzahl der Intellektuellen lebte allein, und nur wenige gründeten Familien nach herkömmlichem Muster. Man war nicht mehr be-

---

13 Vgl. Hoffmann-Axthelm, I., Geisterfamilie – Studien zur Geselligkeit der Frühromantik, Frankfurt/M. 1973.

reit, die Beziehungen der Geschlechter auf Recht oder Geschäftssinn zu gründen, sondern reservierte diesen Bereich allein für erotische Attraktion und die Empfindsamkeit für ein unendliches Gefühl. Romantische Liebe vollzieht sich als exklusive Begegnung zweier Subjekte, die ihre Individualität wechselseitig steigern, indem sie den jeweils anderen als einzigartig und unersetzlich betrachten. Dies gilt um so mehr, je vereinzelter und isolierter sich die Liebenden empfinden und je geläufiger die Erfahrungen von Unverständnis und Unzugänglichkeit in einer Lebenswelt sind.[14] Die Liebe wird dann als übernatürlich, als ein plötzliches Wunder, empfunden und hält die Liebenden in aufgeregter Leidenschaft.[15] Daß diese von Recht und Konvention abgekoppelten erotischen Beziehungen besonders anfällig für Verwicklungen und Turbulenzen waren, ist naheliegend. (Die Verhältnisse der Schlegels oder Hardenbergs Liebe zu Sophie von Kühn sind klassische Beispiele.) Mit der romantischen Liebe läßt sich nicht nur Individualität emphatisch steigern, sondern auch die Distanz zum Wirklichen und Konventionellen verschärfen. Diese neue Liebe ist grenzenlos und unvernünftig; sie überwindet alle ständischen Schranken ebenso wie jedes andere gesellschaftliche Maß, sie ist dem Argument und der Rationalität unzugänglich, sie bleibt unverständlich und »verrückt« die Sicht derer, die ihr zum Opfer fallen. »Die Liebe ist der Endzweck der Weltgeschichte – das Unum des Universums.«[16] Nicht selten wird sie durch Unerfüllbarkeit, durch den Tod der Geliebten oder des Geliebten noch gesteigert. Die Banalität des Erreichbaren steht auch hier in unüberbrückbarem Gegensatz zur Sehnsucht nach dem Unendlichen. Erst der Tod eröffnet einen Zugang zu diesem Reich; über den Selbstmord wird folglich viel gesprochen, und zuweilen wird er auch als Ausweg gewählt.[17]

14 Tyrell, H., Romantische Liebe – Überlegungen zu ihrer ›quantitativen Bestimmtheit‹, in: Baecker, D. u. a. (Hg.), Theorie als Passion. Niklas Luhmann zum 60. Geburtstag, Frankfurt/M. 1987, S. 570-599, S. 577.
15 Vgl. Brunschwig, H., Gesellschaft und Romantik in Preußen im 18. Jahrhundert, Frankfurt/M. 1975 (1976), S. 325 ff.
16 Novalis, Schriften. Die Werke Friedrich von Hardenbergs, hg. v. P. Kluckhohn u. R. Samuel (Historisch-kritische Ausgabe), Bd. 3, 3. ergänzte, erweiterte und verbesserte Auflage, Darmstadt 1977, Abt. IX, HKA-Nr. 50, S. 248.
17 Brunschwig, H., a.a.O., S. 341.

Im äußersten Fall bleibt die Liebe gar ohne Gegenstand, wie Schlegel es in der ›Lucinde‹ beschreibt:

»Eine Liebe ohne Gegenstand brannte in ihm und zerrüttete sein Inneres. Bei dem geringsten Anlaß brachen die Flammen der Leidenschaft aus; aber bald schien diese aus Stolz oder aus Eigensinn ihren Gegenstand zu verschmähen und wandte sich mit verdoppeltem Grimme zurück in sich und auf ihn, um da am Mark des Herzens zu zehren. Sein Geist war in einer beständigen Gährung; er erwartete in jedem Augenblick, es müsse ihm etwas Außerordentliches begegnen.«[18]

Die Abgründe des Gefühls, die sich für die romantische Liebe auftun, rufen im Gegenzug nach einem neuen Rückhalt. Wir werden darauf zurückkommen.

2 Esoterik, Cliquen und Ironie

Aus dem etablierten Bildungsbürgertum herausgetrieben und auf Distanz zum gewöhnlichen Publikum bedacht, kommunizierten die neuen Intellektuellen untereinander auf eine besondere Weise, die dem Außenseiter nicht zugänglich war. Als Gegenpol zur Presse des Bildungsbürgertums wurden *esoterische Zeitschriftenprojekte* gegründet, die sich mit ästhetischen und philosophischen Themen beschäftigten und sich an einen kleinen Kreis von Hochgebildeten und Eingeweihten wandten. Ihre Auflagenhöhe war niedrig und ihre Lebensdauer in der Regel kurz.[19] Das von Schlegel herausgegebene »Athenäum« zeigt beispielhaft Ambition und Kurzlebigkeit dieser esoterisch-anspruchsvollen Zeitschriftenprojekte; nur selten erschienen sie länger als zwei oder drei Jahre, manche wie »Nemesis«, »Memnon« oder »Kynosarges« überlebten nicht einmal ihr erstes Erscheinungsjahr. Viele von ihnen hatten die Form literarisch-philosophischer Manifeste, die eine kulturelle oder literarische Revolution anzukündigen schienen. Trotz ihrer grundsätzlich öffentlichen Ausrichtung ging es diesen Zeitschriften nicht um weite Verbreitung, sondern darum, die Besonderheit einer esoterischen Gruppe von Literaten publizistisch zu demonstrieren. Wer sie las und nicht dazugehörte, konnte und

18 Zitiert nach Brunschwig, H., a.a.O., S. 342.
19 Vgl. Hocks, P./Schmidt, P., Literarische und politische Zeitschriften 1789-1805, Stuttgart 1975.

sollte sie nicht verstehen. Man wollte kein reales Publikum erziehen, sondern einem idealen Publikum sein Genie offenbaren. Das wirkliche Publikum war ausgeschlossen, und erst in Distanz zu ihm konnte sich die *romantische Geselligkeit* entfalten.[20]

Diese Geselligkeit wird zur tragenden Form der romantischen Intellektuellen. Sie besteht aus intensiven persönlichen und stark subjektiv eingefärbten Beziehungen in kleinen Gruppen, deren Zusammensetzung durch biographische Umstände, aber auch infolge persönlicher Konflikte wechseln kann. Ganz anders als die Geselligkeit im Verein entfaltet sie sich nicht durch Ausblenden persönlicher Unterschiede im Hinblick auf ein unbestreitbares Gemeinwohl: gerade eine Orientierung an festen, allen in griffigen Formeln verfügbaren Zwecken wird ausdrücklich abgelehnt. Aber auch die »oberflächliche« Orientierung an Höflichkeit und wechselseitigem Gefallenwollen im Salon kann nicht als Grundlage dieser Geselligkeit gelten. Eine solche »Höflichkeit« beherrschen die meisten Schriftsteller nicht, und sie wollen sich ihren Regeln auch nicht beugen. Jenseits von bloßen Konventionen und formalen Zwecken soll sich romantische Geselligkeit aus der reinen Begegnung der Subjekte, aus einer geschärften Empfindsamkeit für Gefühle und Individualitäten ergeben. Sie richtet sich auf das letztlich Unaussprechliche und Unendliche, das immer nur fragmentarisch behandelt werden kann und im Begriff niemals vollständig verfügbar ist.

Die Struktur dieser Geselligkeit ist die der *Clique*. Cliquen sind informelle, auf persönlicher Sympathie beruhende Netzwerke, die sich erst in Gegensatz und Distanz zu formellen Organisationen entfalten können.[21] Sie ergeben sich nicht aus der voraussetzungslosen Vergesellschaftung freier Individuen »im Naturzustand«, sondern aus der Kommunikation von Personen, die ihre Individualität erst im Schatten einer übermächtigen Institution, in *Abgrenzung* von einer »normalen« Umgebung gewinnen können. Die Distanz zu dieser Institution findet allerdings ihren Ausdruck

20 Vgl. Hoffmann-Axthelm, I., a.a.O.
21 Vgl. Nedelmann, B., Georg Simmel – Emotion und Wechselwirkung in intimen Gruppen, in: Neidhardt, F. (Hg.), Gruppensoziologie. Perspektiven und Materialien, Sonderband 25 der Kölner Zeitschrift für Soziologie und Sozialpsychologie, Opladen 1983, S. 174-209; Hahn, A., Konsensfiktionen in Kleingruppen. Dargestellt am Beispiel von jungen Ehen, in: ebd., S. 210-232.

nicht in Kritik, Aufbegehren oder politischer Strategie. Ein derartiges Handeln riskiert, auf das Spiel der Institution einzugehen und damit Distinktion und Distanz zu verlieren. Aus der Perspektive der Clique erscheint die Veränderung der Rahmeninstitution weder möglich noch überhaupt dringlich zu sein: erst im Unterschied zu ihr lassen sich Individualität und Subjektivität bestimmen. Im Unterschied zur moralischen Kommunikation im Verein, die auf Dritte, auf ein unsichtbares Publikum ausgerichtet ist, grenzt sich die Clique gegenüber diesen *unsichtbaren Dritten* ab. Sie beruht auf Anwesenheit, direkter Interaktion und persönlicher Bekanntheit und kann damit das einheitsstiftende Fundament außerhalb des sprachlich Benennbaren halten: Man weiß umeinander und braucht die Beziehung zu den anderen nicht mehr mit allgemeinen Gründen zu festigen. Es geht um persönliches und implizites Wissen und um Individualität, nicht um abstrakte Regeln.

Distanz zur Rahmensituation, zu den Außenstehenden, kann die Kommunikation in der Clique vorzüglich durch *Ironie* gewinnen: Die Wirklichkeit mag zwar unübersehbar und unveränderbar sein, aber sie ist auch ohne Belang, und hierüber läßt sich ebensowenig diskutieren, wie Patrioten den Anspruch der Moral in Zweifel ziehen konnten. Wer die ironische Distanz zur Wirklichkeit nicht mitvollzieht, bewegt sich außerhalb der Clique und kann nur als Träger sozialer Rollen, nicht aber auch als individuelles Subjekt wahrgenommen werden. Mit der Ironie werden gerade jene Bindungen abgeschüttelt, in die das aufgeklärte Bildungsbürgertum sich aus der Sicht der Romantiker verstrickt hatte. Nicht nur von der Konventionalität des Bildungsbürgertums distanziert man sich durch Ironie, sondern auch von den literarischen Werken der deutschen Klassik.[22]

22 Die philosophische Technik des Ironisierens findet dabei zuweilen ihre Entsprechung im direkten Lächerlichmachen: Im Kreis der Schlegels sei man nach Lektüre von Schillers »Glocke« »fast von den Stühlen gefallen vor Lachen«, heißt es in einem Brief von Caroline Schlegel. Schiller wiederum hatte schon mit ästhetischen Argumenten Stellung gegen Bürgers Vorstellungen über den Volksdichter bezogen, und Klopstock hatte sein religiös verstandenes Dichtertum gegen Goethes Weltoffenheit gewendet. Zu den Schlegels vgl. Behler, E., Friedrich Schlegel in Selbstzeugnissen und Bilddokumenten, Reinbek 1988, S. 44 ff.

Bezeichnenderweise erwartet man diese Distanz eben nicht mehr vom kritischen Argument oder der moralischen Emphase, denen noch die Aufklärung Abstand zum Bestehenden verdankte. Ironie ist weitaus wirkungsvoller – sie erlaubt kein Gegenargument und kann nicht entkräftet werden. Nicht mehr in emphatischer Behauptung und Bekräftigung eines einheitlichen Sinns, sondern nurmehr in ironischer Distanzierung kann man sich der zusammenhanglosen Wirklichkeit nähern, die sichtbare und erfahrene Welt ist ohne Belang und darf nicht ernst genommen werden; man entgeht ihr, indem man vielfache Möglichkeiten entfaltet und ironisch Distanz sucht. In dieser Distanz erst, und nicht in Identifikation mit dem Tatsächlichen oder Vernünftigen, gewinnen Personen ihre Individualität und Subjektivität. Ironie ermöglicht einen Zustand des »Schwebens über den Gegensätzen«, von dem Romantiker wie Novalis, Adam Müller oder Bettina von Arnim sprechen. Losgelöst von einem besonderen Ort in der Gesellschaft, suchen die romantischen Intellektuellen einen ›höheren Indifferenzpunkt‹,[23] von dem aus sich neue und überraschende Perspektiven ergeben sollten. Jean Pauls »Ballonfahrer« oder Hoffmanns »Kater Murr« sind Beispiele solcher exzentrischer Perspektiven, die vom Normalen und Bodenständigen abgekoppelt sind und die Wahrheit aus dem Abseits heraus suchen. Nicht mehr Erleuchtung, Aufklärung und Vernunft versprechen hier Erkenntnis, sondern Dunkelheit, Unverantwortlichkeit, Verrücktheit, Wahnsinn. Wahres Leben ist nur außerhalb der allgemeinen Wahrheit möglich, und die behauptete und ausgesprochene Wahrheit ist als allgemeine immer schon falsch.

»Das Wort ist endlich und will unendlich werden« (Schlegel).[24] Diese Exzentrizität der Romantik entzieht sich freilich der Festlegung und Ruhigstellung. Romantische Kommunikation ist daher darauf angewiesen, die der normalen Weltsicht unzugäng-

23 So Schelling und Görres, vgl. Kluckhohn, P., Voraussetzungen und Verlauf der romantischen Bewegung, in: Steinbüchel, T. (Hg.), Romantik. Ein Zyklus Tübinger Vorlesungen, Tübingen–Stuttgart 1958, S. 13-26, S. 21.
24 Aus dem Nachlaß von F. v. Schlegel, zitiert nach Mennemeier, F. N., Fragment und Ironie beim jungen Friedrich Schlegel. Versuch der Konstruktion einer nicht geschriebenen Theorie (1968), in: Peter, K. (Hg.), Romantikforschung seit 1945, Königstein/Ts. 1980, S. 229-250, S. 231.

lichen Möglichkeiten immer mitzudenken, gleichzeitig mehrere Perspektiven einzunehmen, Widersprüche unaufgelöst zu lassen und Fragmente nicht zu ergänzen. Das Sichtbare als bloße und banale Oberfläche verbirgt das Eigentliche und Wesentliche, aber jeder Versuch, dieses zu definieren, bringt wiederum nur Fragmentarisches hervor. »Auch das größte System ist doch nur Fragment.«[25] Das Fragment und der Widerspruch sind aus romantischer Sicht unüberbietbar; nur in der Andeutung, aus der schrägen, seitlichen Perspektive, in vielfältigen Einkreisungen kann man sich der letztlich fassungslosen und unaussprechlichen tieferen Wirklichkeit nähern. Diese »Romantisierung der Welt« hat Novalis programmatisch gefordert:

»Die Welt muß romantisiert werden. So findet man den ursprünglichen Sinn wieder. Romantisieren ist nichts als eine qualitative Potenzierung. Das niedere Selbst wird mit einem besseren Selbst in dieser Operation identifiziert (...). Indem ich dem Gemeinen einen hohen Sinn, dem Gewöhnlichen ein geheimnisvolles Ansehen, dem Bekannten die Würde des Unbekannten, dem Endlichen einen unendlichen Schein gebe, so romantisiere ich es – umgekehrt ist die Operation für das Höhere, Unbekannte, Mystische, Unendliche – dies wird durch die Verknüpfung logarithmisiert – es bekommt einen geläufigen Ausdruck.«[26]

Die Kommunikation der Romantiker hat damit die Bindung an das Vordergründige und Gegebene der Situation gänzlich gelöst. Von der Bodenständigkeit der alten Welt, aber auch vom festen Glauben der Aufklärung, Vernunft und Moral weit entfernt, erscheint die romantische Kommunikation als ein schwebender Tanz, der nur mehr durch sich selbst angeregt wird: Man kann leicht Hintergründiges vermuten, Geheimnisvolles und Widersprüchliches entdecken, hinter Bruchstücken vergangene Größe ahnen und Widersprüchliches herauslesen, wenn sich daraus nicht unmittelbar der Zwang ergibt, das Unzusammenhängende zur Einheit zu verbinden, das Geheimnis aufzudecken, den Widerspruch zu lösen. Eine solche Kommunikation ohne Abschlußzwang und Bodenhaftung rutscht leicht ins Unendliche, in eine Sehnsucht ohne Namen ab. Obwohl ohne Zweifel in einer besonderen Lage entstanden, gerät diese doch bald aus dem

---

25 F. v. Schlegel, zitiert nach Mennemeier, F. N., a.a.O., S. 229.
26 Novalis, Fragmente und Studien 1797-1798, Nr. 37, in: Novalis, Werke, hg. von Schulz, G., München 1969, S. 384 f.

Blickfeld; die entwurzelten Intellektuellen der Romantik verlieren sich dann in einer reinen Kommunikation ohne situative Rückendeckung.

3 Transzendenz, Individualität und romantischer Nationencode

Die Abkoppelung der romantischen Kommunikation von situativen Garantien führt den Blick in eine Welt jenseits des Offensichtlichen und Selbstverständlichen, geläufig Erfahrbaren und direkt Wahrnehmbaren. Die vordergründig erfahrbare Welt wird als zusammenhanglos, zersplittert, fragmentarisch und ohne eigenen Sinn gesehen. Jenseits dieser vordergründigen und haltlosen Welt bedarf die Kommunikation jedoch besonderer metaphysischer Ausrichtungen und Anbindungen, um weiter »in der Schwebe« bleiben zu können und nicht in vordergründige Subjektivität abzustürzen. Solche ›metaphysischen‹ oder transzendenten Begründungen erhalten das Gefühl der Überlegenheit auch dann, wenn die Bewegung des Gesprächs selbst ins Stocken zu geraten oder beklemmende Einsichten in die eigene Lage sich zu verbreiten drohen. Je begrenzter und hoffnungsloser das Diesseits, die eigene berufliche und ökonomische Lage, ausfällt, desto stärker, unendlicher und unfaßbarer muß das Jenseits auftreten, das in Gegensatz zum Diesseits, zur Welt von Geld und Konvention, gebracht wird. In dieser transzendenten Sphäre gründet auch alles Sichtbare und Erfahrbare, Begrenzte und Endliche, aber sie erschließt sich nur schwer, nur durch besondere reflexive Anstrengung, und nur denjenigen, die die Oberflächlichkeit und Flüchtigkeit des Diesseits und der Gegenwart erkannt haben. Der Moment, in dem diese transzendente Sphäre offenbar wird, erfüllt den einzelnen mit sprachlosem Entsetzen; er ist überwältigend und sprengt alles gewohnte Maß. Diese Vorstellung der Erhabenheit des Unendlichen bestimmt die romantische Welterfahrung. Das, worum es geht, ist unfaßbar, unsagbar, nicht darstellbar – und doch müssen sich gerade *Kunst und Literatur* darum bemühen. Sie sind die kulturellen Bereiche, die sich grundsätzlich für das gänzlich andere, das Erhabene, Unendliche und Ungezähmte öffnen können, ohne es freilich jemals fassen und benennen zu können. Politik und Recht, Wirtschaft und Geselligkeit, ja selbst die gemäßigte, nicht mehr fanatische Religion und die klassische, auf »Schönheit« bedachte Kunst richten sich in den vorläufigen, begrenzten und endlichen Perspektiven ein, die der Erhabenheit der transzendenten Sphäre nicht gerecht werden können. Beide Sphären, das Unendliche und das Endliche, die umfassende Einheit und das Fragment, das Absolute und das Relative, das Ferne und das Nahe, stehen in einem spannungsreichen Gegensatz, der durch die Kunst aufgezeigt und überwunden werden kann. Kunst sieht das Unendliche im Endlichen, das Außeralltägliche im Alltäglichen, zeigt Totalität durch das Fragmentarische und gibt damit einen Hinweis auf die umfassende und unfaßbare Einheit des Ganzen.

Diese neuen Ideen der Romantiker konnten dabei auf Kants transzendentalen Idealismus – insbesondere auf seine Erkenntnistheorie und seine Ästhetik des Erhabenen – aufbauen, aber sie nahmen radikal Abschied vom Universalismus und Rationalismus der Aufklärung: Fichtes Vorstellung des sich selbst setzenden Subjekts oder Schellings Naturphilosophie, Schleiermachers pantheistischer Mystizismus oder F. v. Schlegels Theorie der Universalpoesie geben Kants reflexiv-kritischen zugunsten eines spekulativen Erkenntnisbegriffs und den Universalismus der Vernunft zugunsten der Besonderheit der Subjekte auf. Anders als Kant gilt den Romantikern das Absolute eben nicht mehr als über eine universelle Vernunft erfaßbar. Der endlichen Perspektive entzieht sich das Erhabene und Unendliche grundsätzlich; alle Erscheinungen sind endliche Formen, Fragmente, Augenblicke. Ebenso wie nach der Kantschen Kritik am Empirismus die ›Dinge an sich‹ nicht mehr direkt erfahrbar sind, so sind nach romantisch-idealistischer Vorstellung auch die absoluten und transzendenten Ideen dem Verständnis und der Vorstellungskraft nicht mehr direkt zugänglich. »Auch das größte System ist doch nur Fragment.«[27]

Allein Spuren im individuellen Subjekt, in dem Willen und dem Gefühl, die sich auf das Absolute richten, sind dem Bewußtsein noch verfügbar. Nicht nur die empirischen Dinge, sondern auch die Vorstellungen des Absoluten sind letztlich nicht mehr als Schöpfungen des Bewußtseins, der Vorstellungskraft des Subjekts: Gott wird bei Schleiermacher zu einer Differenzierung des

---

27 F. v. Schlegel, zitiert nach Mennemeier, F. N., a.a.O., S. 229.

Bewußtseins. Damit findet die Romantik in der Sphäre des *individuellen Bewußtseins*, dem Willen, der Phantasie und dem Gefühl des Subjekts, dem »Ich«, den Ausgangspunkt des Denkens und der Welterfahrung. Der rationale Individualismus der Aufklärung wird schließlich bei Novalis durch einen ›magischen Subjektivismus‹ ersetzt.

Bei dieser Orientierung an Subjektivität und Gefühl kann die Romantik an bestehende Codes anschließen – der Pietismus und der Eudämonismus der Aufklärung hatten den Blick schon nach innen gewendet und eine Tradition der Selbstbeobachtung geschaffen. Die Romantik deutet die neuere Welt jedoch auf besondere Weise um: Es geht nicht mehr um Vernunft und Moral, sondern um ›Gefühl‹ und Schönheit, nicht mehr um Ordnung, sondern um Unfaßbares.

Auch zum Verständnis des individuellen Bewußtseins bietet die Kunst wieder einen bevorzugten Zugang: Nach Schelling wird die Vorstellungskraft in der Kunst zum ersten Male selbst-bewußt;[28] für F. v. Schlegel wird sich der Künstler beim künstlerischen Schaffen seiner Individualität bewußt und entdeckt gleichzeitig das Göttliche in sich. Die künstlerische Kreativität ist der Vorgang, in dem sich die äußerste Individualisierung des Bewußtseins vollzieht und das bloß Regelhafte und Wiederholbare der Verstandestätigkeit und des gesellschaftlichen Lebens überwunden werden. Die Kunst durchbricht die Schranken der Gesellschaft und wird zum Paradigma der Selbstverwirklichung.

In dem Maße aber, in dem das Bewußtsein sich der Individualität und damit dem Absoluten nähert, wiederholt sich das Problem, an dem die Transzendentalphilosophie der Aufklärung scheiterte: Ebenso wie das Erhabene und Unendliche ist auch die äußerste und absolute Individualität nicht mehr faßbar und mitteilbar. Die radikale Individualität des Subjekts entzieht sich der Kommunikation, sie ist nur mehr dem Subjekt selbst in einem Dialog mit sich selbst gewiß und bewußt. Allen Außenstehenden teilt sich diese Individualität nur in der Wahrnehmung des Fremden, im Nicht-Verstehen-Können, mit.

Welche Auswege standen dem romantischen Denken noch offen,

---

28 Schelling, F. W. J., Über das Verhältnis der bildenden Künste zur Natur (1807), in: ders., Ausgewählte Schriften, Bd. 2: Schriften 1801-1803, Frankfurt/M. 1985, S. 579-619.

wenn es diese intersubjektive Sprachlosigkeit über das Individuelle zu akzeptieren hatte, aber dennoch auf die durch Individualität konstituierte Kommunikation nicht verzichten wollte? Eine – für die Kunst folgenreiche – Lösung setzte auf das Verfremden des Bekannten als Kennzeichnung von Individualität. Im scheinbar Geordneten und Alltäglichen Abgründiges und Unheimliches aufzuzeigen verwies auf das Unkommunizierbare, ohne es benennen zu müssen, ja zu können. Eine weitere Möglichkeit bot die Übertragung der Individualitätsidee auf *Kollektive*, insbesondere auf die *Nation*. Die Nation erschien so als ein kollektives Subjekt mit einer unnachahmlichen Individualität und Identität, und *innerhalb* dieses kollektiven Subjekts konnte sich Kommunikation durch Bezug auf diese Identität und Individualität vollziehen. Über die kollektive Identität der Nation ließen sich so Individualität und Kommunikation zusammenbringen. Ebenso wie sich das personale Subjekt seiner Individualität im inneren Dialog des Bewußtseins gewiß werden konnte, so war die Kommunikation innerhalb einer Nation auch auf deren kollektive Subjektivität gegründet und konnte sich ihrer nationalen Individualität auch durch Kunst und Poesie gewahr werden.

Der romantische Begriff der Nation konnte damit drei zentrale Codeelemente miteinander verbinden: 1. die Vorstellung einer der ordinären Kommunikation entzogenen *transzendenten* Welt, 2. die Idee der *Individualität* als Kern der Wirklichkeit und Ausgangspunkt der Welterfahrung, 3. die Betonung eines *ästhetischen* Zugangs zur Individualität und damit zum Absoluten. Alle drei Codeelemente bauen auf strukturellen Unterscheidungen des Patriotismuscodes auf, geben ihnen jedoch eine radikale, der besonderen Lage entwurzelter Intellektueller angemessene Uminterpretation. Im folgenden Kapitel soll diese besondere Verbindung von Transzendentalismus und ästhetischem Individualismus im romantischen Nationencode dargestellt werden.

3.1 Die transzendente Identität der Nation

Im Diskurs der romantischen Intellektuellen wurde die kollektive Identität Deutschlands auf eine neue und folgenreiche Weise konstruiert. Die Identität der Nation wurde in einen spannungsreichen Gegensatz zu der sichtbaren und beschränkten Gegenwart der deutschen Kleinstaaten und ihrer politischen Ohnmacht gebracht. Dabei ließen sich die soziale Lage der romantischen Intellektuellen und die Situation Deutschlands auf erstaunliche Weise parallelisieren. Die Parallelisierung von individueller und kollektiver Lage, von persönlicher und nationaler Identität war nicht zufällig, sondern durchaus schon bewußt. Friedrich von Schlegel wendet den Zusammenhang zwischen Gemeinschaft und Individualität zur Methode der Selbsterkenntnis: »Um sich selbst zu verstehen, muß man erst seine Genossen verstehen.«[29] In beiden Fällen entsprach die oberflächliche Wirklichkeit nicht der tieferen wesenhaften Bedeutung, trafen Kultur und Politik als zwei Sphären mit ganz unterschiedlichen Ordnungsprinzipien aufeinander. Die zersplitterte und ohnmächtige Situation der deutschen Staaten von der eigentlichen und überzeitlichen Identität der deutschen Nation zu trennen hieß gleichzeitig auch, die eigene Identität als Künstler vor der bedrückenden und beengten biographischen Lage zu retten. Hinzu kam, daß die gefeierten Heroen der deutschen Klassik der deutschen Nation nur wenig und dem kosmopolitischen Humanismus weit mehr Gewicht zugemessen hatten. Sich mit der deutschen Nation zu identifizieren versprach so auch eine Abgrenzung gegenüber der übermächtigen Generation der Klassiker.

Eine solche Spannung zwischen der übergreifenden kulturellen Identität einerseits und der beengten und partikularen Wirklichkeit der deutschen Kleinstaaten andererseits hatte schon im Zentrum des Patriotismus der Aufklärung gestanden. Der romantische Volksbegriff konnte an diese Tradition anknüpfen; aber der – aus der Sicht der Romantik – vordergründige Patriotismus war der Lage der Intellektuellen kaum angemessen; er drängte darauf, die bessere, vernünftige Ordnung in die Tat umzusetzen – wenn nicht heute, so doch morgen; er glaubte, mit Vernunft und Moral einen Namen für die jenseitige Ordnung zu haben; er gab gerade der bürgerlichen Praxis, von der sich die romantischen Intellektuellen abzusetzen versuchten, eine kollektive Identität.

Im Unterschied zum Patriotismus der Aufklärung bestand die romantische Codierung der Nation auf einer radikalen Spannung

---

29 Zitiert nach W. Suhge, Saint-Simonismus und Junges Deutschland. Das Saint-Simonistische System in der deutschen Literatur der ersten Hälfte des 19. Jahrhunderts, Berlin 1935, S. 52.

zwischen Kultur und Politik. Diese Konstruktion einer essentiellen Spannung zwischen der identitätssichernden Sphäre der Kultur und der Sphäre der weltlichen und alltäglichen Gegenwart bediente sich letztlich philosophischer Mittel; die Identität der Nation war eine jenseitige, unendliche und erhabene; die staatliche Gegenwart hingegen war diesseitig, endlich und kontingent Bei Fichte wird dies deutlich:

»... Volk und Vaterland in dieser Bedeutung als Träger und Unterpfand der irdischen Ewigkeit und als dasjenige, was hienieden ewig sein kann, liegt weit hinaus über den Staat im gewöhnlichen Sinne des Wortes – über die gesellschaftliche Ordnung, wie dieselbe im bloßen klaren Begriff erfaßt und nach Anleitung dieses Begriffs errichtet und erhalten wird. Dieser will gewisses Recht, innerlichen Frieden und daß jeder durch Fleiß seinen Unterhalt und die Fristung seines sinnlichen Daseins finde, solange Gott sie ihm gewähren will. Dieses alles ist nur Mittel, Bedingung und Gerüst dessen, was die Vaterlandsliebe eigentlich will, des Ausblühens des Ewigen und Göttlichen in der Welt, immer reiner, vollkommener und getroffener im unendlichen Fortgange.«[30]

Staat und Nation, Gesellschaft und Gemeinschaft traten von nun an in einen Gegensatz, der Geschichte für den einen und Identität für den anderen Teil reservierte. Die ›Nation‹ wurde so in Deutschland zu einem entpolitisierten, porösen Begriff, der mit Vielfältigem und Widersprüchlichem gefüllt werden konnte.

Der Versuch, die Identität der Nation außerhalb von Alltag und Gegenwart in einem unsichtbaren Jenseits zu verorten, führte zunächst zu einem Blick in die Vergangenheit. In der Erinnerung an die ›Translatio Imperii‹ konnte Deutschland schon immer mit dem Römischen Reich in Verbindung gebracht werden; aber wenn Novalis behauptet ›Deutschland ist Rom‹, so bezieht er sich nicht mehr auf die Rechtsnachfolge des Reichs, sondern auf Tieferliegendes, auf die nationalen Eigenarten.[31]

30 Fichte, J. G., Reden an die deutsche Nation, in: Johann Gottlieb Fichtes sämtliche Werke, hg. v. I. H. Fichte, Berlin 1845/46, Bd. VII, S. 257-502, hier die achte Rede, S. 384.
31 »Unsere alte Nationalität war, wie mich dünkt, echt römisch-natürlich, weil wir auf eben dem Wege wie die Römer entstanden – und so wäre der Name, römisches Reich, wahrscheinlich ein artiger, sinnreicher Zufall.« Novalis, Vermischte Bemerkungen (Blütenstaub) 1797-1798, in: ders., Schriften. Die Werke Friedrich von Hardenbergs, hg. v. P. Kluckhohn u. R. Samuel (Historisch-kritische Ausgabe), Bd. 2, 3.

Wichtiger noch als der Verweis auf Rom wird jedoch die Verwandtschaft zwischen Deutschland und Griechenland. Dies gilt insbesondere, seitdem es schien, als habe Frankreich das Erbe Roms angetreten; der Untergang des antiken Rom ließ folglich auch ein Ende der französischen Vorherrschaft erwarten. Auch hier hatte die deutsche Klassik, Herder und Winckelmann vor allem, das Terrain vorbereitet. Griechenland und Deutschland werden als Nationen gesehen, die ihre Identität nicht im Bereich von Staat und Politik, sondern in der Sphäre von Kultur und Kunst finden.[32] Die griechische Antike erschien F. v. Schlegel – vor allem aber auch Hölderlin – als ein leuchtendes Vorbild, das die deutsche Kultur zu unnachahmlichen Höhen führen könne: »Eine ganz neue und ungleich höhere Stufe des griechischen Studiums ist durch Deutsche herbeigeführt, und es wird vielleicht noch geraume Zeit ihr ausschließliches Eigentum bleiben.«[33]

Während diese besondere Beziehung Deutschlands zur griechischen Antike schon von der Klassik herausgestellt wurde, gilt die Entdeckung des deutschen Mittelalters als Leistung der romantischen Intellektuellen. Tieck und Wackenroder, Novalis und Schlegel rücken das dunkel leuchtende deutsche Mittelalter, auf das Kathedralen und Ruinen verweisen, an die Stelle der Antike. Aber auch hier hatte die deutsche Aufklärung Vorarbeit geleistet: schon Justus Möser hatte die nationale Einheit als Gestaltungsprinzip der Geschichtsschreibung gefordert und diese bis in die frühe Neuzeit hinein zurückverfolgt.

In anderer Hinsicht allerdings änderte sich der Blick auf die Vergangenheit zwischen Aufklärung und Romantik in grundlegender Weise: Während die Aufklärung die Vergangenheit in einer kontinuierlichen Bewegung zur Gegenwart in Bezug setzt, wird die Vergangenheit in der Romantik ›enthistorisiert‹: Sie wird nicht als ein Strom des Wandels und der Veränderung begriffen, der zur Gegenwart hinführt und diese hervorbringt, sondern als eine von

ergänzte, erweiterte und verbesserte Auflage, Darmstadt 1977, Abt. VI, HKA-Nr. 267.

32 Vgl. Wiedemann, C., Römische Staatsnation und griechische Kulturnation, in: Akten des VII. Internat. Germanisten-Kongresses Göttingen 1985, Tübingen 1986, S. 173-178.

33 Schlegel, F. v., Über das Studium der griechischen Poesie, in: ders., Schriften zur Literatur, hg. von W. Rasch, München 1972, S. 84-192, S. 190.

der Gegenwart völlig verschiedene Sphäre, die selbst nicht mehr dem Wandel unterworfen ist, sondern als stabiler Bezug für die Beobachtung von Wandel und Verfall dient. Diese Vergangenheit ist zeitlos, unveränderlich und unendlich, die Geschichte steht in ihr still, und gerade deshalb kann sie nationale Identität sichern. In der Gegenwart ist diese *mythische Identität* der Deutschen verschüttet, verborgen und nur mehr fragmentarisch, in Ruinen, vorhanden. Besonders deutlich wird dies in den Klagen E. M. Arndts über das Verschwinden der alten deutschen Charakterstärke und in seinem Rückblick auf die großen Deutschen der frühen Neuzeit. Reformatoren wie Luther und Zwingli, Wissenschaftler wie Kepler und Leibniz, Künstler wie Dürer und Rembrandt, Musiker wie Händel und Mozart verkörpern das Genie der Deutschen und zeigen dem am Boden liegenden Volk den Weg. Bemerkenswert ist hier (wie auch bei anderen zeitgemäßen Rückblicken), daß auch Holländer wie Rembrandt zum Kreis der großen Deutschen gezählt werden. Weniger die Sprache, ganz sicher auch nicht die Staatsbürgerschaft, vielmehr eine orts- und zeitlose Vorstellung germanischen Genies grenzt diesen Kreis ein.

Die wahre Identität der Deutschen läßt sich keineswegs auf die alltägliche Gegenwart, auf Begrenztes, Besonderes und Veränderbares, gewiß auch nicht auf die Summe der Bürger festlegen, sondern hat im Gegenteil eine alle besonderen Grenzen übergreifende Allgemeinheit. Novalis macht dies deutlich: »Deutsche gibt es überall. Germanität ist so wenig, wie Romanität, Gräzität oder Britannität auf einen besondern Staat eingeschränkt (...)«[34]

Nationale Identität wird hier im Rahmen eines transzendenten Codes konstruiert: Die zeitlose und ortslose Identität wird von den einzelnen Individuen und dem Wandel der Geschichte unterschieden, aber um diese allgemeine Identität beschreiben zu können, muß man wieder auf Besonderes zurückgreifen. Dieses Besondere – das deutsche Mittelalter, die alten Germanen, die Antike – wird dann enthistorisiert und mythisiert: eine zeitlose Zeit.

Auch dann, wenn nicht Ruinen, sondern Texte als Fragmente nationaler Identität behandelt werden, wird diese mythische Grund-

---

34 Novalis, Vermischte Bemerkungen (Blütenstaub) 1797-1798, in: a.a.O., Abt. VI, HKA-Nr. 280.

struktur deutlich: Grimms Märchensammlung, Brentanos Lieder und Schlegels Vorstellung des Nibelungenliedes richten sich auf Texte, deren Ursprung im dunkeln liegt und durch keine klare und kontinuierliche Linie mit der Gegenwart verbunden ist. Sie verweisen auf eine ganz andere, mit den Koordinaten der Gegenwart nicht genau bestimmbare Welt; sie ist nicht zurechenbares Produkt alltäglichen Handelns, sondern dessen allgegenwärtiger Hintergrund – und gerade deshalb ist in ihr die Identität der Nation zu suchen.

Eine weitere Möglichkeit, die Identität der Nation im Rahmen eines transzendenten Codes zu konstruieren, bietet der romantische Naturbegriff. Unter *Natur* wird hier nicht der Gegenstand wissenschaftlicher Erfahrung oder technischer Manipulation, werden nicht die analytisch trennbaren Bestandteile der materiellen Welt verstanden, sondern der einheitsstiftende Grund des Stofflichen, aus dem erst durch die Tätigkeit des Geistes Unterscheidungen entstehen und einzelne Dinge bestimmt werden. Die romantische Natur ist unbestimmt, unbewußt und unendlich – Hintergrund und Horizont geschichtlichen Handelns, vergleichbar mit dem Unbewußten in der Psychoanalyse.[35] Diese romantische Vorstellung der Natur ist nicht *empirisch*, sondern *gegenüber der Erfahrung transzendent*, und gerade deshalb eignet sie sich zur Konstruktion nationaler Identität. Ebenso wie die Natur unbestimmtes Allgemeines ist, das durch die einzelne wissenschaftliche Erfahrung nicht benannt und erfaßt werden kann, so ist auch die Nation als eine unbestimmte und unbestimmbare Identität vorauszusetzen, auf die sich geschichtliches Handeln und staatliche Form zu richten haben, die sie aber niemals erschöpfend erfassen und verwirklichen können. Die Nation ist organische, lebendige und unendliche Natur – eine »erhabene Angelegenheit«, die niemals durch die »toten Begriffe« erfaßt werden kann.[36] »Was vermag die diplomatische Kunst gegen die mächtige Naturgewalt, die sich in den Völkern täglich mehr entkettet? (...) Die Nation

35 Marquard, O., Über einige Beziehungen zwischen Ästhetik und Therapeutik in der Philosophie des 19. Jahrhunderts, in: ders., Schwierigkeiten mit der Geschichtsphilosophie, Frankfurt/M. 1973, S. 85-106, S. 103 ff.

36 Müller, A., Die Elemente der Staatskunst, in: Die politische Romantik in Deutschland – Eine Textsammlung, hg. von Peter, K., Stuttgart 1985, S. 280-300.

dringt auf Einheit, und dieses Dringen ist wie Baumes Wachsen und Windes Wehen (...)«[37]

Das Deutschland der Romantiker setzt sich nicht mehr aus einzelnen Personen zusammen, wie sich noch die Aufklärung das Vaterland vorstellte, sondern es ist ein organisierendes Ganzes, das nicht auf einzelne Vorzüge eines Landes oder gar die Besonderheiten seiner Bürger reduziert werden kann.

> »Was Einzelheiten sammelt, sie zu Mengen häuft, diese zu ganzen verknüpft, solche steigernd zu immer größeren verbindet, zu Sonnenreichen und Welten eint, bis alle sämtlich das große All bilden – diese Einungskraft kann in der höchsten und größten und umfassendsten Menschengesellschaft, im Volke, nicht anders genannt werden als – Volkstum. Es ist das Gemeinsame des Volks, sein innewohnendes Wesen, sein Regen und Leben, seine Wiedererzeugungskraft, seine Fortpflanzungsfähigkeit.«[38]

Dieses überindividuelle Ganze wird vor allem in der deutschen Sprache gesehen. Sprache läßt sich in der Tat nicht auf die einzelnen Sprecher oder selbst auf die einzelnen Sprechakte reduzieren – sie ermöglicht eine unendliche Menge von Sprechakten. Schon die deutsche Klassik, und hier vor allem Herder, hatte auf das Sprachbewußtsein als Grundlage der nationalen Einheit hingewiesen.[39] Aus romantischer Sicht wird die deutsche Sprache jedoch naturhaft umgedeutet. Sie ist in Fichtes berühmter Feststellung nicht mehr die Verbindung eines patriotischen Publikums, sondern Eigentum eines Urvolks, das »eine bis zu ihrem ersten Ausströmen aus der Naturkraft lebendige Sprache redet, die übrigen germanischen Stämme eine nur auf der Oberfläche sich regende, in der Wurzel aber tote Sprache«.[40]

Wird nationale Identität so an einen romantischen Naturbegriff gebunden, handelt es sich offensichtlich nicht mehr um die empirischen Differenzen von Klima und Boden, die mit der Montesquieu-Rezeption auch in der deutschen Aufklärung im Hinblick

---

37 Görres, J., Teutschland und die Revolution (1819), in: ders., Politische Schriften, hg. v. M. Görres, Bd. 4, München 1856, S. 65-244, S. 167.
38 Jahn, F. L., Einleitung in die allgemeine Volkstumskunde, in: ders., Deutsches Volkstum, Leipzig 1936, S. 27-45, S. 30.
39 Herder, J. G., Briefe zur Beförderung der Humanität, in: ders., Johann Gottfried Herders sämtliche Werke, hg. v. B. Suphan, Bd. 17, Brief 7, Berlin 1881, S. 28-33.
40 Fichte, J. G., Reden an die deutsche Nation, in: a.a.O., hier die vierte Rede, S. 325.

auf nationale Unterschiede diskutiert wurden. Zwar kann die Romantik auch hier auf vorhandenen Codierungen aufbauen, aber sie deutet die entsprechenden Differenzen radikal um: Der empirische, auf Unterschiede und Erklärung ausgerichtete Naturbegriff wurde durch einen transzendenten, auf Einheit und Begründung ausgerichteten Naturbegriff ersetzt. Auch der transzendente Nationenbegriff der Romantik konstruierte, wie alle kulturellen Codes, kollektive Identität über eine besondere Spannung zwischen universalistischer Öffnung und partikularer Abschließung: Über die transzendente Begründung der Nation erhielt man Anschluß an die universalistischen Ideen der Aufklärungsphilosophie, die die Romantiker nicht einfach ablehnten, sondern deren Begrenzung sie überwinden und auf deren Erkenntnissen sie aufbauen wollten.

3.2 Die Inkommunikabilität des Nationalen

Natur und Erfahrung, Nation und Geschichte, Identität und Handeln werden durch die gleiche Spannung und den gleichen Gegensatz auseinandergehalten. Er ergibt sich aus der Unteilbarkeit und Unvergleichbarkeit der transzendenten Sphäre einerseits und der Vergleichbarkeit und Endlichkeit des empirischen Handelns andererseits. Das Stichwort heißt Individualität.
Im Unterschied zur empirischen, raum-zeitlich fixierten Individualität der Aufklärungsphilosophie ist die romantische Individualität eine Eigenschaft der nicht-empirischen, transzendenten Sphäre – sie entzieht sich der Vergleichbarkeit und Verallgemeinerung, mit denen empirische Verhältnisse beschrieben werden können, sie läßt sich nicht absichtsvoll erzeugen, sie läßt sich nicht nachahmen und vervielfältigen, sie entzieht sich dem zerlegenden Verstand. Mit dem Begriff des Individuums wird das Elementare und begrifflich Uneinholbare der transzendenten Sphäre umschrieben, aber nicht erfaßt. Das, was Individualität ausmacht, ist unkommunizierbar; an ihr scheitern »die toten Begriffe«. Die Romantik macht sich daher die »Darstellung des Undarstellbaren«,[41] die Beschreibung des Eigentlichen, das sich diskursiv nicht mehr

---

41 Frank, M., Einführung in die frühromantische Ästhetik, Frankfurt/M. 1989, S. 81.

erfassen läßt, zur Aufgabe. Sie entdeckt im Eigenen das Außeralltägliche, Unverständliche und Befremdende, deckt das Unheimliche hinter der alltäglichen Oberfläche auf und verweist so indirekt auf Individualität. Gerade indem sie einem Unbeschreiblichen nachjagen, das sich der Vernunft und dem Begriff verweigert, können die Romantiker sicher sein, auf ein Terrain jenseits der Aufklärung vorzustoßen, das sich *ex definitione* nicht durch Aufklärung einholen läßt. Diese kommunikative Unnahbarkeit des Individuellen stellt die Romantik nicht nur bei Personen, sondern auch bei Nationen fest. Auch hier wird diese Übertragung durch Parallelen zwischen der Lage des Intellektuellen und der der Nation gestützt: Das Einzigartige des künstlerischen Genies und das für Außenstehende Unzugängliche der nationalen Eigenart verweisen aufeinander – in beiden Fällen werden Individualität und Unnachahmlichkeit aufs äußerste gesteigert. Mit dem romantischen Nationencode gelingt so nicht nur eine Begründung der Distanz von Intellektuellen und Gesellschaft, sondern auch eine Überwindung dieses Gegensatzes. Zur bürgerlichen Gesellschaft geht man auf Distanz, in der Nation findet man Einheit und Identität.

Auch hier kann der neue Code an vorhandene Traditionen, insbesondere der deutschen Klassik, anknüpfen. Schon bei Herder und Möser lassen sich nachdrückliche Plädoyers für das Prinzip der Individualität und der Mannigfaltigkeit im Hinblick auf regionale und nationale Eigenarten finden, und bei Humboldt wird die Nation zur höchsten Form der Individualität, aus der sich erst die Individualität des einzelnen Menschen ergibt; aber erst mit der Romantik wird diese Vorstellung der Individualität des Nationalen mit dem Erhabenen und deswegen Unbegreifbaren und Unverständlichen verbunden. Das 18. Jahrhundert war an den *empirischen* Unterschieden zwischen den Nationen interessiert, es wollte *Erklärungen* für diese individuellen Eigenarten und fand diese auch im Klima und Boden – die Romantik hingegen betrachtete die Individualität der Nation als unerklärbar. Die Gründe für die Liebe zum eigenen Volk sind daher grundsätzlich nicht zu benennen. Man liebt Deutschland nicht wegen seiner besonderen Vorzüge,

»denn Rom und das ägyptische Delta sind, mit Früchten und schönen Werken der Kunst, und allem, was groß und herrlich sein mag, weit mehr gesegnet als Deutschland. Gleichwohl, wenn deines Sohnes Schicksal wollte, daß er darin leben sollte, würde er sich traurig fühlen und es nimmermehr so lieb haben, wie jetzt Deutschland«.[42]

Im deutlichen Gegensatz zum Patriotismus der Aufklärung, der die Grenzen für Kommunikation grundsätzlich offenhielt, schließt der romantische Begriff der Nation die Grenzen für Außenstehende. Die Zugehörigkeit zu einer Nation rückt hier in die Nähe primordialer Geltung: Sie beruht auf sprachlich schwer zugänglichen Distinktionen, auf nicht mitteilbaren und damit auch nicht entfremdbaren Sicherheiten, weniger auf den Wörtern der Sprache als auf Gestus und Artikulation; man hat es, oder man hat es nicht, und jeder Versuch, nationale Eigenart systematisch zu erlernen oder gar missionarisch weiterzugeben, muß fehlschlagen. Nationale Eigenart verweigert sich der praktischen Pädagogik und der theoretischen Beschreibung; sie kann in Anekdoten und Kontrastierungen, in Kleinigkeiten und skurrilen Äußerungen angesprochen werden, sie hat einen Namen, aber kein Prinzip; sie beruht auf einem Vorurteil, das man gegen Zweifler nicht mit guten Gründen behaupten und verteidigen kann. Wer sie bestreitet, kann hingegen immer gute empirische Gründe anführen, aber gerade darum geht es nicht. Die kollektive Identität der Nation ist zwar primordial und naturhaft, aber nicht empirisch erfahrbar und kritisierbar. Der romantische Naturbegriff zielt auf die Totalität des Organischen und Lebendigen und nicht auf bestimmte Aspekte, etwa auf Blut und Rasse.

Diese primordial-naturhafte Nation bietet ein nicht-sprachliches Fundament in einer Gesellschaft, die sprachlich immer mehr in Bewegung gerät. Tradition und persönliche Herrschaft, die herkömmlichen Sicherungen der Kommunikation, müssen nach der Aufklärung scheitern – der ehemals sakrale Kern der Vergemeinschaftung ist nun offen für Revision, Zweifel und Kritik. Die Romantik geht auch hier von der durch die Aufklärung geschaffenen Lage aus. Aber unpersönliche Moral und Vernunft, die Codes der Aufklärung, können den romantischen Intellektuellen nicht mehr als sicherer Boden für sprachliche Verständigung gelten, denn

[42] Kleist, H. v., Katechismus der Deutschen, abgefaßt nach dem Spanischen zum Gebrauch für Kinder und Alte, in: ders., Sämtliche Werke und Briefe, hg. von H. Sembdner, Bd. 2, 2. Auflage, München 1961, S. 350-360, S. 351.

auch sie sind offensichtlich diskursiv zu überholen. Allein ein Terrain, das sich nicht aus sozial-normativen, sondern aus *kommunikativen* Gründen der Beschreibung versperrt, das zwar benannt, aber nicht mitgeteilt, vermittelt und weitergegeben werden kann, war geeignet, diesen Kern der Vergemeinschaftung vor der diskursiven Auflösung zu bewahren.

Mit dem romantischen Code der Nation vollzieht sich so auch eine fundamentale Umstellung der Gesellschaft: Während die Aufklärung die Einheit und Identität der Gesellschaft als eine letztlich universelle begriffen hat, wird nun Identität gerade aus der universalistischen Sphäre von Geld und Recht herausgenommen und auf Individuelles und Unkommunizierbares umgestellt. Der romantische Nationencode löst damit ein neues Problem: Er konstruiert Grenzen der Kommunikation in einer Welt, deren Struktur sich gerade dadurch verflüssigt hat, daß die Kommunikation ausgeweitet worden ist; er kompensiert jene Auflösung der Wirklichkeit, die gerade die romantische Ironie betrieben hat; er bietet Sicherheit und Selbstverständlichkeit in einer Welt, die gerade aus der romantischen Perspektive abgründig und unheimlich geworden war. Die Romantik bietet den Nationencode damit nicht nur zur Bewältigung der allgemeinen Verflüssigung, Differenzierung und Mobilität moderner Verhältnisse auf, sondern kann ihn auch zur Lösung *der besonderen Probleme einsetzen, die sie selbst geschaffen hat.* Im scharfen Gegensatz zu Aufklärung und Klassik, die noch den Versuch zur Aneignung des Fremden und zur Konstruktion einer umfassenden Einheit gemacht hatten, entdeckt die Romantik das Fremde und Rätselhafte im Vertrauten und Alltäglichen; sie öffnet einen bodenlosen und dunklen Raum der inneren Dämone und Paradiese, vor denen niemand sicher sein kann. Das Fremde, das mit der Romantik auftritt, kann grundsätzlich nicht verstanden, aufgeklärt und angeeignet werden: es bleibt »unbewußt«. Im Gegenzug werden starke Sicherheiten notwendig, die unentfremdbar, unerklärbar und unfaßbar bleiben, aber doch selbstverständlich sind. Den Romantikern, die beim Blick in den Abgrund der eigenen Psyche schwanken, bietet hier die Nation einen externen Rückhalt: die Nation – eine Erfindung der Intellektuellen, um ihr unruhiges Selbst zu beruhigen.

3.3 Die Ästhetisierung des Nationalen

Wenn auch die Nation eine über die weltliche Erfahrung erhabene Individualität besitzt, so ist doch nicht jede Annäherung an diesen transzendenten Kern der Gemeinschaft ausgeschlossen. Die alten Repräsentanten des sakralen Kerns taugen hierzu kaum mehr; sie haben sich zu offensichtlich in partikulare und weltliche Interessen verstrickt. Statt der Kirche soll nun die Kunst die Aufgabe übernehmen, sich dem sakralen Kern der Gemeinschaft anzunähern. F. v. Schlegel entdeckt im künstlerischen Akt sowohl Individualität wie auch »das Göttliche« in sich, und Novalis stellt fest: »Dichter und Priester waren im Anfang eins – und nur spätere Zeiten haben sie getrennt. Der echte Dichter ist aber immer Priester, so wie der echte Priester immer Dichter geblieben (...)«[43] Im künstlerischen Schöpfungsakt äußert sich die unnachahmliche Individualität des Genies in ähnlicher Weise, wie sich im religiösen Kult der Wille Gottes offenbart. »Ein Volk zu sein ist die Religion unserer Zeit«, verkündet E. M. Arndt. Der Wille Gottes ebenso wie die geniale Kunst sind über Kritik und Widerspruch erhaben – sie lassen den Menschen nur das Gefühl von Befremdung und Bewunderung. Der Kunst fällt jedoch nicht nur die Aufgabe der Offenbarung des Transzendenten zu, sondern sie hat auch die Menschen zu erziehen und aus dem rohen, ungebildeten Zustand an das Erhabene heranzuführen.

Weder die religiöse noch die pädagogische Funktion der Kunst sind romantische Erfindungen. Die Romantik kann hier an die Codierungen der deutschen Klassik anknüpfen; insbesondere Schillers Betrachtungen über die ästhetische Erziehung des Menschen haben das Terrain bereitet. Bemerkenswert ist jedoch die Verbindung zwischen der religiösen Funktion der Kunst einerseits und der Nation andererseits, die von den romantischen Intellektuellen hergestellt wird. Während die Aufklärung und die deutsche Klassik die erzieherische Funktion der Kunst betont haben, erscheint die Nation in der Romantik vor allem als »neue Mythologie«, die von Dichtern und Künstlern für das Volk geschaffen werden muß, das sich die Transzendenz nicht vorstellen kann und sinnliche Orientierungen braucht. Die Nation wird hier in dop-

---

[43] Novalis, Vermischte Bemerkungen (Blütenstaub) 1797-1798, in: a.a.O., Abt. VI, HKA-Nr. 347.

peltem Sinne *ästhetisch* codiert: Zum einen öffnet allein der geniale Schöpfungsakt dem Virtuosen einen Zugang zur Transzendenz; zum anderen muß die Vermittlung des Jenseitigen über die Fiktion, die Erfindung, die Verdeutlichung für den Laien geschehen. Novalis kann so die Nation als ein Schauspiel für das Volk behandeln, das von Dichtern inszeniert werden muß.

Gelegentlich gerät dieses Schauspiel jedoch in die direkte Nähe der Bekräftigung von Vorurteilen und notwendigen Täuschungen. Schon Herder sah im ›eingeschränkten Nationalismus‹ ein zuweilen vorteilhaftes Vorurteil: »Das Vorurteil ist gut, zu seiner Zeit: denn es macht glücklich. Es drängt Völker zu ihrem Mittelpunkte zusammen, macht sie fester auf ihrem Stamme, blühender in ihrer Art, brünstiger und also auch glückseliger in ihren Neigungen und Zwecken.«[44] Auch Peter Villaume sieht die Unvermeidbarkeit dieser Vorurteile:

»Allein, die Menschen sind nun einmal zur Täuschung geneigt und scheinen für das Blendwerk eine gewisse Vorliebe zu haben. (...) So sei es uns denn erlaubt, die günstigen Blendwerke zu nützen, bis die menschliche Vernunft ihre Reife erhält und die Wahrheit jede Täuschung verscheucht. Sollte eine Nation nichts anderes als ihren Namen haben, um sich von jeder anderen zu unterscheiden, so würde es nicht übel sein, in Ermangelung eines Besseren, diesen Namen für einen Nationalvorzug auszugeben: Und dazu bedarf es weiter keines Kunstgriffes, als daß man diesen Namen wie einen Ehrennamen nennt.«[45]

Romantiker wie E. M. Arndt gingen jedoch weiter:

»(...) Wir müssen dreifache und vierfache Bollwerke und Schanzen um uns aufführen, damit wir nicht zuletzt matte Bilder werden, welche Allem und Nichts ähnlich sehen und welche, weil sie Gestalt und Gepräge verloren haben, auch nichts anderes gestalten und bilden können.«[46]

44 Herder, J. G., Auch eine Philosophie zur Bildung der Menschheit. Beytrag zu vielen Beyträgen des Jahrhunderts (1774), in: Johann Gottfried Herders sämtliche Werke, hg. v. B. Suphan, Bd. 5, Berlin 1891, S. 475-594, S. 510.
45 Villaume, P., Patriotismus und Konstitutionalismus, in: Batscha, Z. u. a. (Hg.), Von der ständischen zur bürgerlichen Gesellschaft, Frankfurt/M. 1981, S. 267-276, S. 272.
46 Arndt, E. M., Über Volkshaß und über den Gebrauch einer fremden Sprache (1803), in: ders., Schriften an und für seine lieben Deutschen, zitiert nach Vogt, H. (Hg.), Nationalismus gestern und heute, Opladen 1967, S. 102-105, hier S. 105.

»Es ist eine unumstößliche Wahrheit, daß alles, was Leben und Bestand haben soll, eine bestimmte Abneigung, einen Gegensatz, einen Haß haben muß; daß wie jedes Volk sein eigenes innigstes Lebenselement hat, es ebenso eine feste Liebe und einen festen Haß haben muß, wenn es nicht in gleichgültiger Nichtigkeit und Erbärmlichkeit vergehen und zuletzt mit Unterjochung endigen will.«[47]

Die Dichter, die die Rolle von Priestern übernehmen, haben sich selbst in eine Lage gebracht, in der der Priestertrug fast unausweichlich wird: Die aufs äußerste gesteigerte Spannung zwischen der transzendenten und der weltlichen Sphäre kann nur von dem berufenen Virtuosen, dem genialen Dichter, ausgehalten werden. Für den normalen Menschen, den Laien, muß hingegen die jenseitige Sphäre in eine diesseitige Ordnung, in sinnlich Wahrnehmbares und alltäglich Handhabbares übersetzt werden. Er benötigt Bilder und Fahnen, Prozessionen und Altäre, und die intellektuellen Verwalter des Jenseits haben eben diese Profanisierungen des Sakralen zu inszenieren und zu kontrollieren. Die Aufgabe, das Erhabene zu ertragen und das Unheimliche und Unendliche zu deuten, bleibt allein den Intellektuellen vorbehalten; eben diese Torwächterposition macht ihre Macht in achsenzeitlichen Epochen aus. Die Notwendigkeit, die Nation ästhetisch zu inszenieren, zeigt, daß es sich auch beim romantischen Volksbegriff letztlich nicht um eine primordiale, sondern um eine kulturelle Codierung nationaler Identität handelt, die von den Intellektuellen missionarisch in der eigenen Gesellschaft verbreitet werden muß.

An der Wende zum 19. Jahrhundert verstärkten die deutschen Intellektuellen diese Spannung zwischen Diesseits und Jenseits und propagierten eine ästhetische Inszenierung der transzendenten Sphäre für das Volk: die Nationaldichtung. Die Romantik erscheint so als eine deutsche Achsenzeit, in der die Nation an die Stelle der Kirche und die romantischen Intellektuellen an die Stelle der Priester traten. Damit wurde auch eine Struktur geschaffen, in der sich deutsche Intellektuelle in der Folge bewegen konnten: Anders als in Frankreich, wo Intellektuelle sich an der Position der Aristokratie und deren Nähe zum Königshof orientierten und daher die diskursive Eleganz und den Applaus der Herrschenden schätzten, die sie kritisierten, reproduziert sich in deutschen Intellektuellen der Dualismus von Priester und Herr-

---

47 Arndt, E. M., a.a.O., S. 102.

scher, Geist und Macht, Glauben und Weltlichkeit auf eine besondere Weise: Intellektuelle hatten die eitle Welt der Oberfläche zu verachten und sich in der wesentlichen und unsichtbaren Sphäre zu bewegen, in der nicht Eleganz und Applaus, sondern die Tiefe und Grundsätzlichkeit der priesterlichen Glaubensverkündigung zählten.

4 Die revolutionäre Entladung: die Nation in Waffen

Zunächst war diese romantische Idee der Nation nur ein Code, mit dem sich eine kleine Gruppe von Intellektuellen verständigte und vom Publikum distanzierte. Diese Lage änderte sich grundlegend mit der Erfahrung der französischen Besatzung. Unter dem einheitsstiftenden Druck der Fremdherrschaft brach der romantische Nationenbegriff aus dem intellektuellen Treibhaus aus und wurde zum mobilisierenden Code weiter Teile des Bürgertums. Die romantischen Intellektuellen gaben ihre Distanz zur Politik auf, und das »Schauspiel« der Nation kam zur Aufführung. Die große Spannung zwischen Diesseits und Jenseits entlud sich im Augenblick des Aufstands, im Volkskrieg.
Die Vorstellung des Volkskrieges als Aufstand gegen die Unterdrücker war gewiß französischen Ursprungs. Die Beschleunigung und Verdichtung der Geschichte in der revolutionären Tat, das Volk als Subjekt der Geschichte, die *levée en masse*, die neue nationale Motivation der Soldaten, all dies hatte den Erfolg der Revolution in Frankreich begründet; nun wurden diese neuen Ideen gegen die napoleonische Herrschaft, gegen Frankreich selbst gewandt und erhielten dabei eine besondere deutsche Einfärbung. Es ging nicht mehr um die Revolte gegen den Fürsten innerhalb der eigenen Gesellschaft, sondern um einen alle Grenzen übergreifenden Unterdrücker, nicht mehr um ständische Hierarchie und Gleichheit, sondern um die nationale Eigenart, die durch einen ›Usurpator‹ bedroht war.
Der Volks- oder Nationalkrieg sollte zunächst in Österreich verwirklicht werden, wo Graf Philipp Stadion den Krieg gegen Napoleon vorbereitete; Friedrich v. Schlegel und Gentz traten in österreichische Dienste. Gleichzeitig bereiteten Görres im Rheinland, Arndt, A. Müller und Kleist in Berlin das Terrain für den

»Gott, der Eisen wachsen ließ« (Arndt).[48] Gerade weil der nationale Aufstand vom König zunächst abgelehnt wurde und auch bei den Ständen wenig Anklang fand, gerade deshalb war er für die Intellektuellen attraktiv. Kaum einer der romantischen Intellektuellen verweigerte sich nach 1808 dem politischen Engagement: Rückert und Schlegel, Eichendorff und Arndt, Görres und Arnim schrieben Lieder und Artikel, manche traten geheimen nationalen Bünden bei, Theodor Körner starb in den Reihen der Freikorps. »Es ist kein Krieg, von dem die Kronen wissen, es ist ein heiliger Krieg« (Körner), verkündeten die Intellektuellen, und preußische Reformer wie Stein oder selbst Humboldt, die zunächst eher dem Projekt der Aufklärung als der Romantik verpflichtet waren, sprachen davon, daß die Völker ihre Fesseln brechen müßten – das Vaterland sei »dort, wo sich Ehre und Unabhängigkeit« (Stein) fänden.

Obwohl Österreichs Volkskrieg 1808 mißglückte und mit einer Niederlage endete, obwohl die norddeutschen Aufstände zunächst militärisch bedeutungslos blieben, entwickelte sich nach dem Rußlandfeldzug Napoleons eine völlig neue Form der militärischen Mobilisierung, die einerseits durch die preußischen Reformer und deren Idee der allgemeinen Wehrpflicht vorbereitet, andererseits aber vor allem durch die national begeisterten Intellektuellen vorangetrieben wurde. Studenten und Bürger traten den Freiwilligenverbänden bei und fühlten sich als eine ›Nation in Waffen‹.

Angefeuert und angeführt von den Intellektuellen, waren diese Freiwilligenverbände von einer ganz anderen und neuen Motivation bewegt als die regulären Heere des 18. Jahrhunderts. Man kämpfte nicht, weil Befehl, Drill und Furcht vor drakonischer Strafe nichts anderes übrig ließen, sondern weil man persönlich den Feind *haßte* und dieser Haß darüber hinaus eine geradezu religiöse Begründung erhielt. E. M. Arndt forderte in der Tat den Volkshaß als Religion:

»Ich will den Haß gegen die Franzosen, nicht bloß für diesen Krieg, ich will ihn für lange Zeit, ich will ihn für immer. Dann werden Deutschlands Grenzen auch ohne künstliche Wehren sicher sein, denn das Volk wird immer einen Vereinigungspunkt haben, sobald die unruhigen räuberischen

---

48 Vgl. zu folgendem Prignitz, C., Vaterlandsliebe und Freiheit, Wiesbaden 1981, S. 101 ff.

Nachbarn überlaufen wollen. Dieser Haß glühe als die Religion des deutschen Volkes, als ein heiliger Wahn in allen Herzen und erhalte uns immer in unserer Treue, Redlichkeit und Tapferkeit ...«[49]

Schließlich ging es nicht mehr um Verteidigung der Eigenart, sondern um die universelle Sendung des Deutschen: Fichte entwarf in seinen Reden an die deutsche Nation eine messianische Perspektive für das »Ursprünglichste« der Völker und wiederholte damit den Hegemonialanspruch, den die Französische Revolution *politisch* vorgetragen hatte, für die deutsche *Kultur*. Die große essentielle Spannung zwischen Diesseits und Jenseits, Kunst und Politik, Nation und Staat fällt hier in einer totalitären Verdichtung der Geschichte zusammen. Der Staat soll »Zwingherr zur Deutschheit« sein; der kollektive Wille der Gemeinschaft und nicht mehr das unendliche Gefühl des Individuums gelten nunmehr als Garanten der Erlösung. Eine achsenzeitliche Spannung, die von den romantischen Intellektuellen aufs äußerste gesteigert wurde, wird im nationalrevolutionären Aufstand kurzgeschlossen. Die todbereite Tat, das Opfer für die Gemeinschaft, wird als Überbrückung der scheinbar unüberwindlichen Gegensätze zwischen dem Einzelnen und dem Ganzen gesehen, als äußerste Verdichtung der Gegenwart im Namen der Geschichte, als Herstellung der ursprünglichen Einheit.[50]

In diesem Kurzschluß durch die Tat werden kollektive Energien freigesetzt, die das Ancien régime nicht kannte, die aber auch die vorrevolutionäre Aufklärung noch nicht ahnen konnte, wenn sie den Krieg als moralische Anstalt, als unentbehrliche Triebfeder des Fortschritts, als »kräftigste Arznei für die erkrankte oder, wenn man will, erschlaffte Menschheit« betrachtete.[51] Schon Kant hatte 1790 den Krieg als etwas Erhabenes gepriesen, das »die Den-

---

49 Arndt, E. M., a.a.O., S. 104.
50 Daß der direkte militärische Gewinn durch die Bewaffnung der Intellektuellen vernachlässigenswert war und die hocherregten Intellektuellen in Waffen zuweilen eher lächerlich wirkten, berichtete Bettina von Arnim.
51 Artikel »Krieg« in: Deutsche Encyclopädie oder Allgemeines Real-Wörterbuch aller Künste und Wissenschaften, hg. von H. M. G. Köster u. J. F. Roos, Bd. 23, Frankfurt/M. 1804, S. 170-188, S. 170; vgl. auch Kunisch, J., Von der gezähmten zur entfesselten Bellona. Die Umwertung des Krieges im Zeitalter der Revolutions- und Freiheitskriege, in: Kleist-Jahrbuch 1988/89, hg. von H. J. Kreutzer, Berlin 1988, S. 44-63.

kungsart eines Volkes nur desto erhabener« macht, »je mehreren Gefahren es ausgesetzt war und sich mutig darunter hat behaupten können, dahingegen ein langer Friede den bloßen Handelsgeist, mit ihm aber am niedrigen Eigennutz, Feigheit und Weichlichkeit zu herrschen machen und die Denkungsart des Volkes zu erniedrigen pflegt«.[52] Wenn die Unendlichkeit der transzendenten Sphäre in kollektive Gewalt übersetzt und die Unnachahmlichkeit des Individuellen zum Ausschluß der Kritik gewendet wird, dann werden jene totalitären Dämonen wachgerufen, die die deutsche Geschichte noch lange fasziniert haben. Ihr fallen auch und gerade jene Intellektuellen zum Opfer, die die achsenzeitliche Spannung in einer totalisierenden Tat entladen haben.

---

52 Kant, I., Kritik der Urtheilskraft, in: ders., Werke, Akademie Textausgabe, Bd. v, Berlin 1968, S. 165-485, S. 263.

VII Das Volk auf der Barrikade: der demokratische Code

Mit dem Ausbruch des ästhetischen Volksbegriffs aus dem intellektuellen Treibhaus der Romantik ergab sich nach den napoleonischen Befreiungskriegen ein neues Szenario für die Konstruktion nationaler Identität. Es ist allgemein gekennzeichnet durch eine Ausweitung der Trägergruppen und, damit zusammenhängend, durch eine *Trivialisierung*[1] der romantischen Codierung selbst. Nationalbewußtsein zeigten nicht mehr nur das gebildete Publikum oder die esoterischen Zirkel der Romantiker, sondern auch das Kleinbürgertum der Städte und später selbst die reisenden Handwerksgesellen des Vormärz. Eine derart verbreiterte sozialstrukturelle Basis konnte sich kaum mehr über eine gemeinsame ständische Herkunft oder gemeinsame korporative Interessen begreifen. Sie fand ihre Gemeinsamkeit einerseits über besondere Kommunikationsformen und andererseits erneut in einer »innenpolitischen« Wendung des Nationalbewußtseins, in der Frontstellung gegenüber Obrigkeit und Fürstenwillkür.

1.1 Die Trivialisierung des Nationalen

Der Einschluß des Kleinbürgertums in die Trägerschichten des Nationalbewußtseins vollzieht sich zunächst durch eine Erweiterung des Vereinswesens[2] – jenes Instituts, das wir schon als typisch für das Bildungsbürgertum der Aufklärung kennengelernt haben. Auf die anspruchsvollen Lesegesellschaften und die patrio-

---

1 Zum Begriff der Trivialisierung vergleiche vor allem Tenbruck, F., Der Fortschritt der Wissenschaft als Trivialisierungsprozeß, in: ders., Die kulturellen Grundlagen der Gesellschaft, Opladen 1989, S. 143-174.
2 Vgl. dazu Nipperdey, T., Der Verein als soziale Struktur in Deutschland im späten 18. und frühen 19. Jahrhundert, in: ders., Gesellschaft, Kultur, Theorie, Göttingen 1976, S. 174-205; Tenbruck, F., Modernisierung – Vergesellschaftung – Gruppenbildung – Vereinswesen, in: ders., Die kulturellen Grundlagen der Gesellschaft, Opladen 1989, S. 215-226; Dann, O., Einleitung, in: ders. (Hg.), Lesegesellschaften und bürgerliche Emanzipation. Ein europäischer Vergleich, München 1981, S. 9-28.

tischen Vereine des 18. Jahrhunderts folgt eine Vielzahl von Vereinsbildungen mit unterschiedlichen Zwecken und Mitgliedschaften: Insbesondere die Burschenschaften der Studenten, die Gesangsvereine und die Turnervereine, die sich an ein kleinbürgerliches Publikum wenden, werden zu Orten nationaler Gesinnung und völkischen Bewußtseins.[3] Sie setzen jedoch nicht nur die Vereinstradition des aufklärerischen Bildungsbürgertums fort, sondern übernehmen auch die romantische Vorstellung des *ästhetischen* Zugangs zu nationaler Identität – freilich in trivialisierter Form: in Gesang, Kunstgenuß und Körperübung. Bei dieser Inklusion des Kleinbürgertums ergibt sich eine bemerkenswerte Umstellung auf neue Kommunikationsformen, die größere Menschenmengen miteinander in Beziehung setzen können. An die Stelle des moralischen Diskurses der Patrioten und der ästhetischen Reflexion treten das Feiern großer Feste, wie des Wartburgfests oder des Hambacher Fests, der gemeinsame Gesang nationalen Liedguts, später auch die Einrichtung nationaler Denkmäler und der Kult der Nationalfahne.[4] Diese Rituale der Gemeinsamkeit zeichnen sich gerade dadurch aus, daß sie Reflexion und Diskurs, Individualität und Argumentation ausschließen oder auf das äußerste beschränken. Zwar fanden die romantischen Intellektuellen im Unnachahmlichen und Unsagbaren den identitätssichernden Grund des Nationalen, aber sie näherten sich dem Unaussprechlichen noch auf *sprachliche* Weise. Die trivialisierte Fortführung dieses ästhetischen Nationencodes im Kleinbürgertum verzichtete hingegen auf das sprachliche Raffinement und feierte die Nation durch *kollektive Rituale*.[5] Anders als die Ro-

---

3 Vgl. Düding, D., Organisierter gesellschaftlicher Nationalismus 1808-1847. Bedeutung und Funktion der Turner- und Sängervereine für die deutsche Nationalbewegung, München 1984.
4 Vgl. Nipperdey, T., Nationalidee und Nationaldenkmal in Deutschland im 19. Jahrhundert, in: ders., a.a.O., 1976, S. 133-173; Koselleck, R., Die Kriegerdenkmäler als Identitätsstiftung für Überlebende, in: Marquard, O./Stierle, K.-H. (Hg.), Identität, München 1979, S. 255-276; Düding, D./Friedmann, P./Münch, P. (Hg.), Öffentliche Festkultur. Politische Feste in Deutschland von der Aufklärung bis zum Ersten Weltkrieg, Reinbek 1988.
5 Vgl. Mosse, G. L., Die Nationalisierung der Massen. Politische Symbolik und Massenbewegung in Deutschland von den napoleonischen Kriegen bis zum 3. Reich, Frankfurt/M.-Berlin 1976.

mantiker, die die unnachahmliche Individualität hinter dem bloß Äußerlichen und Reproduzierbaren suchten, stellen die Rituale des Gesangs, der gemeinsamen Verehrung von Denkmälern und Flaggen, der synchronen Aufmärsche und Körperübungen durch besondere Prozeduren eine *Uniformität* her, hinter der die Vielfalt und Individualität der Teilnehmer zurücktritt. Parolen und Rituale drängen auf Teilnahme und Einreihen und schließen Negationsmöglichkeiten aus. Die Konstruktion kollektiver Identität ist dann nicht mehr auf das flüchtige Gelingen esoterischer Diskurse angewiesen, sondern wird auf eine durch Wiederholung und Steigerung sofort erkennbare Weise veranstaltet. Zugehörigkeit wird ausgeflaggt. Dies hat Vorteile, wenn man nicht nur kleine Gruppen, sondern größere Menschenmengen miteinander verbinden und das Nationalbewußtsein reproduzierbar halten will. Dabei gewinnt eine neue theatralisch veranstaltete Anwesenheit an Gewicht. An Feiern und Festen kann man – anders als in einer räsonierenden Öffentlichkeit – nur durch persönliche und leibliche *Anwesenheit* teilnehmen. Sie verstärkt das Bekenntnishafte in einer Gesellschaft, in der der Zugang zur Schriftlichkeit immer mehr Personen offensteht und damit das Publikum nicht mehr klar abgegrenzt ist.[6]

Die rituelle Verankerung des Nationalen zeigt darüber hinaus, daß die nationale Codierung sich anschickt, endgültig zur zentralen Grundlage kollektiver Identität aufzurücken. Der sakrale Kern kollektiver Identität muß hier der Willkür individueller sprachlicher Vermittlung entzogen werden. Wenn überhaupt gesprochen wird, so geschieht dies als Gegenrede von Sprecher und Chor[7] – eine Form, in der die sozialen und individuellen Unterschiede verschwinden.

Diese rituelle Produktion nationaler Identität ist gewiß keine

---

6 Öffentliche Präsenz auf Festen und Unterschriftenlisten konnten ebenso wie der Rückgriff auf traditionelle Formen des sozialen Protests (Katzenmusik, Freiheitsbäume) zur Demonstration und Popularisierung oppositioneller Bestrebungen eingesetzt werden. Vgl. Foerster, C., Sozialstruktur und Organisationsformen des deutschen Preß- und Vaterlandsvereins von 1832/33, in: Schieder, W. (Hg.), Liberalismus in der Gesellschaft des deutschen Vormärz, Göttingen 1983, S. 147-166.
7 So verwendet auch Friedrich Wilhelm IV. die Form sakraler Ansprache an sein Volk und verdankt seine Popularität den dadurch ausgelösten Mißverständnissen.

deutsche Eigenart. Denkmalskult und Kriegervereine fallen im Frankreich des nachnapoleonischen Jahrhunderts ebenso ins Auge wie in Deutschland. Sie erhalten aber ein zusätzliches Gewicht, wenn wie in Deutschland die staatlich-politische Fassung der Nation fehlt und die rituelle Produktion des Nationalen eine quasi-politische Funktion erhält.

1.2 Die Aufklärung im Kleinbürgertum: die Lehrer

Trotz dieser Tendenz zur rituellen Uniformierung bleiben bestimmte sozialstrukturelle Lagen besonders prägnant für die Umcodierungen des Nationalen im Deutschland der Restauration. Die umfangreichen Reformen des Volksschulwesens[8] und der Gymnasialausbildung in den ersten Jahrzehnten des Jahrhunderts hatten eine zahlenmäßig relativ große Gruppe der Lehrer entstehen lassen, bei denen sich – in abgeschwächter und institutionell verfaßter Form – die Statusinkonsistenzen[9] der romantischen Intellektuellen wiederholten. Das spärliche Gehalt, die rechtlich und sozial unklare Stellung dieser neuen Schicht und die Einsamkeit des dörflichen Lebens standen im Gegensatz zu der hohen intellektuellen Selbsteinschätzung, die durch die Lehrerseminare vermittelt und durch die neue, an Pestalozzi ausgerichtete Pädagogik begründet wurde.[10] Insbesondere die Volksschullehrer gerieten dabei nicht selten in Gegensatz zu dem traditionellen Regiment der Pastoren, denen sie als Kirchendiener untergeordnet waren.

8 Vgl. Nipperdey, T., Volksschule und Revolution im Vormärz. Eine Fallstudie zur Modernisierung II, in: ders., a.a.O., 1976, S. 206-227; Baumgart, F., Lehrer und Lehrervereine während der Revolution von 1848/49, in: Mentalitäten und Lebensverhältnisse. Beispiele aus der Sozialgeschichte. R. Vierhaus zum 60. Geburtstag, hg. von Mitarbeitern und Schülern, Göttingen 1982, S. 173-188.
9 Vgl. Nipperdey, T., a.a.O., 1976, S. 223 f.
10 Die Lehrer gehören so nicht von ungefähr zum Rezipientenkreis des Jungen Deutschland. Vgl. Wülfing, W., Junges Deutschland. Texte, Kontexte, Abbildungen, Kommentar, München–Wien 1978. S. 150 f.; Hömberg, W., Zeitgeist und Ideenschmuggel. Die Kommunikationsstrategie des Jungen Deutschland, Stuttgart 1975, S. 95.

Diese enttäuschende lebenspraktische Situation bewältigen die Lehrer jedoch nicht durch eine transzendente Tieferlegung individueller und kollektiver Identität, durch Reflexion also, sondern durch den Rückgriff auf die vorhandenen rituellen Kommunikationsformen des Bürgertums einerseits und eine politische Frontstellung gegenüber der Obrigkeit des restaurativen Fürstenstaates andererseits. Man bewegte sich in Lehrervereinen, besuchte Lehrerfeste, sang Lieder und überwand auf diese Weise die Vereinsamung und Unsicherheit des dörflichen Lebens. Der auf den Lehrerseminaren vermittelte antitraditionalistische Auftrag der Erziehung, das Selbstbewußtsein des pädagogischen Fachmanns, wohl auch die burschenschaftliche Vergangenheit vieler Gymnasiallehrer führten über die partikularen und lokalen Borniertheiten der eigenen Lage hinaus den Blick auf die Ebene des Allgemeinen; dort bezog man kritisch Position gegenüber fürstenstaatlicher Willkür und entwarf Pläne zur pädagogischen Korrektur von Staat und Gesellschaft. Die schon früh gestellte Frage nach dem revolutionären Prinzip der öffentlichen Erziehung[11] wird von anderer Seite dann unter Verweis auf den Einfluß der Hegelianer[12] und die bei den Lehrern verbreitete »revolutionäre Gesinnung«[13] kritisch wieder aufgenommen.

In dieser neuen Schicht der Lehrer treffen aufklärerisch-emanzipatorisches Pathos und die Kommunikationsformen des Kleinbürgertums nicht selten mit einer bäuerlichen oder proletarischen Herkunft zusammen und bilden so in der Tat besonders günstige Aufnahmebedingungen für radikal-demokratische Ideen.[14] An ih-

---

11 Diesterweg, F. A. W., Birgt die öffentliche Erziehung in der Gegenwart ein revolutionäres Prinzip in ihrem Schoß?, in: ders., Sämtliche Werke, hg. von H. Deiters u. a., Abt. 1, Bd. 3, Berlin 1959 (1835), S. 426-432.
12 Vgl. zum Anteil der Lehrer an der Herausbildung des hegelianischen Linksradikalismus die biographischen Anmerkungen in: Eßbach, W., Die Junghegelianer. Soziologie einer Intellektuellengruppe, München 1978, S. 66-78.
13 Lehrer stellen eine »leibhaftige Aufforderung zum Umbau der Gesellschaft« dar, so W. H. Riehl in: ders., Die bürgerliche Gesellschaft, Stuttgart-Heidelberg 1851, zitiert nach Nipperdey, T., a.a.O., 1976, S. 224.
14 Die Volksschullehrer auf dem Land waren stärker als die Literaten in der Stadt mit dem vormärzlichen Pauperismus konfrontiert. Vgl. zum

nen vollzieht sich eine besondere Transformation der nationalen Codierung: Die Nation ist nicht mehr das Vaterland der Gebildeten, gewiß auch nicht mehr der unsagbare mystische Grund der Identität, sondern das Subjekt der Politik, das sich in Gegensatz zu fürstenstaatlicher Autorität und ökonomischem Partikularinteresse setzt. Die Lehrer werden zum Träger eines *demokratischen Volksbegriffs*, der sich später im Sozialismus prägnant ausbildet und den eine populistische Gesellschaftskritik (aber auch die sozialrevolutionären Strömungen des Faschismus) sich zu eigen machen konnte.

1.3 Die Distanzierung der Intellektuellen

Die romantischen Intellektuellen hatten in den Befreiungskriegen die Distanz, aus der sie die Gesellschaft betrachteten, zugunsten eines nationalen und antifranzösischen Engagements aufgegeben. Nationale Begeisterung steigerte sich in der Abwehr der Fremdherrschaft und ergriff nicht nur die führenden Köpfe der Romantik, sondern auch die Studenten und weite Teile des Bildungsbürgertums. Diese Idee des Volkes als emanzipatorischen Subjekts blieb nicht nur auf die eigene Nation beschränkt, sondern bestimmte auch die Perspektive auf andere Nationen.[15]

Die Begeisterung für den Freiheitskampf der Griechen gegen das Osmanische Reich um 1820 oder die Unterstützung des polnischen Aufstandes gegen Rußland 1833 waren einhellig unter den Gebildeten und standen in einem kaum bemerkten Gegensatz zu den preußisch-deutschen Verwaltungsinteressen im Großherzogtum Posen.[16]

Pauperismus Wehler, H.-U., Deutsche Gesellschaftsgeschichte, Bd. 2: Von der Reformära bis zur industriellen und politischen »Deutschen Doppelrevolution« 1815-1845/49, München 1987, S. 281-296.
15 Die Spannungen zwischen den eher »national« und anti-französisch orientierten Gruppen und den Kritikern von deren Deutschtümelei durchziehen die Opposition seit dem Hambacher Fest und tragen erheblich zur Polemik bei. Vgl. Hermand, J., Was ist des Deutschen Vaterland?, in: Estermann, A. (Hg.), Ludwig Börne 1786-1837, Frankfurt/M. 1986, S. 199-210.
16 Zu den späteren, berühmt gewordenen Debatten in der Paulskirche vgl. Wollstein, G., Das »Großdeutschland« der Paulskirche. Nationale

Dieser »internationalistische Nationalismus« der deutschen Intellektuellen träumte vom »Völkerfrühling« und ließ nach 1820 auch den Franzosenhaß deutlich schwächer werden.[17] Frankreich wurde nicht erst seit der Juli-Revolution von 1830 wieder als Wiege der Revolution gesehen, und die Ideen Saint-Simons, später auch Babœufs und Blanquis, fanden relativ schnell in Deutschland Gehör unter den Intellektuellen.[18] Obwohl gerade reisende Handwerksburschen zu dieser Rezeption revolutionärer Ideen beitrugen, ließen sich die deutschen Unterschichten allerdings bis weit in den Vormärz hinein nur in geringem Umfang davon bewegen.[19]

Ganz anders eine neue Generation literarischer Intellektueller, die

Ziele in der bürgerlichen Revolution 1848/49, Düsseldorf 1977, S. 98 ff.; Faber, K.-G., Nationalität und Geschichte in der Frankfurter Nationalversammlung, in: Klötzer, W./Moldenhauer, R./Rebentisch, D. (Hg.), Ideen und Strukturen der deutschen Revolution 1848, Frankfurt/M. 1974, S. 103-124.

17 Vgl. Nipperdey, T., Auf der Suche nach Identität: Romantischer Nationalismus, in: Nachdenken über die deutsche Geschichte, München 1990, S. 132-150, S. 146. Selbst Napoleon avancierte wieder zum Publikumshelden, vgl. Wülfing, W./Bruns, K./Parr, R., Historische Mythologie der Deutschen, München 1991, S. 18-58.

18 Zum Saint-Simonismus in Deutschland vgl. Sughe, W., Saint-Simonismus und Junges Deutschland. Das Saint-Simonistische System in der deutschen Literatur der ersten Hälfte des 19. Jahrhunderts, Berlin 1935. In jüngerer Zeit sind diese frühen Thesen differenziert worden, vgl. Vordtriede, W., Der Berliner Saint-Simonismus, in: Heine-Jahrbuch, 14, 1975, S. 93-110; Burchhardt-Dose, H., Das Junge Deutschland und die Familie. Zum literarischen Engagement in der Restaurationsepoche, Frankfurt/M. 1979, bes. S. 240-249. Eine zweite Popularisierungswelle wurde durch L. v. Steins Der Sozialismus und Kommunismus des heutigen Frankreich, Leipzig 1842, im Rahmen der Diskussion frühsozialistischer Konzepte ausgelöst. Vgl. Emge, R. M., Saint-Simon. Einführung in ein Phänomen, München 1987, S. 203 f. Zu Stein vgl. Pankoke, E., Sociale Bewegung – Sociale Frage – Sociale Politik. Grundfragen der deutschen »Socialwissenschaft« im 19. Jahrhundert, Stuttgart 1970; zur junghegelianischen Rezeption vgl. Rihs, C., L'école des jeunes hegeliens et les penseurs socialistes français, Paris 1978.

19 Vgl. Engelsing, R., Zur politischen Bildung der deutschen Unterschichten 1789-1863, in: ders., Zur Sozialgeschichte der Mittel- und Unterschichten, 2. erweiterte Auflage, Göttingen 1978, S. 155-179.

sich – ähnlich wie die Romantiker von der Klassik – von der als einfältig und treuherzig empfundenen Spätromantik und der Schwäbischen Schule um Uhland, aber auch von den offensichtlich reaktionären Neigungen romantischer Intellektueller wie Adam Müller und Gentz, abzusetzen suchten.[20]

Unter explizitem Verweis auf die Juli-Revolution von 1830 und auf den gewandelten Zeitgeist wird die Forderung nach einem »Ende der Kunstperiode«, nach einer »jungen Literatur«, nach Politisierung und Gegenwartsbezug erhoben und die Bewegung des »Jungen Deutschland« konstituiert.[21]

Wie schon ihre literarischen Vorbilder Heine und Börne, befand sich der engere Kreis des Jungen Deutschland, d. h. Gutzkow, Laube, Mundt und Wienbarg, in einer gänzlich anderen Lage als die esoterischen Cliquen der Romantiker. Sie waren sehr erfolgreich und erreichten als Herausgeber und Redakteure vielbeachteter Zeitschriften ein relativ großes Publikum.[22] Ihre materielle Lage und ihr literarisches Ansehen gaben keinen Anlaß zu Ressentiment oder Distanzierung. Weder ein gemeinsames explizites Programm noch die nur sporadischen persönlichen Beziehungen rechtfertigen es, sie als homogene Gruppe zu betrachten.[23] Die

---

20 Insbesondere H. Koopmann interpretiert das Junge Deutschland auf der Folie der 1830 politisch abstinent bleibenden romantischen Väter, vgl. ders., Das junge Deutschland. Analyse seines Selbstverständnisses, Stuttgart 1970.
21 Vgl. Jauß, H. R., Das Ende der Kunstperiode. Aspekte der literarischen Revolution bei Heine, Hugo und Stendhal, in: ders., Literaturgeschichte als Provokation, Frankfurt/M. 1970, S. 107-143; Hohendahl, P., Literarische und politische Öffentlichkeit. Die neue Kritik des Jungen Deutschlands, in: ders., Literaturkritik und Öffentlichkeit, München 1974, S. 102-127.
22 Die Bedeutung des Jungdeutschen Führungsquartetts läßt sich weniger an den Auflagen ihrer Bücher als an der Publizität ihrer Zeitschriften ablesen. Vgl. Brandes, H., Die Zeitschriften des Jungen Deutschland. Eine Untersuchung zur literarisch-publizistischen Öffentlichkeit im 19. Jahrhundert, Opladen 1991. Ihre Breitenwirkung zeigt sich vor allem in der Rezeption durch die jugendliche Generation, die einige Jahre später auch die Aufnahme der junghegelianischen Presse, etwa der Hallischen Jahrbücher, trägt. Vgl. Rosenberg, H., Arnold Ruge und die »Hallischen Jahrbücher«, in: ders., Politische Denkströmungen im Vormärz, Göttingen 1972, S. 97-115, S. 112.
23 Der Gruppencharakter des »Jungen Deutschland« ist weiter strittig.

heftige Fehde zwischen Börne und Heine steht hier keineswegs allein. Ihre Gemeinsamkeiten entstanden erst aufgrund äußerer Anlässe, durch das kritische Engagement gegen Fürstenstaat und Philistertum und durch die gleiche Betroffenheit von Zensur, konservativer Kritik und Verbannung: Die Konstituierung einer »Gruppe« Junges Deutschland war vor allem das Ergebnis der berühmten Denunziation durch Menzel und des Ächtungsbeschlusses durch den Deutschen Bund. Nur aus der Sicht von Staat und Publikum erschienen sie als eine einheitliche Gruppe, und nur im Verhältnis zu Staat und Publikum fanden sie eine Gemeinsamkeit, die weder der literarische Stil noch die interne Kommunikation rechtfertigten. Man benötigte Zensur und Repression, den Widerpart des restaurativen Staates, um sich zu individualisieren und als Gruppe Distinktion zu gewinnen.[24]

Die Flucht vor der Zensur, die Ächtung oder das freiwillig gewählte Exil lockerten die lokalen Bindungen der Vormärzintellektuellen und begünstigten ein literarisches Zigeunertum, das sich der Bodenständigkeit verweigerte: »Was soll die heimatlose deutsche Literatur besseres tun als vagabundieren?«[25] Diese Mobilität

Den sich vor dem Verbotsbeschluß 1835 entwickelnden Gemeinsamkeiten (vgl. Windfuhr, M., Das Junge Deutschland als literarische Opposition, in: Heine-Jahrbuch, 22, 1983, S. 47-69) steht die zu Differenz und Polemik zwingende Konkurrenzlage von Berufsschriftstellern und Zeitschriftenherausgebern gegenüber. Die interne Polemik erhöht die Publizität und damit die Expansion des gemeinsamen Marktsegments; daneben entwickeln sich zunehmend »denunziatorische« Kritikstrategien zur ›terroristischen‹ Elimination des Konkurrenten. Vgl. Oesterle, I. u. G., Der literarische Bürgerkrieg, in: Mattenklott, G./Scherpe, K. R., Demokratisch-revolutionäre Literatur in Deutschland: Vormärz, Kronberg/Ts., 1974, S. 151-186. Die gleiche marktstrategische Situation führt zur Entwicklung ähnlicher Schreib- und Publikationsstrategien.

24 Da sie nicht über ein gemeinsames politisches Konzept verfügten, brachte die Wendung von einer vorwiegend kritischen zu einer zukunftsorientierten, konstruktiveren Phase zu Beginn des Jahres 1835 – im Gefolge des Verbotsbeschlusses – die bestehenden Differenzen verstärkt zum Tragen. Vgl. Hömberg, W., a.a.O., S. 30 f.

25 Mundt, T., Madonna, Leipzig 1835, S. 431, zitiert nach Hermand, J., Das Junge Deutschland. Texte und Dokumente, Stuttgart 1966. Reisen wurde den Jungdeutschen zu einem »existenziellen Bedürfnis«, vgl. Hömberg, W., a.a.O., S 62 f.; Wülfing, W., Reiseliteratur, in: Glaser,

ergab sich nicht nur aus der Verfolgung durch die Staaten der Restauration, sondern sie hatte schon programmatische Züge. Man begeisterte sich für Reisen und den »Unterwegsgenuß«,[26] was durch die Verbesserung des Verkehrsnetzes erleichtert wurde, und die Reiseliteratur berichtete von Beobachtungen und Erfahrungen. Man war fasziniert vom urbanen Leben der großen Metropolen Berlin, Paris oder später auch Brüssel und entwickelte dort neue Lebensformen – etwa die des Flaneurs, der sich ohne besonderes Ziel von Passantenströmen treiben ließ, auch Ephemeres beobachtete, in Weinstuben und Cafés einkehrte, dort gelegentlich diskutierte oder seine Betrachtungen niederschrieb und während der Nacht alles durfte, nur eines nicht: schlafen. Es ging nicht mehr um die unsichtbare Welt, die die Intellektuellen der Romantik im Traum gesucht hatten, sondern um die sichtbare Lebendigkeit der großen Städte, um die momentane Begegnung, die es mit äußerster Wachheit zu beobachten galt. Literatur sollte aus »flüchtigen Ergüssen wechselnder Aufregung«[27] bestehen. Die Anonymität der großen Städte bot so eine neue Form der Entwurzelung und Abkoppelung des Intellektuellen von bodenständigen Bindungen.

Nicht Tugend und Moral, Eintracht und Fügsamkeit, sondern Spott und Kritik, »Leben« und »Emanzipation des Fleisches« wurden die Leitideen einer literarischen Boheme, die sich politisch engagierte und von der Borniertheit des deutschen Kleinbürgertums abgrenzte. Diese ironische Distanzierung vom bürgerlichen Publikum wurde gerade für Intellektuelle wie Heine und Börne um so wichtiger, als das Publikum selbst nicht auf Distanz

---

H. A. (Hg.), Deutsche Literatur. Eine Sozialgeschichte, Bd. 6, Vormärz: Biedermeier, Junges Deutschland, Demokraten 1815-1848, hg. von B. Witte, Reinbek 1987, S. 180-194. Zur Gestalt des Flaneurs grundlegend Benjamin, W., Charles Baudelaire. Ein Lyriker im Zeitalter des Hochkapitalismus, in: Gesammelte Schriften, hg. von R. Tiedemann und H. Schweppenhäuser, Bd. 1, Frankfurt/M. 1974, S. 509-690. Zu Heine vgl. Hosfeld, R., Welttheater als Tragikomödie. Ein denkbarer Dialog Heines mit der Moderne, in: Höhn, G. (Hg.), Heinrich Heine. Ästhetisch-politische Profile, Frankfurt/M. 1991, S. 136-154, S. 145 f.

26 Mundt, T., Spaziergänge und Weltfahrten, Bd. 1, Altona 1838, S. 112.
27 Wienbarg, L., Ästhetische Feldzüge, hg. von W. Dietze, Berlin-Weimar 1964, S. 3.

hielt. Anders als die Frühromantiker schrieben die Literaten des Jungen Deutschland für ein umfangreiches Publikum, das ihnen gewogen war. Der Literaturmarkt wuchs in den Jahrzehnten nach 1830 ganz außerordentlich, und der professionelle Schriftsteller, der von seiner Arbeit leben konnte, war keineswegs mehr eine seltene Ausnahmeerscheinung.[28] Man schrieb nicht mehr für die Ewigkeit, sondern mit einem deutlichen Blick auf den Markt und seine Vorlieben. Die Honorare waren noch relativ gering – also schrieb man viel und hatte wenig Zeit für sorgfältige Überarbeitung. Damit entstand ein ganz neues Problem für den Schriftsteller: Er mußte den Konflikt zwischen den Anforderungen des Marktes und der künstlerischen Autonomie durch einen Kompromiß lösen, und dieser Kompromiß mußte seinerseits bewältigt werden. Je stärker dabei die Konzessionen an den Geschmack des Marktes ausfielen, desto eher waren im Gegenzug Versuche persönlicher Distanzierung zu erwarten. Die Distanz zwischen den Intellektuellen und der Gesellschaft mußte daher durch zusätzliche Gesten erst geschaffen und bekräftigt werden – aber dieser Gestus der Distanzierung wird vom Publikum wiederholt. Gerade weil die Leser Heines und Börnes nicht die Philister waren, die diese verspotteten, ist der Versuch zur Abgrenzung nach außen sowohl bei den Autoren wie beim Publikum zu spüren. Der Autor konnte durch Ironie, Satire und Kritik Distanz zur Gesellschaft schaffen und aus ihrer Ordnung heraustreten, und seine Leser konnten durch die Wahl der Lektüre diesen Distanzierungsvorgang für sich wiederholen.[29] Die Lektüre selbst schuf hier soziale Grenzen und Identifikationen und bildete keineswegs nur vorgängige sozialstrukturelle Interessenlagen ab; der Lehrer konnte sich so aus seiner Umgebung herausgehoben fühlen, der Kleinbürger konnte sich von den anderen, den »wirklichen«

---

28 Vgl. Obenaus, S., Buchmarkt, Verlagswesen und Zeitschriften, in: Glaser, H. A. (Hg.), a.a.O., S. 44-62. Insbesondere die Redakteurstätigkeit führte unter dem Zwang der Dauerproduktion zu neuen Schreib- und Publikationsstrategien. Vgl. dazu Hömberg, W., a.a.O., S. 17.
29 T. Mundt beschreibt ironisch seinen Leser, »der ihn in seinem Klosett bei verschlossener Tür liest, um sich durch die verbotene Liebschaft an seinem eigenen offiziellen Beamtengesicht zu rächen«, in: Zodiacus, April 1835, S. 315, zitiert nach Oesterle, G., Integration und Konflikt. Die Prosa Heinrich Heines im Kontext oppositioneller Literatur der Restaurationsepoche, Stuttgart 1972, S. 106.

Kleinbürgern, unterscheiden etc. Für Autoren wie Publikum galt das gleiche Muster des nachdrücklichen Detachements von einer Gesellschaft, der man nur schwer entfliehen konnte. In diesem Versuch, durch Ironie und politisches Engagement Distanz zur Gesellschaft zu gewinnen, ja aus ihr herauszutreten und ihrer Ordnung den Gehorsam aufzukündigen, kehrte eine strukturelle Spannung wieder, die schon die Romantik gekannt hatte.

Auch die Junghegelianer, die zweite wichtige Gruppe der Vormärzintellektuellen,[30] fanden ihre Gemeinsamkeit vor allem in einem »externen« Bezug: dem Schatten Hegels, der als Gründervater der Schule seinen Namen gegeben hatte. Auch für sie galt, daß sie ihre Distanz zur umgebenden Gesellschaft nicht mehr durch eine vorgegebene lokale oder sozialstrukturelle Randständigkeit gewinnen konnten. Im Gegenteil: Die Schüler Hegels verfügten über vorzügliche Kontakte zum preußischen Kultusministerium unter Altenstein und konnten inbesondere in den Jahren nach 1830 eine Reihe wichtiger Lehrstühle besetzen. Sie waren dem etatistischen Reformprojekt Preußens stark verbunden und fanden sich nur gelegentlich und relativ spät zu Koalitionen mit liberalen Gruppen gegen Tendenzen zur Restauration der absoluten Fürstenherrschaft bereit. Die Radikalisierung zur hegelschen Linken sprengte dann explizit den Rahmen des Liberalismus und des Juste-milieu.

Nicht alle Hegelianer waren allerdings beamtete Professoren. Die ›zweite Generation‹ der Hegelianer geriet in eine Krise der akademischen Karrieren und damit auch in eine besondere Distanz zum akademischen Establishment.[31] Viele Linkshegelianer blieben

---

30 Nach dem Eingeständnis Gutzkows geht mit den Hallischen Jahrbüchern A. Ruges die Meinungsführerschaft innerhalb der oppositionellen Literatur auf die Junghegelianer über. Vgl. Rosenberg, H., Zur Geschichte der Hegelauffassung, in: ders., a.a.O., 1972, S. 69-96; Meyer, G., Die Anfänge des politischen Radikalismus im vormärzlichen Preußen, in: ders., Radikalismus, Sozialismus und bürgerliche Demokratie, hg. von H.-U. Wehler, Frankfurt/M. 1969, S. 7-107. Eine herausragende Darstellung der linkshegelianischen Gruppierungen hat Wolfgang Eßbach, Die Junghegelianer. Zur Soziologie einer Intellektuellengruppe, München 1988, vorgelegt.

31 Mit dem Erscheinen von D. F. Strauss, Das Leben Jesu. Kritisch bearbeitet, Mannheim 1835, gerät der innerschulische Konsens ins Wanken; mit der Übernahme der Unterscheidung des »wahren« vom »sich

Privatdozenten oder lebten von journalistischen Tätigkeiten;[32] sie waren ebenso von den Auswirkungen der Karlsbader Beschlüsse, von Zensur, Ächtung und Exil betroffen wie die Literaten des Jungen Deutschland, und ebenso wie diese waren sie nicht nur Opfer, sondern indirekt auch Profiteure der Zensur: Ein Zensurbeschluß erzeugte gesellschaftsweite Aufmerksamkeit und ließ sich durch entsprechende verlegerische Tricks (Druck jenseits der Grenzen, gleichzeitige Auslieferung aller Exemplare etc.) zum Teil wieder unterlaufen.[33]

2.1 Ironie, Engagement und Boheme

Bei dem Versuch, die vorangegangene Generation zu überbieten, griffen die Literaten des Jungen Deutschland zunächst auf die Strategie der ironischen Distanzierung zurück, die schon die Frühromantik benutzt hatte. Sie setzten insbesondere Satire und Ironie ein, um Distanz zu gewinnen und sich dadurch zu engagieren. Man spottete jedoch nicht nur über die vorangegangene Generation, sondern auch und vor allem über kleinbürgerliches Philistertum, über Obrigkeitsstaat und Zensur. Die Stilisierung der eigenen intellektuellen Identität benötigte den Kontrast zu den nur scheinbar Gebildeten, den Unterdrückern der Gedankenfreiheit, zum Fürstenstaat und zur bürgerlichen Gesellschaft, die sich in der Aussicht auf die Nation vereint hatte.

selbst mißverstehenden« Hegel bricht der Zusammenhang mit der hegelschen Orthodoxie der etablierten Ordinarien. Als heterodoxe Hegelianer erreichen nur T. Vischer und W. Vatke – als Privatdozent mit 50jährigem Dienstjubiläum – gesicherte akademische Karrieren. Ruge, Bauer und Nauwerk waren Privatdozenten, die entlassen wurden oder sich selbst entließen. In den 40ern galt dann Kritik an Hegel zuweilen sogar als karrierefördernd. Zur Gründung der Hallischen Jahrbücher als Gegenposition zu den Berliner Jahrbüchern für wissenschaftliche Kritik vgl. Graf, F. W., David Friedrich Strauss und die Hallischen Jahrbücher. Ein Beitrag zur positionellen Bestimmtheit der theologischen Publizistik im 19. Jahrhundert, in: Archiv für Kulturgeschichte, 60, 1978, S. 383-430.

32 Vgl. Schlawe, F., Die junghegelianische Publizistik, in: Die Welt als Geschichte, 20, 1960, S. 30-50.

33 Vgl. Köster, U., Literatur und Gesellschaft in Deutschland 1830-48. Dichtung am Ende der Kunstperiode, Stuttgart 1984, S. 59 f.

Die Lebensform, die diesen grundsätzlichen Gegensatz in die Tat umsetzte, war die Boheme.[34] Mit ihr wurde das, was für die Romantiker noch persönliche Leidenschaft, fiebriges Gefühl und ungeordnete Praxis war, zu einem programmatischen Lebensstil erhoben. Die Boheme wurde in der Folge zur wichtigsten Form der kulturellen Distanzierung innerhalb der Moderne.

Die Lebensform der Boheme orientierte sich nicht mehr an der einzigartigen und unnachahmlichen ästhetischen Leistung des Genies; es ging ihr vielmehr um einen praktischen Rahmen, der es jedem ermöglichte, sich als »unordentlich« und autonom zu begreifen und zu inszenieren. Die Grenzziehung gegenüber dem Bürgerlichen war dabei wichtiger als die individuelle Kreativität; die Boheme war nicht als individuelles Arrangement, sondern nur als gemeinsame Form der Individualisierung im Kontrast zur Normalität möglich. In dieser Lebensform wurde *Stil* zur Bedingung der Individualität; sie schuf damit eine spezifisch moderne Verbindung zwischen kollektiver Identität und Individualität. Verachtung der Mehrheit und Distanz zur normalen Lebensweise waren hier nicht durch den Versuch zur Rettung der Tradition oder zur Annäherung an eine charismatische Person bestimmt, sondern durch das Bewußtsein der ›Avantgarde‹, der temporalisierten Aristokratie der Kunst.[35] Als Bohemien konnte man sich

---

34 Vgl. Michels, R., Zur Soziologie der Boheme und ihrer Zusammenhänge mit dem geistigen Proletariat, in: ders., Masse, Führer, Intellektuelle. Politisch-soziologische Aufsätze 1906-1933, Frankfurt/M.-New York 1987, S. 214-230; Kreuzer, H., Die Boheme. Beiträge zu ihrer Beschreibung, Stuttgart 1968.
Insbesondere in den Redaktionen der Zeitschriften sammelten sich Bohemiens und andere, deren Talent weder zur Dichtung noch zur Wissenschaft ausreichten, eine »namenlose Associé jener großen unsichtbaren Heine-Börneschen Commandité«, so Engelsing, R., Zeitungen und Zeitschriften in Nordwestdeutschland 1800-1850, in: Archiv für Geschichte des Buchwesens, v, 1963, Sp. 849-955, Sp. 931. Deren Ressentiment gegen die »gute« Gesellschaft entsprach dem ihrer Zuträger: »In den 40er Jahren stammten die Zuschriften an die Zeitschriften fast ausschließlich von Leuten, denen die Qualifikation zur Bürgerschaft und staatlichen Ämtern fehlten« (Sp. 881). Der Politisierung des Berufs des Journalisten in den 40er Jahren entsprach eine Aufwertung der Persönlichkeit, die ihn in der Folge zum Moralisten und »Gesinnungstäter« machte (Sp. 946).
35 Zum Avantgardebewußtsein und zu der dadurch erreichten »Steige-

als jung und als Teil der Welt von morgen empfinden; der programmatische Versuch, Regeln zu brechen, öffnete einen unendlichen Möglichkeitsraum und erzeugte ein starkes Gefühl des Neuen, der Zukünftigkeit und Freiheit. Die Boheme des Vormärz konnte dabei die Tradition der antibürgerlichen Cliquen der Romantik fortsetzen.[36] Ebenso wie diese waren die sozialen Beziehungen innerhalb der Gruppe stark persönlich bestimmt; aber diese persönliche Ausrichtung zeigte sich weniger in wechselseitiger Sympathie, sondern eher in Rivalitäten, in Mißgunst und Neid. Zusammengehalten wurde die Gruppe vor allem durch eine externe Klammer: durch die gemeinsame Ablehnung philiströser Bürgerlichkeit und fürstenstaatlicher Willkür.

2.2 Schule, Polemik, Partei

Eine solche externe Klammer findet sich für die zweite wichtige Gruppe der Vormärzintellektuellen im gemeinsamen Bezug auf das Werk Hegels. Die Hegelianer hatten zunächst und vor allem die Struktur einer intellektuellen Schule, in der das Werk des Gründervaters mit Pietät zu behandeln war und nur mehr ausgelegt, angewendet und fortgeführt, niemals aber überboten werden konnte.[37] Der Versuch, die vorangegangene Generation intellektuell zu übertreffen, der die romantischen Intellektuellen noch bewegt hatte, war so grundsätzlich versperrt. An die Stelle des Fortschritts über die ältere Generation hinaus trat in der intellektuellen Schule ein neues Motiv: der Versuch, das Werk des Gründervaters zu verstehen, seine zentralen Leerstellen aufzuzeigen und auszufüllen, das Erbe des Meisters zu verwalten und auf neue Bereiche anzuwenden. Im Schatten des großen Werkes entwik-

---

rung des Lebensgefühls« vgl. Hermand, J., Jungdeutscher Tempelsturm, in: Kruse, J. A./Kortländer, B. (Hg.), Das Junge Deutschland. Kolloquium zum 150. Jahrestag des Verbots vom 10. Dezember 1835, in: Heine-Studien, 1987, S. 65-82, S. 69f.

36 Die romantische Kritik am unpoetischen Philister wird zu Zeiten des »Juste-milieu« zur Kritik an der Geschäftswelt und am Bourgeois erweitert. Vgl. Kreuzer, H., a.a.O., S. 146f.

37 Vgl. Rosenberg, H., Zur Geschichte der Hegelauffassung, in: ders., a.a.O., 1972, S. 69-96. Zu den Konzeptionen der Hegelschen Schule nach dem Tod Hegels siehe insbesondere Eßbach, W., a.a.O., S. 116f.

kelte sich dann insbesondere bei den Junghegelianern eine sektiererische Neigung zu argumentativem Manierismus und übersteigerter Systematisierung. Dissens und Streit um das Erbe wurden dabei mit einer polemischen Heftigkeit ausgetragen, die an Konflikte unter Verwandten erinnert.[38] Die Zugehörigkeit zur Gruppe ist hier wie dort stabil und durch Konflikte belastbar. Sympathie und gute Manieren sind als Garanten der sozialen Beziehung in beiden Fällen entbehrlich. Die interne Kommunikation der intellektuellen Schule orientierte sich folglich an dem Interesse, die intellektuelle Dignität der anderen argumentativ anzuzweifeln und diese somit als »Miterben« auszuschalten.[39]

Die gemeinsame Ablehnung anderer gesellschaftlicher Gruppen und insbesondere auch bürgerlicher Umgangsformen blieb davon unberührt. Auch die Junghegelianer distanzierten sich vom Bürgertum nicht nur durch Spott und Satire, sondern auch durch bohemehafte Lebensumstände und eine absichtsvolle Skandalpraxis.[40] Man wollte ohne die zeitlichen Regeln, lokalen Bindungen und moralischen Verbote des Bürgertums leben und dem Bürger mit Regelübertretungen die Freiheit der Zukunft vorleben; man fühlte sich als Avantgarde, als Repräsentanten einer zukünftigen Lebensform, die in die Gegenwart vorgezogen wurde und rechtfertigte mit der künftigen Freiheit aller die jetzigen eigenen Freiräume. In der Vorstellung der ›Avantgarde‹ der Geschichte zeigt sich die grundlegende Verzeitlichung, der an der Wende zum 19. Jahrhundert viele sozialstrukturelle Begriffe unterlagen: Die

---

38 Die Abrechnung Marxens mit seinen ehemaligen Gefährten trägt denn auch den Titel: Die heilige Familie, MEW Bd. 2, Berlin 1959, S. 7-223.
39 »Auf dem Gebiet der Theorie gibt es ... keine Toleranz«, Ruge, A., Der Liberalismus und die Philosophie, Gesammelte Schriften, Mannheim 1848 f., Bd. IV, S. 295. Zu den »theoretischen Massakern« (Eßbach) der Radikalen im Vormärz vgl. Na'aman, S., Gibt es einen Wissenschaftlichen Sozialismus? Marx, Engels und das Verhältnis zwischen sozialistischen Intellektuellen und den Lernprozessen der Arbeiterbewegung, hg. von M. Vester, Hannover 1979.
40 Berühmt geworden ist der Skandal um die Welcker-Serenade und die Selbstinszenierung der Entlassung Bruno Bauers. Vgl. Eßbach, W., a.a.O., S. 124 f. und S. 206 f.; zur Strategie der Provokation vgl. Sass, H. M., Nachwort zu Bauer, B., Feldzüge der Kritik, Frankfurt/M. 1968, S. 224-268, S. 257.

›höheren Schichten‹ wurden durch die Avantgarde, der Aufstieg durch den Fortschritt, die Aristokratie und ihre Frivolität durch die literarische Boheme und ihre Libertinage ersetzt.[41] Das neue Privileg der Avantgarde bestand darin, als erste die künftigen Lebensformen, das künftige Wissen zu besitzen und damit als sozialer Ort des Fortschritts, als Einfallstor der Zukunft in die Gegenwart zu erscheinen.

Diese Boheme der Vormärzintellektuellen lehnte allerdings den romantischen Blick auf das subjektive Gefühl ab.[42] Die Junghegelianer betrachteten das Gefühl als eine private Angelegenheit, die der öffentlichen Äußerung nicht unmittelbar zugänglich sei. Ähnlich wie die Persönlichkeit der Schauspieler hinter ihren Rollen zurücktrat, so sollte auch das persönliche Gefühl von der öffentlichen Kommunikation ausgeschlossen sein.[43]

Diese wurde in der Nachfolge Hegels als ›bildendes Schauspiel‹ für ein Publikum inszeniert. In der Tat hatte der philosophische Prinzipienstreit der Junghegelianer oft theatralische Züge. Die wichtigste Argumentationsform war die polemische Kritik. Mit ihr wurde die philosophische Auseinandersetzung in eine persönlich agonale Beziehung übersetzt – es ging nicht nur um Argumente, sondern um Parteinahme, und das Publikum wurde aufgefordert, Stellung zu beziehen.

41 Vgl. u. a. die in Anschluß an die einschlägigen Arbeiten R. Kosellecks evolutionstheoretisch akzentuierten Ausführungen in: Giesen, B., Die Entdinglichung des Sozialen, Frankfurt/M. 1991, S. 72 ff.
42 Vgl. A. Ruges und T. Echtermeyers einflußreiche Abhandlung: Protestantismus und Romantik. Zur Verständigung über die Zeit und ihre Widersprüche, in: Hallische Jahrbücher, 1839/40, und dazu Rosenberg, H., Arnold Ruge und die »Hallischen Jahrbücher«, in: ders., a.a.O., 1972, S. 97-115, S. 107 f. Der Kritik verfallen insbesondere auch Heine und das Junge Deutschland. Gefragt waren ›Entschiedenheit‹ und Pathos, also Börnes ›Revoluzzertum‹ statt Heines ›frivoler Selbstgenuß‹.
43 Vgl. Eßbach, W., a.a.O., S. 161 f. Eßbach weist hin auf H. Hirsch, der die Junghegelianer beschreibt als »Arbeitsgemeinschaft, die das System einer objektiven Begriffsgeschichte an sich zu verwirklichen sucht, indem sie auf individuelle Schreibweise verzichtete«. In: Hirsch, H., Karl Friedrich Köppen, der intimste Berliner Freund Marxens, in: ders., Denker und Kämpfer. Gesammelte Beiträge zur Geschichte der Arbeiterbewegung, Frankfurt/M. 1955, S. 19-81, S. 46, zitiert nach Eßbach, W., a.a.O., S. 81, Anm. 149.

Dieser Übergang zur *Parteinahme* ergibt sich mit einer gewissen Notwendigkeit aus der Lage der junghegelianischen Schule. Wenn der eigene Gründervater intellektuell nicht überboten werden kann und die exegetische Kommunikation nach einiger Zeit beginnt, sich im Kreise zu drehen, öffnet nur der Wechsel in eine andere Sphäre einen Ausweg: Dem Geist muß die Tat folgen, die Philosophie muß politisch werden, der Gedanke die Massen ergreifen, die Theorie muß Partei werden.[44]

Dieser Schritt von der philosophischen Reflexion zur politischparteilichen Aktion erlaubt es nicht nur, der Auslegung des großen Gedankens ein neues Motiv hinzuzufügen, sondern er ist auch durch die Hegelsche Leitidee der ›Vermittlung‹ begründbar. Allerdings: den Junghegelianern ging es weniger um Vermittlung als um ›Konsequenz‹. Aus dem philosophischen System war die ›Konsequenz‹ in der politischen Tat zu ziehen, angeleitet durch die Idee, hatte man ›konsequent‹ zu handeln etc. Parteinahme war die Konsequenz eines geschichtsphilosophischen Systems, dessen Gültigkeit weder von dem Bestehenden noch von der Subjektivität literarischer Kritik erreicht wurde.[45]

44 Vgl. Löwith, K. (Hg.), Die Hegelsche Linke, Einleitung, S. 7-38, Stuttgart-Bad Cannstatt 1962; Stuke, H., Philosophie der Tat. Studien zur »Verwirklichung der Philosophie« bei den Junghegelianern und den wahren Sozialisten, Stuttgart 1963. Dabei wird zunehmend die jungdeutsche Gleichsetzung von Literatur und Leben/Tat zugunsten direkter politischer Agitation verlassen. Das Konzept »Partei« – jenseits einer bloßen Übereinstimmung der Gesinnung und der dialektischtheatralischen Entfaltung antithetischer Prinzipien – bleibt jedoch an das kurzfristige Bündnis mit dem Liberalismus gebunden. Vgl. Schieder, T., Die Theorie der Partei im älteren deutschen Liberalismus, in: ders., Staat und Gesellschaft im Wandel unserer Zeit, München 1970, S. 110-132, S. 113; Meyer, G., a.a.O., S. 11 f.; Eßbach, W., a.a.O., S. 192-203. Die linkshegelianische Parteidiskussion endet im Übergang zum »demokratischen Monismus«, vgl. Wende, P., Radikalismus im Vormärz. Untersuchungen zur politischen Theorie der frühen deutschen Demokratie, Wiesbaden 1975, S. 55 f. Zur systematischen Diskussion der politischen Denkströmungen vgl. Eder, K., Geschichte als Lernprozeß? Zur Pathogenese politischer Modernität in Deutschland, Frankfurt/M. 1985, S. 230-296.

45 Zur Rhetorik der Konsequenz vgl. Eßbach, W., a.a.O., S. 169. Die Aufkündigung der »Akkommodationen« der Philosophie ans Beste-

In diesem System verliert das Argument seine ironische Leichtigkeit; es wird auf unpersönlichen Grund gesetzt und Regeln unterworfen. Nicht mehr die Unendlichkeit und Unfaßbarkeit der Subjektivität und des Gefühls versprechen hier Erlösung, sondern das *objektive Wissen*. Das Primat der Kunst ist am Ende, es beginnt die Zeit der Theorie, und diese Theorie ist parteilich.[46]
Der Schritt von der Schule zur Partei fügt sich gut in das vormärzliche Szenario der Parteigründungen, die freilich nur selten die festen Formen einer zweckrationalen Organisation annahmen, sondern eher dem Typ des politischen Vereins oder Bundes entsprachen. Mitgliedschaft war fast ausschließlich an eine gemeinsame politische Gesinnung gebunden, rechtlich fixierte Statuten und formale Hierarchien usw. fehlten.[47] Dennoch unterschieden sich die Parteien des Vormärz von den Vereinen der Aufklärungsgesellschaft in einem wichtigen Punkt: Sie waren funktional spezifische Gebilde, die auf die Teilnahme und Teilhabe an *politischer Macht* und herrschaftlicher Autorität durch Konkurrenz zwischen gesellschaftlichen Gruppen ausgerichtet waren.[48] Die Rationalität der Herrschaft war nicht mehr bloß durch die Vernünftigkeit und Aufgeklärtheit der Herrscher gesichert, sondern beruhte auf dem Herrschaftsrecht des aufgeklärten Volkes. Die Aufgabe der Aufklärung, die Vermittlung von Rationalität, fällt wiederum den Intellektuellen zu;[49] sie sind die eigentlichen Garanten der Vernunft; sie *müssen* Partei ergreifen, um die »Vermittlung« von Staat und Gesellschaft zu ermöglichen und der gesellschaftlichen Vielheit zur vernünftigen Einheit zu verhelfen etc. Die Partei der Intellektuellen wird so, obwohl Partei, zum Repräsentanten des Absoluten.

    hende wird vor allem von Bakunin und E. Bauer zu einer Antithetik der Gegensätze zugespitzt. Vgl. Wende, P., a.a.O., 1975, S. 155.
46 Bündig formuliert von Ruge und Echtermeyer: »Die Philosophie macht Partei«, in: Der Protestantismus und die Romantik, Hallische Jahrbücher, 1840, Sp. 417.
47 Vgl. Schieder, T., Die geschichtlichen Grundlagen und Epochen des deutschen Parteiwesens, in: ders., a.a.O., S. 133-171.
48 Vgl. dazu Eder, K., a.a.O., S. 180ff.
49 »Das Ende der theoretischen Bewegung ist die praktische, die Praxis aber nichts anderes als die Bewegung der Masse im Sinne der Theorie.« Ruge an Prutz am 14. 1. 1846, zitiert nach Wende, P., a.a.O., 1975, S. 159.

Freilich: die Gewißheit, für das Absolute in der Geschichte zu stehen, verhindert keineswegs Spaltung, Streit und Polemik. Im Gegenteil: Gewißheit als rhetorische Einstellung läßt sich nur dann relativ konfliktfrei durchhalten, wenn andere, unpersönliche Prinzipien die Kommunikation vorher schon regulieren: Herrschaft oder Sachzwang. Im Diskurs der Junghegelianer konnte jedoch keine lebende Autorität diese internen Konflikte verhindern und kein praktischer Handlungsdruck der Polemik Zügel anlegen. Freigesetzt von praktischen Notwendigkeiten, aber diese immer wieder gegen ›utopische‹ Ideen anrufend, schraubt sich die Kommunikation der Vormärzintellektuellen in immer höhere Systemsphären. Das Verfahren, die Gruppe erst durch freischwebende Diskurse zu erzeugen, das die Romantiker begonnen hatten, wird bei den Junghegelianern gerade dadurch auf eine neue Stufe gehoben, daß man ständig Objektivität und praktische Konsequenz anrufen konnte, ohne sie als eine externe Einschränkung beachten zu müssen.[50]

Anders als die Objektivität des naturwissenschaftlichen Befundes bringt jedoch die Objektivität des dialektischen Arguments den Kontrahenten nur selten zum Schweigen: man konnte nicht nur weiter diskutieren und polemisieren, sondern man war aus systematischen Gründen hierzu angehalten. Diese Selbsterzeugung der Gruppe durch polemischen Dissens konnte gerade deshalb gelingen, weil es kaum feste organisatorische Zusammenschlüsse und praktische Handlungszwänge gab. Im Rahmen einer Parteiorganisation oder eines Geheimbundes hätte der polemische Dissens krisenhafte Sprengkraft entfaltet – auf der Ebene einer intellektuellen Schule hingegen sicherte er den Fortbestand durch Kommunikation.

Es ist daher nur scheinbar paradox, wenn man den sozialen Erfolg der Junghegelianer gerade darin sieht, daß sie als Partei scheiterten. Ihre Lage unterschied sich damit von der der Saint-Simonisten in Frankreich. Dort wurde der Versuch, sich als Sekte oder als Orden zu organisieren, mit weit größerer Konsequenz durchge-

---

50 Köster weist auf die romantischen Wurzeln der Verschiebung der Begründungsebene in immer höhere Sphären hin. Vgl. Köster, U., Literarischer Radikalismus. Zeitbewußtsein und Geschichtsphilosophie in der Entwicklung vom Jungen Deutschland zur Hegelschen Linken, Frankfurt/M. 1972, S. 146.

führt, und er führte zu krisenhaften Konflikten, die das Ende der Schule bedeuteten.[51]

Mit dem Wechsel zur dialektischen Theorie änderte sich auch das Verhalten zum Publikum. Anders als in die Lese- und Zeitungskultur der Aufklärung, anders auch als im symphilosophischen Diskurs der Romantiker wandte sich der engagierte Intellektuelle an ein anonymes Publikum, das er sich *nicht* als ebenbürtig vorstellen und von dem er keinen Widerspruch erwarten konnte. Autor und Publikum waren nicht mehr durch eine systematische Kommunikationsbeziehung verbunden, wie sie noch die patriotische Öffentlichkeit der Aufklärung bestimmt hatte. Mit der esoterischen Kommunikation der Frühromantik setzte eine Wendung zur Asymmetrie, zur Entfremdung zwischen Intellektuellen und Publikum ein, die die intellektuelle Binnenkommunikation tendenziell vom Publikum abkoppelte. Diese Grenzziehung verschärfte sich, sobald die Intellektuellen ihre Position nicht mehr bloß persönlicher Empfindsamkeit und ästhetischem Gefühl verdankten, sondern auf eine transzendent begründete Sicherheit vertrauen konnten: Man verfügte über objektiv überlegenes Wissen. Anders als im Falle der Romantik ergab sich daraus ein konkreter Missionsauftrag: ungebildeten, unaufgeklärten Massen war die Aussicht auf geschichtlichen Fortschritt und Befreiung durch Aufklärung zu eröffnen.[52] Mit Büchner und seinen ›Menschenfreunden‹ begann die Tradition der Aufrufe an eine sprachlose und ungebildete Mehrheit – man versuchte, durch Argument und emphatische Rede den Graben zwischen Intellektuellen und Volk zu überbrücken.[53] Aber sie erhielten nicht die Resonanz, die

---

51 Siehe dazu Emge, R. M., Saint-Simon. Einführung in ein Phänomen, München 1987, S. 141-180.
52 Die Differenz zwischen der kritisch gebildeten Avantgarde und der »gemeinen« Bildung des aufzuklärenden Volkes garantiert die notwendige Distanz, vgl. Wende, P., a.a.O., 1975, S. 164. Das Problem, eine revolutionsunwillige Masse erst »erziehen« zu müssen, verlagert auch das »wahre Volk« in die Zukunft und gibt so Ansporn zur Agitation.
53 Vgl. Meyer, T., Büchner und Weidig – Frühkommunismus und revolutionäre Demokratie. Zur Textverteilung des Hessischen Landboten, in: Arnold, H. (Hg.), Georg Büchner I/II, text und kritik, München 1979, S. 16-296; ders., Die Verbreitung und Wirkung des Hessischen Landboten, in: Georg Büchner-Jahrbuch, 1, 1981, S. 68-111.

ihre Verfasser sich erhofften.[54] Die Mehrheit der vielen Hungerrevolten und Aufstände zwischen Biedermeier und Vormärz waren kaum durch frühsozialistische Ideen einer radikalen Gesellschaftsveränderung inspiriert, sondern wurden von der blanken Not ausgelöst und verblieben im traditionellen Rahmen der »moral economy«.[55]

3 Der demokratische Nationencode

3.1 Die Verzeitlichung kollektiver Identität

Lage und Diskursformen der Vormärzintellektuellen förderten neue Codierungen der nationalen Identität. Nicht nur der neue Internationalismus und die neue Rolle Frankreichs, sondern auch die Distanz zu den trivialisierten Formen der deutschtümelnden Romantik einerseits und dem aristokratisch-reaktionären Staat der Karlsbader Beschlüsse andererseits begünstigten eine neue Codierung kollektiver Identität, die die Grenzen nicht mehr zwischen Diesseits und Jenseits, sondern mitten durch die Gesellschaft selbst verlaufen ließ.[56] Die Distanzierung des Jungen Deutschland ergab sich nicht aus Einsamkeit und lokaler Isolation, sondern entstand in hochmobilen Lebensverhältnissen; ihre Diskurse richten sich auf die wirkliche und beobachtbare Welt, und die Codierung des Nationalen hatte dieser Diesseitigkeit Rechnung zu tragen. Für Heine gab es zwei Deutschland: »(...) das alte offizielle Deutschland, das verschimmelte Philisterland«

---

54 Vgl. Grab, W., Georg Büchners Hessischer Landbote im Kontext deutscher Revolutionsaufrufe 1791-1848, in: Internationales Georg-Büchner-Symposion 1987, hg. von B. Dedner und G. Oesterle, Frankfurt/M. 1990, S. 65-83, S. 78.

55 Vgl. Thompson, E.P., The Moral Economy of the English Crowd in the 18th Century, in: Past and Present, 50, 1971, S. 76-136.

56 Unter dem Einfluß des »neuen Christentums« Saint-Simons, aber auch des »Glaubensbekenntnisses Lammennais'« spielte der »Umschlag eigentlich transzendenter Erlösungserwartungen ins Irdisch-Diesseitige« eine wesentliche Rolle bei der Herausbildung der vormärzlichen sozialen Bewegungen. Vgl. Schieder, W., Anfänge der deutschen Arbeiterbewegung. Die Auslandsvereine im Jahrzehnt nach der Juli-Revolution 1830, Stuttgart 1963, S. 311.

und »das wirkliche Deutschland (das) große geheimnisvolle, sozusagen anonyme Deutschland des deutschen Volkes, des schlafenden Souveräns«.[57] Je nachdem, um welches Deutschland es sich handelte, empfanden die Schriftsteller und die Intellektuellen des Vormärz Vaterlandsliebe oder Vaterlandshaß. Man beklagte die große Zerrissenheit der eigenen Zeit,[58] die Widersprüche und Gegensätze der Epoche, die die Gegenwart als eine »Durchgangsepoche«[59] zwischen der alten und der neuen Ordnung erscheinen ließ. Schon Romantiker hatten das Fragmentarische der erfahrbaren Welt betont, aber immer auch die unsichtbare und jenseitige Einheit der Welt behauptet. Die radikale Diesseitigkeit des Jungen Deutschland erzwang nun eine Umstellung dieser Codierung: Der Unterschied zwischen Zerrissenheit und Einheit wurde verzeitlicht und blieb im Diesseits. Die Einheit und Ordnung von Welt und Gesellschaft war nicht mehr zeitlos und jenseitig, sondern wurde als ein künftiger Zustand betrachtet, der durch menschliches Handeln, durch eine Beschleunigung der Gegenwart in die Zukunft hinein zu verwirklichen war. Die Orientierung auf diesen künftigen Zustand der Einheit, der Versöhnung und Vermittlung der Gegensätze, markierte auch die Grenzen kollektiver Identität in der Gegenwart: Alle, die ihr Handeln und ihre Identität an dieser künftigen Einheit ausrichteten, hatten teil

---

57 Heine, H., Zur Geschichte der Religion und Philosophie in Deutschland. Vorrede zur 2. Auflage (1852), in: Sämtliche Schriften, hg. von K. Briegleb, München 1971, Bd. 3, S. 505-513, S. 508.
58 Heine transponierte die subjektive Zerrissenheit der Romantik in einen sozialen und politischen »großen Weltriß«. Siehe dazu Höhn, J., Heine-Handbuch. Zeit, Person, Werk, Stuttgart 1987, S. 13-16. Zeit und Zeitgeist – auf Wirklichkeit und Gegenwart bezogen – fungieren als polemische Gegenbegriffe zum Geist der Vergangenheit, vgl. Koopmann, H., Das Junge Deutschland. Analyse seines Selbstverständnisses, Stuttgart 1970, S. 83 ff.; Köster, U., a.a.O., 1972, S. 3 f. Für die Jungdeutschen zählte in der von der Vergangenheit erdrückten Gegenwart nur die »Tendenz« einer »neuen Zeit« als mit der Gegenwart inkommensurablen Zukunft, vgl. Köster, U., ebd., S. 4. Der Erfolg des Jungen Deutschland, die Begriffe »Gegenwart, Leben, Bewegung, Zukunft« u. ä. prominent zu machen, ist dokumentiert in: Wülfing, W., Schlagworte des Jungen Deutschland. Mit einer Einführung in die Schlagwortforschung, Berlin 1982.
59 Laube, H., Das neue Jahrhundert, Bd. 2: Politische Briefe, Leipzig 1833, S. 273. Vgl. Koopmann, H., a.a.O., S. 81-106.

an der Zukunft, waren Avantgarde des Künftigen und konnten sich daher auch ›Junges Deutschland‹ nennen.[60] Ihnen gegenüber standen die Vertreter der alten Ordnung, der Restauration, die den Fortschritt in die Zukunft zu verlangsamen suchten. In der Gegenwart waren also Vergangenheit und Zukunft in sozialer Gestalt präsent.

Die außerordentliche Verschärfung des Zeitbewußtseins und die Wahrnehmung der Gegenwart als labilem Umschlagspunkt zwischen Vergangenheit und Zukunft ändert auch die Blickrichtung auf Staat, Gesellschaft und Nation: Die Begriffe des Kollektiven werden temporalisiert. Man denkt in Entwicklungsstadien und Bewegungsmetaphern wie Emanzipation; Revolution und Fortschritt beginnen ihre Karriere in der Gesellschaftstheorie.[61] Gegenwärtiges erhält seine Bedeutung nicht mehr durch den Bezug auf eine ewige ontologische Ordnung des Jenseits, sondern allein aus der Diesseitigkeit der Zeit, aus dem Bezug auf Vergangenheit und Zukunft. Der programmatischen Randständigkeit der Boheme entspricht hier die Verlagerung des sinnstiftenden Zentrums von der Gegenwart in die Zukunft. In der Gegenwart kann die sinnstiftende Einheit nicht verwirklicht sein; dies gilt auch für die kollektive Identität des Volkes und der Nation. In der Gegenwart gibt es – so Heine – keine Nationen, sondern nur Parteien.[62] Aber diese miteinander streitenden Parteien sind keineswegs einfach Ergebnis zufällig gegensätzlicher, realer und partikularer Interes-

60 Mundt, T., »An die Gemeinde der Zukunft muß man sich wenden, für die Gemeinde der Zukunft muß man schreiben und dichten«, in: ders. (Hg.), Schriften in bunter Reihe, zur Anregung und Unterhaltung, Reprint Frankfurt/M. 1971, zitiert nach Wülfing, W., a.a.O., 1982, S. 281. Wülfing resümiert das Gegenwartsbewußtsein des Jungen Deutschland: »Wenn die Vergangenheit nichts anderes ist als das, was der Zeit entgegensteht, und die Gegenwart das, was der Zeit entsprechen würde, sich aber wegen des Widerstands der Vergangenheit nicht verwirklichen kann, so ist die Zukunft die Erfüllung der Zeit und damit der Gegenwart«, ebd., S. 285.
61 Vgl. Koselleck, R., Artikel »Fortschritt«, in: Geschichtliche Grundbegriffe, Bd. II, Stuttgart 1975, S. 363-423; Koselleck, R./Meier, Chr./Fisch, J./Bulst, N., Artikel »Revolution«, in: Geschichtliche Grundbegriffe, Bd. V, Stuttgart 1984, S. 653-788; dazu auch Giesen, B., a.a.O., S. 72 ff.
62 Heine, H., Reisebilder III, in: Sämtliche Schriften, hg. von K. Briegleb, München 1969, Bd. 2, S. 309-470, S. 376.

sen. Sie sind die gesellschaftliche Verkörperung von Zukunft und Vergangenheit; ihr Gegensatz erst ermöglicht Fortschritt und Geschichte. Für die Junghegelianer ist Parteilichkeit Gebot der Geschichte, denn das Absolute wird durch die Partei geschichtlich. Daß das Absolute des Weltgeistes bei den Junghegelianern eher dem Projekt der Zukunft als den konkreten Tatsachen der Vergangenheit zugeordnet wird, ist verständlich:[63] Der Blick auf die Zukunft macht Handeln als autonomes Handeln bewußt, die Erinnerung des Vergangenen zeigt Unveränderbares. Der Bezug auf die Zukunft erregt und erzeugt die Spannung des Ungewissen, Neuen und Unerhörten, die Betrachtung der Vergangenheit beruhigt und stabilisiert; die Partei der Zukunft ist auch die des Neuen und Aufregenden.

Im machtergreifenden Akt, in der Revolution, gerät dann die Geschichte in Bewegung, wird Vernunft Partei und das Allgemeine mit dem Besonderen vermittelt. Die hegelianische Leitidee der Versöhnung wird hier in eine Philosophie der Tat und der Parteilichkeit umgesetzt, die allein dem neuen und geschärften Bewußtsein von Geschichtlichkeit als Fortschritt verständlich wird. In dieser Vermittlung von absoluter Zukunft und parteilicher Gegenwart spielt der Intellektuelle eine zentrale Rolle. Er ist »Künstler, Tribun, Apostel«,[64] er stellt durch die neue Idee die Einheit des Ganzen wieder her, er überwindet den Gegensatz von Kunst und Leben, indem er die Kunst dem Leben anpaßt und selbst zum »unverfälschten Organ seiner Zeit«[65] wird. Das Wissen des Intel-

63 Vor dem Hintergrund der Julirevolution 1830 bleibt das Programm einer erst künftig noch zu verwirklichenden Philosophie im Rahmen der Hegelschen Schule nicht auf den engeren Kreis der Linkshegelianer beschränkt, sondern wird selbst von orthodoxen Schülern forciert. Vgl. Stuke, H., a.a.O., S. 75 f. Die Radikalisierung des Programms durch die Junghegelianer erfolgt über den Rückgriff auf die »esoterische Lehre« Hegels und seine frühen Schriften. Siehe zu den dort angelegten Interpretationsmöglichkeiten Ritter, J., Hegel und die französische Revolution, Frankfurt/M. 1965.
64 Heine, H., Die romantische Schule (1835), in: Sämtliche Schriften, hg. von K. Briegleb, München 1971, Bd. 3, S. 357-504, S. 468. Zur vorgängigen Formulierung »Gelehrte, Künstler, Apostel« vgl. Höhn, G., a.a.O., 1987, S. 262.
65 H. Laube in einem Brief an Cotta 1831, zitiert nach Hömberg, W., a.a.O., S. 27.

lektuellen wird die Erlösung bringen, die Theorie muß die Massen ergreifen, die Philosophie muß das Leben erfassen, eine neue Kirche muß gegründet werden.
Auch hier baut die neue Codierung der kollektiven Identität auf entsprechende Vorstellungen der Romantik und der Aufklärung auf, aber die Akzente verschieben sich deutlich: Man redet über Organisation, Politik und Partei, statt die Selbstaufklärungskräfte des Einzelnen oder die innere Welt des Subjekts anzurufen. In der Aufwertung des Intellektuellen findet sich auch hier eine Parallele zur Lage der deutschen Nation. Auf dem Feld der Politik und der revolutionären Tat gilt sie als rückständig und bleibt weit vom französischen Vorbild entfernt. Im Bereich des Geistes hingegen, und d. h. jetzt: der Theorie, ist Deutschland überlegen.[66] Gerade diese Ungleichzeitigkeit gilt Marx als Beleg dafür, daß die Revolution in Deutschland über die politische Sphäre in die soziale hinaustreibt: »Das gründliche Deutschland kann nicht revolutionieren, ohne von Grund aus zu revolutionieren. Die Emanzipation des Deutschen ist die Emanzipation des Menschen.«[67] Die deutsche Nation ist daher besonders befähigt, die Geschichte durch eine Theorie zu beschleunigen.

---

66 Das im Pariser Exil an die französischen Intellektuellen gerichtete Bündnisangebot, so etwa von Ruge und Marx in den Deutsch-französischen Jahrbüchern, wird deutlich von einem auf die eigene Wissenschaftlichkeit gegründeten Überlegenheitsgefühl getragen. »Hinter dieser scheinbaren Gleichsetzung des deutschen mit dem französischen Sozialismus verbarg sich letztlich ein deutscher Führungsanspruch«, Schieder, T., Artikel »Sozialismus«, in: Geschichtliche Grundbegriffe, Bd. IV, Stuttgart 1985, S. 923-996, S. 953. Zeitgenössisch ließ sich das »demokratische Prinzip« durchaus mit dem Königtum zur »konstitutionellen Monarchie« verbinden.
67 Vgl. Marx, K., Zur Kritik der Hegelschen Rechtsphilosophie. Einleitung, MEW Bd. 1, Berlin 1957, S. 391.

3.2 Die »Rehabilitation des Fleisches« und die neue Wirklichkeit

Die Ausrichtung der Gegenwart auf die Zukunft war jedoch nicht das einzige Motiv, mit dem sich Distanz zum Bestehenden erzeugen ließ. Ebenso wichtig wurde der neue Kult der Sinne und die »Rehabilitation des Fleisches«, die die Saint-Simonisten und das Junge Deutschland, vor allem Heine, betrieben.[68] Sinneslust und der individuelle Drang nach Befreiung und Selbstbestimmung wurden als eine elementare, zeitlose und natürliche Quelle der Revolte gegen gesellschaftliche Ordnung und Unterdrückung entdeckt. Nicht die bloße Befreiung von der Herrschaft einer bestimmten Klasse, sondern weit Grundsätzlicheres lag im Visier einer solchen Revolte: die gesellschaftliche Ordnung an sich, die Knechtschaft des Individuums; der Moral und der christlichen Religion wurden im Namen der Sinnlichkeit und eines antiken Pantheismus der Gehorsam aufgekündigt.[69] Die »Rehabilitation

---

68 Diese Thematik, besonders auch von Mundt, Laube und v. Ungern-Sternberg entwickelt, stellt das prominenteste Opfer der Diskussion und der Verbotsbeschlüsse des Jahres 1835 dar. Die konservative Kritik an der »Unmoral« des Jungen Deutschland wurde über weite Strecken auch von der liberalen Opposition geteilt. Vgl. dazu Hermand, J., Erotik im Juste Milieu. Heines »Verschiedene«, in: Kuttenkeuler, W. (Hg.), Heinrich Heine: Artistik und Engagement, Stuttgart 1977, S. 86-104, S. 91f. Für Heine wird gerade Frivolität zur »einzige(n) Möglichkeit der Humanität« und verbleibt gegen und mit dem Leser subversiv wirksam, so Oesterle, G., a.a.O., 1972, S. 95. Habermas macht darauf aufmerksam, daß die »radikalen Motive eines libertären und hedonistischen Sozialismus«, mit dem Heine »den Gegensatz zwischen Romantik und Aufklärung liquidierte«, immer noch unterbelichtet werden. Ders., Heinrich Heine und die Rolle des Intellektuellen in Deutschland, in: Merkur, 40, 1986, S. 453-468, S. 460. Vgl. zur schon verschobenen Problematik der Sexualität bei Büchner Hohendahl, P., Nachromantische Subjektivität: Büchners Dramen, in: Zeitschrift für Philologie, 108, 1989, S. 496-511.

69 Vgl. zu Heine Pepperle, H., Heinrich Heine als Philosoph, in: Höhn, G., Heinrich Heine. Ästhetisch-politische Profile, Frankfurt/M. 1991, S. 155-175; Hermand, J., Vom »Buch der Lieder« zu den »Verschiedenen«, ebd., S. 214-235. Heines Sensualismus in seiner weitestgehenden Interpretation umfaßt die Forderung nach allgemeinem sozialem

des Fleisches« und die Unmittelbarkeit der sinnlichen Erfahrung traten in Gegensatz zur moralischen Disziplin, zur Ordnung und Regelhaftigkeit. Die Lebensform, die diesen grundsätzlichen Gegensatz zum Thema machte, war die programmatische Regellosigkeit der Boheme. In ihr sollten Kunst und Leben eins und die Spontaneität des Gefühls zur Norm werden.

Auch diese »Rehabilitation des Fleisches« konnte an aufklärerische und romantische Motive anknüpfen.[70] Schon die Aufklärung hatte die Natur als unerschütterlichen Grund für Vernunft und Moral angerufen, und die Romantik sah in der Erotik eine dunkle, alles speisende Kraft, die auch die Stellung der Frau neu definierte. Aber diese Themen der Romantik wurden in den Codierungen der Vormärzintellektuellen aus einer ganz anderen und neuen Sicht behandelt. Weder Natur noch Erotik waren hier transzendente Fluchtpunkte, sondern Begriffe der politischen Aktion, mit der sich das Diesseits in Bewegung bringen ließ.[71]

Das Bekenntnis zur Diesseitigkeit zeigte sich nicht nur in Politisierung und Parteinahme, sondern auch in geschärfter Beobachtung der Realität und in einer Begeisterung für die neue nüchterne und sachliche Ordnung der industriellen Welt: »Dampf und Eisenbahnen sind nun einmal demokratische Mächte des Lebens; das läßt sich nicht ändern.«[72] Wo die Romantiker noch im Traum ein dunkles Jenseits suchten, ging es den Vormärzintellektuellen um die genaue Wahrnehmung des Wirklichen, um positives Wissen, um die befreiende Möglichkeit von Technik und Wissenschaft. Insbesondere die Polemik der Junghegelianer war auf Objektivität und unpersönliches Wissen hin angelegt. Gerade weil die

---

Glück und überschreitet früh die am Bildungsbürgertum orientierten Grenzen des Jungen Deutschland, vgl. Köster, U., a.a.O., 1972, S. 12.

70 Siehe insbesondere die Herausgabe von Schleiermachers »Vertraute Briefe an Lucinde« durch Gutzkow 1835.

71 Ehe und Sexualität werden zu »sozialen Fragen«, vgl. Wülfing, W., Junges Deutschland. Texte, Kontexte, Abbildungen, Kommentar, München-Wien 1978, S. 165 ff.

72 G. Kühne, in: Zeitschrift für die elegante Welt, 36, 1836, S. 174, zitiert nach Wülfing, W., a.a.O., 1982, S. 232. Vgl. dazu auch Koopmann, H., Das Junge Deutschland. Analyse seines Selbstverständnisses, Stuttgart 1970, S. 32; Köster, U., a.a.O., 1972, S. 120. Zum Spannungsfeld Philosophie/Wirklichkeit im Hegelianismus als Katalysator der Entwicklung des Linkshegelianismus vgl. Löwith, K., a.a.O., S. 15-17.

Diskurse schwankend und instabil waren, benötigte man Anbindungen an fraglos Geltendes, an positives gesichertes Wissen. Dieser Positivismus und Realismus codierte auch die kollektive Identität der Gesellschaft neu; der alten Gesellschaft der ständischen Privilegien und der Willkürherrschaft wurde die neue Gesellschaft der Arbeitsteilung und der sachlichen Notwendigkeit entgegengesetzt. Diese galt als wahre und vernünftige Identität, die durch Ideenkampf und Revolution zu verwirklichen war. Sie galt als ein Projekt der Zukunft, die bestehende Ordnung hingegen als eine Illusion, eine Falschung. Auch hier wieder steht der Intellektuelle als Sachwalter des positiven Wissens im Zentrum der künftigen Ordnung.

In dieser sachlichen Ordnung scheint zunächst kein Platz für nationale Unterschiede zu sein. Man übersieht jedoch leicht, daß in der ersten Hälfte des 19. Jahrhunderts die Gesellschaft vor allem als Nation gedacht werden konnte und Begriffe internationaler Gesellschaftlichkeit erst in unklaren moralischen Ansätzen verfügbar waren: Der Staat sollte Nationalstaat und die Ökonomie Nationalökonomie sein.[73] Jenseits dieser schweigenden Voraussetzung des (inzwischen) Selbstverständlichen zeichneten sich jedoch auch Verschiebungen in dem ab, was unter Nation oder Volk verstanden wurde.

3.3 Das Volk auf der Barrikade

Die künftige Ordnung des positiven Wissens und der Sachlichkeit konnte nun nicht allein von den Intellektuellen getragen werden. Ihre instabilen und schwankenden Diskurse benötigten Absicherung in einem externen Terrain, das sprachlich nicht verflüssigt werden konnte, und die neue Ordnung der Sachlichkeit schien dies zunächst zu bieten. Aber wie jede Ordnung, die Geltung beansprucht, konnte sie auch wieder bestritten werden – der vermeintliche Ausweg aus dem Strudel der Diskurse führte also wieder hinein. Als soziales Fundament, das nicht in eine solche dis-

---

73 Vgl. Fenske, H., Ungeduldige Zuschauer. Die Deutschen und die europäische Expansion 1815-1880, in: Reinhardt, W. (Hg.), Imperialistische Kontinuität und nationale Ungeduld im 19. Jahrhundert, Frankfurt/M. 1991, S. 87-123.

kursive Verflüssigung geraten konnte, bot sich das ungebildete und ›sprachlose‹ Volk an, der schlafende Souverän, der gegen seine Unterdrücker aufstehen und im Akt der Revolte zu sich selbst finden sollte. Die Französische Revolution hatte den Mythos des Volkes auf der Barrikade geschaffen, und die deutschen Intellektuellen konnten ihn übernehmen, um ihre unruhigen Diskurse in einer neuen Trägergruppe zu verankern. In der Vorstellung des Volkes auf der Barrikade verband sich die Idee der Erlösung durch Revolution mit der Parteinahme für die Zukunft und der neuen sachlichen Ordnung der Arbeit. Ebenso wie eine künstliche und falsche Moral die Sinneslust unterdrückte, so fesselte auch die restaurative Ordnung die vitalen Energien des Volkes, das die wirkliche Nation und das eigentliche Subjekt der Geschichte war. Was Nation ist, wurde hier nicht durch unveräußerliche Eigenarten von Natur oder Kultur bestimmt, sondern durch das unveräußerliche Recht zur politischen Machtergreifung – ein Recht freilich, das noch nicht wahrgenommen und dem Volk von adliger Reaktion und neuem ›Juste-milieu‹ vorenthalten wurde. Erst aus dem Zusammenhang von Unterdrückung und Revolte würde sich die Nation ergeben.[74]

Dieser aus der Französischen Revolution stammende demokratische Code der Nation erhielt seine besondere deutsche Einfärbung durch die starke Stellung, die die Intellektuellen und die befreiende Idee in ihm einnahmen. Die Intellektuellen erhielten diese starke Stellung, weil die Trägerschicht geschichtlicher Bewegung nicht mehr das selbstbewußte Bürgertum war, sondern die verarmte Masse, das ungebildete Volk, das sich seiner Macht und seiner Rechte noch nicht bewußt war und erst durch die Intellektuellen »aus dem Traum über sich selbst« dadurch aufgeweckt

---

74 Als eines der eindeutigsten Revolutionsbekenntnisse führt Wende die Worte K. Heinzens an: »Es muß also als unerläßliche Bedingung jeden wahren Staates der Neuzeit die Notwendigkeit bezeichnet werden, daß seine Bürger einen Akt der Selbständigkeit begingen, die Form des Feudalstaats, die unvolkstümliche, ohne Zutun der Gehorchenden entstandene Staatsgewalt abzuschaffen und dem Staate eine ihren Bedürfnissen angemessene Verfassung zu geben. Diese Prozedur ist bekannt unter dem Namen Revolution.« (1847), vgl. Wende, P., Der Revolutionsbegriff der radikalen Demokraten, in: Klötzer, W./Moldenhauer, R./Rebentisch, D. (Hg.), Ideen und Strukturen der deutschen Revolution 1848, Frankfurt/M. 1974, S. 57-68, Zitat S. 65.

werden mußte, »daß man ihre eigenen Aktionen (ihnen) erklärt«.[75] Die hegelianische Leitidee der Versöhnung und Vermittlung wurde so nicht nur für Kunst und Leben oder Theorie und Praxis, sondern auch für die Beziehung von Intellektuellen und Volk einsehbar: Erst wenn beide Gruppen sich zusammenschlossen, konnte eine demokratische Nation entstehen. Auch hier wurde, wie in anderen kulturellen Codierungen kollektiver Identität, innerhalb der eigenen Gesellschaft missioniert. Die Intellektuellen erhielten sich so ihre Unverzichtbarkeit.[76]
Das gilt um so mehr, als gerade in Deutschland im Vormärz die Industrialisierung kaum begonnen hatte; jedoch erst im industriellen Produktionszusammenhang gelangt das Volk als Proletariat zum Bewußtsein seiner Macht.[77] Im vorindustriellen Deutschland hingegen setzte sich das Volk weniger aus städtischem Proletariat als aus den verarmten und elenden Massen ländlicher Gebiete zusammen. Der ländliche Pauperismus war folglich auch ein zentrales Thema frühsozialistischer Intellektueller wie Engels', Grüns oder Hess' in Deutschland. Es ging dabei nicht bloß um eine Linderung von Armut und Elend, sondern um die eine »soziale« Demokratie, die nicht nur den politisch artikulationsfähigen Bürgern mit Besitz und Bildung, sondern dem vom politischen Prozeß ausgeschlossenen Volk, das für Arbeit und die materiellen Kräfte der neuen Welt stand, Stimme und Macht gewährte.[78] Al-

75 Marx, K., Briefe aus den »Deutsch-französischen Jahrbüchern«, MEW Bd. 1, Berlin 1957, S. 346.
76 Berühmt ist Marxens Formulierung: »Der Kopf dieser Emanzipation ist die Philosophie, ihr Herz das Proletariat. Die Philosophie kann sich nicht verwirklichen ohne die Aufhebung des Proletariats, das Proletariat kann sich nicht aufheben ohne die Verwirklichung der Philosophie«, in: Zur Kritik der Hegelschen Rechtsphilosophie. Einleitung, MEW Bd. 1, Berlin 1957, S. 391.
77 Conze, W., Vom »Pöbel« zum »Proletariat«. Sozialgeschichtliche Voraussetzungen für den Sozialismus in Deutschland, in: Vierteljahresschrift für Sozial- und Wirtschaftsgeschichte, 41, 1954, S. 333-364.
78 Die schon früh von Heine vertretene Vorrangigkeit der »sozialen Frage« vor der politischen Frage der Konstitution wird 1840 dann vom Brockhaus registriert. Der politische Begriff der Demokratie verschiebt sich zur »Demokratie als Macht der materiellen Interessen und Bedürfnisse der Volksmasse ... Nicht bloß die politische, sondern auch die sociale Grundlage des bisherigen Gesellschaftszustandes (müsse) eine Umwandlung erfahren, ... also nicht nur eine vollstän-

lerdings schlossen sich keineswegs alle Vormärzintellektuellen diesem Versuch zur Mobilisierung des Vierten Standes an; Heine stand mit seiner nachdrücklichen Distanz zu dem »souveränen Rattenkönig« keineswegs allein.[79] Büchner hingegen wandte sich nicht nur gegen diese Distanz Heines zum Volk, sondern auch gegen den im literarischen verbleibenden Ansatz des Jungen Deutschland.

»Die Gesellschaft mittels der Idee, von der gebildeten Klasse aus reformieren? Unmöglich! Unsere Zeit ist rein materiell ... Ich glaube, man muß in socialen Dingen von einem absoluten Rechtsgrundsatz ausgehen, die Bildung eines neuen geistigen Lebens im Volk suchen und die abgelebte moderne Gesellschaft zum Teufel gehen lassen.«[80]

Aber die demokratische Codierung der Nation zielte nicht nur auf die verarmten Massen. Es ging nicht nur um eine Revolution des Vierten Standes, sondern auch um Emanzipation in der bürgerlichen Gesellschaft, vor allem um die Gleichstellung von Juden und Frauen. Rechtliche Gleichheit aller Staatsbürger wird hier ebenso zum Element des demokratischen Nationencodes wie individuelle Freiheiten und kollektive Autonomie.[81] Der demokra-

dige politische, sondern auch eine materielle und sociale Gleichheit aller Classen der Gesellschaft (müsse) hergestellt werden. In diesem Sinne hat man von einer social-demokratischen Staatsordnung, einer demokratischen und socialen Republik, als dem notwendigen Zielpunkte der Entwicklung des demokratischen Prinzips, gesprochen.« Brockhaus, 8. Auflage, Bd. 3, 1840, S. 372, zitiert nach Reimann, H. L./Koselleck, R./Meier, H./Conze, W., Artikel »Demokratie«, in: Geschichtliche Grundbegriffe, Bd. 1, Stuttgart 1972, S. 821-899, S. 868. Zeitgenössisch ließ sich das »demokratische Prinzip« durchaus mit dem Königtum zur »konstitutionellen Monarchie« verbinden.
79 Heine, H., Ludwig Börne. Eine Denkschrift, in: Sämtliche Schriften, hg. von K. Briegleb, München 1971, Bd. 4, S. 7-148, S. 75. Zu Heine vgl. Briegleb, K., General Marx – Hund Heine. Eine Textspiegelung zur Frage: Heinrich Heine nach 1848 – ein politischer Dichter?, in: Heinrich Heine 1797-1856, Schriften aus dem Karl-Marx-Haus, 26, Trier 1981, S. 153-181, S. 164 f. Zum gebrochenen Verhältnis radikaler Theorie zur Masse vgl. Wende, P., a.a.O., 1975, S. 163 f.
80 Brief an Gutzkow, Straßburg 1836, in: Georg Büchner. Sämtliche Werke und Briefe, hg. von R. W. Lehmann, Bd. 2, Darmstadt 1971, S. 455.
81 Die Entwicklung des Begriffs »Emanzipation« von einem vergangenheitsorientierten Bewegungs- zu einem Ziel- und Erfüllungsbegriff

tische Code begreift die Nation nicht mehr als eine außerhistorische und vorpolitische Einheit, sondern als eine Bewegung politischen Willens und politischer Teilnahme. Die Massen werden erst zur Nation, indem sie in die Geschichte eintreten und nach der Macht greifen. Staat und Nation, Allgemeines und Besonderes, Kunst und Leben, Idee und Praxis universalistischer Öffnung und partikularer Abschließung sollen in dieser Bewegung zusammenfallen und eine neue Einheit bilden. Obwohl sie auf diese Einheit hinzielt, kann die demokratische Nation jedoch nur als Bewegung existieren, die immer neue Gruppen einschließt und emanzipiert, immer wieder Bestehendes als falsch entdeckt und zu überwinden versucht. Sobald diese Bewegung zum Stillstand kommt oder die Richtung verliert, gerät die demokratische Codierung in riskantes Gelände: Sie verliert ihre exzentrische Ausrichtung und versickert im Bestehenden; die Intellektuellen verlieren ihre Distanz und ihr Motiv.

4 Das Scheitern der Revolution

Der selbstgestellte Auftrag der Intellektuellen, Partei für das Volk zu ergreifen und der sprachlosen demokratischen Nation durch Theorie und Pädagogik zu Selbstbewußtsein zu verhelfen, bleibt zunächst erfolglos. Das Publikum, das man erreichte, war das liberale Bildungsbürgertum, und nur geringe Teile dieses Bildungsbürgertums waren bereit, den radikalen demokratischen Ideen etwa des Saint-Simonismus mehr als intellektuelle Neugier entgegenzubringen. Man unterstützte die liberale und nationale Bewegung, man las die politische Lyrik von Herwegh und Freiligrath, aber man stand zu dem ungebildeten Volk vor allem in einem patriarchalischen Verhältnis: Armenfürsorge, aber im übrigen soziale Distanz.[82] Das Volk selbst, die Armen auf dem Lande

läßt ihn um 1840 zum »Leitbegriff aller bisherigen und zukünftigen Geschichte« werden. Grass, K.-M./Koselleck, R., Artikel »Emanzipation«, in: Geschichtliche Grundbegriffe, Bd. II, Stuttgart 1975, S. 153-197, S. 169.

82 Zur politischen Lyrik vgl. Stein, P., Politisches Bewußtsein und künstlerischer Gestaltungswille in der politischen Lyrik 1750-1848, Hamburg o. J., S. 87-118. Die Diskussion der »sozialen Frage« wurde wesentlich durch das konservative Modell L. v. Steins bestimmt. Vgl.

und das entstehende städtische Proletariat, reagierte mit spontanen und kurzlebigen Hungerrevolten auf die Verschlechterung von Lebensumständen, die schon immer elend genug waren; es war dabei aber kaum durch die Intellektuellen inspiriert. Dies gilt selbst für den schlesischen Weberaufstand von 1844, in dem viele demokratische Intellektuelle eine Verwirklichung ihrer Erwartungen sahen.[83] Eine Reihe von radikaldemokratischen Geheimbünden wie der Hoffmannsche ›Deutsche Bund‹, der ›Bund der Gerechten‹, der ›Bund der Geächteten‹ oder Büchners ›Gesellschaft der Menschenfreunde‹ versuchten zwar, vor allem in Hessen, Baden und im Rheinland, während der dreißiger Jahre eine Verbindung zwischen den Intellektuellen einerseits und dem Kleinbürgertum bzw. den Handwerksgesellen andererseits herzustellen, erzielten aber nur begrenzte Agitationserfolge.[84] Bemerkenswert

    Pankoke, E., Sociale Bewegung – sociale Frage – sociale Politik. Grundfragen der deutschen »Socialwissenschaft« im 19. Jahrhundert, Stuttgart 1970.

83 Vgl. Büttner, W., Der Weberaufstand in Schlesien 1844, in: Reinalter, H. (Hg.), Demokratische und soziale Protestbewegungen in Mitteleuropa 1815-1848/49, Frankfurt/M. 1986, S. 202-229.

84 K. Eder ordnet diese Vereinigungen der Handwerkergesellen als Diffusion des liberalen Vereinswesens von einer kulturellen Elite in die bürgerlichen Mittelschichten ein. Er betont dabei den strukturellen Wandel des Assoziationswesens von der auf Diskurs angelegten Pflege der Geselligkeit zur Egalität der Interessen und Überzeugungen, die Parteilichkeit möglich macht. Vgl. Eder, K., Geschichte als Lernprozeß? Zur Pathogenese politischer Modernität in Deutschland, Frankfurt/M. 1985, S. 180f. Eder stellt dabei die verschiedenen Formen des Vereinigungswesens – von den Honoratioren der Gemeindeselbstverwaltung über die radikalen, nationalistischen Burschenschaften bis zum Bund der Gerechten, dem Marx und Engels 1847 beitraten – als relativ einheitliche Bewegung dar, die dann in der Revolution von 1848 zum Centralmärzverein führt und sich erst mit ihrem Scheitern stärker differenziert. Im Unterschied zu Eder stellt die vorliegende Studie vor allem auf die distanzierten oder zumindest ambivalenten Beziehungen zwischen Intellektuellen, bürgerlicher Oppositionsbewegung und ländlichen Volksmassen ab. Der ›implizite Leser‹, der sich aus den Traktaten der Linkshegelianer oder den Schriften des Jungen Deutschland ermitteln läßt, ist eben nicht das Volk, das zum emanzipationsbedürftigen Subjekt ausgerufen wird, sondern das anspruchsvolle, liberale Bürgertum. Vgl. zu den radikal-demokratischen Bünden des Vormärz Schieder, W., Anfänge der deutschen Arbeiterbewegung. Die

ist dabei allerdings die neue Form der straff geführten geheimen Organisation, die zum Vorläufer der revolutionären Partei wird. Wirksamer und sichtbarer als die radikaldemokratischen Bünde des Vormärz war die ›Rheinische Zeitung‹, die 1842 gegründet und von radikaldemokratischen Junghegelianern bestimmt wurde. Neben K. Marx, M. Hess und B. Bauer schrieb die Prominenz der radikalen Opposition in diesem wichtigsten Organ der demokratischen Bewegung. Das Verbot der Rheinischen Zeitung im darauffolgenden Jahr markierte gleichzeitig auch das Ende der Hoffnungen, die Demokraten und Liberale mit dem Regierungsantritt des neuen preußischen Königs im Jahre 1840 verbunden hatten.[85]

Entscheidend für die gesellschaftliche Resonanz des demokratischen Nationalcodes war jedoch – wie schon im Falle der romantischen Volksidee – ein besonderer Vorgang der geschichtlichen Beschleunigung und Turbulenz, in dem die Grenzen zwischen sozialen Gruppen erschüttert und die traditionellen Konturen kollektiver Identität verwischt wurden: die Revolution von 1848. Obwohl unzweifelhaft ein gesamteuropäisches Ereignis, stellte sie doch in besonderer Weise die Weichen für die liberale und demokratische Bewegung in Deutschland.[86]

Im März 1848 ergriff die revolutionäre Bewegung nicht nur die radikaldemokratischen Intellektuellen, sondern auch das liberale Bildungsbürgertum, die Kleinbürger und Handwerker, ja, sogar große Teile der bäuerlichen Bevölkerung, die vor allem in Süd-

---

Auslandsvereine im Jahrzehnt nach der Juli-Revolution 1830, Stuttgart 1963; Schraepler, E., Handwerkerbünde und Arbeitervereine 1830-1853. Die politische Tätigkeit deutscher Sozialisten von Wilhelm Weitling bis Karl Marx, Berlin-New York 1972.

85 Vgl. Klutentreter, W., Die Rheinische Zeitung von 1842/43 in der politischen und geistigen Bewegung des Vormärz, Dortmund 1966. Die sich abzeichnende radikale Öffentlichkeit wurde in der Folge von einer Reihe kleiner Zeitschriften und Gruppen weiterverfolgt. Vgl. Bouvier, B. W., Die Anfänge der sozialistischen Bewegung, in: Reinalter, H. (Hg.), a.a.O., S. 265-304, S. 292 ff.

86 Vgl. zur Revolution von 1848 Nipperdey, T., Deutsche Geschichte 1800-1866 Bürgerwelt und starker Staat, München 1983, S. 366-402, S. 595-673; Wehler, H.-U., Deutsche Gesellschaftsgeschichte, Bd. 2, München 1987, S. 660-784, S. 660 ff., dort findet sich eine intensive Diskussion der unterschiedlichen Revolutionsursachen.

deutschland, in Schlesien und Sachsen gegen Feudalherrschaft und für die endgültige Bauernbefreiung aufstand.[87] Nicht nur die Barrikadenkämpfe in den Städten, sondern auch und gerade die Agrarrevolten verschafften dem konstitutionellen Anliegen des liberalen Bürgertums kurzfristig den notwendigen Nachdruck. Die Staaten der Restauration wankten, und für wenige Monate schien die Vision der Intellektuellen Wirklichkeit zu werden: Das Volk auf der Barrikade verband sich mit dem gebildeten Bürgertum und gewann im Aufstand Bewußtsein und Identität. In der revolutionären Praxis verschwanden – so schien es zunächst – die Grenzen zwischen den verschiedenen sozialstrukturellen Gruppen: Bildungsbürger und Bauern, Handwerker und Intellektuelle wurden eine Nation im gemeinsamen Aufstand gegen den repressiven Fürstenstaat.[88]

Aber diese Nation in der Revolte zeigte bald erste Risse. Die Wortführer der liberalen und demokratischen Bewegung fanden sich nur selten auf der Barrikade Seite an Seite mit Handwerksgesellen und Kleinbürgertum, dem Volk also. Die Volksvertreter des Frankfurter Parlaments hingegen stammten fast ausschließlich aus dem gehobenen Bürgertum: beamtete Juristen, Professoren, Rechtsanwälte. Die Vertreter radikaldemokratischer und republikanischer Ideen waren hier in der deutlichen Minderheit, die Liberalen, und hier die Konservativliberalen, überwogen.[89]

Beide Parteien entfernten sich im Laufe der beiden Revolutionsjahre immer stärker voneinander. Die liberale Mehrheit sah eine drohende jakobinische Pöbelherrschaft, wenn die demokratischen Forderungen erfüllt würden; die radikaldemokratische Fraktion war verbittert über das Zögern der Liberalen, die nicht von der Idee der konstitutionellen Monarchie lassen wollten. In der Revolution zerbrach schließlich die Verbindung von demokratischer und liberaler Bewegung.[90] Die aufständischen Bauern wurden von

---

87 Vgl. Wehler, H.-U., a.a.O., 1987, S. 704 ff.
88 Zum intensiven, aber kurzen Revolutionsglück der deutschen Bürger vgl. Schieder, T., Das Problem der Revolution im 19. Jahrhundert, in: ders., Staat und Gesellschaft im Wandel unserer Zeit, München 1970, S. 11-57, S. 15.
89 Von den Abgeordneten gehörten nur 6% zur radikalen und 12% zur gemäßigten Linken. Angaben nach Wehler, H.-U., a.a.O., 1987, S. 741.
90 Zur Frage, ob die Revolution 1848 primär an der nationalen oder der sozialen Frage scheiterte, vgl. exemplarisch Nipperdey, T., Kritik oder

den konservativen Regierungen abgefunden und stellten sich auf deren Seite. Stadt und Land, die Bewegung der Straße und die Debatten der Nationalversammlung ließen sich nicht koordinieren. Es fehlte die Metropole, die zentrale Bühne, auf die sich die Entscheidung konzentrieren ließ, ebenso wie die charismatische Persönlichkeit, die Macht, Risiko und Verantwortung ergreifen und damit den revolutionären Prozeß in kritischen Phasen vorantreiben konnte.

Die demokratische Codierung gesellschaftlicher Identität löste schließlich ihre Verbindung zum Hauptstrom der liberalen und nationalen Bewegung: Der Aufstand der badischen Republikaner unter Heckers Führung versuchte, radikale demokratische Vorstellungen zu verwirklichen, und setzte sich damit in Gegensatz zum Frankfurter Parlament. Er scheiterte exemplarisch.[91]

In der zweiten Hälfte des Jahrhunderts koppelte sich die demokratische Codierung kollektiver Identität von der Idee der Nation ab und wurde einerseits auf eine gesellschaftsinterne Grenze zwischen Klassen zurückgezogen, andererseits aber internationalistisch ausgeweitet. Nationale und demokratische Codierungen kollektiver Identität gerieten in einen Gegensatz, der unter normalen Umständen kaum überbrückbar schien. Auch hieran waren Intellektuelle nicht unbeteiligt. Neue Gruppen nahmen Partei für die Arbeiterklasse im Namen der Menschheit.

Objektivität? Zur Beurteilung der Revolution von 1848, in: ders., Gesellschaft, Kultur, Theorie, Göttingen 1976, S. 259-278, und Langewiesche, D., Republik, konstitutionelle Monarchie und »soziale Frage«, in: Historische Zeitschrift, 230, 1980, S. 529-548.

91 Der Sieg der Reaktion rettete den Ruf der Revolution und bewahrte die »Revolution der Intellektuellen«, d. h. des Professorenparlaments, davor, den »Verrat der Intellektuellen« zu begehen. So L. Namier, 1848: The Revolution of the Intellectuals, Oxford 1946, S. 123 f.

VIII Die Staatsnation vor der Reichsgründung: der realpolitische Code

Das Scheitern der Revolution von 1848 hatte Folgen für die demokratische Codierung des Nationalen. Bedroht und verfolgt durch die Polizei der restaurativen Staaten oder auch nur enttäuscht von den Chancen einer liberal-demokratischen Einigung Deutschlands, zogen sich viele radikale Demokraten zurück, emigrierten in die Vereinigten Staaten oder verließen das Feld der Politik. Das von vielen Hoffnungen getragene demokratische Projekt verlor an Attraktivität und mit ihm die Anlehnung an Frankreich, den Bannerträger der Revolution. Die Hoffnung, die Anstrengung und die Niederlage der Revolutionäre waren so groß, daß das Scheitern sich nicht mehr als nur vorläufig, als ein erster Versuch von vielen, die noch kommen würden, umdeuten ließ. Darüber hinaus wurde deutlich, daß die kollektive Identität der Deutschen sich offensichtlich nur unscharf über einen Volksbegriff gewinnen ließ, der letztlich stärker auf den Gegensatz zwischen Herrschenden und Beherrschten als auf nationale Differenzen angelegt war. Auch die Begründung der kollektiven Identität in einem philosophischen System wurde zunehmend mit Skepsis betrachtet. Die Schule Hegels, die in dem Jahrzehnt nach dem Tode des Meisters zur offiziellen Philosophie des preußischen Reformstaates aufgerückt war und noch im Vormärz das akademische Feld ebenso wie die außerakademische Szene der deutschen Philosophie beherrscht hatte, geriet allmählich in Mißkredit. Eine neue Generation von Intellektuellen gewann Kontur gerade dadurch, daß sie sich von den etablierten Projekten kollektiver Identität absetzte und eine neue – zumindest für Deutschland neue – Konstruktion gesellschaftlicher Einheit ins Auge faßte: die Staatsnation.

1 Die »deutschen Mandarine«

Das Jahrzehnt nach der Revolution von 1848 wurde zur Formationsphase einer Gruppe von Historikern, die später als »Preußische Schule« der Geschichtsschreibung bekannt wurde.[1] Einige der älteren von ihnen, vor allem Dahlmann, Droysen und Duncker, hatten noch die Frankfurter Nationalversammlung als Abgeordnete erlebt, dort den Parteien der liberalen oder rechten Mitte angehört und hatten das Scheitern der liberal konstitutionellen Bewegung als Unfähigkeit zur Kontrolle über die fiskalischen und militärischen Machtmittel erfahren.[2] Sie gewannen schon vor 1848 wissenschaftliche Anerkennung, aber ihre entscheidenden Arbeiten wurden zwischen 1848 und der Reichsgründung 1871 veröffentlicht.

Im Unterschied zu den Vormärzintellektuellen, zu den Romantikern, aber auch zu den bildungsbürgerlichen Patrioten der Aufklärung befanden sie sich kaum in einer sozial randständigen Lage. Fast alle gelangten früh zu angesehenen Positionen als akademische Lehrer, ihre Veröffentlichungen fanden Anerkennung, sie schrieben für ein großes Publikum über die Grenzen der akademischen Welt hinaus.[3]

Selbst wenn ein Konflikt mit Staat und Regierung zur Entlassung führte – wie im Falle von Droysen und Waitz –, erfolgte doch schnell ein neuer Ruf an eine Universität außerhalb der Landes-

---

1 Siehe dazu Schleier, H., Die kleindeutsche Schule (Droysen, Sybel, Treitschke), in: Streisand, J. (Hg.), Studien über die Geschichtswissenschaft von 1800-1871, Bd. 1: Die deutsche Geschichtswissenschaft vom Beginn des 19. Jahrhunderts bis zur Reichsgründung von oben, Berlin-Ost 1969, S. 271-310; Iggers, G. G., Deutsche Geschichtswissenschaft. Eine Kritik der traditionellen Geschichtsauffassung von Herder bis zur Gegenwart, München 1971, S. 120-163; Hardtwig, W., Von Preußens Aufgabe in Deutschland zu Deutschlands Aufgabe in der Welt. Liberalismus und borussianisches Geschichtsbild zwischen Revolution und Imperialismus, in: ders., Geschichtskultur und Wissenschaft, München 1990, S. 103-160.
2 Vgl. Obermann, K., Die deutschen Historiker in der Revolution von 1848/49, in: Streisand, J., a.a.O., S. 219-240.
3 Vgl. prägnant H. Seier über Sybel: »Ein Leben ohne Krise«, in: ders., Heinrich von Sybel, in: Wehler, H.-U. (Hg.), Deutsche Historiker, Bd. 2, Göttingen 1971, S. 24-38, S. 26.

grenzen. Obwohl ihre liberale und nationale Orientierung sie zunächst nicht selten zu oppositionellem Engagement und Kritik an Restauration, Junkertum und traditioneller fürstenstaatlicher Politik führte, förderten eine Reihe von Regenten ihre Arbeit und verfolgten ihre Publikationen mit nachdrücklichem Interesse.[4]
Man stand dem staatlichen Zentrum nicht mit kultureller Distanz gegenüber, sondern engagierte sich politisch im Rahmen der bestehenden Institutionen. Fast alle Mitglieder der ›Preußischen Schule‹ waren Abgeordnete in den Parlamenten der Länder und des Deutschen Bundes und stritten dort leidenschaftlich für die nationale und liberale Opposition. Sie waren Repräsentanten des Bildungsbürgertums, dessen Aufstieg eng mit dem preußischen Reformstaat, seinem Verwaltungs- und Universitätssystem verbunden war: Opposition zum restaurativen Fürstenstaat und zum Standesdünkel der Junker zwar, aber Opposition aus dem Selbstbewußtsein einer Klasse, die begann, Zugang zum Zentrum der staatlichen Macht zu gewinnen und anerkannter Partner der Regierungspolitik zu werden.
Diese Intellektuellen im Vorhof der Macht konnten ihre Identität nicht mehr allein durch die Distanz der Kultur zur Politik gewinnen. Im Gegenteil: die ›deutschen Mandarine‹[5] mußten die kollektive Identität der Nation in Übereinstimmung mit der Sphäre von Staat und Politik bestimmen, denn jeder kulturelle Gegenentwurf zur Welt von Staat und Macht konnte auch die eigene Stellung in Gefahr bringen. Man besaß gesellschaftliches Ansehen und politische Macht, gerade *weil* man über Kultur und Bildung verfügte und Repräsentant des Bildungsbürgertums war.[6]

4 Maximilian II. von Bayern etwa gründete eine Historische Kommission der Bayerischen Akademie und berief auf Anraten Rankes dessen Schüler Sybel, der für seine antikatholische Gesinnung bekannt war, nach Bayern. Ranke selbst beriet Friedrich Wilhelm IV. und Maximilian II.; Friedrich Wilhelm von Preußen ließ sich Sybels Streitschrift gegen Ficker vorlesen, Duncker war Berater des Kronprinzen von Bayern etc.
5 Siehe dazu Ringer, F. K., Die Gelehrten. Der Niedergang der deutschen Mandarine 1890-1933, München 1987, S. 12-22.
6 Die Geschichtswissenschaft versteht sich im 19. Jahrhundert generell als »maßgebliches und richtungsweisendes Element« der politischen Öffentlichkeit. Den Begriff Historismus kennzeichnet gerade diese Inanspruchnahme der Geschichte für gegenwärtiges Handeln, vgl. Hardtwig, W., Erinnerung, Wissenschaft, Mythos. Nationale Ge-

Die Kulturnation, das nationale Projekt des Bildungsbürgertums, war zur Mitte des Jahrhunderts schon so sehr selbstbewußte Wirklichkeit, daß man das Bestehende durch sie nicht mehr auf einfache Weise unter Spannung setzen konnte.[7] Die Berufung auf die deutsche Kultur vermittelte weder in sozialer noch in zeitlicher Hinsicht eine besondere Identität: Weder war damit eine soziale Randlage der Intellektuellen noch eine besondere Aufgabe im Gegensatz zur vorangehenden Generation zu bezeichnen.[8]
Im Unterschied zu den Hegelianern war auch das Bewußtsein der kleindeutschen Historiker, einer gemeinsamen wissenschaftlichen Schule anzugehören, relativ schwach. Bei aller Verehrung Rankes waren sie doch bemüht, so schnell und nachdrücklich wie möglich aus dem Schatten des Meisters hervorzutreten, und sie taten dies vor allem, indem sie Rankes Trennung zwischen geschichtswissenschaftlicher Objektivität und tagespolitischem Engagement aufhoben.[9] Davon wird noch zu reden sein.
Obwohl über Ranke und ihre borussische Orientierung stark mit Preußen verbunden, lebten die kleindeutschen Historiker doch über weite Strecken außerhalb der preußischen Kernländer: Sybel

    schichtsbilder und politische Symbole in der Reichsgründungsära und im Kaiserreich, in: ders., a.a.O., 1990, S. 224-263, S. 231 f. Im Unterschied zu den Romantikern und den Vormärzintellektuellen waren die borussischen Historiker wieder klassische staatsbejahende Intellektuelle. Vgl. zur Unterscheidung zwischen romantischen, klassischen, tragischen und kritischen Intellektuellen Dahrendorf, R., Gesellschaft und Demokratie in Deutschland, München 1965, S. 311-324.
7 Gerade die »konservativen (konstitutionellen) Liberalen« erwiesen sich nachmärzlich als die »eigentlichen Träger der deutschen ›Kulturnation‹ und betrachteten den angestrebten Nationalstaat als deren Erfüllung, begründet nicht zuletzt in einem reichshistorischen Denken«, so Dann, O., Nationalismus und sozialer Wandel in Deutschland 1806-1850, in: ders. (Hg.), Nationalismus und sozialer Wandel, Hamburg 1978, S. 77-128, S. 109.
8 Die 1848 besonders deutlich gewordene politische Offenheit der »transpolitischen« Bildungsidee (Koselleck) soll nachmärzlich wieder »wissenschaftlich«, und d. h. geschichtswissenschaftlich, geschlossen werden. Vgl. Koselleck, R. (Hg.), Einleitung – Zur anthropologischen und semantischen Struktur der Bildung, in: ders. (Hg.), Bildungsbürgertum im 19. Jahrhundert, Teil 2: Bildungsgüter und Bildungswissen, Stuttgart 1990, S. 11-47.
9 Vgl. Iggers, G. G., a.a.O., 1971, S. 118.

in Marburg und München, Dahlmann in Bonn, Waitz in Kiel und Göttingen, Droysen in Kiel und Jena, Häusser in Heidelberg, Treitschke in Leipzig und Heidelberg. Man wechselte den Standort relativ häufig und erlebte so die deutsche Universität als eine die kleinstaatlichen Grenzen übergreifende nationale Institution: Das System auswärtiger Gutachten für Berufungen förderte eine überlokale und streng forschungsbezogene Karriereorientierung.[10] Kleinstaatlicher Partikularismus, die ›Schmach der Zersplitterung‹ (Treitschke), erschien dabei als hinderlich und unvernünftig, und der Blick auf Ranke und die Berliner Universität gab dem eigenen Standort in Kiel, Bonn oder Heidelberg etwas Randständiges, das auf Einbeziehung und Vereinigung angelegt war. Hinzu kam, daß einige der kleindeutschen Historiker in ›Diaspora‹-ähnlichen Situationen, etwa als Protestanten in überwiegend katholischen Gebieten,[11] aufgewachsen waren. Auch dies begünstigte eine besondere Beziehung zu einem räumlich entfernten Zentrum.

Diese geographische Randständigkeit wurde jedoch mehr als ausgeglichen durch die zentrale gesellschaftliche Lage, die das deutsche Bildungsbürgertum für sich in Anspruch nehmen konnte. Sowohl von ihrem zahlenmäßigen Umfang als auch von ihrem gesellschaftlichen Gewicht war das Bildungsbürgertum um die Mitte des Jahrhunderts dem industriellen und kaufmännischen Bürgertum noch überlegen.[12] Nach den großen Reformen war

10 Die neu entstehenden Ausbildungs- und Veröffentlichungsinstitutionen fördern die diziplinäre Integration und schaffen Basen zur Schulbildung. Vgl. dazu Weber, W., Priester der Klio. Historischsozialwissenschaftliche Studien zur Herkunft und Karriere deutscher Historiker und zur Geschichte der Geschichtswissenschaft 1800-1970, Frankfurt/M. 1984.

11 Sybel als Protestant im katholischen Rheinland mit Zugang zu den Rheinischen Liberalen um Mevissen usw., vgl. Dotterweich, V., Heinrich von Sybel. Geschichtswissenschaft in politischer Absicht (1817-1861), Göttingen 1978, S. 30; Treitschke als Preußenbewunderer im sächsischen Dresden, vgl. Iggers, G. G., Heinrich v. Treitschke, in: Wehler, H.-U. (Hg.), Deutsche Historiker, Bd. 2, Göttingen 1971, S. 66-80, S. 66.

12 Vgl. Langewiesche, D., Bildungsbürgertum und Liberalismus im 19. Jahrhundert, in: Kocka, J. (Hg.), Bildungsbürgertum im 19. Jahrhundert, Teil IV: Politischer Einfluß und gesellschaftliche Formation, Stuttgart 1989, S. 95-121, S. 98 f.

Preußen mehr denn je ein Beamtenstaat, und das Universitätssystem war das fortschrittlichste und leistungsfähigste Europas. Von Entwurzelung oder Distanz zum gesellschaftlichen Zentrum konnte hier keineswegs mehr die Rede sein. Das Einkommen der ordentlichen Professoren in Deutschland war ungewöhnlich hoch.[13] Die Spitzen des Bildungsbürgertums verstanden sich als eine Aristokratie, die dem bloßen Wirtschaftsbürgertum, den ›Neureichen‹, mit einer Einstellung gegenübertrat, die mit der der französischen Aristokratie gegenüber dem Finanzbürgertum am Vorabend der Revolution verglichen werden kann.[14] Man pflegte den Verkehr mit Distanz, ließ sich auch in Verwaltungsräte von Aktiengesellschaften wählen, ging Heiratsverbindungen ein, behielt aber ein deutliches Bewußtsein der eigenen Überlegenheit.[15] Diese Bildungsaristokratie des 19. Jahrhunderts konnte die Privilegien der alten feudalen Aristokratie über sich nicht dulden: entsprechend scharf engagierte man sich gegen feudal-ständische Ideen.[16]

Zwischen den restaurativen und reaktionären Gruppen, die an der Vergangenheit festhielten, einerseits und den ungebildeten und damit führungsbedürftigen Massen, die zu radikalen Utopien neigten, andererseits sah sich das Bildungsbürgertum und sahen sich insbesondere die ›deutschen Mandarine‹ in einer zentralen Position, in Verantwortung für das Ganze und zur Führung berufen. Weder die Entgleisung des Fortschritts in der Französischen Revolution und die sich daran anknüpfenden demokratischen Utopien noch die blinde Beharrlichkeit der Restauration konnten dieser Verantwortung für das Ganze gerecht werden, sondern nur das gemäßigte und realistische Urteil aus einer Lage heraus, die zwischen Tradition und Emanzipation vermitteln konnte.[17] Eine so definierte Mittellage des Bildungsbürgertums und seiner aner-

---

13 Ringer macht für das Ende des Jahrhunderts – ohne daß sich die Relationen verschoben haben dürften – folgende Angaben: zwischen 6000 und 40000 Mark Gehalt im Jahr. Zum Vergleich: ein Lehrer verdiente 1500 Mark, in: ders., a.a.O., S. 44.
14 Vgl. Ringer, F. K., a.a.O., S. 44.
15 Vgl. Dotterweich, V., a.a.O., S. 32.
16 Vgl. ebd., S. 91.
17 Vgl. List, G., Historische Theorie und nationale Geschichte zwischen Frühliberalismus und Reichsgründung, in: Faulenbach, F. (Hg.), Geschichtswissenschaft in Deutschland, München 1974, S. 35-53, S. 41 f.

kannten Intellektuellen ermöglichte eine besondere Unparteilichkeit, eine Perspektive des unparteilichen Dritten, die die Borniertheit und Radikalität von Restauration und Utopie vermied und damit in besonderem Maße zu einem praktischen Urteil berufen war. Im Unterschied zu der exzentrischen Position der Vormärzintellektuellen, die sich gleichfalls zu praktisch-politischem Urteil berufen fühlten, konnten die kleindeutschen Historiker aus einer unbestritten zentralen Lage heraus ein Urteil fällen, dem ein weites Publikum Gehör schenkte.[18]

Entscheidende Bedeutung erhält dabei die gesteigerte Sensibilität für die Erfahrung von Wandel und Zeitlichkeit. Der Untergang der Vergangenheit und die Beschleunigung des Fortschritts in die Zukunft schienen unaufhaltsam, aber es galt, die in Fahrt geratene Geschichte verantwortlich zu steuern.[19] Zwar hatte gerade das Bildungsbürgertum in der Aufklärung diese Beschleunigung der Geschichte in Gang gebracht, aber nun betrachtete es die Entfesselung des geschichtlichen Wandels mit Verunsicherung und Mißtrauen: Das »sich selbst steigernde System« sozialen Wandels[20] führte, so glaubte man, zu »einer jener großen Krisen, welche von einer Weltepoche zu einer anderen überleiten«.[21] In der Tat: die Konturen der industriellen Welt wurden sichtbar, neue Schichten und Gruppen traten auf den Plan und drohten, das Bildungsbürgertum als Motor der Geschichte zu überholen. Je deutlicher man dem Wandel die Diagnose stellte, allzusehr in Fahrt und damit aus

---

18 Insbesondere mit den »Preußischen Jahrbüchern«, gegr. 1858 und hg. von R. Haym, und der »Historischen Zeitschrift«, gegr. 1859 und hg. von v. Sybel, entstanden Publikumsorgane des Borussianismus. Vgl. Schieder, T., Die deutsche Geschichtsschreibung im Spiegel der Historischen Zeitschrift, in: Historische Zeitschrift, Bd. 189, 1959, S. 1-73, S. 2 ff.
19 Vgl. Koselleck, R., Die Verfügbarkeit der Geschichte, in: ders., Vergangene Zukunft, Frankfurt/M. 1979, S. 260-276.
20 Droysen, J. G., Zur Charakterisierung der europäischen Krisis (1854), in: ders., Politische Schriften, hg. von F. Gilbert, München 1933, S. 307-342, S. 324.
21 Droysen, J. G., ebd., S. 328. Steigerungsfähigkeit wird zum bestimmenden Prinzip: »Die rastlose Steigerung ihrer Stoffe (der geschichtlichen Arbeit, B. G.) ist das Maß ihrer Steigerung«, ders., Grundriß der Historik, in: ders., Historik, Neudruck der Ausgabe von 1882, Darmstadt 1967, § 50, S. 347.

den Fugen geraten zu sein, desto nachdrücklicher fiel der entsprechende Ruf nach verantwortlicher Steuerung aus.[22]

2 Pädagogische Kommunikation und akademische Kontroverse als Modelle der Politik

Die Universität und die akademischen Kommunikationsformen stellten den institutionellen Rahmen, in dem sich die Diskurse der kleindeutschen Historiker bewegten. Man wandte sich an das Publikum in einer *Vorlesung*, einem Monolog also, der einerseits jeden Bezug auf die individuellen Personen im Publikum ausschloß, andererseits aber doch eine bildende Absicht im Hinblick auf das besondere anwesende Publikum voraussetzte. Mit Kritik, Einspruch oder Zweifel auf seiten der Zuhörer rechnete der akademische Lehrer nicht.[23] Seine durch das Amt verstärkte Bildungsautorität begründete erst die soziale Beziehung zu den Hörern. Trotz seiner Amtsautorität mußte der vortragende Professor seine Hörer jedoch durch Argumente, durch den Hinweis auf Tatsachen und durch konsistente Beweisführung überzeugen. Diese besondere pädagogische Beziehung zwischen Professor und Hörern wird von den kleindeutschen Historikern auch für die Konstruktion einer Grenze zwischen den Intellektuellen und ih-

---

22 Die sich verstärkende Fragmentierung des Bürgertums leitet in den 1850ern den »Sündenfall« des Liberalismus ein. Vgl. Gall, L., »Sündenfall« des liberalen Denkens oder Krise der bürgerlichen Bewegung? Zum Verhältnis von Liberalismus und Imperialismus in Deutschland, in: Holl, K./List, G. (Hg.), Liberalismus und imperialistischer Staat. Imperialismus als Problem liberaler Parteien in Deutschland 1890-1914, Göttingen 1975, S. 148-158. Die teils scharfe Distanz zu Bismarck bleibt »Episode«, vgl. Seier, H., Liberalismus und Staat in Deutschland zwischen Revolution und Reichsgründung, in: Klötzer, W./Moldenhauer, R./Rebentisch, D. (Hg.), Ideen und Strukturen der deutschen Revolution 1848, Frankfurt/M. 1974, S. 69-84, S. 74.
23 Gefördert wird diese Differenzierung durch die Professionalisierung der Geschichtswissenschaft, durch Seminarausbildung und Einübung der Quellenkritik. Anders noch als Ranke glauben Sybel und Treitschke nicht mehr unumschränkt an die Befähigung des allgemeinen Laienpublikums zur eigenständigen Geschichtsauffassung. Vgl. Hock, W., Liberales Denken im Zeitalter der Paulskirche. Droysen und die Frankfurter Mitte, Münster 1957, S. 48 f.

rem Publikum genutzt. Anders als die Romantiker, die sich zwar gelegentlich als Lehrer der Nation sahen, aber dies nur als Anspruch ohne Widerhall vortragen konnten, verfügten die kleindeutschen Historiker in der Tat über eine solche Autorität bei einem bildungsbereiten Publikum. Die Spannung, die im Falle der Romantiker aus der Ablehnung der Intellektuellen entstanden war, fehlte in diesem Fall ebenso wie die Distanz von Kultur und Politik. Mehr noch: Kultur und Politik wurden eng aneinander gekoppelt:[24] Die konstitutive pädagogische Differenz zwischen Hochschullehrer und Hörern bestimmte nicht nur das Verhältnis der Intellektuellen zu ihrem Publikum, sondern sie findet sich auch im angestrebten Ideal politischer Führung. Der Anspruch auf politische Führung leitete sich hier weder aus Tradition und Herkunft noch aus der größtmöglichen Unterstützung durch die Wähler ab, sondern stützte sich auch auf das Charisma derjenigen, die über Bildung und vernünftige Einsicht verfügten: Die Freiheit, politische Macht auszuüben, setzte Vernunft und Bildung voraus. Die Logiken von Bildung und Politik waren hier zunächst noch nicht getrennt und wurden von derselben sozialstrukturellen Gruppe getragen. Diese Verschränkung von kultureller Autorität und politischer Macht führte direkt zur politischen Verantwortung des Universitätsprofessors: Er mußte politisch agieren, *weil* er kulturelle Autorität besaß. Tatsächlich waren die kleindeutschen Historiker wie viele ihrer Kollegen auch in der Zeit zwischen der Revolution von 1848 und dem Ende der 70er Jahre aktive Politiker in Land- und Reichstagen. Obwohl sie Liberale waren, war ihre Vorstellung von Politik doch in erster Linie nicht auf widerstreitende individuelle Interessen, sondern auf Harmonie und ein Gemeinwohl ausgerichtet, das sich aus Bildung und Vernunft herleitete.[25] Später, als sich das politische Geschäft der Reichstagsabgeordneten professionalisierte, zogen sich die deut-

---

24 »Der Historiker soll kritischer Forscher, politischer Sachverständiger, darstellender Künstler sein«, Sybel zitiert nach Bußmann, W., Heinrich von Sybel, in: ders., Wandel und Kontinuität in Politik und Geschichte, hg. von W. Pöls, Boppard am Rhein 1973, S. 409-420, S. 414. Vgl. auch ders., Gustav Freytag. Maßstäbe seiner Zeitkritik, ebd., S. 135-162.
25 Vgl. Nipperdey, T., Deutsche Geschichte 1866-1918, Bd. 1: Arbeitswelt und Bürgergeist, München 1990, S. 592.

schen Gelehrten auf ein ›öffentliches Wächteramt‹[26] für das Gemeinwohl zurück: Bildung begründete öffentliche politische Autorität und verpflichtete dazu.
Auch im Falle der kleindeutschen Historiker muß die interne Kommunikation zwischen Intellektuellen von der Kommunikation zwischen Intellektuellen und ihrem Publikum unterschieden werden. Ihre internen Diskurse vollzogen sich vor allem als *akademischer Streit* zwischen gleichrangigen und nicht anwesenden Kollegen. Man bekämpfte leidenschaftlich die Lehrmeinung eines anderen, freilich unter Verweis auf streng wissenschaftliche Argumente und ohne den Vertreter der anderen Lehrmeinung persönlich anzugreifen.[27]
Die interne Kommunikation der Intellektuellen nahm dabei eine Form an, die dem Symphilosophieren der Romantiker in vielen Punkten direkt entgegengesetzt war: Während jene mit mündlicher Kommunikation die Gemeinsamkeit der Clique gegenüber der umgebenden Gesellschaft abzugrenzen suchten, kam es hier nicht mehr auf die Festigung von Gemeinsamkeiten an; man war durch das Thema und die Zugehörigkeit zu einer gemeinsamen Disziplin, durch die Beachtung strenger methodischer Regeln ohnehin auf stabile Weise miteinander verbunden. Die Integration der intellektuellen Gruppe war hier noch stärker externen Klammern überlassen als im Falle der Vormärzintellektuellen: Dissens zwischen Kollegen konnte man sich leisten, ohne die Existenz der Disziplin in Gefahr zu bringen.
Konsens mit dem – im Falle akademischer Vorträge – durchaus anwesenden Publikum war hingegen notwendig und ständig zu bekräftigen. Man redete also im Hinblick auf ein Publikum, das es zu überzeugen galt, und in bezug auf die abweichende Lehrmeinung des Kollegen. Ein solcher Dissens zwischen den Trägern kultureller Autorität gefährdete tendenziell diese Autorität gegenüber dem Publikum; man mußte einem solchen Autoritätszerfall also entgegenwirken – durch Emphase oder durch Beschwörung einer Gemeinsamkeit, die den Intellektuellen und sein Publikum verband und den Konkurrenten als Außenseiter erscheinen ließ.

---

26 So F. Paulsen, zitiert nach Nipperdey, T., ebd., 1990, S. 596, vgl. auch S. 636.
27 Vgl. Seier, H., Heinrich von Sybel, in: Wehler, H.-U. (Hg.), a.a.O., S. 24-39, S. 31.

Hier kommen die tagespolitischen Anlässe, die die Öffentlichkeit bewegten, ebenso ins Spiel wie Konstruktionen nationaler Identität. Sybel konnte so die nationale Orientierung in seinem Streit mit Ficker ins Feld führen: Er hatte im Unterschied zu seinem Gegner die Angelegenheiten der Nation vor Augen.[28] Die Nation bot so einen zusätzlichen Grund, um den Konsens zwischen Intellektuellen und Publikum zu festigen und dem Konkurrenten Legitimation zu entziehen.

Diese Grundstruktur der Debatte im Hinblick auf ein Publikum findet sich in der Geschichtswissenschaft ebenso wie in der parlamentarischen Politik. In beiden Fällen ging es nicht darum, den Kontrahenten zu der eigenen These zu bekehren, sondern darum, einen Dritten, das Publikum, die Zuhörer, die Wähler, für sie zu gewinnen; in beiden Fällen mußte sich die persönliche Kontroverse hinter sachlichen Argumenten verbergen. Daß die kleindeutschen Historiker Vergangenheitserforschung und Gegenwartsbewältigung, wissenschaftlichen und tagespolitischen Diskurs, Seminar und Parlament so stark miteinander vermengen konnten, bleibt weniger erstaunlich, wenn man sich die Strukturähnlichkeit beider Diskursformen vor Augen hält.[29]

Aber der besondere Diskurs der ›deutschen Mandarine‹ erschöpfte sich nicht in Vorlesung und akademischer Kontroverse. Beide Formen gewinnen ihre Bedeutung erst vor dem Hintergrund des großen *Werkes*, mit dem die Geschichtswissenschaft das Erbe der großen Systeme der deutschen Philosophie antrat.[30] Seine Besonderheit lag nicht in einer originellen und pointierten These, mit der sich in der tagespolitischen Auseinandersetzung Positionen und Gegenpositionen provozieren ließen, sondern in

---

28 Vgl. Dotterweich, V., a.a.O., S. 364-366; Koch, G., Der Streit zwischen Sybel und Ficker und die Einschätzung der mittelalterlichen Kaiserpolitik in der modernen Historiographie, in: Streisand, J. (Hg.), a.a.O., S. 311-336.

29 Vgl. dazu Rapaport, A., Fights, Games and Debates, Ann Arbor 1974, S. 245-309; Giesen, B., Konflikttheorie, in: König, R./Endruweit, G. (Hg.), Handbuch der modernen soziologischen Theorie, Stuttgart 1992, im Erscheinen.

30 Vgl. hierzu Münch, R., Die Kultur der Moderne, Bd. 2: Ihre Entwicklung in Frankreich und Deutschland, Frankfurt/M. 1986, S. 721 ff. Zur Einsamkeit und Freiheit der deutschen Wissenschaft vgl. auch immer noch eindrucksvoll: Dahrendorf, R., a.a.O., S. 183 f.

der erschöpfenden Schilderung einer Epoche oder eines umfassenden historischen Vorgangs. Die Beachtung der quellenkritischen Regeln war dabei selbstverständlich, entscheidend aber war die Fähigkeit zur eindrucksvollen literarischen Darstellung eines komplexen Prozesses. Das Prinzip, mit dem die Fülle des Materials geordnet und gewichtet wurde, ergab sich aus der Entwicklungs- und Bildungsgeschichte eines oder mehrerer geschichtlicher Individuen: Der umfassenden Schilderung historischer Individuation ging es weniger um Tagespolitik als um *Bildung* als fundamentalem Prozeß der Auseinandersetzung mit kulturellen und politischen Bewegungen einer Zeit. Geschichte war hier vor allem Bildungsgeschichte – Geschichte einer Bildung und Geschichtsschreibung als Bildung.[31]

Bei der langjährigen, zum Teil immer wieder unterbrochenen Arbeit am großen Werk befand sich der Historiker in einer Situation des Dialogs mit sich selbst, in der die potentielle Leserschaft weitaus stärker an Kontur verlor, als dies bei der Vorlesung oder in der akademischen Debatte der Fall war. Wenn er nach einer längeren Unterbrechung an sein Werk zurückkehrte, begegnete er auch einem Stück eigener Vergangenheit. Keine externe Verpflichtung und Organisation, sondern die Kontinuität seines eigenen Interesses am Thema band den Stoff zusammen und sicherte den Fortgang des Werkes.

Bei dieser langfristigen und einsamen Beschäftigung des Historikers liegt es nahe, daß das Prinzip der Kontinuität eines Individuums auch im historischen Material gefunden wurde: Der Intellektuelle schrieb sein Lebenswerk und sah in dem historischen Vorgang, den er beschrieb, das gleiche Prinzip der Entwicklung und Vollendung eines Individuums, das auch ihn selbst zur Arbeit an seinem Werk trieb[32] – mit einem wichtigen Unterschied aller-

31 Schon W. v. Humboldt hatte die Geschichte einer Nation als ihre Biographie metaphorisiert, vgl. Hardtwig, W., a.a.O., 1990, S. 110f. Allgemein vgl. Koselleck, R. (Hg.), Bildungsbürgertum im 19. Jahrhundert, Teil 2: Bildungsgüter und Bildungswissen, Stuttgart 1990.
32 Der entsagungsvollen, stillen Arbeit in den Archiven entspricht die »ehrenhafte, nachhaltige Arbeit« des preußischen Volks in der »arbeitsvollen Schule (des) Staats« (Treitschke). Zur vom poetischen Realismus G. Freytags angeregten Metaphorik Treitschkes vgl. Bußmann, W., Heinrich von Treitschke. Sein Welt- und Geschichtsbild, Göttingen 1952, S. 279f., Zitate ebd. Nach H. White ist das »embourgeoisement«,

dings: Geschichte wurde vor allem als Geschichte von Kollektivindividuen, von Nationen, Völkern, Staaten verstanden.[33] Insbesondere der Staat galt als eine »Persönlichkeit in historisch-moralischem Sinne«.[34]

Die Ausrichtung des großen Werkes am Individuum gründete sich auf die *Idee* der Bildung, die sich scharf vom Erwerb bloßen Fachwissens absetzte. Anspruchsvoller Bildung ging es nicht nur um praktische Nützlichkeit, um instrumentelle Rationalität, ökonomische Interessen oder den ›gesunden Menschenverstand‹; sie war Selbstzweck und richtete sich auf das Ganze, sie stellte eine ›geistige‹ Einheit her und vollzog sich in der Begegnung eines Individuums mit der Geschichte, den sittlichen Mächten, den kulturellen Strömungen einer Zeit, und diese wiederum ergaben sich aus den von den »grundlegenden Individuen ausstrahlenden geistigen Kräfte(n)«.[35] Erst durch die Öffnung des Individuums für die bildenden Kräfte, die als kollektive Individuen gedacht wurden, durch eine Synthese von persönlicher Identität und kollektiver Identität ließen sich Geist und Geschichte, Individuum und Gesellschaft vermitteln. In diesem grundlegenden Prozeß der Vermittlung nahm die Nation eine entscheidende Stelle ein: Sie stellte die unüberbietbare kollektive Identität, an der sich Individuen bilden konnten, eine Identität, bei der sie den den höchsten Abschluß und Horizont ihres Bildungswillens fanden.[36]

---

das stille Einverständnis des arbeitsamen Bürgers mit der Gegenwart, zentraler Effekt der subtil elaborierten ›Schreibweise‹ Droysens und der zeitlich parallelen Romantechniken. Vgl. ders., Droysens Historik: Geschichtsschreibung als bürgerliche Wissenschaft, in: ders., Die Bedeutung der Form, Frankfurt/M. 1990, S. 108-131, S. 124 f. Dieses ›bürgerliche‹ Ethos bildet eine der Kontrastfolien zur zeitgenössischen Beurteilung von Bismarcks »frivole(r) Plan- und Grundsatzlosigkeit« (Sybel), vgl. Bußmann, W., ebd., S. 47.

33 Vgl. Hardtwig, W., a.a.O., 1990, S. 109.
34 Treitschke, H. v., Aufsätze, Reden, Briefe I, Meersburg 1929, S. 27.
35 Troeltsch, E., Naturrecht und Humanität (1925), Neudruck Aalen 1966, S. 15.
36 Innerhalb dieses Horizonts wurde dann jede Konversion für oder gegen Preußen und Bismarck bzw. Habsburg und das Reich zur »Quantité négligeable«, vgl. Schulze, H., Der Weg zum Nationalstaat. Die deutsche Nationalbewegung vom 18. Jahrhundert bis zur Reichsgründung, München 1985, S. 121.

3 Die realpolitische Codierung des Nationalen

3.1 Geschichtswissenschaft als Nationalpädagogik

Die Geschichtswissenschaft stieg um die Mitte des Jahrhunderts in den Rang einer Schlüsselwissenschaft auf und verdrängte die Philosophie aus dieser Position.[37] Das große System Hegels ließ sich von der nachfolgenden Generation nicht mehr übertreffen; die akademische Philosophie fiel in Wiederholung und Exegese zurück, und die engagierte Reflexion außerhalb der Universitäten wandte sich der Praxis politischen oder technischen Handelns zu.[38]

Die Geschichtswissenschaften hingegen hatten begonnen, mit strengen Forschungsmethoden das zu sichern, was im schnellen Wandel der Moderne zunehmend fragwürdig und zerbrechlich zu werden begann: die Vergangenheit als Geschichte, d. h.: als durch Handeln bewegter Strom der Ereignisse.

Die moderne Weltperspektive öffnete nicht nur die Zukunft als Feld des Handelns und der Ungewißheit,[39] die man durch das Handeln in der Gegenwart zu bewältigen versuchte, sondern sie entließ auch die Vergangenheit aus den herkömmlichen Garantien. Weder die Hand Gottes noch die ungebrochene Gewißheit des Erzählens sicherten den Blick auf die Vergangenheit mehr ab. Ebenso wie die Zukunft öffnete sich die Vergangenheit als ein Raum möglichen Handelns, in dem es so, aber auch anders gewesen sein könnte. Nicht nur konnte die Vergangenheit nicht mehr Lehren für die Zukunft abgeben, da die Zukunft nicht mehr bloß das Vergangene wiederholen, sondern das Neue, nie Dagewesene

---

37 »Wir dürfen ja wohl sagen, daß mit jedem Jahr mehr die Geschichte in Deutschland für die öffentliche Meinung und als Ferment der allgemeinen Bildung in die Stelle einrückt, welche vor 20 Jahren die Philosophie einnahm.« Sybel an G. Waitz, 28. 5. 1857, zitiert nach Dotterweich, V., a.a.O., S. 337.
38 Vgl. Nipperdey, T., Deutsche Geschichte 1800-1866. Bürgerwelt und starker Staat, München 1983, S. 513 ff., S. 532 ff.
39 Vgl. unter den schon klassischen Arbeiten Reinhart Kosellecks: Historia magistra vitae. Über die Auflösung des Topos im Horizont neuzeitlich bewegter Geschichte; sowie: Die Verfügbarkeit der Geschichte, beide in: ders., Vergangene Zukunft, Frankfurt/M. 1979, S. 38-66 und S. 260-276.

hervorbringen sollte – auch die so von der Zukunft abgekoppelte Vergangenheit war selbst unsicher und erkenntnisbedürftig geworden.[40] Erst durch methodische Anstrengung, durch objektive Beweisverfahren und durch Quellenkritik konnten die Tatsachen der Vergangenheit freigelegt und festgestellt werden.

Die Vergangenheit unter dem Gesichtspunkt des Tatsächlichen und Wahren zu rekonstruieren, bedeutete aber nicht auch schon, die Vergangenheit als Geschichte wahrzunehmen. Vergangenheit wird erst dann Geschichte, wenn sie als vergangenes Handeln erzählt wird, und in dieser narrativen Form der Verknüpfung von wahren Handlungsereignissen liegt der Unterschied zwischen der bloßen Feststellung von Tatsachen und geschichtlicher Perspektive.[41]

Die narrative Form der Rekonstruktion stellt jedoch das Problem der ungesicherten und kontingenten Vergangenheit auf einer neuen Ebene: Die Menge der gesicherten Tatsachen erzwingen noch keine eindeutigen Erzählungen, sondern sie lassen sich durch eine Vielzahl von ebenfalls möglichen, gleich plausiblen Erzählungen untereinander verbinden. Die Vergangenheit als erzählte geschichtliche Vergangenheit bleibt kontingent, auch wenn man sich bemüht zu berichten, »wie es wirklich war« (Ranke).

Als Lösung dieses Kontingenzproblems bietet sich der Rekurs auf die Gegenwart an, auf Naheliegendes, auf die Gewißheiten, die dem Erzähler und seinen Zuhörern präsent sind. Geschichtsschreibung setzt daher nicht das Vergessen der Gegenwart voraus, um sich in die Vergangenheit zu versenken, sondern ist nur über die Gegenwart möglich.[42] Dies gilt eben nicht nur für die Betrach-

---

40 Vgl. Koselleck, R., Standortbindung und Zeitlichkeit. Ein Beitrag zur historiographischen Erschließung der Welt, in: ders., ebd., S. 176-207.
41 Vgl. dazu u. a. White, H., Metahistory: die historische Einbildungskraft im 19. Jahrhundert in Europa, Frankfurt/M. 1991; Koselleck, R./Lutz, H./Rüsen, J. (Hg.), Formen der Geschichtsschreibung, München 1982. Dazu auch Giesen, B., Die Entdinglichung des Sozialen. Eine evolutionstheoretische Perspektive auf die Postmoderne, Frankfurt/M. 1991, S. 84 f.
42 Genau dies ist die Bedeutung von Droysens ›erstem großen Fundamentalsatz‹ der Geschichtswissenschaft: »Das Gegebene für die historische Forschung sind nicht die Vergangenheiten ..., sondern das von ihnen in dem Jetzt und Hier noch Unvergangene«, Droysen, J. G., Grundriß der Historik, a.a.O., § 5, S. 327. Die »diskussive Darstel-

tung und Wahrnehmung der vergangenen Tatsachen, sondern gerade auch im Hinblick auf die Linie der Erzählung, die handlungsübergreifenden Probleme und den Sinn des Geschehenen. Den kleindeutschen Historikern – und hier vor allem Droysen – war diese Gegenwartsbezogenheit und Subjektgebundenheit geschichtlicher Erzählung wohl bewußt.[43] Daß die Erzählung des Vergangenen durch die gegenwärtigen Interessen des Erzählers verzerrt und verfärbt werden konnte, war natürlich keine neue Erkenntnis. Neu war hingegen, daß diese Perspektivengebundenheit nicht mehr als ein unüberwindbares Hindernis, nicht mehr als ein durch methodische Sorgfalt vermeidbarer Fehler betrachtet wurde, sondern als grundsätzlich unvermeidbar, ja als fruchtbares heuristisches Prinzip zur Erzeugung erzählter Vergangenheit.[44]

lung« als vornehmste Form der Historiographie bezieht dabei historische Erkenntnis explizit auf laufende Debatten über öffentliche Angelegenheiten. Zum »Präsentismus« Droysens vgl. White, H., Droysens Historik: Geschichtsschreibung als bürgerliche Wissenschaft, in: ders., a.a.O., 1990, S. 108-131, S. 116 f.

43 Vgl. Rüsen, J., Politisches Denken und Geschichtswissenschaft bei J. G. Droysen, in: Kluxen, K./Mommsen, W. J., Politische Ideologien und nationalstaatliche Ordnung. Studien zur Geschichte des 19. und 20. Jahrhunderts. Festschrift für Theodor Schieder zu seinem 60. Geburtstag, München-Wien 1968, S. 171-188; Mommsen, W. J., Objektivität und Parteilichkeit im historiographischen Werk Sybels und Treitschkes, in: Koselleck, R./Mommsen, W. J./Rüsen, J. (Hg.), Objektivität und Parteilichkeit, München 1977, S. 134-158. Zu der innerhalb dieses zeitgenössischen Rahmens möglichen, alternativen politischen Stellungnahme vgl. Rüsen, J., Der Historiker als »Parteimann des Schicksals«. Georg Gottfried Gervinus und das Konzept der objektiven Parteilichkeit im deutschen Historismus, im gleichen Band, S. 77-125. Die sich zwischen Historiographie und Geschichtsforschung entfaltende Spannung wird dann von Theodor Mommsen zugunsten der Forschung entschieden, die Darstellung wird ihr geopfert. Vgl. dazu Berding, H., Theodor Mommsen. Das Problem der Geschichtsschreibung, in: Geschichte und politisches Handeln. Studien zu europäischen Denkern der Neuzeit. Theodor Schieder zum Gedächtnis, hg. von P. Alter/W. J. Mommsen/T. Nipperdey, Stuttgart 1985, S. 243-260.

44 Über die zentrale Kategorie der »geschichtlichen Arbeit« erhält die Arbeit des Historikers, der diese in der »ethischen Interpretation« fortführt, geradezu »wirklichkeitsverändernde Potenz«, so Hardtwig,

Geschichte mußte, so Sybel, »cum ira et studio« geschrieben werden. Für Droysen gab es nur die »relative Wahrheit meines Standpunktes, wie ihn mein Vaterland, meine politische, meine religiöse Überzeugung, mein ernstliches Studium mir zu erreichen gewährt hat«; Objektivität als »entwunden allen Banden der Nationalität« wurde als »eunuchisch« verworfen.[45] Alleine die Gegenwart, die naheliegende Realität, bot ein Fundament, von dem aus sich das unsichere Gelände des Vergangenen erschließen ließ. Sybel konnte daher in seinem berühmten Streit mit Ficker über die Italienfeldzüge der Kaiser des deutschen Mittelalters diese Vergangenheit kritisieren, weil sie sich schlecht als Vorläufer der Gegenwart eignete. Vergangene Geschichte war dabei als ein solcher Vorläufer der Gegenwart nicht zu rekonstruieren, um die Gegenwart an der Vergangenheit auszurichten – wie dies die traditionelle ›historia magistra vitae‹-Vorstellung versuchte –, sondern um die Vergangenheit an die Gegenwart anzubinden. Diese Gegenwartszentrierung der ›Preußischen Schule‹ war keineswegs naiv, sondern die Konsequenz geschichtstheoretischer Überlegungen.

Entscheidende Bedeutung erhält dabei nicht nur das Verhältnis zwischen Gegenwart und Vergangenheit, sondern auch das zwischen erkennendem Subjekt und dem historischen Objekt oder zwischen der Einheit der Vernunft und der Vielfalt der Realität. Erst wenn das erkennende Subjekt das Material nach seiner Maßgabe ordnet oder wenn die Vernunft die Realität durchdringt, stellt sich die historische Wahrheit ein. Eine solche Theorie historischer Erkenntnis hat gewiß hegelianische Wurzeln; auch die Wende zur Gegenwart und zum praktischen Urteil, ja zur Parteilichkeit wurde schon von den Junghegelianern vollzogen.[46] Neu ist hingegen die strenge methodische Einbindung historischer Er-

W., Geschichtsreligion – Wissenschaft als Arbeit – Objektivität, in: Historische Zeitschrift, Bd. 252, 1991, S. 1-32, S. 26.
45 Droysen, J. G., Enzyklopädie und Methodologie der Geschichte, in: ders., Historik, a.a.O., Darmstadt 1967, S. 287.
46 Insbesondere der Hegel-Schüler Droysen behält die grundlegenden teleologischen Denkfiguren bei. Vgl. Rüsen, J., Begriffene Geschichte. Genesis und Begründung der Geschichtstheorie J. G. Droysens, Paderborn 1969; allgemein zu den ›vulgär-hegelianischen‹ Elementen des zeitgenössischen Diskurses vgl. Bußmann, W., Zur Geschichte des deutschen Liberalismus im 19. Jahrhundert, in: ders., a.a.O., 1973, S. 103-133, S. 129 f.

kenntnis. Aber sogar die hermeneutische Methode der Geschichtswissenschaft legt wieder ein aktives Interesse auf der Seite des Historikers nahe: Da die Geschichte aus Handlungen besteht, läßt sie sich auch in der Gegenwart nur über handelnde Interessen erschließen.

Warum aber überhaupt Geschichtswissenschaft, wenn diese sich nur aus gegenwärtigen Interessen heraus bewerkstelligen läßt? Die Antwort kann für die kleindeutschen Historiker nicht in einem antiquarischen Interesse am Vergangenen selbst liegen. Das Vergangene ist nicht deshalb schon interessant, weil es einfach vergangen ist, sondern weil es nach außen, gegenüber dem Publikum, in *pädagogischer* Absicht vorgetragen werden kann.[47] Die deutschen Mandarine gewannen ihre besondere Stellung innerhalb des Bildungsbürgertums gerade durch diese pädagogische Differenz zwischen den verantwortungsbewußten und eingeweihten Lehrern einerseits und dem erziehungs- und lenkungsbedürftigen Volk andererseits. Die *Nation wird als Zögling* vorgestellt, dem die Historiker durch Erzählung der Geschichte zu Selbstbewußtsein und Handlungsfähigkeit verhelfen. Diese nationalpädagogische Absicht bestimmt die historische Erzählung von Sybel und Häusser ebenso wie von Treitschke und Dahlmann.

3.2 Die Staatsnation als autonomer Machtbetrieb

Dahlmann, Droysen und Sybel hatten als Abgeordnete des liberalen Bildungsbürgertums in der Frankfurter Nationalversammlung erfahren, daß die Überzeugungskraft der Ideen am realpolitischen Unvermögen scheitern konnte: Militärische und fiskalische Macht ließen sich durch die Begeisterung für Freiheit und Verfassung allein nicht überwinden.[48] Die Codierung der na-

---

47 Für Droysen liegt die Bedeutung der Geschichte darin, »daß sie – und nur sie – dem Staat, dem Volk, dem Heer usw. das Bild seiner selbst geben kann«, sie ist die »Grundlage für die politische Ausbildung und Bildung. Der Staatsmann ist der praktische Historiker«, ders., Grundriß der Historik, § 93, S. 364 f.; Treitschke strebte eine »allen Gebildeten gemeinsame nationale Geschichtsüberlieferung« an, ders., Deutsche Geschichte im 19. Jahrhundert, Bd. 1, Neudruck Königstein/Ts.-Düsseldorf 1981, S. v.

48 »Nicht von der Freiheit, nicht von nationalen Beschlüssen aus war die

tionalen Identität trug dieser Erfahrung durch eine Wende im Verhältnis von Kultur und Politik Rechnung: Während Aufklärung, Romantik und Vormärz die politische Geschichte noch im Namen einer autonomen kulturellen Autorität in Bewegung bringen wollten, erschien die politische Sphäre nun immer mehr als ein eigengesetzlicher und nicht weiter begründungsbedürftiger Bereich, als ultimate Zwecksetzung, die weder durch Moral noch durch Kunst überboten und erschüttert werden konnte. Das war freilich zunächst nicht die Absicht der deutschen Mandarine gewesen, die ihre Autorität und ihr politisches Engagement ja gerade auf die mangelnde Differenzierung von Kultur und Politik gründeten.

Zunächst wurden noch die »Entfaltung freier Willensbildung im bürgerlichen Verfassungsstaat«[49] oder die »Freiheit gebildeter Massen«[50] der Geschichte als Ziel vorgeordnet; im Staat sollten sich Vernünftiges und Wirkliches zur ›sittlichen Macht‹ verbinden.[51] Diese Unterwerfung des Staates unter sittliche Zwecke und seine Ausrichtung am Ziel der bürgerlichen Emanzipation wurde jedoch bei den kleindeutschen Historikern in den beiden Jahrzehnten vor der Reichsgründung schwächer; der Versuch, die politische Geschichte in emanzipatorischer Absicht, aber unter strenger Beachtung der Maßstäbe der Quellenkritik zu erfor-

Einheit Deutschlands zu schaffen. Es bedurfte einer Macht gegen andere Mächte, ihren Widerspruch zu brechen, ihren Eigennutz von uns zu wehren«, Droysen, J. G., Preußen und das System der Großmächte (1849), in: ders., a.a.O., 1933, S. 212-229, S. 229.

49 Rüsen, J., Johann Gustav Droysen, in: Wehler, H.-U. (Hg.), a.a.O., S. 7-23, S. 15.

50 Seier, H., Heinrich von Sybel, in: Wehler, H.-U. (Hg.), a.a.O., S. 24-38, S. 30.

51 Gerade das letztlich metahistoriographische Vertrauen auf diese Verbindung schlägt nach Iggers die deutschen Historiker mit Blindheit vor der »Dämonie der Macht«, vgl. Iggers, G. G., Deutsche Geschichtswissenschaft, a.a.O., 1971, S. 120-162, insbesondere S. 126 f.; zu Droysen vgl. Birtsch, G., Die Nation als sittliche Idee. Der Nationalstaatsbegriff in Geschichtsschreibung und politischer Gedankenwelt J. G. Droysens, Köln 1964, S. 82 f. Zu den frühzeitig einsetzenden Tendenzen, den naturrechtlich konstruierten Staatsbegriff durch einen historisch-realistischen abzulösen, vgl. Seier, H., Liberalismus und Staat in Deutschland zwischen Revolution und Reichsgründung, a.a.O., S. 69-84.

schen, förderte immer deutlicher die Eigengesetzlichkeiten des politischen Handelns zutage. »Das Gesetz der Stärke (übte) über das Staatsleben eine ähnliche Herrschaft (aus) wie das Gesetz der Schwere über die Körperwelt.«[52] Das Bemühen, einen unüberbietbaren Bezugshorizont dieses Handelns festzulegen, führte zur absoluten Souveränität des Staates.

Dieser souveräne Staat gründete sich immer stärker auf die bloße Wirklichkeit, d. h. auf seine Macht: Die Sphäre staatlichen Handelns wird autonom. In der Moderne

»zehrt der Staat, aus einem Inbegriff von gegebenen und in sich ruhenden sozialen und Rechtszuständen verwandelt in eine Institution, Macht zu erzeugen und zu üben, die Autonomie aller untren Kreise auf, braucht und fordert die Omnipotenz, Jeden und Jedes in jedem Augenblick nach diesem höchsten Zwecke zu verwenden, anders und anders zu bestimmen, zu mobilisieren.«[53]

Der Staat koppelt sich von kulturellen Grundlagen ab und erscheint als ein System, das sich nur mehr auf sich selbst und seine eigene Wachstumsdynamik bezieht; Maßstab der staatlichen Machtausübung ist schließlich allein der langfristige politische Erfolg, d. h. der Machtzuwachs selbst.[54] Das politische Handeln verliert übergeordnete Wert- und Zwecksetzungen und richtet sich allein an sich selbst aus: Es wird reiner Wille, der sich steigert als Wille, mehr wollen zu können, als Wille zur Macht.[55] Der Wille

52 Rochau, L. A. v., Grundsätze der Realpolitik, hg. von H.-U. Wehler, Frankfurt/M.-Berlin-Wien 1972, S. 25; fast gleichlautend: Droysen, J. G., Grundriß der Historik, a.a.O., § 71, S. 352.
53 Droysen, F. G., Zur Charakterisierung der europäischen Krisis (1854), in: ders., a.a.O., S. 323. Dieser so diagnostizierte »Wille zur Macht« (Rüsen) wird für pathologisch erklärt. Vgl. Rüsen, J., a.a.O., 1969, S. 74 f., S. 89 f.
54 Für Sybel ist der »praktische, bleibende« Erfolg, der »höchste Richter«, die »schlechthin entscheidende Instanz«, vgl. Seier, H., Die Staatsidee Heinrich von Sybels in den Wandlungen der Reichsgründerzeit 1862/71, Lübeck-Hamburg 1961, S. 39, Zitate ebd. »Die (nationale, B. G.) Revolution ist nur noch eine Zweckmäßigkeitsfrage: Sobald sie Aussicht auf Erfolg hat, muß sie gewagt werden«, Treitschke, H. v., Briefe 1913, Bd. 2, S. 351, zitiert nach Bußmann, W., a.a.O., 1973, S. 125.
55 So schon 1853 Rochau: »So ist es also ... eine geradezu unvernünftige Forderung, daß die Macht dem Recht untertan sei. Die Macht ge-

zur Macht löst die Parteilichkeit, das entschiedene praktische Urteil, als Bewegungsmetapher der Geschichte ab.[56]

Wenn so der Staat nicht mehr Mittel zur Verwirklichung von individueller Freiheit, sondern selbst ultimater Zweck ist und als Ausdruck der reinen Macht gesehen wird, dann ergibt sich auch eine neue Perspektive für den Historiker: die Vergangenheit ist die Vergangenheit möglicher staatlicher Machtorganisation, und es gilt, die Potentiale möglicher staatlicher Machtentwicklung in der Vergangenheit freizulegen. Ausgangspunkt für eine solche Perspektive sind selbstverständlich die Gegenwart und die gegenwärtigen Aussichten zur Bildung staatlicher Macht. Und diese Aussichten sprechen für die kleindeutsche Auffassung des Nationalen: Sie bot in der gegebenen Lage die besten Chancen für einen starken, weil homogenen Staat.

Die nationale Bewegung erwies sich zur Jahrhundertmitte als die stärkste politische Kraft, die auf die Zusammenschlüsse von kleinstaatlichen Einheiten und damit auf größere Machtkonzentration hindrängte.[57] Nach dem Wiener Kongreß waren dynastische In-

horcht nur der größeren Macht«, in: a.a.O., S. 26. Später dann H. v. Treitschke: »Eine absolute Schranke für die Staatsgewalt gibt es nicht«, ders., Die Freiheit, in: Historische und politische Aufsätze, Bd. 3, 5. und vermehrte Auflage, Leipzig 1886, S. 3-42, S. 17. Vgl. insgesamt Faber, K.-G., Realpolitik als Ideologie. Die Bedeutung des Jahres 1866 für das politische Denken in Deutschland, in: Historische Zeitschrift, Bd. 203, 1966, S. 1-45.

56 »Es ist ein Naturgesetz, daß Deutschland einen homogenen, unzerstörbaren Körper bilden *soll*, es ist aber ein Akt der Freiheit der Nation, ob Deutschland einen homogenen und unzerstörbaren Körper bilden *wird*«, Thaulow, G., Das europäische Gleichgewicht durch den Prager Frieden vom 23. August 1866, Kiel 1867, zitiert nach: Faber, K.-G., a.a.O., S. 21. In den 1860ern setzt sich die Metaphorisierung geschichtlicher Entwicklung als »Naturgesetzlichkeit« durch, »Theoretischer Idealismus (verband sich) mit praktischem Naturalismus«, Faber, K.-G., ebd., S. 21. Zur Ablösung der Organismus-Metaphorik durch den »Willen« zum Staat vgl. Bußmann, W., a.a.O., 1952, S. 236f.

57 Für Dahlmann soll die »Einheit die Bahn für die deutsche Volkskraft eröffne(n), die zur Macht führt. Die Bahn der Macht ist die einzige, den gährenden Freiheitstrieb befriedigen und sättigen wird, der sich bisher selbst nicht erkannt hat ... Deutschland muß als solches endlich in die Reihe der politischen Großmächte des Erdteils eintreten. Das kann nur durch Preußen geschehen, und weder Preußen kann ohne

teressen durch europaweite Arrangements gebändigt und kaum geeignet, die Expansion und Konzentration staatlicher Macht in Mitteleuropa zu betreiben. Allein die Idee der Nation bot ein starkes Motiv zur staatlichen Vereinigung, ohne die im europäischen Machtsystem kein relativer Machtvorteil zu gewinnen war.

Wenn Machtsteigerung um die Mitte des Jahrhunderts auch nur im Rahmen nationaler Einigung möglich zu sein schien, so bedeutete dies jedoch nicht, daß die Nation als eine vorpolitische und transhistorische Gegebenheit verstanden wurde. Die Nation gewann ihre Identität allein dadurch, daß sie als reale Macht auftrat; die deutsche Nation war Nation nur als politische Bewegung, als mögliche Staatsnation, oder sie war bloße Träumerei einiger Schwarmgeister.[58]

Die Staatsnation in der Vorstellung der kleindeutschen Historiker unterschied sich jedoch durchaus von den westeuropäischen Ideen der politischen Nation. Anders als etwa in Renans berühmtem Satz »La nation – c'est le plebiscit de tous les jours« fehlte dem kleindeutschen Begriff der Nation der Bezug auf den Prozeß der demokratischen Willensbildung.[59] Was immer auch als Wille zur Macht Erfolg hatte, konnte mit dem Anspruch auftreten, den Staat und sein dynamisches Fundament, die Nation, zu verkörpern – charismatische Individuen ebenso wie Volksbewegungen. Eine Bindung des Staates an die bloße Meinung der Mehrheit riskierte – so die ›Preußische Schule‹ – die verantwortungslose Pöbelherrschaft, und schon in der Endphase der Revolution von 1848 sah man dies bestätigt. Die Staatsnation war *autonomer Machtbetrieb* – weder an kulturelle und moralische Grundlagen noch an formale Mehrheiten gebunden.[60]

Deutschland noch Deutschland ohne Preußen genesen ...« (1849 in der Nationalversammlung), zitiert nach Hardtwig, W., a.a.O., 1990, S. 119. Vgl. insgesamt Wollstein, G., Das ›Großdeutschland‹ der Paulskirche. Nationale Ziele in der bürgerlichen Revolution 1848/49, Düsseldorf 1977.

58 Vgl. Treitschke, H. v., Deutsche Geschichte im 19. Jahrhundert, Neudruck Königstein/Ts.-Düsseldorf 1981, Bd. 1, S. 301.

59 Vgl. Birtsch, G., a.a.O., S. 48, Anm. 69.

60 Für Droysen steht das »Nationalparlament« als »Machtgrundlage« neben »Wehrpflicht« und »unerhörten Siegen« und damit, so Hardtwig, »primär im Dienste der nationalen Macht, nicht im Dienste der bür-

Für diesen autonomen Machtbetrieb erfüllte die Nation eine besondere Funktion. Es ging nicht mehr darum, der unterdrückten, also immer schon existierenden Nation zu ihrem Recht, d. h. zu ihrer staatlichen Form zu verhelfen und damit den Staat als Mittel der Nationwerdung zu begreifen, sondern umgekehrt: die Nation als Mittel der Staatswerdung einzusetzen.[61] Die nationale Codierung gab dem sich selbst organisierenden Machtsystem des Staates ein Bewußtsein seiner selbst. Sie war grundsätzlich nur eine von mehreren möglichen Codierungen, mit denen dieser Prozeß der Bildung staatlicher Macht sich selbst beobachten und bezeichnen konnte – freilich einer, der der Lage um die Mitte des 19. Jahrhunderts besonders angemessen war. Die liberale Vorstellung der Auflösung des Staates in der Gesellschaft wurde hier umgesetzt: Der Staat schuf sich seine Gesellschaft – die Nation.[62]

Eine solche Codierung hat den entscheidenden Vorteil, daß sie einen Akteur als Quelle willentlichen Handelns für politische Prozesse suggeriert – Machthandeln als reine Selbstorganisation ohne willentlichen Akteur war nicht nur für die kleindeutschen Historiker schwer vorstellbar. Die Idee der Nation verschaffte so einem Prozeß der Machtorganisation das nötige voluntaristische Fundament: Machthandeln kann nur als willentliches Handeln gedacht werden, und Wille setzt einen Wollenden, eine Person voraus.[63] Der reine Wille zur Macht findet so seine Entsprechung

---

gerlichen Freiheitsrechte und Mitbeteiligung an den staatlichen Hoheitsakten«, ders., a.a.O., 1990, S. 121, Droysen-Zitate ebd.

61 »Der geschichtlich werdende Staat soll so beschaffen sein, daß er innere Gemeinsamkeit seiner Bewohner so weit erzeugt, wie zur Erreichung der Staatszwecke, zur Verwirklichung von Bildung, Sitte und Freiheit erforderlich ist. Der Staat braucht nicht Nation zu sein, aber er muß Nation werden können«, Sybel (1864), Nachl. Sy. Pol., fol. 42, zitiert nach Seier, H., a.a.O., 1961, S. 65 f. Vgl. zum folgenden H. Seier, ebd., S. 59-75.

62 »Soll der Staat eine gleichartige Nationalität zur Grundlage haben, so kann er sie zeitweise doch entbehren, indem er sie sich neu erzeugt.« Sybel (1847/48), Nachl. Sy. Pol., fol. 185, zitiert nach Seier, H., a.a.O., 1961, S. 64 f.

63 »Die Souveränität muß irgendwo im Staate sein, an irgend einer bestimmten Stelle sein – irgendwo muß das letzte entscheidende Wort sein«, Sybel, Nachl. Sy. Pol., fol. 135, zitiert nach Seier, H., a.a.O., 1961, S. 45.

in einer Staatsnation, die von allen Bezügen auf konkrete Individuen und konkrete Mehrheiten gereinigt ist. Die Verschiedenheit und Wandelbarkeit der Mehrheiten schwächt die Machtentfaltung des Staates; der Staat muß daher von diesen Einschränkungen seiner Möglichkeiten befreit werden. Im Unterschied zur politischen Nation Westeuropas wird im Begriff der Staatsnation gerade diese Abkoppelung des kollektiven Willens von internen Konflikten und realer Verschiedenartigkeit vollzogen. Die nationale Codierung läßt das Vielfältige und Gegensätzliche einheitlich und zusammengehörig erscheinen, *ohne* daß dabei die Freiheit der Bürger unterdrückt werden müßte.⁶⁴ Im Unterschied zur despotischen Herrschaft, in der der Wille des Despoten die Vielfalt der Bürger von außen zusammenzwingt, verfügt der Nationalstaat über eine zwanglose, in den einzelnen Bürger verlagerte und mit seiner Freiheit vereinbarte Grundlage von Integration und Einheit. Er erfüllt damit nicht nur das liberale Bekenntnis zu den individuellen Freiheitsrechten des Bürgers, sondern auch die konservativen Vorstellungen interner Harmonie zwischen gesellschaftlichen Gruppen. Die unbestreitbare Zugehörigkeit zur gleichen Nation schließt ein Volk auf gewaltlose Weise zusammen und steigert so die Macht im Außenverhältnis.⁶⁵

Damit gerät der entscheidende Bezug der Machtentfaltung ins Blickfeld: die Außenpolitik.⁶⁶ Wenn oberhalb des Staates keine wirkliche Einheit mehr vorstellbar ist, die für sich Macht gewinnen und steigern könnte, dann wird das Verhältnis zwischen Staa-

---

64 Dies ist der gemeinsame Nenner der ›positiven‹ Staatsvorstellungen, die dem Nationalliberalismus in der älteren Historiographie die Bezeichnung »klassischer Liberalismus« eintrugen, vgl. Rosenberg, H., Rudolf Haym und die Anfänge des klassischen Liberalismus, München-Berlin 1933.
65 Zur Verknüpfung innerer und äußerer Machtentfaltung bei Droysen vgl. Birtsch, G., a.a.O., S. 101 f.
66 »Nichts scheint mir beklagenswerter als der Mangel an Einsicht und Kontinuität der Einsicht in der durch die Natur und Geschichte bedingten auswärtigen Verhältnisse. Faßt man die Aufgabe hoch genug, so ist die Geschichte der auswärtigen Beziehungen Preußens die einzige, aber auch beste Instruktion für den praktischen Gebrauch«, Droysen, J. G., Briefwechsel, hg. von R. Hübner, Stuttgart 1929, Bd. 2, S. 126 f. Zum Vorhaben Droysens »Handlungsmaximen für die Auswärtige Politik zu erarbeiten«, vgl. Hardtwig, W., a.a.O., 1990, S. 111 f., auch S. 124 f., S. 133 f.

ten zum ultimaten Feld der Machtausübung, dem alles andere, insbesondere die internen Verhältnisse einer Gesellschaft, unterzuordnen sind. Dieser von Ranke übernommene Primat der Außenpolitik ist absolut, er steht eng in Verbindung zu der Heroisierung des Krieges als nicht mehr überbietbarem Machthandeln.[67] Auch hier stehen die Entfaltung kriegerischer Macht nach außen und die Überbrückung interner Konflikte in einem komplementären Verhältnis: Erst die nationalstaatliche Einigung ermöglicht die äußerste Mobilisierung und Anstrengung aller Kräfte, die einen Vorteil im Krieg verschafft, und erst die kriegerische Auseinandersetzung mit dem Feind ermöglicht die äußerste Erfahrung der eigenen nationalen Identität. Die Staatsnation markiert damit die äußerste Grenze zwischen innen und außen, Krieg und Frieden, Gegnern und Verbündeten, die unter dem Gesichtspunkt autonomer Machtentfaltung vorstellbar war. Diese Grenze ermöglicht gleichzeitig eine Zivilisierung der Verkehrsformen innerhalb der Gesellschaft.[68] Aus den internen gesellschaftlichen Beziehungen werden Gewalttätigkeit und Macht herausgezogen und jenseits der Grenze in die zwischenstaatlichen Verhältnisse verschoben: die Gesellschaft als eine Sphäre der geregelten freien Selbstbestimmung vernünftiger Individuen, die zwischenstaatliche Anarchie als Reich der reinen Gewalt und des Machtwillens.

3.3 Die Nation als homogene Gesellschaft: die kleindeutsche Lösung

Die nationale Einigung Deutschlands konnte aus der Sicht der kleindeutschen Historiker nicht als Versuch gelingen, eine kulturelle Identität in Politik und nationalstaatlicher Verfassung zu verwirklichen, sondern mußte an den realen Machtpotentialen der historischen Lage ansetzen. Ein Blick auf die Machtverhältnisse der Jahrhundertmitte zeigt schnell, daß hier vor allem die beiden

67 Vgl. Hardtwig, W., a.a.O., 1990, S. 148 f.; Fehrenbach, E., Rankerenaissance und Imperialismus in der wilhelminischen Zeit, in: Faulenbach, F. (Hg.), Geschichtswissenschaft in Deutschland, München 1974, S. 54-65.
68 Zum Begriff der Zivilisation vgl. die klassischen Überlegungen von N. Elias in: ders., Über den Prozeß der Zivilisation, 2 Bde., Frankfurt/M. 1976.

mitteleuropäischen Großmächte Preußen und Österreich als Kern einer solchen realpolitisch betriebenen nationalen Einigung in Frage kamen.⁶⁹ Das Staatsgebiet Preußens schloß den bei weitem größten Teil Norddeutschlands ein; Preußen konnte daher von einer nationalen Einigung nicht ausgeschlossen werden. Die österreichisch-ungarische Doppelmonarchie war zwar Preußen sowohl an Territorium wie an Bevölkerungszahl deutlich überlegen, aber nur in den österreichischen Kernländern war die Bevölkerung deutsch; eine großdeutsche Lösung unter Einbeziehung Österreichs hätte daher in mehrfacher Hinsicht eine unklare Lage geschaffen. Die über die deutschsprachigen Länder hinausgehenden Reichsinteressen der Doppelmonarchie wären in Konflikt mit den Interessen des deutschen Nationalstaates geraten; der großdeutsche Nationalstaat hätte so mit einer offenen und ungeklärten südöstlichen Grenze leben müssen.⁷⁰ Der machtpolitische Vorzug des Nationalstaates, eine klare und unüberbrückbare Grenze zwischen innen und außen zu schaffen, wäre damit aufgegeben worden. Weiterhin hätte die Rivalität der beiden innerdeutschen Großmächte zu Konflikten und damit zur außenpolitischen Schwächung geführt. Schließlich bot Preußen nach den Reformen dem Bildungsbürgertum, das sich in der Verantwortung für die Geschichte fühlte, eher das Bild eines aufsteigenden modernen Staates mit einer unpersönlichen Verwaltung und einem hochentwickelten Bildungssystem als das Österreich nach Metternich und Schwarzenberg. Machtpolitische Argumente sprachen für den Nationalstaat also nur, wenn er um Preußen zentriert war und Österreich ausschloß: Alles andere hätte die Homogenität des

---

69 Siehe dazu u. a. Nipperdey, T., Deutsche Geschichte 1800-1866. Bürgerwelt und starker Staat, München 1983, S. 656 f., S. 684 f., S. 704 f.; Schulze, H., Der Weg zum Nationalstaat. Die deutsche Nationalbewegung vom 18. Jahrhundert bis zur Reichsgründung, München 1985, S. 109 f.; Siemann, W., Gesellschaft im Aufbruch. Deutschland 1849-1971, Frankfurt/M. 1990, S. 268 f.
70 Dem von Treitschke konstatierten »Zug ... auf das Zusammenballen großer Massen« entspricht »ein Drang, fremdartige Volkselemente auszuscheiden«, damit der Staat wird, »was er seiner Natur nach sein soll, das einheitlich organisierte Volk.« Zitate in: Treitschke, H. v., Zehn Jahre deutsche Kämpfe, 2. Auflage, Berlin 1879, S. 114; ders., Die Freiheit, in: Historische und politische Aufsätze, Bd. 3, 5. und vermehrte Auflage, Leipzig 1886, S. 3-42, S. 8.

Nationalstaates und die Klarheit seiner Grenzen gefährdet. Diese Vorstellung der internen Harmonie und Homogenität einer Gesellschaft gewann für die liberal-konservativen Historiker in dem Maße an Bedeutung, als funktionale Differenzierung und Individualisierung zunahmen und die Vielfalt gesellschaftlicher Prozesse unübersehbar zu werden drohte. Die nationale Codierung allein bot Aussicht, diese interne Harmonie herzustellen, und diese Harmonie setzte Homogenität voraus.[71]

Die Homogenitätsforderung galt nicht nur in politischer Hinsicht, sondern auch und gerade in Hinblick auf eine Grenzziehung, die in Mitteleuropa seit dem Dreißigjährigen Krieg fundamentale Bedeutung für kollektive Identität erlangt hatte: die konfessionelle Spaltung zwischen Protestanten und Katholiken. Die westeuropäischen Nationalstaaten waren alle aus Bürgerkriegen um Glauben und Konfession hervorgegangen, und diese Bürgerkriege hatten schließlich eine klare Dominanz einer Konfession innerhalb des Staatsgebietes hervorgebracht.

Im Unterschied dazu hätte die großdeutsche Lösung unter Einbezug Österreichs nicht nur eine politische Bipolarität, sondern

---

71 Vgl. dazu Droysen, J. G., Zur Charakterisierung der europäischen Krisis (1854), in: ders., a.a.O., 1933, S. 307-342. Gerade angesichts der umfassenden Krise eines sich abzeichnenden »Weltstaatensystems« (S. 330) »hat nur der nicht romanisch-deutsche, nur der protestantische Geist die innere Freiheit und den zwingenden Impuls, das zu leisten, was noththut« (S. 335), d.h., jene erforderlichen Machtressourcen bereitzustellen, die aus den »stärksten natürlichen Bindungen ... aus unmittelbarsten Impulsen, die das Gemüth beherrschen, erwachsen« (S. 332), um die aus berechtigter Staatsraison erforderliche »österreichische Lösung der deutschen Frage« (S. 334) eines »kranken Mannes« Deutschland (S. 329) zu verhindern. »An Preußen ist es, die Stellung zu erringen und zu schirmen, die unser Volk in der werdenden Zukunft der Welt einnehmen wird« (S. 336). 1849 hatte Droysen konstatiert: Österreich hat sich »in seinen politischen Formungen von Deutschland abgekehrt, sich wie in der geistigen Bewegung – nicht einmal das Universitätswesen hatte es mit uns gemein – so auch in der der materiellen Interessen von dem übrigen Deutschland« (S. 220 f.) abgesondert. Österreich »lebte von dem Verkommen Deutschlands; seine Größe war bedingt durch unsre Ohnmacht. Die Politik Östreichs war und ist, Deutschland nicht zu sich selbst kommen zu lassen« (S. 213), Droysen, F. G., Preußen und das System der Großmächte, in: ebd., S. 212-229.

auch ein gleichgewichtiges Verhältnis zwischen Protestanten und Katholiken im deutschen Nationalstaat zur Folge gehabt: Dies hätte interne Konflikte begründet und die Chancen geschwächt, über einen gemeinsamen moralischen Horizont soziale Gegensätze zu überbrücken. Die alleinige Orientierung an Preußen hingegen verschaffte nicht nur den direkten machtpolitischen Vorteil, sondern gründete sich auch in der Dominanz protestantisch-lutheranischer Tugendvorstellungen. Eine großdeutsche Lösung hingegen hätte Innerlichkeit und Pflichtbewußtsein, Askese und bürgerliche Freiheiten durch das katholische Gegenprojekt gefährdet, das als reaktionär und vernunftfeindlich, betrügerisch und abergläubisch galt.[72]

Vor allem aber wurde dem Katholizismus seine Anbindung an den Vatikan vorgeworfen: Katholiken müssen die Autorität des Vatikans der der Nationalstaaten überordnen: »Neben der Hoheit der Kirche ist kein Raum für weltliche Souveränität.«[73] Für die machtpolitische Perspektive der kleindeutschen Historiker war eine solche ›ultramontane‹ Anbindung unerträglich: Der Nationalstaat war als unüberbietbare kollektive Identität zu betrachten, und jeder Versuch, hierüber hinauszugreifen, gefährdete nicht nur die Autonomie des Politischen, sondern auch die die Politik tragenden bürgerlichen Freiheiten. Insbesondere Sybels Kritik am Ultramontanismus stand zunächst deutlich in der aufklärerischen Tradition des rheinischen Liberalismus und seiner Frontstellung gegen reaktionäre und klerikale Tendenzen.[74]

Vor allem aber ging es darum, die »Auflösung und Vernichtung des Staates zugunsten der Kirche«[75] zu verhindern. Nicht die Kirche sollte dem Staat, sondern der Staat der Kirche übergeordnet werden: Ebenso wie andere Bereiche der Kultur, sollte auch die Religion staatlicher Kontrolle unterworfen werden.[76] Der Staat, und nur er, stand für das vernünftige Allgemeine und bot die

---

72 Zum Protestantismus als Kern preußisch-deutscher Identität vgl. Hardtwig, W., a.a.O., 1990, S. 152 f.
73 Sybel, H. v., Die politischen Parteien der Rheinprovinz in ihrem Verhältnis zur preußischen Verfassung, Düsseldorf 1847, S. 16.
74 Vgl. Dotterweich, V., Heinrich von Sybel. Geschichtswissenschaft in politischer Absicht (1817-1861), Göttingen 1978, S. 58.
75 Sybel, H. v., ebd., S. 16.
76 Dotterweich, V., a.a.O., S 69.

»Form für das soziale Dasein«[77] schlechthin; alle anderen Kollektive galten als partikular, als Teile der Gesellschaft.

Die Forderung der kleindeutschen Historiker nach Homogenität richtete sich jedoch nicht nur gegen die Katholiken, sondern gegen jede der Formen kollektiver Identität, die den nationalstaatlichen Horizont überstiegen und dadurch die Staatseinheit gefährdeten: gegen die ständisch-aristokratische Identität ebenso wie gegen den Kosmopolitismus der Aufklärer und der radikalen Demokraten des Vormärz oder auch gegen die Juden, die vor allem bei Treitschke als fremde Eindringlinge behandelt wurden.[78] Nationale Einigung aus machtpolitischer Perspektive setzte hier nicht nur die Bekräftigung einer staatlichen Zentralgewalt voraus, sondern auch die Verfolgung all jener Identitätsentwürfe, die die Exklusivität des nationalstaatlichen Anspruchs und die interne Homogenität schwächen konnten.

Allerdings wurden diese Vorstellungen nationaler Identität noch nicht biologisch-organisch begründet. Nicht die Herkunft entschied hier über Fremdheit oder Zugehörigkeit, sondern eine kulturelle Identität, die freilich geändert werden konnte: Selbst Treitschke unterscheidet noch zwischen deutschen Bürgern jüdischer Konfession und den »kulturell fremden« Juden. In diesem Bestehen auf kultureller Homogenität zeigte sich noch das Gewicht der kulturnationalen Codierung, der die kleindeutschen Historiker ihr realpolitisches Projekt der Nation entgegenhielten. Die Wende zur reinen Machtpolitik konnte die Wirksamkeit kultureller Identität nicht völlig außer acht lassen: Fügten sich die kulturellen Identitäten nicht den Grenzziehungen der realen staatlichen Macht, so antwortete der Nationalstaat mit Exklusion. Diese Exklusion konnte freilich in einem liberalen Verfassungs-

---

77 Sybel (1847/8), Nachl. Sy. Pol., fol. 181, zitiert nach Dotterweich, V., a.a.O., S. 72.

78 Heine, der sowohl Kosmopolit und Demokrat wie Jude war, wird dabei zum bevorzugten Ziel des nationalen Homogenisierungsdenkens. Treitschke, der den Rang von Heines Lyrik kaum bestreiten kann, wirft ihm schließlich vor, niemals ein Trinklied geschrieben zu haben, was zeige, daß er kein echter deutscher Dichter sein könne. Vgl. Treitschke, H. v., Geschichte des neunzehnten Jahrhunderts, Bd. IV, Neudruck Königstein/Ts.-Düsseldorf 1981, S. 423. Vgl. zum durch Treitschke ausgelösten »Berliner Antisemitismusstreit« Berding, H., Moderner Antisemitismus in Deutschland, Frankfurt/M. 1988, S. 113 f.

staat nicht mehr einfach als rechtliche Diskriminierung geschehen, sondern bedurfte der kulturellen Begründung durch Intellektuelle.

4 Bismarck und die Reichsgründung

Die von Bismarck betriebene Politik der deutschen Einigung führte 1871 zur Ausrufung des deutschen Kaiserreiches im Spiegelsaal von Versailles. Heinrich von Sybel kommentierte das Ereignis in einer berühmtgewordenen Briefpassage:

»Wodurch hat man die Gnade Gottes verdient, so große und mächtige Dinge erleben zu dürfen? Und wie wird man nachher leben! Was zwanzig Jahre der Inhalt allen Wünschens und Strebens gewesen, das ist nun in so unendlich herrlicher Weise erfüllt! Woher soll man in meinen Lebensjahren noch einen neuen Inhalt für das weitere Leben nehmen?«[79]

In der Tat erfüllten sich die nationalen Vorstellungen der borussischen Historiker durch die Reichsgründung in fast vollkommener Weise.[80] Bismarcks Politik der nationalen Einigung war bis zum äußersten getriebene machtstaatliche Realpolitik, die die nationale Idee nicht als ein vorpolitisches Bewegungsmotiv der Geschichte, sondern als ein Vehikel zur Stärkung eines autonomen staatlichen Machttriebs benutzte.[81] Ausgangspunkt waren dabei die partikular-staatlichen Interessen Preußens und der preußischen Krone, aber dieser preußisch-hohenzollerische Rahmen blieb nicht verbindlich: ›Preußens deutscher Beruf‹ verlangte Respekt auch vor

---

79 Zitiert nach Hejderhoff, J./Wentzcke, P. (Hg.), Deutscher Liberalismus im Zeitalter Bismarcks. Eine politische Briefsammlung, Bd. 1, Bonn-Leipzig 1925, S. 494.
80 Vgl. Fehrenbach, E., Die Reichsgründung in der deutschen Geschichtsauffassung, in: Schieder, T./Deuerlein, E. (Hg.), Reichsgründung 1870/71, Stuttgart 1970, S. 259-290, S. 260 f.
81 Auch noch und gerade Bismarcks »Spiel« mit national-politischen Motiven wurde »als Beweis dafür genommen, daß für jeden preußischen Staatsmann ohne Ausnahme die Frage der deutschen Einheit unabweisbar zu einer Schule des Liberalismus – nicht des anarchischen und revolutionären, sondern des positiven und staatsbildenden Liberalismus – wird«, Sybel, H. v., Das neue Deutschland und Frankreich (1866), in: ders., Vorträge und Aufsätze, Berlin 1874, S. 297; vgl. dazu Seier, H., Liberalismus und Staat, a.a.O., 1974, S. 76.

den süddeutschen Ländern und stand etwa einer schrankenlosen Annexionspolitik nach dem Sieg über Frankreich entgegen – die kleindeutsche Lösung begünstigte eine nationale Homogenität des Staates, die nicht durch den Einschluß einer großen französischen Minderheit gefährdet werden sollte –, wie Sybel 1870 feststellte.[82] Die nationale und kleindeutsche Orientierung der Bismarckschen Politik ergab sich nicht aus einer kulturellen Bestimmung der deutschen Identität, sondern aus realpolitischem Kalkül in einem autonomen staatlichen Machtbetrieb: Nationale Einigung bot eine Chance zur Machterweiterung und entschärfte darüber hinaus eine unruhige politische Bewegung. Das Bismarcksche Prinzip der nationalen ›Revolution von oben‹ im staatlichen Interesse kam den Vorstellungen der borussischen Historiker ebenso entgegen wie die kleindeutsche Lösung oder der Primat der Außenpolitik, der den Weg zur deutschen Einheit über drei siegreiche Kriege verlaufen ließ.

Die hymnische Begeisterung über Bismarcks Politik der nationalen Einigung kontrastiert freilich scharf mit der harten Kritik, mit der sich die liberalen Historiker noch wenige Jahre vorher im preußischen Verfassungskonflikt gegen das Regieren Bismarcks ohne parlamentarische Grundlage gewandt hatten. Beide Positionen näherten sich in der Folge an: Das liberale und nationale Bildungsbürgertum gab – geschwächt durch die Wahlen von 1866 – seine liberalen Vorbehalte auf und stimmte für die Indemnitätsvorlage, Bismarck gab die Position des reaktionären preußischen Junkers auf, für die er zuvor gestanden hatte, und konzedierte, nicht verfassungsmäßig regiert zu haben. Die eigentliche Versöhnung zwischen dem nationalliberalen Bildungsbürgertum und der preußischen Krone bzw. dem durch Bismarck repräsentierten preußischen Staat fand jedoch nicht in der Debatte um die Indemnitätsvorlage, sondern in den Jubelfeiern zum Sieg über Frankreich und zur Gründung des deutschen Reiches statt.[83]

Die allgemeine Begeisterung über den nationalen Einigungserfolg verdeckte hier jedoch den Umstand, daß das kriegerische Grün-

---

82 Vgl. Seier, H., a.a.O., 1961, S. 193. Dahinter stand ein machtpolitisches Kalkül der ›Verdaulichkeit‹. Für Treitschke etwa war ›Sprache kein politisches Prinzip‹. Vgl. Bußmann, W., a.a.O., 1952, S. 316 ff.

83 Zum Beispiel T. Vischers, vgl. Meinecke, F., 3 Generationen Gelehrtenpolitik, in: Historische Zeitschrift, Bd. 125, 1922, S. 248-283, S. 262 f.

dungsereignis nicht als eine ›Revolution von unten‹, sondern als ›Revolution von oben‹ stattfand, die die Kontinuität des Herrschaftszentrums sicherte und einer revolutionären Erneuerung des Zentrums zuvorkam. Das Bildungsbürgertum konnte folglich nicht mehr unbestritten als möglicher Grund und sozialer Träger nationaler Identität auftreten.[84] Mit der Verwirklichung des deutschen Nationalstaates nicht durch kulturelle Sendung oder liberale Ideen, sondern durch Bismarcks Maximen »Blut und Eisen« verloren das Bildungsbürgertum und die Intellektuellen die Chance, kulturelle Identität über das nationale Thema im Gegensatz zum Bestehenden zu konstruieren. Die große achsenzeitliche Spannung, die über ein Jahrhundert das deutsche Bildungsbürgertum in nationaler Bewegung gehalten hatte, brach zusammen. Im Unterschied zu all jenen vorangegangenen Versuchen, ein kulturelles Projekt nationaler Identität in die politisch-revolutionäre Tat umzusetzen und damit die Spannung zu entschärfen, war Bismarcks ›prinzipienlose Hasarderie‹ erfolgreich, aber dieser politische Erfolg bedeutete auch die Krise der kulturellen Grundlegung nationaler Identität. Die Nation war nun eben nicht mehr ein kulturelles Projekt, sondern eine säbelrasselnde staatliche Wirklichkeit, die sich in gesellschaftsweiten Ritualen, in Denkmalkult und Kriegervereinen, in Kaiserverehrung und kolonialer Expansion äußerte, aber die engagierten Diskurse der Intellektuellen nicht mehr anregen konnte.[85]

Nur wenige Intellektuelle erkannten jedoch im nationalen Überschwang der Reichsgründung die sich anbahnende Krise der deutschen Kulturnation. Nietzsche etwa schrieb hellsichtig über den öffentlichen Irrtum infolge des Sieges über die Franzosen,

»daß auch die deutsche Kultur in jenem Kampfe gesiegt habe und deshalb mit Kränzen geschmückt werden müsse, die so außerordentlichen Begebnißen und Erfolgen gemäß seien. Dieser Wahn ist höchst verderblich: (...)

84 Vgl. Meinecke, F., a.a.O.; Deuerlein, E., Die Konfrontation von Nationalstaat und national bestimmter Kultur, in: Schieder, Th./Deuerlein, E. (Hg.), a.a.O., S. 226-258; Köster, U., Elitekultur – Kulturelite. Repräsentative Kultur und Sezessionsbewegung im Kaiserreich, in: Ploetz: Das deutsche Kaiserreich. 1867/71 bis 1918. Bilanz einer Epoche, hg. von D. Langewiesche, Freiburg-Würzburg 1984, S. 181-188.
85 Andere Konzepte wie ›Gesellschaft‹ und ›Kultur‹ traten an ihre Stelle, und andere Wissenschaften wie die neu entstehende Soziologie übernahmen die Leitfunktion der Geschichtswissenschaft.

weil er imstande ist, unseren Sieg in eine völlige Niederlage zu verwandeln: in die Niederlage, ja Exstirpation des deutschen Geistes zugunsten des ›deutschen Reiches‹«.[86]

Nach der Reichsgründung lösten die Intellektuellen die Verbindung zwischen identitätssichernder Kultur und Nation. Im Kulturpessimismus rekonstruierten sie die kritische Spannung zwischen Kultur und dem Bestehenden und Weltlichen, aber die Nation war auf die Seite des Weltlichen gewechselt. Von nun an wurde sie zum Thema der Politik im Spannungsfeld zwischen Führern und Massen.

86 Nietzsche, F., David Strauss – der Bekenner und Schriftsteller, in: Unzeitgemäße Betrachtungen, München 1964, S. 7-72, S. 7.

IX Die nationale Identität der Deutschen: Versuch einer Bilanz

Das Jahrhundert zwischen 1770 und 1870 legte den Grund für die Identität der Deutschen. Diese Identität weist bei allen Unterschieden zwischen den Szenarien und Codierungen, die wir skizziert haben, doch bemerkenswerte Gemeinsamkeiten auf. Der immer schwierige und vereinfachende Versuch, diese Gemeinsamkeiten zu einem Idealtypus der deutschen Identität zusammenzufassen, führt zu folgenden sechs Thesen:

1. Die Identität der Deutschen, obwohl als Konstruktion einer umfassenden nationalen Identität gedacht, wird von einer besonderen sozialen Gruppe getragen: dem *Bildungsbürgertum* – und hier vor allem von bestimmten *Intellektuellengruppen*, die jeweils neue Codierungen dieser Identität entwerfen. Bildungsbürgertum und Intellektuelle befinden sich in einer Lage, die einerseits von den übrigen gesellschaftlichen Gruppen abgekoppelt ist, sich andererseits aber auch als besonders zentral begreifen kann. Man hält Distanz zu den besonderen und beschränkten Interessen der anderen Gruppen oder der gesellschaftlichen Teilbereiche und hat deshalb einen unverstellten Blick für das gesellschaftliche Allgemeine. Intellektuelle Distanzierung und soziale Entwurzelung werden somit zur Voraussetzung für die Erkenntnis des Allgemeinen oder der nationalen Identität.

2. Die Konstruktion der nationalen Identität durch das Bildungsbürgertum und die Intellektuellen gerät in Spannung zum Besonderen, Bestehenden und Gegenwärtigen. Die nationale Identität der Deutschen ist während des hier untersuchten Jahrhunderts nicht nur eine kulturelle Identität, sondern eine Identität, die Gegenwart, individuelle Willensbildung und empirische Erfahrung *transzendiert* und in Gegensatz zum »normalen« gesellschaftlichen Leben tritt, dessen Horizont als beschränkt und kurzfristig gilt. Diese Spannung zwischen der kulturellen Identität der Nation, die die Kontinuität, die Einheit und das Allgemeine sichert, und der Vielfalt des Empirischen, Individuellen und Zeitlichen, wirkt wieder zurück auf die sozialstrukturelle Ebene. Sie schlägt sich hier nieder als eine Spaltung zwischen denen, die für das

ewige und unsichtbare Allgemeine stehen, und denen, die in das sichtbare und kurzfristige Besondere verstrickt sind. Diese innergesellschaftliche Spaltung in zwei ›Lager‹ erinnert an die konfessionelle Spaltung, die die mitteleuropäische Politik seit Beginn der Neuzeit bestimmte und in Deutschland nicht zur klaren Dominanz einer Religion führte.

3. Die vom Bildungsbürgertum getragene und von den Intellektuellen konstruierte Identität der Deutschen ist in der Regel *unpolitisch* (die kleindeutschen Historiker bilden hier eine besondere Ausnahme). Politik steht ebenso wie Geld und Wirtschaft für den Bereich der besonderen Interessen, zu denen es Distanz zu halten gilt. Die Grenze zwischen dem Allgemeinen und dem Besonderen, zwischen kultureller Identität und dem politischen Geschäft wird daher nur in Ausnahmefällen, unter großer Anspannung und äußerstem Engagement überquert: man dringt in fremdes und unheiliges Gebiet ein. Die kulturnationale Identität der Deutschen äußert sich daher vor allem in heterodoxen Formen des politischen Engagements, in Revolutionen und Demonstrationen, oder bleibt auf Aktivitäten unterhalb der Schwelle der offiziellen politischen Institutionen, auf Vereine und Öffentlichkeit, beschränkt. Aus dieser Perspektive können die Deutschen sich nicht als eine ›verspätete Nation‹ begreifen. Die Distanz zur politischen Nationwerdung wird nicht als historische Retardierung, sondern als Identitätsgarantie aufgefaßt.

4. Aus der kulturellen Identität der deutschen Nation ergibt sich nicht nur eine Spaltung zwischen zwei Lagern, sondern auch der Versuch, die Außenstehenden aufzuklären und ihnen ein Bewußtsein der wahren Identität zu vermitteln. Dieser Missionsdrang innerhalb der eigenen Gesellschaft findet sich nicht nur im Verhältnis zwischen dem Bildungsbürgertum, dem Träger der kulturnationalen Identität, und der umgebenden Gesellschaft, sondern auch innerhalb des Bildungsbürgertums zwischen den Intellektuellen und ihrem Publikum. In beiden Fällen stößt die *kulturelle Mission* auf Widerstand, und in beiden Fällen ist das Verhältnis der Erzieher zu ihren potentiellen Zöglingen ambivalent: Einerseits will man überzeugen und Anklang finden, andererseits aber auch die konstitutive Distanz zwischen den Intellektuellen und ihrem Publikum, zwischen Bildungsbürgertum und den anderen gesellschaftlichen Gruppen, nicht aufgeben. Hat der Missions- und Bildungsversuch bei Außenstehenden Erfolg, so verschwindet die

Grenze zwischen innen und außen, und die Spannung zwischen dem Allgemeinen und dem Besonderen bricht zusammen.

5. Diese Ambivalenz zwischen missionarischer Expansion und Distanzierung läßt sich über die Zeitachse bewältigen. Sobald eine kulturelle Codierung der nationalen Identität vom Publikum aufgenommen und von weiteren gesellschaftlichen Gruppen übernommen wird, wechselt auch die Form, in der sie kommunikativ bewegt wird. An die Stelle des Diskurses treten institutionelle Routinen und alltägliche *Trivialisierungen*. Gegenüber diesen Trivialisierungen, die ein Verschwinden des Allgemeinen im Besonderen anzeigen, gehen neue Generationen von Intellektuellen auf Distanz. Sie versuchen in der Regel im Unterschied zu den so »gescheiterten« kulturellen Projekten der nationalen Identität, neue anspruchsvolle Vorstellungen zu konstruieren, mit denen die ursprüngliche Spannung und Distanz wiederhergestellt werden kann. Dieser Wechsel von Trivialisierung und Neukonstruktion bestimmt die Transformationen der deutschen Identität durch die verschiedenen Szenarien.

6. Sobald die nationalstaatliche Einheit verwirklicht wird, d. h. in unserem Falle mit der Reichsgründung 1871, bricht die elementare Spannung zwischen der kulturellen Identität und der Partikularität von Staat und Politik weitgehend zusammen. Der Grund von Einheit und Identität verlagert sich von den kulturellen Diskursen der Intellektuellen auf das institutionelle ›Parterre‹ des Staates und seiner politischen Ziele. Die Intellektuellen reagieren auf diesen Verlust der kompensatorischen Funktion mit neuen Themen: An die Stelle des nationalen Codes treten etwa die Begriffe der Klasse, Rasse und Gesellschaft als ultimate Codierungen kollektiver Identität und als bewegende Kräfte der Geschichte.

x Nachwort:
Die deutsche Identität zwischen
1945 und 1990

Der katastrophale Absturz der deutschen Geschichte im Zweiten Weltkrieg und im Holocaust schuf eine neue Lage, auf die sich die Codierung des Nationalen und ihre Trägergruppen einzustellen hatten. Eine Identifikation mit der nationalstaatlichen Idee war aus vielfachen und offensichtlichen Gründen versperrt. Nicht nur hatte das Dritte Reich das Projekt des deutschen Nationalstaats bis über die Grenzen hinaus diskreditiert, sondern auch der Druck, sich gegenüber der Generation der Väter, die Schuld an dem Desaster trugen, abzugrenzen, machte eine positive Identifikation mit der Staatsnation für eine neue Generation zusätzlich schwierig. Die Teilung wurde als gerechte Strafe für den politischen Nationalismus empfunden.[1] Die acht Jahrzehnte eines einheitlichen deutschen Nationalstaates waren zu Ende. Wie auch schon im 18. und 19. Jahrhundert konnte sich die deutsche Identität nicht auf die staatliche Einheit stützen und war wieder auf eine kulturelle Begründung angewiesen.

a) In dieser Lage rekonstruierten die Intellektuellen die konstitutive Spannung der Kulturnation, einer Kulturnation, die nicht nur immer schon in Gegensatz zum Bestehenden gestanden hatte, sondern auch während der Nazi-Barbarei ausgewandert war, und nun aus der Emigration zurückkehrte.

Thomas Mann sprach von der »Unsichtbaren Nation«, die nie der Macht und immer der Kultur verpflichtet war; der Rückzug auf Innerlichkeit, und die einfachen Dinge wurden gepriesen.[2] Nach wenigen Jahren der »Trümmerliteratur«, der kargen Bewältigung des »Kahlschlages«, setzte die Reflexion über die deutsche Ver-

---

1 Vgl. zur Figur des »negativen Nationalismus« auch Reese-Schäfer, W., Universalismus, negativer Nationalismus und die neue Einheit der Deutschen, in: Braitling, P./Reese-Schäfer, W. (Hg.), Universalismus, Nationalismus und die neue Einheit der Deutschen, Frankfurt/M. 1991, S. 39-54, S. 46.
2 Hier sei nur an die verschiedenen Wellen des Hesse-Enthusiasmus erinnert.

gangenheit ein. Die Intellektuellen der neuen Bundesrepublik – von der Gruppe 47 bis zur Frankfurter Kritischen Theorie – gewannen kollektive Identität gerade dadurch, daß sie die unbewältigte Vergangenheit der Nation ins Auge faßten und sich im Namen eines europäischen demokratischen Humanismus und mit literarischen Mitteln gegen den Nationalstaat und die unbelehrbaren Vertreter nationaler Rituale engagierten. Allein in der Auseinandersetzung mit dem Holocaust, im Versuch, mit dem unsagbaren Schrecken, dem einzigartigen Verbrechen der Geschichte, zu leben, ließ sich ein neuer Grund nationaler Identität finden. Dieser neue Bezugspunkt war in der Tat einzigartig und unentfremdbar; die Sprache versagte vor seiner Beschreibung und konnte sich ihm zunächst nur über die karge Beschreibung des Ungeheuerlichen im Alltag nähern. Ausgehend von der fundamentalen Grenzziehung gegenüber der Holocaust-Vergangenheit, vollzog sich die Konstruktion der gesellschaftlichen Einheit als pädagogischer Versuch der Umerziehung zur Demokratie: Man hatte aus den Fehlern der Vergangenheit zu lernen, und wer hier zu Kompromissen neigte, zog es vor zu schweigen. Die Intellektuellen waren sich sicher: Erst und nur durch den Bezug auf den Holocaust konnte nationale Identität gefunden werden, und das Engagement der zunächst »skeptischen«, dann »kritischen« Generation der Jugend folgte ihnen darin. Identitätsverbürgend war dieses Engagement für die neue Generation vor allem auch deshalb, weil die schweigende Mehrheit der Älteren zu Recht unter dem Verdacht stand, das Schreckliche geduldet, geleugnet und verdrängt zu haben. Auch die neue Identität der Deutschen ergab sich so nicht aus der distanzlosen Übernahme des Bestehenden, sondern aus der Kritik der Wirklichkeit.

Neu war hingegen, daß nicht nur die Gegenwart, sondern auch und gerade die bisher Identität verbürgende Vergangenheit explizit Gegenstand der Kritik wurde: Nicht nur in der Fortführung der Tradition, sondern allein in der Überwindung und Bewältigung der Vergangenheit, im Versuch, die Gegenwart vor der Vergangenheit zu retten, sah man eine Chance zur nationalen Identität. Damit war die Identität der Deutschen weitaus stärker als die ihrer westeuropäischen Nachbarn eine offene, an der Zukunft orientierte Identität, die nicht auf Kontinuität zwischen Vergangenheit und Zukunft, sondern auf der radikalen Diskontinuität des Neuanfangs beruhte.

Neben dieser Offenheit für die Zukunft fällt ein weiteres Merkmal dieser neuen deutschen Identität auf: Die deutsche Nachkriegsidentität ergab sich eher aus einer Orientierung am Dämonischen und Katastrophalen als an Vorstellungen des Heiligen, der Erfüllung oder des kollektiven Glücks; die neuen Codierungen bestanden weniger aus einem Katalog von Nationaltugenden als aus kollektiven Vermeidungsimperativen. Diese Konstruktion nationaler Identität »ex negativo«, durch Ausgrenzung des Bedrohlichen statt durch positive Symbolisierung, hatte den Vorzug einer besonderen Modernität: Sie ließ den Individuen Freiräume für eigene Identitätsentwürfe, während die Festlegung des Einzelnen auf ein bestimmtes Merkmal, das Zugehörigkeit sicherte, gerade diese individuelle Vielfalt einschränkte.[3] Über diese gemeinsame Betroffenheit läßt sich die individuelle Vielfalt leichter mit kollektiver Identität verbinden als über Forderungen nach gleicher Abstammung, gleichen Glaubensbekenntnissen oder Lebensformen.

Die Konstruktion von kollektiver Identität durch Betroffenheit erlaubte jedoch nicht nur tendenziell größere individuelle Vielfalt, sondern sie öffnete sich tendenziell auch stärker für Außenstehende. Die neue Identität der Deutschen bestimmte sich deutlicher noch als zuvor über kulturell-moralische Codierungen und lebte von der Spannung zwischen dem in die Zukunft verlegten kulturellen Projekt und der Unvernünftigkeit und Borniertheit des Bestehenden. Im Unterschied zu primordialen Festlegungen nationaler Identität stehen die Grenzen kulturell codierter Identität unter Expansionsdruck: Man kann und muß anderen die Augen öffnen, muß sie von der unsichtbaren Bedrohung überzeugen und für den kulturellen Kreuzzug gewinnen. Wie alle kulturellen Codierungen kollektiver Identität gaben daher auch die neuen Formen der deutschen Identität Anlaß zu missionarischen Bewegungen, die von dieser konstitutiven Differenz zwischen de-

---

3 Georg Simmel hat schon früh auf die Funktion von negativen Identifikationen für Gruppenbildungen hingewiesen. Ders., Der Streit, in: ders., Soziologie. Untersuchungen über die Formen der Vergesellschaftung, 4. Auflage, Berlin 1958, S. 186-255. Auch Carl Schmitts Primat der Feindbestimmung (oder des Krieges) für die Identifikation von Freunden (oder des Friedens) mag hier erwähnt werden. Ders., Der Begriff des Politischen (1932), Berlin 1987. Vgl. auch Reese-Schäfer, W., a.a.O., S. 44 ff.

nen, die das Dämonische schon erkannt hatten, und jenen, die noch aufgeklärt werden mußten, lebten. Sobald dieser Gegensatz entschärft ist, weil inzwischen alle aufgeklärt und überzeugt wurden, bricht die missionarische Spannung der kulturellen Codierung zusammen: Wendungen ins Rituelle, in Trivialisierungen und positive Symbolisierungen der Zugehörigkeit sind dann wahrscheinlich. Dieses Versickern einer kulturellen Bewegung im Trivialen und Banalen läßt in der Regel die Intellektuellen und die avancierten Teile des Bildungsbürgertums auf Distanz gehen und nach neuen Codierungen kollektiver Identität suchen. Eine neue Transformation der nationalen Identität wird dann wahrscheinlich.
Die Verzeitlichung der neuen deutschen Identität hatte auch Folgen für die Selbstabgrenzung ihrer Träger: Die Grenze zwischen den Generationen war zunächst noch wichtiger als die traditionelle Verankerung des kulturnationalen Codes im Bildungsbürgertum. Wie auch schon zuvor waren das Bildungsbürgertum und die Intellektuellen die Träger der neuen kulturellen Codierung von Identität. Das Bildungsbürgertum der Nachkriegszeit unterschied sich sozialstrukturell kaum von dem herkömmlichen Muster; seine Kommunikationsformen waren die der klassischen gebildeten Öffentlichkeit: Man schrieb oder hielt Vorträge, man las oder debattierte in kleinen Gruppen. Vereine und Parteien, rituelle Feiern und Demonstrationen wurden als Entindividualisierung empfunden und spielten eine geringere Rolle. Man fand sich in eher anspruchsvollen Vereinen, Goethe-Vereinen, und Volkshochschulen, Theatern und Konzertsälen zusammen und ging auf Distanz zu den »Raffkes« und Neureichen, den Bauunternehmern und »Industrie-Kapitänen«, die sich nach der Währungsreform als neues Wirtschaftsbürgertum formierten. Nicht alle Angehörigen des Bildungsbürgertums waren gleichermaßen bereit, Trauer und Mitschuld an der Holocaustvergangenheit zu bekunden; viele trennten zwischen dem Deutschland Goethes und Kants einerseits und den kulturlosen Barbaren des »böhmischen Gefreiten« andererseits. Aber dennoch waren es vor allem die Angehörigen des Bildungsbürgertums, die das Publikum der Gruppe 47 stellten und (neben den Resten der traditionellen Arbeiterbewegung) bereit waren, die jüngste deutsche Geschichte zum öffentlichen Thema zu machen. Verstärkt wurde diese Öffnung des Bildungsbürgertums für die Holocaustvergangenheit durch den

Umstand, daß sich die Vergangenheitsbewältigung über Aufklärung und Erziehung vollzog und zu einem nicht geringen Teil in den Schulen stattfand. Neben den Intellektuellen war es vor allem eine neue Lehrergeneration, die als Träger des Holocaustbewußtseins in der Bundesrepublik auftrat.
Die Trägergruppen einer nationalstaatlichen Codierung im engeren Sinne hingegen, die Vertriebenenverbände, die Soldatenvereinigungen und Wiedervereinigungskomitees blieben im Bereich der intellektuellen Reflexion ohne rechtes Pendant. Die Reproduktion des Nationalen rutschte hier entsprechend auf die Ebene des Rituellen, der Sonntagsrede, des Bekenntnisses und des Formelhaften ab: Kerzen zu Weihnachten, Gedenkfeiern und der Tag der deutschen Einheit. Auch die in der Verfassung festgeschriebene Forderung nach der Wiedervereinigung Deutschlands benötigte antikommunistische und antitotalitäre Argumente, um annähernd reflexionsfähig zu werden. Selbst in der antikommunistischen Stoßrichtung des »offiziellen« Nationalbewußtseins kann man noch die Suche nach einem Stellvertreter für den Totalitarismus des Dritten Reiches sehen: Diesmal sollte die Chance zum Engagement gegen das Böse nicht verpaßt werden.
Mit den Jahren verbrauchte sich auch diese antikommunistisch gewendete Freiheitsrhetorik des Nationalen. Die politisch-staatliche Sphäre war durch ein stabiles Provisorium besetzt, und die Aussichten auf nationalstaatliche Einheit wurden durch die weltpolitische Lage dauerhaft versperrt. Die nationale Codierung wich daher auf eine Sphäre aus, die sie in der bildungsbürgerlichen Tradition kaum besetzt hatte: die Wirtschaft. Schon im 19. Jahrhundert waren der Reichsgründung Jahrzehnte der wirtschaftlichen Integration einer staatlich zersplitterten Nation vorausgegangen. In der Nachkriegszeit ging es jedoch nicht um die Überbrückung neuer deutscher Grenzen durch Wirtschaftsbeziehungen, sondern um ein wirtschaftlich begründetes »positives« Nationalbewußtsein. Wenn Nationalstolz auf Geschichte und Politik offensichtlich schwerfiel und wenn die kulturelle Definition des Nationalen die Bewältigung der Vergangenheit versuchte, anstatt das Erreichte zu überhöhen, dann blieben – neben dem Sport – nur die »unbestreitbaren« Wirtschaftserfolge der neuen Bundesrepublik, um sich mit der Gegenwart der Nation zu versöhnen und kollektive Identität für die Mehrheit, die sich nicht dem Bildungsbürgertum zurechnete, zu konstruieren. Der zweite Code

der nationalen Identität im Nachkriegsdeutschland war also die ökonomische Prosperität, das Wirtschaftswunder, und die Ablehnung alles »Ideologischen«. Die Fehler der Vergangenheit wurden in der ideologischen Verführung der Massen gesehen; man wollte sie vermeiden, indem man sich auf das Sachliche, Vorhandene und Unvoreingenommene beschränkte und den »überspannten« Ideen der Intellektuellen, die auf das Ganze zielten, keinen Glauben schenkte.

Träger dieses Wirtschaftswunder-Codes war das Kleinbürgertum der neuen Republik, das auch die traditionelle, aber nun »verbürgerlichte« Facharbeiterschaft einschloß: die »nivellierte Mittelstandsgesellschaft« (Schelsky). Diese nivellierte Mittelstandsgesellschaft erzeugte ihre kollektive Identität durch unideologische und bescheidene Rituale des Fernsehfeierabends, der Freizeit und des Konsums, in denen alle das gleiche taten, aber jeder dies für sich und mit seiner Familie vollzog. Gerade diese bescheiden-beschränkte Zufriedenheit mit dem Erreichten wurde zum Gegenstand intellektueller Distanzierung und Kritik. Adorno spottete über die »Geborgenheit im Provinziellen«, und Autoren wie Jaspers (»Wohin treibt die Bundesrepublik?«) betonten den alten Gegensatz von Geist und Macht oder Moral und Wohlstand. An der Wirtschaftswundernation wurde »Die Unfähigkeit zu trauern« (Mitscherlich) diagnostiziert, und es wurde ihr das schnelle Vergessen der identitätsverbürgenden Moral im ›Konsumrausch‹ vorgehalten. Die in ihrer Zufriedenheit aufgestörte Mittelstandsgesellschaft reagierte gereizt mit Ausgrenzung (Erhard).

Parallelen zu der Situation des deutschen Vormärz sind hier durchaus erkennbar: die reflexionsarme und distanzlose Überhöhung des Erreichten, das Adenauersche Biedermeier und das Pathos von Einigkeit und Recht und Freiheit der Wirtschaftswundernation auf der Seite der Mehrheit. Auf der Seite der Minderheit der nur vermeintlich antinationale Entwurf einer moralisch reinen (oder gereinigten) Nation durch die Intellektuellen, ihre Distanz zu den Konsumritualen des Bürgertums, das emphatische Engagement für die Selbstbestimmung anderer Nationen (im 19. Jahrhundert Polen, im 20. Jahrhundert Vietnam), der Rückgriff auf das Volk als unterdrücktes Subjekt der Geschichte etc.

b) Beide Codes nationaler Identität trafen in der Studentenrevolte der 68er Generation direkt und vehement aufeinander. Eine zweite Nachkriegsgeneration betrat die Bühne. Sie bestand auf einer radikalen moralischen Abkehr von der Hinterlassenschaft der Kriegsgeneration, der Halbherzigkeit, mit der die nivellierte Mittelklassengesellschaft die Vergangenheit bewältigte und sich in Freizeitritualen eingerichtet hatte; selbst die politischen Institutionen des demokratischen Nachkriegsdeutschlands gerieten unter moralischen Verdacht.[4] Man mußte die etablierten demokratischen Institutionen revolutionär überbieten, man benötigte kritische Alternativen, man war stolz, eine »kleine radikale Minderheit« zu sein, man holte weit zu philosophischer Kritik des Gesellschaftssystems aus, und wieder waren die Hohepriester der Kritik auch Schüler Hegels.

Diese gesellschaftskritische Reflexion der Intellektuellen wurde mit der Studentenrevolte praktisch – ähnlich wie auch die Ideen der Vormärzintellektuellen in die Praxis des politischen Konflikts umgesetzt worden waren.[5] Die Spannung zwischen dem moralischen Auftrag der Holocaustnation und der Wirtschaftswundernation wurde mit hohem reflexivem Anspruch und mit neuen Formen der politischen Kommunikation inszeniert; man provozierte mit offener Demonstration freier Sexualität und Ritualen des öffentlichen Widerstands. Auch hier konnte die kulturnationale Identität nicht in ›normaler‹ politischer Aktivität, sondern nur in heterodoxen, außerparlamentarischen Handlungsformen die Grenze zwischen Kultur und Politik überschreiten.

Die Distanz der Studentenbewegung zu den etablierten Formen der Politik, zu Parlamentarismus und Parteien wurde verschärft durch eine Anbindung der Reflexion an philosophische Fundamente, die manche Vertreter der Wirtschaftswundernation wenn nicht für verfassungsfeindlich, so doch für eine gefährliche und fremde Ideologie hielten: den Marxismus. Er wurde ebenso zurückgewiesen, wie seinerzeit von Teilen des Bildungsbürgertums die »Aufklärung« als französisch abgelehnt worden war. Die deutsche Studentenbewegung gewann ihre Durchschlagskraft und Besonderheit vor allem als eine Bewegung, die auf ›Revolution‹ bestand, auf einer radikalen Abkehr von der Vergangenheit und

---

4 Odo Marquard spricht hier deshalb auch von »nachträglichem Ungehorsam«. Ders., Abschied vom Prinzipiellen, Stuttgart 1981, S. 9 ff.
5 Die Zeitgenossenschaft zu den Junghegelianern stellt besonders Jürgen Habermas heraus. Ders., Der philosophische Diskurs der Moderne, Frankfurt/M. 1985, S. 65 ff.

auf einer gewaltsamen Beschleunigung der Gegenwart in die Zukunft hinein. Man vertraute der Sprengkraft der utopischen Idee und versuchte in einem neuen Anlauf, das Projekt des revolutionären Traditionsbruchs nach dem Scheitern der Revolutionen von 1848 und 1918 zum Erfolg zu führen. Das ›Volk auf der Barrikade‹ war die Vorstellung kollektiver Identität, an die die Studentenbewegung wieder anknüpfen wollte.

Aber als revolutionäre Bewegung scheiterte dieser Versuch exemplarisch. Er blieb eine esoterische Bewegung von Intellektuellen, die sich mit aufklärerischer Gebärde an eine »borniertes« Gesellschaft wandten, aber in dieser asymmetrischen Beziehung nicht verstanden werden konnten. Ähnlich wie die Vormärzintellektuellen fanden auch die Theoretiker der studentischen Kulturrevolution zwar ein lernbereites bildungsbürgerliches Publikum vor, aber um dieses ging es ihnen nicht: Die »Unterdrückten« sollten gegen die »Herrschenden« aufstehen, und gerade dieses Volk, die sehnsüchtig umworbene Arbeiterklasse, reagierte mit Ablehnung, ja Wut auf die Agitationsversuche der Intellektuellen.

Das Scheitern der studentischen Kulturrevolution 1968 ernüchterte in Fragen der Organisation und Macht. Man gab den außerparlamentarischen Standpunkt auf; Teile der Studentenbewegung mündeten in formale Organisationen politischen Handelns und vollzogen damit nicht nur eine Anpassung an den Bereich strategischen Handelns, sondern auch eine traditionalistische Wende zu den Formen der Arbeiterbewegung, zu leninistischen oder sozialdemokratischen Parteistrukturen. Dieser Rückgriff auf klassische Formen der politischen Organisation wie auch der reformorientierte »Marsch durch die Institutionen« institutionalisierten und entschärften die kulturrevolutionären Bewegungen. Am Ende beschäftigten nicht mehr die Spannungen zwischen moralischem Projekt und etablierter Politik, sondern Fragen der Organisation und der Macht die Funktionäre, die der Studentenbewegung entwachsen waren.

Betrachtet man die Studentenbewegung nicht als Versuch zur Revolution, sondern als reformorientierte politische Bewegung, so war sie durchaus erfolgreich: Von der Peripherie drang man ins Zentrum der politischen Macht vor und setzte institutionelle Reformen in Gang, die die sozialstrukturellen Gewichte verschoben. Für die Teilhabe an der Macht war jedoch ein Preis zu zahlen; er bestand im Verlust der Spannung zwischen Kultur und Politik.

c) Eine neue Generation ging allmählich auf Distanz zu diesen institutionalisierten Formen des parteipolitischen Engagements. Man zog sich aus den Städten auf das Land zurück, man suchte das Einfache und Natürliche vormoderner Technik und die Selbstbestimmtheit und Unmittelbarkeit bäuerlicher Arbeits- und Lebensformen. Es war dies eine Distanzierung, in der die romantische Vorstellung einer Harmonie von Kultur und Natur im Unterschied zur verderbten Gesellschaft ebenso wieder auftauchte wie die ästhetische Fundierung des Lebens oder die Idealisierung von Einfachheit und Innerlichkeit.

Dieser Rückzug auf das Private und Persönliche wurde getragen von neuen Gesichtspunkten der Reflexion, die die Ebene des Konflikts um die Macht in einer Gesellschaft gleichsam überschritten: Bestrebungen zur Sicherung des Friedens oder zur Rettung der Natur zielten auf Bedrohungen nicht nur der einen Nation, der man zugehörte, sondern der ganzen Menschheit. Gegenüber den inzwischen institutionalisierten Teilen der Studentenbewegung gewann diese Generation der Alternativbewegung, der Friedensbewegung und der ökologischen Bewegung eine neue Perspektive, aus der die eingefahrenen politischen Auseinandersetzungen zwischen Links und Rechts als partikulare Interessenkonflikte erscheinen konnten. Das Anliegen der neuen sozialen Bewegungen überbot an Reichweite und Dringlichkeit alle klassischen Unterschiede: Es ging um das Ganze, um das Ende von Natur und Geschichte, jeder war betroffen, und keine Parteilichkeit, kein besonderes Interesse konnte sich gegenüber dieser Allgemeinheit behaupten.[6] Darüber hinaus war diese Betroffenheit nicht ins Belieben des Einzelnen gestellt. Man war als Gattungsangehöriger betroffen und konnte demgegenüber zwar die Augen verschließen, die Bedrohung aber nicht aus der Welt schaffen. Die neuen sozialen Bewegungen unterschieden sich von der Stu-

---

6 Vgl. zu den neuen sozialen Bewegungen die verschiedenen Arbeiten von K. Eder; z. B. ders., Soziale Bewegungen und kulturelle Evolution. Überlegungen zur Rolle der neuen sozialen Bewegungen in der kulturellen Evolution der Moderne, in: Berger, J. (Hg.), Die Moderne – Kontinuität und Zäsuren (Soziale Welt, Sonderband 4), Göttingen 1986, S. 335-357; siehe auch Japp, K. P., Neue soziale Bewegungen und die Kontinuität der Moderne, in: Berger, J. (Hg.), a.a.O., S. 311-333; Giesen, B., Der Herbst der Moderne? Zum zeitdiagnostischen Potential neuer sozialer Bewegungen, in: Berger, J. (Hg.), a.a.O., S. 359-376.

dentenbewegung nicht nur durch diesen alles übergreifenden Gesichtspunkt, aus dem sich kollektive Identität gewinnen ließ, sondern auch durch ein neues Verhältnis zu Vergangenheit und Zukunft. Richtete die Studentenbewegung sich noch nach dem klassischen Fortschrittsmodell der Moderne, so vollzog sich in den neuen sozialen Bewegungen immer deutlicher eine fundamentale Umkehr der Zeitperspektive: Die fortschrittsgewisse Erwartung »der Revolution« verschwand und machte der »deutschen Angst« Platz; die Zukunft war nicht mehr offener Raum des Fortschritts, sondern das Reich drohender Krisen und Katastrophen; es galt nicht mehr, durch gegenwärtiges Handeln die Geschichte zu beschleunigen, sondern das Eintreten der künftigen Katastrophen durch rechtzeitiges Handeln zu verhindern.

Diese axiologische Kehrtwendung von der Utopie zur Apokalypse ergibt sich nicht nur aus der Wahrnehmung tatsächlicher Krisen, sondern auch aus der Logik der nationalen Identität der Deutschen. Die Holocaustidentität zog eine Grenze gegenüber der Vergangenheit und gründete die Identität auf den Versuch, eine Wiederholung der Katastrophe zu vermeiden.[7] Diese Vermeidungshaltung ließ sich nun auch und gerade auf den Zeithorizont beziehen, auf den sich die moderne Perspektive richtete: die Zukunft. Kollektive Identität ergibt sich dann aus der gleichen Betroffenheit aller durch die ultimate, nicht mehr überbietbare Katastrophe der Zukunft und durch den gemeinsamen Versuch, das Äußerste zu verhindern. Eine solche ultimate Katastrophe – ganz gleich, ob vergangen oder zukünftig – läßt sich, anders als konkrete Fortschrittshoffnungen, nicht mehr durch strategisches Handeln bewältigen: Sie begrenzt den Horizont möglicher Erfahrung und Erwartung, überschreitet jede besondere empirische Überlegung und individuelle Entscheidung und stiftet eben dadurch kollektive Identität – eine Identität freilich, die – obwohl aus nationalen Codierungen entstanden – sich doch von den nationalen Bezügen gelöst hat.

Wenn die künftige ebenso wie die vergangene Geschichte durch

---

7 Auch der Historikerstreit läßt sich noch als ein Beispiel dieser Identitätsbestimmung lesen, und zwar auf seiten aller Beteiligten. Vgl. dazu: Historikerstreit. Die Dokumentation der Kontroverse um die Einzigartigkeit der nationalsozialistischen Judenvernichtung, 2. Aufl., München-Zürich 1987.

Katastrophen besetzt ist, dann bleibt der Suche nach Versöhnung nur der Ausweg aus der Geschichte in den Bereich, den das neuzeitliche Bewußtsein als paradiesisch und zeitlos der Geschichte entgegensetzt: die Natur. Die neoromantische Identität der neuen sozialen Bewegungen findet ihren Rückhalt in der Idee der reinen, harmonischen und zeitlosen Natur, die es vor dem drohenden Übergriff der Geschichte, des menschlichen Handelns und der Zeitlichkeit zu bewahren gilt.[8] Diese reine Natur nimmt ebenso die Stelle eines transzendenten Fluchtpunktes ein wie die Gewißheit der kommenden Katastrophe.

Die neuen sozialen Bewegungen konnten sich allerdings nicht lange nur auf das radikal vorgetragene und diskursiv bewegte Bedenken der Apokalypse verlassen; im Unterschied zur Studentenbewegung fanden ihre zentralen Thesen in abgemilderter Form durchaus Anklang, auch außerhalb der intellektuellen Zirkel, in denen über globale Katastrophen nachgedacht wurde. In dem Maße, wie ihre Anhängerschaft wuchs, wurde der reflexive Diskurs jedoch von rituellen Integrationsformen überlagert.

Diese Verbreiterung der sozialstrukturellen Basis vollzog sich weniger durch direkte Überzeugung eines Publikums als durch die außerordentliche Expansion des Bildungssystems in den Jahren nach 1975. Die Studenten der alternativ bewegten Generation zogen als Lehrer in die Bildungsinstitutionen ein und formierten mit den Sozialarbeitern, staatlich angestellten Ärzten etc., aber auch mit arbeitslosen Akademikern den Kern eines neuen linken Bildungsbürgertums, das verbeamtet oder fest angestellt, ohne wirtschaftliche Karriereperspektive, aber auch den Wechselfällen des Marktes entzogen, seine Tätigkeit vor allem am Gemeinwohl orientierte. Durch die Spannung zwischen Moral und Wirklichkeit, Natur und Gesellschaft, aus der Distanz zum politischen Zentrum der Gesellschaft ließ sich kollektive Identität gewinnen.

Auch das neue Bildungsbürgertum befand sich jedoch inzwischen in einer zentralen sozialstrukturellen Lage; es war längst eine der tragenden Säulen der neuen wohlfahrtsstaatlich regulierten Ge-

---

8 Vgl. dazu Weiß, J., Wiederverzauberung der Welt? Bemerkungen zur Wiederkehr der Romantik in der gegenwärtigen Kulturkritik, in: Neidhardt, F. et al. (Hg.), Kultur und Gesellschaft, Sonderband 27 der Kölner Zeitschrift für Soziologie und Sozialpsychologie, Opladen 1986, S. 286-301.

sellschaft geworden. Die Rhetorik der kritischen Distanzierung setzte indessen die Tradition der kulturell-moralischen Codes nationaler Identität fort und verdeckte den Umstand, daß mit der Expansion des neuen Bildungsbürgertums auch kleinbürgerliche Kommunikationsformen Einzug gehalten hatten: Vereine und Bürgerinitiativen, Menschenketten und Mahnwachen.
Auch hier vollzieht sich die Grenzüberschreitung zwischen Kultur und Politik in heterodoxen Formen. Der Code der Holocaustnation und seine Transformation ins Katastrophenbewußtsein durchläuft auch in heterodoxen Feldern eine kleinbürgerliche Trivialisierung, die ähnliche Züge aufweist wie die Übertragung des transzendent-ästhetischen Nationencodes der Romantik in das Kleinbürgertum der Restauration. Kollektive Identität wird weniger diskursiv als rituell konstruiert, und die Intellektuellen werden immer mehr zu Randfiguren in der Szene.
Auch wenn sich in der Kommunikation dieses neuen ›Juste-milieu‹ kaum explizite Bezüge auf die Nation finden, allenfalls in antinationalen Pointen, so vollzieht sich in ihr doch immer noch eine Konstruktion nationaler Identität: Es geht um den deutschen Sonderweg, um die Einzigartigkeit und Unbedingtheit deutscher Geschichte, die sich durch keine Bedenken des Auslands beirren läßt und keinen Vergleich gestattet, es geht um den »deutschen Beruf zum Frieden«. Freilich: auch hier entschärfte sich die grundlegende Spannung zwischen Kultur und Politik. Die Diffusion pazifistischer und ökologischer Themen bis in die Schlagerwelt (»Ein bißchen Frieden ...«) und in die Waschmittelreklame (»Aus Liebe zur Natur«) nahm dem Alternativbewußtsein das Alternative und bereitete den Weg in das Zentrum der politischen Macht vor.
d) Auf diese Situation trafen nun die mitteleuropäischen Revolutionen und die deutsche Vereinigung in den Jahren 1989 und 1990.[9] Sie änderten die Spannung zwischen Kultur und Macht,

---

9 Die »richtige« Kategorisierung dieser Ereignisketten ist nach wie vor umstritten. Während Jürgen Habermas von einer »nachholenden Revolution« spricht, zieht Hermann Lübbe den Terminus »Anti-Revolution« vor. Vgl. Habermas, J., Nachholende Revolution und linker Revisionsbedarf. Was heißt Sozialismus heute?, in: ders., Die Moderne – ein unvollendetes Projekt. Philosophisch-politische Aufsätze 1977-1990, Leipzig 1990, S. 213-241; Lübbe, H., Die Nostalgie des Urbanen und die europäische Anti-Revolution des Jahres 1989, in: ders., Freiheit

zwischen Holocaustidentität und Wirtschaftswunderidentität auf grundlegende Weise und bewirkten eine neue Transformation der nationalen Identität. Kennzeichnend für diese neue Transformation ist die Abkoppelung der Vorstellungen kollektiver Identität von ihrem herkömmlichen sozialen Fundament. Dies betrifft insbesondere auch die Intellektuellen; sie verlieren im vereinigten Deutschland ihre Zuständigkeit für die Konstruktion von Einheit und Identität.

Auch für die DDR, von deren Gebiet die Einheitsbewegung ausging, hatte die Spannung zwischen Holocaustnation und Wirtschaftswundernation das Feld der nationalen Identifikation bestimmt – freilich mit einer ganz anderen Perspektive. In ihr war der Antifaschismus offizielle Staatsideologie – und man war stolz darauf, mit einem radikalen Neuanfang die Grenzen gegenüber der Holocaustvergangenheit so eindeutig gezogen zu haben, daß Fragen von Schuld und Vergeltung auf den anderen deutschen Staat jenseits des ›antifaschistischen Schutzwalls‹ geschoben werden konnten. Mit dem staatlichen Anspruch auf die antifaschistische Alleinvertretung verblaßte allerdings auch die Holocaustidentität als moralisches Projekt. Staatstragende Rhetorik und offizielle Sprachregelungen trivialisierten die Holocaustidentität und nahmen ihr jede Chance, die sozialistische Realität unter Spannung zu setzen. Statt dessen rückte das unerreichbare Wirtschaftswunder jenseits der Westgrenze für die DDR-Bürger an die Stelle des utopischen Gegenentwurfs zur Banalität und Routine der antifaschistischen Wirklichkeit. Diese ›transzendente‹ Konsumwelt wurde in der deutschen Revolution von 1989 für die DDR-Bürger greifbare und erfahrbare Realität.

Träger dieser Revolution waren zunächst jedoch nicht die konsumbegeisterten Massen, sondern war eine kleine, unbeugsame moralische Elite: die Bürgerrechtsgruppen. Sie stehen beispielhaft für das deutsche Bildungsbürgertum, für Kirchenleute, Hochschullehrer und andere Intellektuelle, die der staatssozialistischen Wirklichkeit ein moralisches Projekt entgegenhielten und die Holocaustidentität gegen die allumfassende Macht des Staates zu retten versuchten.

Nach dem Winter 1990 trat diese Bürgerbewegung, die das sozia-

---

statt Emanzipationszwang. Die liberale Tradition und das Ende der marxistischen Illusion, Osnabrück 1991, S. 75-90.

listische Regime mit moralischer Strenge und den vom Westen übernommenen Widerstandsritualen zu Fall gebracht hatte[10] – und damit eigentlich eine Wiederbelebung der Holocaustnation ermöglicht hatte –, jedoch gänzlich in den Hintergrund und mußte der ›Wirtschaftswundernation‹ das Feld überlassen. Aus dem Ruf »*Wir* sind das Volk!«, der den moralischen Gegensatz zum Staatsapparat betonte, wurde der Ruf »Wir sind *ein* Volk!«, der die nachträgliche Teilhabe an der Wirtschaftswundernation meinte. Die Chance, die Holocaustidentität dadurch neu zu beleben, daß das westdeutsche linke Bildungsbürgertum die ostdeutschen Bürgerrechtsbewegungen ohne Zögern gestützt und aufgenommen hätte, wurde hingegen nicht genutzt.

Der unaufhaltsame Sturz des real existierenden Sozialismus als ökonomisches System und als politisches Regime ließ das bisher so öffentlichkeitsgewandte Bildungsbürgertum in der alten Bundesrepublik unentschlossen und fast sprachlos zurück. Einerseits drängte die Idee des demokratischen Widerstands zu einer nachdrücklichen Unterstützung der Bürgerrechtsbewegung in den sozialistischen Ländern, andererseits war das sozialistische System doch auch eine real existierende Stütze der moralischen Kritik am Bestehenden im Westen. Gewiß: die sozialistische Wirklichkeit gab vielerlei Anlaß zu Kritik und lud nicht gerade zur Identifikation ein, aber man war doch bereit, aus der Distanz vieles zu übersehen und aus dem gemeinsamen Gegensatz zu den antikommunistischen Wirtschaftswunderdeutschen eine gewisse Allianz mit der DDR abzuleiten, die bei aller praktischen Unvollkommenheit doch immerhin den »richtigen Prinzipien« anhing. Die kulturelle Distanzierung der Intellektuellen hatte damit jenseits der Grenzen einen Rückhalt gefunden – einen fast unwirklichen Ort, den man zwar nicht aufsuchte, von dem das Wirtschaftswunderdeutschland sich jedoch unter Spannung setzen ließ.

Diese Stütze war nun weggebrochen, und im Strudel des deutschen Vereinigungsprozesses verschwammen die Trennungslinien,

10 Dabei darf man natürlich auch die unbeabsichtigten Nebenwirkungen der massiven Abwanderung auf den Zusammenbruch dieses Regimes nicht übersehen: Sie beschleunigte den Gesichtsverlust des Regimes, und die jetzt möglich gewordene Option der Abwanderung minderte gleichzeitig das Risiko des Protests. Vgl. Opp, K.-J., DDR 89. Zu den Ursachen einer spontanen Revolution, in KZfSS, Jg. 43, 2, 1991, S. 302-321.

die dem Gegensatz zwischen der Holocaustidentität und der Wirtschaftswunderidentität Kontur und Fundament verliehen hatten. Die Codierungen nationaler Identität wechselten die Trägergruppen. Teile des neuen Bildungsbürgertums, bisher Träger der moralischen Identität der Holocaustnation, waren durch eine allzu deutliche Anlehnung an die realsozialistische Wirklichkeit moralisch diskreditiert. Mehr noch: viele Angehörige des Bildungsbürgertums konnten ihre Bedenken gegen die Vereinigung, gegen den Kollaps der Spannung zwischen moralischer Vision und politischer Wirklichkeit nur mehr artikulieren, indem sie auf partikulare ökonomische Interessen, die Kosten der Vereinigung, die Anzahl der Arbeitslosen und die Bedrohung der Wirtschaftswundernation hinwiesen. Damit übernahm und bekräftigte man ungewollt gerade die Identität der Wirtschaftswundernation, von der man sich bisher abzusetzen trachtete und die für die ostdeutsche Bevölkerung ohnehin die einzig maßgebende war.

Die bisher intellektuell eher sprachlosen Vertreter der Wirtschaftswundernation hingegen begriffen die Gunst der Stunde und betonten die moralische Pflicht zu Einigkeit und Recht und Freiheit. Die Wirtschaftswunderidentität hatte sich als überwältigend attraktiv erwiesen, und die konservativen Trägergruppen dieser Identität konnten sich vom Winde der Geschichte getragen fühlen, wenn sie sich mit moralischen Appellen um Solidarität an die vereinigte Nation wandten. Der unerwartet schnelle Erfolg der Vereinigung rief Erinnerungen an die Reichsgründung wach, die aus liberalen Kritikern begeisterte Bismarckverehrer gemacht hatte und alle Bedenken als kleinlich und moralisch haltlos hatte erscheinen lassen. Die preußische Tradition wurde durch die Überführung der Hohenzollernkönige nach Potsdam positiv symbolisiert – kurz: eine überraschende Wende der Geschichte spielte den konservativen Trägern der Wirtschaftsnation jenen Primat bei der moralisch symbolischen Konstruktion nationaler Identität zu, den bisher das linke Bildungsbürgertum beanspruchen konnte.

Die ehemals so festgefügten Lager der deutschen Öffentlichkeit begannen sich aufzulösen, die Turbulenzen des Jahres 1990 hatten eine unübersichtliche Situation geschaffen, in der alles, ein Neubeginn, eine Versöhnung zwischen Holocaustidentität und Wirtschaftswunderidentität, möglich erschien.[11]

---

11 Eine interessante, aber quer zu allen tradierten Fronten plazierte und

Noch einmal schlug die Stunde der Intellektuellen; in einer großen und anspruchsvollen Debatte wurden die Chancen des Neubeginns und die Risiken der Staatsnation, das Ende des deutschen Sonderwegs und die neue Perspektive auf die nationale Identität der Deutschen zum Thema. Wiederum – und vielleicht zum letzten Male – traten die Intellektuellen als Konstrukteure nationaler Identität auf, aber der unaufhaltsame Zug zur Währungseinheit und zur politischen Einheit überholte ihre Überlegungen. Am Ende war die Einheit kein kulturelles Projekt mehr, sondern eine politisch-administrative Tatsache. Dieser Wechsel von der kulturellen Konstruktion der Identität zur staatlichen Wirklichkeit der Einheit hatte Folgen für die Position der Intellektuellen, auf die wir noch zurückkommen werden.

Kaum war die Vereinigung vollzogen, wurde die anspruchsvolle öffentliche Diskussion um die deutsche Identität und ihre staatliche Verfassung abgelöst durch eine Debatte, an der sich die traditionelle Trennung zwischen Holocaustnation und Wirtschaftswundernation wieder scheinbar klar ausrichten konnte: es ging um den Golfkrieg. Er gab dem neuen linken Bildungsbürgertum, das durch die Vereinigung verunsichert war, einen Anlaß, die eigene kollektive Identität wieder rituell zu festigen: Mahnwachen, Friedensmärsche, eine gewaltige Mobilisierung der Friedensbewegung, die nach dem Ende des Kalten Krieges ihr Anliegen verloren hatte. Die Verweigerung und Unbeirrbarkeit der Deutschen gegenüber ausländischen Einflüsterungen, das Beharren auf der besonderen, durch die Geschichte zum Frieden verpflichteten Lage Deutschlands verwies auf nationale Identität, auf den deutschen Sonderweg, auf den »deutschen Beruf« zum Frieden.[12] Nicht politisches Kalkül oder gar ökonomische Interessen (Öl), sondern das »Leben«, die Unversehrtheit des Leibes, die Reinheit

> deshalb wohl ohne Anschluß gebliebene Alternative hatte in diesem Zusammenhang Ulrich Oevermann formuliert. Er forderte die nationale Einheit, gerade damit die Schuld für den Holocaust endlich übernommen werden könne. Ders., Zwei Staaten oder Einheit? Der »dritte Weg« als Fortsetzung des deutschen Sonderweges, in: Merkur, 40, 1990, S. 91-106.
> 12 Vgl. zu diesem besonderen Lernprozeß auch: Hondrich, K. O., Lehrmeister Krieg, Reinbek 1992. Mit stärkerem Fokus auf die ›linke Szene‹: Stephan, C./Leggewie, C., Abschied vom linken Gewissen, in: journal Frankfurt, 14.-27. Feb. 1991, S. 32 f.

des Friedens, wurden noch einmal als Grundlage von kollektiver Identität bestimmt.

In dem Versuch, das strikt moralische Projekt der Holocaustnation zu beleben, geriet die deutsche Friedensbewegung allerdings in Gegensatz zur Holocausterinnerung, die durch die Drohung irakischer Gasangriffe auf Israel wachgerufen wurde. Sie konnte auf diese widersprüchliche Lage nur durch eine Betonung der Einzigartigkeit und Unnachahmlichkeit des Holocausts antworten. Die Identität der Holocaustnation wurde damit noch verstärkt und vertieft, aber gleichzeitig entpolitisiert: Das Trauma des Holocausts ist das unentfremdbare Eigentum der Deutschen, und politische Überlegungen können diese deutsche Identität nicht erreichen. Auch diese Sicht steht in der Tradition der deutschen Kulturnation. Politisches Handeln ist hier nur als außerordentliche Überschreitung von Grenzen, als Aufstand oder großer Konflikt legitim, nicht aber als normales politisches Interessehandeln.

Im Gegensatz zum Rigorismus der Friedensbewegung traten eine Reihe von Intellektuellen ebenfalls im Hinblick auf die Holocaustidentität und die besondere Verantwortung Deutschlands *für* eine Unterstützung des Krieges gegen den irakischen Diktator ein. Da es sich dabei in der Regel um zuvor als ›links‹ bekannte Intellektuelle handelte, richtete sich die ganze Empörung der Friedensbewegung gegen diesen häretischen Standpunkt. Die Heftigkeit der Debatte macht deutlich, daß die Holocaustidentität offensichtlich nicht mehr eindeutig politische Gemeinsamkeiten sichern konnte. Die Intellektuellen begannen, sich vom etablierten Bildungsbürgertum zu lösen; die Trennung zwischen zwei großen sozialstrukturellen Gruppen, die sich jeweils um besondere Codierung nationaler Identität scharten, wich unübersichtlichen Wechselbildern und sich überschneidenden Konflikten, aus denen zunächst keine neue moralische Konstruktion nationaler Identität hervorzugehen schien.

Eine weitere Gelegenheit, die moralische Codierung der nationalen Identität wiederzubeleben, bot die öffentliche Debatte um die Stasivergangenheit von ehemaligen Bürgern der DDR. Das Stasisystem der Informellen Mitarbeiter steht dabei stellvertretend für die lückenlose Kontrolle durch den totalitären Staat der DDR und die moralische Verstrickung des einzelnen Bürgers in dieses System. Bei dem Versuch, eine definitive Grenze gegenüber der moralisch verwerflichen Vergangenheit zu ziehen und die nationale Identität als ein Projekt der Zukunft aufzufassen, bewegt sich die öffentliche Debatte im Rahmen eines Codes, der schon die Holocaustidentität bestimmt hatte: Es geht wiederum um eine Bewältigung der Vergangenheit durch moralische Reinigung. Die Lehrmeister der Entstasifizierung kommen auch hier von außen; gegenüber Denunziation und Kollaboration bieten auch hier die bestehenden Gesetze unscharfe Kriterien, auch hier muß eine Grauzone zwischen Opportunismus und verantwortungsbewußter Kompromißbereitschaft im Einzelfall geprüft werden. Die öffentliche Debatte über Mitschuld und Verantwortung trifft auch bei der Bewältigung der Stasivergangenheit vor allem Politiker, die ihre Stasivergangenheit über lange Zeit verschwiegen hatten. Die hohe öffentliche Erregung dieser Debatte verweist darauf, daß es hier nicht um justiziable Vergehen, sondern um Elementareres geht: um die radikale Grenzziehung zwischen Vergangenheit und Zukunft und um die moralische Verunreinigung der nationalen Identität, die durch den Neubeginn gewonnen wurde. Konstrukteur dieser moralischen Identität durch Bewältigung der Stasivergangenheit ist jedoch nicht das neue Bildungsbürgertum, das bisher Träger der Holocaustidentität war, sondern sind konservative Intellektuelle und die von der Stasiherrschaft betroffenen Oppositionellen. Sie bestehen auf unerbittlicher Selbstreinigung, während Vertreter der westdeutschen Linken eher Verstrickung und Unwägbarkeiten sehen und die Ohnmacht des Einzelnen gegenüber dem totalitären Staat hervorheben.

Auch die Wirtschaftswunderidentität hat nach der Vereinigung eine Transformation durchlaufen. Die Anbindung der nationalen Identität an ökonomisches Selbstbewußtsein vollzieht sich nicht mehr im blanken »Wir sind wieder wer«-Gefühl der Nachkriegszeit, sondern in der fiskalischen Umverteilung zugunsten der neuen Bundesländer. Nationale Identität wird hier nicht durch spektakuläre Rituale ausgeflaggt, sondern kommt in jenem unwägbaren Zusatzargument ins Spiel, das Umverteilung jenseits des ökonomisch Rationalen und rechtlich Gebotenen begründen kann. Dies ist der Punkt, an dem man den Austausch von Argumenten beendet, an dem das »Parteiengezänk« abbricht, an dem Solidarität nicht mehr beschworen werden muß. Das Feld dieser nationalen Identität wird heute von den Ministerialbürokratien bestimmt, in denen die Fahrpläne des institutionellen Umbaus

entworfen und die Kosten der Einheit berechnet, neuberechnet und mehr oder weniger kunstvoll finanziert werden. Auch hier zeigt sich wieder die Abkoppelung von Codierungen von ihren herkömmlichen Trägergruppen. Es sind keineswegs nur die traditionellen Träger der Wirtschaftswunderidentität, die sich an diesem Prozeß der fiskalischen Konstruktion der Nation beteiligen, sondern auch weite Teile des Bildungsbürgertums. Die deutsche Vereinigung hat auch hier eine Transformation der Codierung nationaler Identität hervorgebracht, die quer zu den herkömmlichen Lagern liegt. Die klaren Zurechnungen von Zentrum und Peripherie, Trägergruppen und gesellschaftspolitischen Lagern zu bestimmten Codierungen nationaler Identität lösen sich auf. Ob moralischer Rigorismus oder Pragmatismus, kulturelle Vision oder ökonomisches Partialinteresse im Vordergrund stehen, ob kollektive Identität über die Nation oder über östliche bzw. westliche Sonderlagen und Geschichten konstruiert wird, ist weniger von der sozialstrukturellen Trägergruppe als von der jeweiligen Situation, vom Gegenüber, von der Art der Kommunikation abhängig. Am Stammtisch kann man noch im nostalgischen Rückblick die DDR-Vergangenheit verklären, in der öffentlichen Kommunikation politischer Akteure hingegen gilt der Code der Stasibewältigung und der fiskalischen Umverteilung.
Die nationale Identität der Deutschen ist damit nicht mehr die exklusive Angelegenheit der Intellektuellen und des Bildungsbürgertums. Sie, die über zwei Jahrhunderte die Konstruktion deutscher Identität bestimmt und immer wieder neue Vorstellungen des gesellschaftlichen Allgemeinen hervorgebracht hatten, verlieren nun diese besondere Zuständigkeit als Konstrukteure der kulturellen Identität der Nation. Gründe dafür, daß die Intellektuellen und das Bildungsbürgertum nicht länger allein die nationale Identität bestimmen, lassen sich vor allem in der Tatsache der staatlichen Vereinigung selbst finden: Die Tradition der Kulturnation, die das Bildungsbürgertum verwaltete, lebte seit der Aufklärung von dem Gegensatz zwischen der Partikularität staatlicher Verhältnisse und der Universalität von Moral und Kultur. Allein die Kultur konnte die Einheit des Ganzen, das Selbstbewußtsein und die Identität der Nation sichern. Stellen sich Einheit und Integration jedoch schon auf staatlicher Ebene her, so entfällt diese kompensatorische Aufgabe der Kultur. Die große Spannung zwischen dem Bestehenden und dem Möglichen, zwischen dem

Diesseits und dem Jenseits, der Kultur und der Macht, aus der die klassischen Intellektuellen ihr Gewicht bezogen, fällt in Hinblick auf die Identität und Einheit der Gesellschaft zusammen. Wenn das Ganze schon wirklich ist und diese Wirklichkeit selbstverständlich und übermächtig wird, so ergibt sich für die Intellektuellen eher die Aufgabe, Vielfalt und Differenzen zu ihrem Recht zu verhelfen als die fehlende Einheit des Nationalstaates kulturell zu erzeugen. Die Konstruktion der nationalen Identität kann dann die kulturelle Begründung aufgeben und sich auf die schiere Positivität gesellschaftlicher Prozesse berufen.

Darüber hinaus ist auch die Sphäre der Kultur in Gesellschaften auf dem Weg zur Postmoderne immer weniger eine Angelegenheit der Bildung, die sich auf das Ganze richtet und ihr Gegenstück in einer besonderen Persönlichkeitsform findet; sie wird immer mehr eine Sache der Kulturproduktion, eines spezialisierten Betriebes, der sich an einen anonymen Markt richtet und den schnellen Umschlag und Verbrauch kultureller Güter voraussetzt. Das Bildungsbürgertum und die klassischen Intellektuellen gewannen ihre Besonderheit gerade aus der Distanz zur Welt von Markt und Produktion; sie sahen sich als eine Aristokratie der Aufklärung und nicht als spezialisierte Funktionselite, sie erzeugten sich über Bildung und Erziehung und nicht über gemeinsame Marktinteressen. Dieser Niedergang des Bildungsbürgertums und der klassischen Intellektuellen ist gewiß ein langfristiger und allgemeiner Vorgang, aber die deutsche Vereinigung verdeutlicht und beschleunigt ihn auf besondere Weise.

Literatur

Alexander, J. C., Core Solidarity, Ethnic Outgroup, and Social Differentiation: A Multidimensional Model of Inclusion in Modern Societies, in: Dofny, J./Akiwowo, A. (Hg.), National and Ethnic Movements, Beverly Hills-London 1980, S. 5-28.

Alexander, J. C./Colomy P. (Hg.), Differentiation Theory and Social Change, New York-Oxford 1990.

Anderson, B., Imagined Communities, 2. ergänzte Auflage, London 1991.

Anonymus, Von den Vortheilen für Industrie, Moralität, Patriotismus und Bevölkerung, wenn die Bauerngüter getheilt werden, in: Neues Hannoverisches Magazin, Jg. 5, 1795, S. 1243-1248/1249-1270.

Anonymus, Moralische Schilderung des ehemals altfränkischen itzt ***artigen Frauenzimmers. Von einem altväterschen, aber redlich denkenden Patrioten entworfen, An. 1740, in: Schweizerisches Museum, Bd. 3, Jg. 1, 1784, S. 740-752.

Anonymus, Rede, gehalten in der vaterländischen Gesellschaft zu B ..., in: Neues Hannoverisches Magazin, 7. St., Jg. 6, 1796, S. 97-116.

Archer, M., Culture and Agency. The Place of Culture in Social Theory, Cambridge 1990.

Arndt, E. M., Über den Volkshaß und über den Gebrauch einer fremden Sprache (1803), neu abgedruckt in: Vogt, H. (Hg.), Nationalismus gestern und heute, Opladen 1967, S. 102-105.

Bade, K. J. (Hg.), Deutsche im Ausland – Fremde in Deutschland. Migration in Geschichte und Gegenwart, München 1992.

Banton, M., Racial and Ethnic Competition, Cambridge 1983.

Barth, F. (Hg.), Ethnic Groups and Boundaries: The Social Organization of Cultural Difference, Boston 1969.

Barthes, R., Mythen des Alltags, Frankfurt/M. 1964.

Baudrillard, J., Die fatalen Strategien, München 1985.

Bauman, Z., Legislators and Interpreters. On Modernity, Postmodernity and Intellectuals, Ithaca-New York 1987.

Baumgart, F., Lehrer und Lehrervereine während der Revolution von 1848/49, in: Mentalitäten und Lebensverhältnisse. Beispiele aus der Sozialgeschichte. R. Vierhaus zum 60. Geburtstag, hg. von Mitarbeitern und Schülern, Göttingen 1982, S. 173-188.

Behler, E., Friedrich Schlegel in Selbstzeugnissen und Bilddokumenten, Reinbek 1988.

Ben-David, J., The Scientist's Role in Society – A Comparative Study, 2. Auflage, London 1984.

Bendix, R., Nation-Building and Citizenship, 2. erweiterte Aufl., Berkeley 1977.

- Könige oder Volk, 2 Bde., Frankfurt/M., 1980.
- Freiheit und historisches Schicksal, Frankfurt/M. 1982.
- Strukturgeschichtliche Voraussetzungen der nationalen und kulturellen Identität in der Neuzeit, in: Giesen, B. (Hg.), Nationale und kulturelle Identität. Studien zur Entwicklung des kollektiven Bewußtseins in der Neuzeit, Frankfurt/M. 1991, S. 39-55.

Benjamin, W., Charles Baudelaire. Ein Lyriker im Zeitalter des Hochkapitalismus, in: Gesammelte Schriften, hg. von R. Tiedemann und H. Schweppenhäuser, Bd. 1, Frankfurt/M. 1974, S. 509-690.

Berding, H., Theodor Mommsen. Das Problem der Geschichtsschreibung, in: Geschichte und politisches Handeln. Studien zu europäischen Denkern der Neuzeit. Theodor Schieder zum Gedächtnis, hg. von P. Alter/W. J. Mommsen/T. Nipperdey, Stuttgart 1985, S. 243 bis 260.

- Moderner Antisemitismus in Deutschland, Frankfurt/M. 1988.

Berding, H./Schimpf, D., Assimilation und Identität. Probleme des judischen Schul- und Erziehungswesens in Hessen-Kassel im Zeitalter der Emanzipation, in: Giesen, B. (Hg.), Nationale und kulturelle Identität. Studien zur Entwicklung des kollektiven Bewußtseins in der Neuzeit, Frankfurt/M. 1991, S. 350-387.

Berger, P. L./Luckmann, T., Die gesellschaftliche Konstruktion der Wirklichkeit, Frankfurt/M. 1969.

Bergmann, J. R., »Deskriptive Praktiken als Gegenstand und Methode der Ethnomethodologie«, in Herzog, M./Graumann, C. F. (Hg.), Sinn und Erfahrung. Phänomenologische Methoden in den Humanwissenschaften, Heidelberg 1991, S. 86-102.

Beyer, C. S. L. v., Ueber Kosmopolitismus und Patriotismus, in: Deutsche Monatsschrift, Bd. 1, 1795, S. 223-230.

Birtsch, G., Die Nation als sittliche Idee, der Nationalstaatsbegriff in Geschichtsschreibung und politischer Gedankenwelt J. G. Droysens, Köln 1964.

Bitterli, U., Alte Welt – neue Welt. Formen des europäisch-überseeischen Kontakts vom 15. bis zum 18. Jahrhundert, München 1986.

Bödeker, H. E., Aufklärung als Kommunikationsprozeß, in: Vierhaus, R. (Hg.), Aufklärung als Prozeß, Hamburg 1988, S. 89-111.

Boon, J. A., Other Tribes, Other Scribes. Symbolic Anthropology in the Comparative Study of Cultures, Histories, Religions, and Texts, Cambridge 1982.

Bouvier, B. W., Die Anfänge der sozialistischen Bewegung, in: Reinalter, H. (Hg.), Demokratische und soziale Protestbewegungen in Mitteleuropa 1815-1848/49, Frankfurt/M. 1986, S. 265-304.

Brandes, B. E., Über den Einfluß und die Wirkungen des Zeitgeistes auf die höheren Stände Deutschlands, Teil 2, Hannover 1810.

Brandes, H., Die Zeitschriften des jungen Deutschland. Eine Untersu-

chung zur literarisch-publizistischen Öffentlichkeit im 19. Jahrhundert, Opladen 1981.
Brentano, C., Ausgewählte Werke, hg. v. M. Morris, Bd. 3, Leipzig 1904.
Briegleb, K., General Marx – Hund Heine. Eine Textspiegelung zur Frage: Heinrich Heine nach 1848 – ein politischer Dichter?, in: Heinrich Heine 1797-1856, Schriften aus dem Karl-Marx-Haus, 26, Trier 1981, S. 153-181.
Brubaker, W. R. (Hg.), Immigration and the Politics of Citizenship in Europe and North America, University Press of America 1989.
Brunschwig, H., Gesellschaft und Romantik in Preußen im 18. Jahrhundert. Die Krise des preußischen Staates am Ende des 18. Jahrhunderts und die Entstehung der romantischen Mentalität, Frankfurt/M.-Berlin-Wien 1975 (1976).
Büchner, G., Sämtliche Werke und Briefe, hg. von R. W. Lehmann, Bd. 2, Darmstadt 1971.
Burchhardt-Dose, H., Das Junge Deutschland und die Familie. Zum literarischen Engagement in der Restaurationsepoche, Frankfurt/M. 1979.
Burke, K., The Virtues and Limitations of Debunking, in: ders., The Philosophy of Literary Form, Berkeley-Los Angeles 1973, S. 168-190.
Büsch, J. G., Von dem Unnatürlichen in dem Umgange der Gelehrten und Ungelehrten, in: ders., Vermischte Abhandlungen, Teil 2, Hamburg 1777, S. 509-524.
Bußmann, W., Heinrich von Treitschke. Sein Welt- und Geschichtsbild, Göttingen 1952.
– Zur Geschichte des deutschen Liberalismus, in: ders., Wandel und Kontinuität in Politik und Geschichte, hg. von W. Pöls, Boppard am Rhein 1973, S. 103-133.
– Gustav Freytag. Maßstäbe seiner Zeitkritik, in: ders., Wandel und Kontinuität in Politik und Geschichte, hg. von W. Pöls, Boppard am Rhein 1973, S. 135-162.
– Heinrich von Sybel, in: ders., Wandel und Kontinuität in Politik und Geschichte, hg. von W. Pöls, Boppard am Rhein 1973, S. 409-420.
Büttner, W., Der Weberaufstand in Schlesien 1844, in: Reinalter, H. (Hg.), Demokratische und soziale Protestbewegungen in Mitteleuropa 1815-1848/49, Frankfurt/M. 1986, S. 202-229.
Chatterjee, P., Nationalist Thought and the Colonial World – A Derivative Discourse?, London 1986.
Cohen, A. P., The Symbolic Construction of Community, London 1985.
Collins, R., A Micro-Macro Theory of Intellectual Creativity: The Case of German Idealist Philosophy, in: Sociological Theory, Bd. 5, 1987, S. 47-69.
– »On the Sociology of Intellectual Stagnation: The Late Twentieth Century in Perspective«, in: Theory, Culture and Society, Bd. 9, 1992, S. 73-96.

Collins, Richard, Culture, Communication and National Identity: The Case of Canada, Toronto 1990.
Conze, W., Vom »Pöbel« zum »Proletariat«. Sozialgeschichtliche Voraussetzungen für den Sozialismus in Deutschland, in: Vierteljahresschrift für Sozial- und Wirtschaftsgeschichte, 41, 1954, S. 333-364.
– Nation und Gesellschaft – Zwei Grundbegriffe der revolutionären Epoche, in: Historische Zeitschrift, Bd. 198, 1964, S. 1-16.
Coulmas, F., Sprache und Staat. Studien zur Sprachplanung, Berlin-New York 1985.
– Die Wirtschaft mit der Sprache, Frankfurt/M. 1992.
Crouch, C./Pizzorno, A. (Hg.), The Resurgence of Class Conflict in Western Europe since 1968, 2. Bde., London 1978.
Dahrendorf, R., Gesellschaft und Demokratie in Deutschland, München 1965.
Dann, O., Nationalismus und sozialer Wandel in Deutschland 1806-1850, in: ders. (Hg.), Nationalismus und sozialer Wandel, Hamburg 1978, S. 77-128.
– Einleitung, in: ders. (Hg.), Lesegesellschaften und bürgerliche Emanzipation – Ein europäischer Vergleich, München 1981, S. 9-28.
Debray, R., Teachers, Writers, Celebrities. The Intellectuals of Modern France, London 1981.
Degenkolbe, G., Über logische Strukturen und gesellschaftliche Funktionen von Leerformeln, in: Kölner Zeitschrift für Soziologie und Sozialpsychologie, 17, 1965, S. 327-338.
Deleuze, G., Differenz und Wiederholung, München 1992.
Deuerlein, E., Die Konfrontation von Nationalstaat und national bestimmter Kultur, in: Schieder, T./Deuerlein, E. (Hg.), Reichsgründung 1870/71, Stuttgart 1970, S. 226-258.
Deutsch, K. W., Nationalism and Social Communication, Cambridge/Mass. 1953.
– Nationalism and its Alternatives, New York 1969.
Diesterweg, F. A. W., Birgt die öffentliche Erziehung in der Gegenwart ein revolutionäres Prinzip in ihrem Schoß?, in: ders., Sämtliche Werke, hg. von H. Deiters u. a., Abt. I, Bd. 3, Berlin 1959 (1835), S. 426-432.
Dotterweich, V., Heinrich von Sybel. Geschichtswissenschaft in politischer Absicht (1817-1861), Göttingen 1978.
Droysen, J. G., Preußen und das System der Großmächte (1849), in: ders., Politische Schriften, hg. von F. Gilbert, München 1933, S. 212-229.
– Zur Charakterisierung der europäischen Krisis (1854), in: ders., Politische Schriften, hg. von F. Gilbert, München 1933, S. 307-342.
– Enzyklopädie und Methodologie der Geschichte, in: ders., Historik, Neudruck der Ausgabe von 1882, Darmstadt 1967.
– Grundriß der Historik, in: ders., Historik, Neudruck der Ausgabe von 1882, Darmstadt 1967, § 50.

– Briefwechsel, hg. von R. Hübner, Stuttgart 1929, Bd. 2.
Düding, D., Organisierter gesellschaftlicher Nationalismus 1808-1847. Bedeutung und Funktion der Turner- und Sängervereine für die deutsche Nationalbewegung, München 1984.
Düding, D./Friedmann, P./Münch, P. (Hg.), Öffentliche Festkultur. Politische Feste in Deutschland von der Aufklärung bis zum Ersten Weltkrieg, Reinbek 1988.
Dülmen, R. van, Die Gesellschaft der Aufklärer, Frankfurt/M. 1986.
Dux, G., Die Logik der Weltbilder. Sinnstrukturen im Wandel der Geschichte, Frankfurt/M. 1981.
Eckermann, J. P., Gespräche mit Goethe, Berlin 1956.
Eco, U., Die Karte des Reiches im Maßstab 1:1, in: ders., Platon im Striptease-Lokal. Parodien und Travestien, München 1990, S. 85-97.
Eder, K., Die Entstehung staatlich organisierter Gesellschaften. Ein Beitrag zu einer Theorie sozialer Evolution, Frankfurt/M. 1980.
– Geschichte als Lernprozeß? Zur Pathogenese politischer Modernität in Deutschland, Frankfurt/M. 1985.
– Soziale Bewegungen und kulturelle Evolution. Überlegungen zur Rolle der neuen sozialen Bewegungen in der kulturellen Evolution der Moderne, in: Berger, J. (Hg.), Die Moderne – Kontinuität und Zäsuren (Soziale Welt, Sonderband 4), Göttingen 1986, S. 335-357.
– Die Vergesellschaftung der Natur, Frankfurt/M. 1988.
Eisenstadt, S. N., »The Axial Age: The Emergence of Transzendental Visions and the Rise of Clerics«, in: European Journal of Sociology, 23, 2, 1982, S. 299-314.
– Die Konstruktion nationaler Identitäten in vergleichender Perspektive, in: Giesen, B. (Hg.), Nationale und kulturelle Identität. Studien zur Entwicklung des kollektiven Bewußtseins in der Neuzeit, Frankfurt/M. 1991, S. 21-38.
– (Hg.), Kulturen der Achsenzeit. Ihre Ursprünge und ihre Vielfalt, 2 Bde., Frankfurt/M. 1987.
– (Hg.), Kulturen der Achsenzeit II. Ihre institutionelle und kulturelle Dynamik, 3 Bde., Frankfurt/M. 1992.
Eisenstadt, S. N./Rokkan, S. (Hg.), Building States and Nations, 2. Bde., Beverly Hills 1973.
Eisenstein, E. L., The Printing Press as an Agent of Change – Communications and Cultural Transformations in Early-Modern Europe, Cambridge 1982.
Elias, N., Über den Prozeß der Zivilisation, 2 Bde., Frankfurt/M. 1976.
– Die höfische Gesellschaft, Frankfurt/M. 1983.
– Studien über die Deutschen, Frankfurt/M. 1989.
Emge, R. M., Saint-Simon. Einführung in ein Phänomen, München 1987.
Empson, W., Some Versions of Pastoral, London 1986.

Engelhardt, U., Bildungsbürgertum. Begriffs- und Dogmengeschichte eines Etiketts, Stuttgart 1986.
Engelsing, R., Zeitungen und Zeitschriften in Nordwestdeutschland 1800-1850, in: Archiv für Geschichte des Buchwesens, V, 1963, Sp. 849-955.
– Der Bürger als Leser, Stuttgart 1974.
– Die Perioden der Lesergeschichte in der Neuzeit, in: ders., Zur Sozialgeschichte deutscher Mittel- und Unterschichten, 2. erweiterte Auflage, Göttingen 1978, S. 112-154.
– Zur politischen Bildung der deutschen Unterschichten 1789-1863, in: ders., Zur Sozialgeschichte der Mittel- und Unterschichten, 2. erweiterte Auflage, Göttingen 1978, S. 155-179.
Eßbach, W., Die Junghegelianer. Soziologie einer Intellektuellengruppe, München 1978.
Esser, H., Ethnische Differenzierung und moderne Gesellschaft, in: Zeitschrift für Soziologie, 17, 1988, S. 235-248.
Faber, K.-G., Realpolitik als Ideologie. Die Bedeutung des Jahres 1866 für das politische Denken in Deutschland, in: Historische Zeitschrift, Bd. 203, 1966, S. 1-45.
– Nationalität und Geschichte in der Frankfurter Nationalversammlung, in: Klötzer, W./Moldenhauer, R./Rebentisch, D. (Hg.), Ideen und Strukturen der deutschen Revolution 1848, Frankfurt/M. 1974, S. 103-124.
Fehrenbach, E., Die Reichsgründung in der deutschen Geschichtsauffassung, in: Schieder, T./Deuerlein, E. (Hg.), Reichsgründung 1870/71, Stuttgart 1970, S. 259-290.
– Rankerenaissance und Imperialismus in der wilhelminischen Zeit, in: Faulenbach, F. (Hg.), Geschichtswissenschaft in Deutschland, München 1974, S. 54-65.
Fenske, H., Ungeduldige Zuschauer. Die Deutschen und die europäische Expansion 1815-1880, in: Reinhardt, W. (Hg.), Imperialistische Kontinuität und nationale Ungeduld im 19. Jahrhundert, Frankfurt/M. 1991, S. 87-123.
Fertig, L., Die Hofmeister. Befunde, Thesen, Fragen, in: Hermann, U. (Hg.), Die Bildung des Bürgers. Die Formierung der bürgerlichen Gesellschaft und die Gebildeten im 18. Jahrhundert, Weinheim-Basel 1982, S. 322-328.
Fichte, J. G., Reden an die deutsche Nation, in: Johann Gottlieb Fichtes sämtliche Werke, hg. v. I. H. Fichte, Berlin 1845/46, Bd. VII, S. 257-502.
Finkielkraut, A., La defaite de la pensée, Paris 1987.
Foerster, C., Sozialstruktur und Organisationsformen des deutschen Preß- und Vaterlandsvereins von 1832/33, in: Schieder, W. (Hg.), Liberalismus in der Gesellschaft des deutschen Vormärz, Göttingen 1983, S. 147-166.

Francis, E., Interethnic Relations. An Essay in Sociological Theory, New York 1976.
Frank, M., Einführung in die frühromantische Ästhetik, Frankfurt/M. 1989.
Freyre, G., Herrenhaus und Sklavenhütte. Ein Bild der brasilianischen Gesellschaft, Stuttgart 1982.
Fuchs, P., Historisch-systematische Analyse des Nationencodes in der deutschen Öffentlichkeit zwischen 1770 und 1850, Arbeitspapier im Rahmen des Teilprojektes »Nation als Publikum«, Ms. Gießen 1989.
Gall, L., »Sündenfall« des liberalen Denkens oder Krise der bürgerlichen Bewegung? Zum Verhältnis von Liberalismus und Imperialismus in Deutschland, in: Holl, K./List, G. (Hg.), Liberalismus und imperialistischer Staat. Imperialismus als Problem liberaler Parteien in Deutschland 1890-1914, Göttingen 1975, S. 148-158.
– Bürgertum in Deutschland, Berlin 1989.
Garfinkel, H., Studies in Ethnomethodology, Englewood Cliffs, N.J. 1967.
Garve, C., Ueber die Maxime Rochefoucaulds: das bürgerliche Air verliehrt sich zuweilen bey der Armee, niemahls am Hofe, in: ders., Versuche über verschiedene Gegenstände aus der Moral, der Literatur und dem gesellschaftlichen Leben, Teil 1, Breslau 1792, S. 295-452.
– Clubs, in: Batscha, Z. u. a. (Hg.), Von der ständischen zur bürgerlichen Gesellschaft, Frankfurt/M. 1981, S. 279-288.
Geertz, C., After the Revolution: The Fate of Nationalism in the New States, in: ders., The Interpretation of Cultures, New York 1973, S. 234-254.
– The Integrative Revolution: Primordial Sentiment and Civil Politics in the New States, in: ders., The Interpretation of Cultures, New York 1973, S. 255-310.
– Works and Lives: The Anthropologist as Author, Cambridge 1988.
Gehlen, A., Deutschtum und Christentum bei Fichte, in: ders., Gesamtausgabe, Band 11, Frankfurt/M. 1980, S. 215-293.
– Moral und Hypermoral. Eine pluralistische Ethik, Wiesbaden 1986.
Geiger, T., Aufgaben und Stellung der Intelligenz in der Gesellschaft, Stuttgart 1949.
Gellner, E., Nationalism, in: ders., Thought and Change, London 1964, S. 147-178.
– Nations and Nationalism, Oxford 1983.
Gennep, A. van, The Rites of Passage, London 1960.
Gerth, H., Bürgerliche Intelligenz um 1800, Göttingen 1976.
Gessinger, J., Sprache und Bürgertum, Sozialgeschichte sprachlicher Verkehrsformen im Deutschland des 18. Jahrhunderts, Stuttgart 1980.
Giddens, A., A Contemporary Critique of Historical Materialism, Bd. 1: Power, Property and the State, London 1981.
– The Nation-State and Violence, Cambridge 1985.

Giesecke, M., Der Buchdruck in der frühen Neuzeit. Eine historische Fallstudie über die Durchsetzung neuer Informations- und Kommunikationstechnologien, Frankfurt/M. 1991.
Giesen, B., Der Herbst der Moderne? Zum zeitdiagnostischen Potential neuer sozialer Bewegungen, in: Berger, J. (Hg.), Die Moderne – Kontinuität und Zäsuren (Soziale Welt, Sonderband 4), Göttingen 1986, S. 359-376.
– Code, Process and Situation in Cultural Selection, in: Cultural Dynamic, Bd. IV, 2, 1991, S. 172-185.
– Die Entdinglichung des Sozialen. Eine evolutionstheoretische Perspektive auf die Postmoderne, Frankfurt/M. 1991.
– Konflikttheorie, in: König, R./Endruweit, G. (Hg.), Handbuch der modernen soziologischen Theorie, Stuttgart 1992, im Erscheinen.
– (Hg.), Nationale und kulturelle Identität. Studien zur Entwicklung des kollektiven Bewußtseins in der Neuzeit, Frankfurt/M. 1991.
Giesen, B./K. Junge, Vom Patriotismus zum Nationalismus. Zur Evolution der »Deutschen Kulturnation«, in: Giesen, B. (Hg.), Nationale und kulturelle Identität. Studien zur Entwicklung des kollektiven Bewußtseins in der Neuzeit, Frankfurt/M. 1991, S. 255-303.
Glasersfeld, E. v., Wissen, Sprache und Wirklichkeit. Arbeiten zum radikalen Konstruktivismus, Braunschweig-Wiesbaden 1987.
Goffman, E., The Lecture, in: ders., Forms of Talk, Pennsylvania 1981, S. 160-195.
Goody, J., The Domestication of the Savage Mind, Cambridge 1977.
Görres, J., Teutschland und die Revolution (1819), in: ders., Politische Schriften, hg. v. M. Görres, Bd. 4, München 1856, S. 65-244.
Gouldner, A., Die Intelligenz als neue Klasse. 16 Thesen zur Zukunft der Intellektuellen und der technischen Intelligenz, Frankfurt/M.-New York 1980.
Grab, W., Georg Büchners Hessischer Landbote im Kontext deutscher Revolutionsaufrufe 1791-1848, in: Internationales Georg-Büchner-Symposion 1987, hg. von B. Dedner und G. Oesterle, Frankfurt/M. 1990, S. 65-83.
Grabes, H., England oder die Königin? Öffentlicher Meinungsstreit und nationale Identität unter Mary Tudor, in: Giesen, B. (Hg.), Nationale und kulturelle Identität, Studien zur Entwicklung des kollektiven Bewußtseins in der Neuzeit, Frankfurt/M. 1991, S. 121-168.
Graf, F. W., David Friedrich Strauss und die Hallischen Jahrbücher. Ein Beitrag zur positionellen Bestimmtheit der theologischen Publizistik im 19. Jahrhundert, in: Archiv für Kulturgeschichte, 60, 1978, S. 383-430.
Gramsci, A., Zu Politik, Geschichte und Kultur, Frankfurt/M. 1980.
Grass, K.-M./Koselleck, R., Artikel »Emanzipation«, in: Geschichtliche Grundbegriffe, Bd. II, Stuttgart 1975, S. 153-197.
Grathoff, R., Milieu und Lebenswelt, Frankfurt/M. 1989.

Greene, G., Journey Without Maps, Harmondsworth 1978.
Grimm, J., Deutsche Grenzalterthümer, in: ders., Abhandlungen zur Mythologie und Sittenkunde, Kleinere Schriften, Bd. 2, Berlin 1965, S. 30-74.
Habermas, J., Strukturwandel der Öffentlichkeit – Untersuchungen zu einer Kategorie der bürgerlichen Gesellschaft, Neuwied 1962; Neuausgabe Frankfurt/M. 1990.
– Können komplexe Gesellschaften eine vernünftige Identität ausbilden?, in: ders., Zur Rekonstruktion des Historischen Materialismus, Frankfurt/M. 1976, S. 92-126.
– Der philosophische Diskurs der Moderne, Frankfurt/M. 1985.
– Heinrich Heine und die Rolle des Intellektuellen in Deutschland, in: Merkur, 40, 1986, S. 453-468.
– Nachholende Revolution und linker Revisionsbedarf. Was heißt Sozialismus heute?, in: ders., Die Moderne – ein unvollendetes Projekt. Philosophisch-politische Aufsätze 1977-1990, Leipzig 1990, S. 213-241.
Haferkorn, H. J., Zur Entstehung der bürgerlich-literarischen Intelligenz und des Schriftstellers in Deutschland zwischen 1750 und 1800, in: Lutz, B. (Hg.), Deutsches Bürgertum und literarische Intelligenz 1750-1800, Literaturwissenschaft und Sozialwissenschaften 3, Stuttgart 1974, S. 113-275.
Hahn, A., Konsensfiktionen in Kleingruppen. Dargestellt am Beispiel von jungen Ehen, in: Neidhardt, F. (Hg.), Gruppensoziologie. Perspektiven und Materialien, Sonderband 25 der Kölner Zeitschrift für Soziologie und Sozialpsychologie, Opladen 1983, S. 210-232.
Hammar, T., Democracy and the Nation State – Aliens, Denizens and Citizens in a World of International Migration (Research in Ethnic Relation Series), Aldershot: Avebury 1990.
Hardtwig, W., Von Preußens Aufgabe in Deutschland zu Preußens Aufgabe in der Welt. Liberalismus und borussianisches Geschichtsbild zwischen Revolution und Imperialismus, in: ders., Geschichtskultur und Wissenschaft, München 1990, S. 103-160.
– Erinnerung, Wissenschaft, Mythos. Nationale Geschichtsbilder und politische Symbole in der Reichsgründungsära und im Kaiserreich, in: ders., Geschichtskultur und Wissenschaft, München 1990, S. 224-263.
– Geschichtsreligion – Wissenschaft als Arbeit – Objektivität, in: Historische Zeitschrift, Bd. 252, 1991, S. 1-32.
Harman, L. D., The Modern Stranger – On Language and Membership, Berlin-New York-Amsterdam 1988.
Havelock, E. A., Preface to Plato, Cambridge, Mass. 1982 (Orig. 1963).
Hechter, M., Internal Colonialism. The Celtic Fringe in British National Development, 1536-1966, Berkeley-Los Angeles 1975.
– Group Formation and the Cultural Division of Labor, in: American Journal of Sociology, 84, 1978, S. 293-318.

– Internal Colonialism Revisited, in: Tiryakian, E. A./Rogowski, R. (Hg.), New Nationalisms of the Developed West, London 1985, S. 17-26.
Heine, H., Reisebilder III, in: Sämtliche Schriften, hg. von K. Briegleb, München 1969, Bd. 2, S. 309-470.
– Zur Geschichte der Religion und Philosophie in Deutschland. Vorrede zur 2. Auflage (1852), in: Sämtliche Schriften, hg. von K. Briegleb, München 1971, Bd. 3, S. 507-513.
– Ludwig Börne. Eine Denkschrift, in: Sämtliche Schriften, hg. von K. Briegleb, München 1971, Bd. 4, S. 7-148.
– Die romantische Schule (1835), in: Sämtliche Schriften, hg. von K. Briegleb, München 1971, Bd. 3, S. 357-504.
Hejderhoff, J./Wentzcke, P. (Hg.), Deutscher Liberalismus im Zeitalter Bismarcks. Eine politische Briefsammlung, Bd. 1, Bonn-Leipzig 1925.
Herder, J. G., Auch eine Philosophie zur Bildung der Menschheit. Beytrag zu vielen Beyträgen des Jahrhunderts (1774), in: Johann Gottfried Herders sämtliche Werke, hg. v. B. Suphan, Bd. 5, Berlin 1891, S. 4/5-594.
– Ideen zur Philosophie der Geschichte der Menschheit, in: Johann Gottfried Herders sämtliche Werke, hg. v. B. Suphan, Bd. 13, Berlin 1887.
– Briefe zur Beförderung der Humanität, in: ders., Johann Gottfried Herders sämtliche Werke, hg. v. B. Suphan, Bd. 17, Brief 7, Berlin 1881, S. 28-33.
Hermand, J., Das Junge Deutschland. Texte und Dokumente, Stuttgart 1966.
– Erotik im Juste Milieu. Heines »Verschiedene«, in: Kuttenkeuler, W. (Hg.), Heinrich Heine: Artistik und Engagement, Stuttgart 1977, S. 86-104.
– Was ist des Deutschen Vaterland?, in: Estermann, A. (Hg.), Ludwig Börne 1786-1837, Frankfurt/M. 1986, S. 199-210.
– Jungdeutscher Tempelsturm, in: Kruse, J. A./Kortländer, B. (Hg.), Das Junge Deutschland. Kolloquium zum 150. Jahrestag des Verbots vom 10. Dezember 1835, in: Heine-Studien, Hamburg 1987, S. 65-82.
– Vom »Buch der Lieder« zu den »Verschiedenen«, in: Höhn, G. (Hg.), Heinrich Heine. Ästhetisch-politische Profile, Frankfurt/M. 1991, S. 214-235.
Hill, C., Protestantismus, Pamphlete, Patriotismus und öffentliche Meinung im England des 16. und 17. Jahrhunderts, in: Giesen, B. (Hg.), Nationale und kulturelle Identität. Studien zur Entwicklung des kollektiven Bewußtseins in der Neuzeit, Frankfurt/M. 1991, S. 100 bis 120.
Hirsch, E. D., Cultural Literacy. What Every American Needs to Know, New York 1988.
Hirsch, H., Karl Friedrich Köppen, der intimste Berliner Freund Marxens, in: ders., Denker und Kämpfer. Gesammelte Beiträge zur Geschichte der Arbeiterbewegung, Frankfurt/M. 1955, S. 19-81.

Hirschman, A. O., Exit, Voice and Loyalty – Responses to Declines in Firms, Organizations, and States, Cambridge, Mass. 1970.
Historikerstreit. Die Dokumentation der Kontroverse um die Einzigartigkeit der nationalsozialistischen Judenvernichtung, 2. Aufl., München-Zürich 1987.
Hobsbawm, E. J., Nationen und Nationalismus. Mythos und Realität seit 1780, Frankfurt/M.-New York 1991.
Hock, W., Liberales Denken im Zeitalter der Paulskirche. Droysen und die Frankfurter Mitte, Münster 1957.
Hocks, P./Schmidt, P., Literarische und politische Zeitschriften 1789-1805, Stuttgart 1975.
Hoffmann-Axthelm, I., Geisterfamilie – Studien zur Geselligkeit der Frühromantik, Frankfurt/M. 1973.
Hohendahl, P., Literarische und politische Öffentlichkeit. Die neue Kritik des Jungen Deutschlands, in: ders., Literaturkritik und Öffentlichkeit, München 1974, S. 102-127.
– Nachromantische Subjektivität: Büchners Dramen, in: Zeitschrift für Philologie, 108, 1989, S. 496-511.
Höhn, H., Heine-Handbuch. Zeit, Person, Werk, Stuttgart 1987.
Hölderlin, F., Brief an seinen Bruder vom 12. 2. 1789, in: ders., Sämtliche Werke, hg. v. F. Beißner, Bd. 6.1, Stuttgart 1954, Nr. 152, S. 264.
Hömberg, W., Zeitgeist und Ideenschmuggel. Die Kommunikationsstrategie des Jungen Deutschland, Stuttgart 1975.
Hondrich, K. O., Lehrmeister Krieg, Reinbek 1992.
Honigsheim, P., Soziologie der Kunst, Musik und Literatur, in: Eisermann, G. (Hg.), Die Lehre von der Gesellschaft, Stuttgart 1958, S. 338-373.
Hosfeld, R., Welttheater als Tragikomödie. Ein denkbarer Dialog Heines mit der Moderne, in: Höhn, G. (Hg.), Heinrich Heine. Ästhetisch-politische Profile, Frankfurt/M. 1991, S. 136-154.
Hroch, M., Das Erwachen kleiner Nationen als Problem der komparativen Forschung, in: Winkler, H. A. (Hg.), Nationalismus, 2., erweiterte Aufl., Königstein/Ts. 1985, S. 155-172.
Iggers, G. G., Deutsche Geschichtswissenschaft. Eine Kritik der traditionellen Geschichtsauffassung von Herder bis zur Gegenwart, München 1971, S. 120-163.
– Heinrich v. Treitschke, in: Wehler, H.-U. (Hg.), Deutsche Historiker, Bd. 2, Göttingen 1971, S. 66-80.
Jahn, F. L., Einleitung in die allgemeine Volkstumskunde, in: ders., Deutsches Volkstum, Leipzig 1936, S. 27-45.
Japp, K. P., Neue soziale Bewegungen und die Kontinuität der Moderne, in: Berger, J. (Hg.), Die Moderne – Kontinuität und Zäsuren (Soziale Welt, Sonderband 4), Göttingen 1986, S. 311-333.
Jauß, H. R., Das Ende der Kunstperiode. Aspekte der literarischen Revo-

lution bei Heine, Hugo und Stendhal, in: ders., Literaturgeschichte als Provokation, Frankfurt/M. 1970, S. 107-143.
Jeismann, M., Das Vaterland der Feinde, Stuttgart 1992.
Kaiser, G., Pietismus und Patriotismus im literarischen Deutschland: Ein Beitrag zum Problem der Säkularisierung, Wiesbaden 1961.
Kant, I., Beantwortung der Frage: Was ist Aufklärung?, in: ders., Werke, hg. von E. Cassirer, Bd. 4, Berlin 1922.
– Kritik der Urtheilskraft, in: ders., Werke, Akademie Textausgabe, Bd. V, Berlin 1968, S. 165-485.
Kedourie, E., Nationalism, London 1966.
Kiesel, H./Münch, P., Gesellschaft und Literatur im 18. Jahrhundert. Voraussetzungen und Entstehung des literarischen Markts in Deutschland, München 1977.
Kleist, H. v., Katechismus der Deutschen, abgefaßt nach dem Spanischen zum Gebrauch für Kinder und Alte, in: ders., Sämtliche Werke und Briefe, hg. von H. Sembdner, Bd. 2, 2. Auflage, München 1961, S. 350-360.
Kluckhohn, P., Voraussetzungen und Verlauf der romantischen Bewegung, in: Steinbüchel, T. (Hg.), Romantik. Ein Zyklus Tübinger Vorlesungen, Tübingen/Stuttgart 1958, S. 13-26.
Klutentreter, W., Die Rheinische Zeitung von 1842/43 in der politischen und geistigen Bewegung des Vormärz, Dortmund 1966.
Knigge, A. Frhr. v., Über den Umgang mit Menschen (1788), hg. von G. Ueding, 3. Auflage, Frankfurt/M. 1982.
Koch, G., Der Streit zwischen Sybel und Ficker und die Einschätzung der mittelalterlichen Kaiserpolitik in der modernen Historiographie, in: Streisand, J. (Hg.), Studien über die Geschichtswissenschaft von 1800-1871, Bd. 1: Die deutsche Geschichtswissenschaft vom Beginn des 19. Jahrhunderts bis zur Reichsgründung von oben, Berlin-Ost 1969, S. 311-336.
Kocka, J., Bürgertum und Bürgerlichkeit als Probleme der deutschen Geschichte vom späten 18. zum frühen 20. Jahrhundert, in: ders. (Hg.), Bürger und Bürgerlichkeit im 19. Jahrhundert, Göttingen 1987, S. 21-63.
Kohl, K.-H., Entzauberter Blick. Das Bild vom Guten Wilden und die Erfahrungen der Zivilisation, Frankfurt/M. 1986.
Kohn, H., Die Slawen und der Westen, Wien 1956.
– The Mind of Germany, London 1965.
Konrád, G./Szelényi, I., Die Intelligenz auf dem Weg zur Klassenmacht, Frankfurt/M. 1978.
Koopmann, H., Das junge Deutschland. Analyse seines Selbstverständnisses, Stuttgart 1970.
Koselleck, R., Die Verfügbarkeit der Geschichte, in: ders., Vergangene Zukunft, Frankfurt/M. 1979, S. 260-276.

- Artikel »Fortschritt«, in: Geschichtliche Grundbegriffe, Bd. II, Stuttgart 1975, S. 363-423.
- Die Kriegerdenkmäler als Identitätsstiftung für Überlebende, in: Marquard, O./Stierle, K.-H. (Hg.), Identität, München 1979, S. 255-276.
- Historia magistra vitae. Über die Auflösung des Topos im Horizont neuzeitlich bewegter Geschichte, in: ders., Vergangene Zukunft, Frankfurt/M. 1979, S. 38-66.
- Standortbindung und Zeitlichkeit. Ein Beitrag zur historiographischen Erschließung der Welt, in: ders., Vergangene Zukunft, Frankfurt/M. 1979, S. 176-207.
- Preußen zwischen Reform und Revolution. Allgemeines Landrecht, Verwaltung und soziale Bewegung 1791-1848, 2. Aufl., Stuttgart 1981.
- Sprachwandel und Ereignisgeschichte, in: Merkur, 43, 1989, S. 657-673.
- (Hg.), Bildungsbürgertum im 19. Jahrhundert, Teil 2: Bildungsgüter und Bildungswissen, Stuttgart 1990.
- (Hg.), Einleitung – Zur anthropologischen und semantischen Struktur der Bildung, in: ders. (Hg.), Bildungsbürgertum im 19. Jahrhundert, Teil 2: Bildungsgüter und Bildungswissen, Stuttgart 1990, S. 11-47.

Koselleck, R./Lutz, H./Rüsen, J. (Hg.), Formen der Geschichtsschreibung, München 1982.

Koselleck, R./Meier, Chr./Fisch, J./Bulst, N., Artikel »Revolution«, in: Geschichtliche Grundbegriffe, Bd. V, Stuttgart 1984, S. 653-788.

Köster, U., Literarischer Radikalismus. Zeitbewußtsein und Geschichtsphilosophie in der Entwicklung vom Jungen Deutschland zur Hegelschen Linken, Frankfurt/M. 1972.
- Literatur und Gesellschaft in Deutschland 1830-1848. Dichtung am Ende der Kunstperiode, Stuttgart 1984.
- Elitekultur – Kulturelite. Repräsentative Kultur und Sezessionsbewegung im Kaiserreich, in: Ploetz: Das deutsche Kaiserreich. 1867/71 bis 1918. Bilanz einer Epoche, hg. von D. Langewiesche, Freiburg-Würzburg 1984, S. 181-188.

Kreuzer, H., Die Boheme. Beiträge zu ihrer Beschreibung, Stuttgart 1968.

Kristeva, J., Fremde sind wir uns selbst, Frankfurt/M. 1990.

»Krieg«, Artikel in: Deutsche Encyclopädie oder Allgemeines Real-Wörterbuch aller Künste und Wissenschaften, hg. von H. M. G. Köster u. J. F. Roos, Bd. 23, Frankfurt/M. 1804, S. 170-188.

Krockow, C. Graf v., Nationalismus als deutsches Problem, München 1970.

Krohn, W./Küppers, G. (Hg.), Emergenz: Die Entstehung von Ordnung, Organisation und Bedeutung, Frankfurt/M. 1992.

Kuhn, T., Die Entstehung des Neuen, Frankfurt/M. 1978.

Kunisch, J., Von der gezähmten zur entfesselten Bellona. Die Umwertung des Krieges im Zeitalter der Revolutions- und Freiheitskriege, in: Kleist-Jahrbuch 1988/89, hg. von H. J. Kreutzer, Berlin 1988, S. 44-63.

Lakoff, G., Women, Fire, and Dangerous Things. What Categories Reveal about the Mind, Chicago-London 1987.
Langewiesche, D., Republik, konstitutionelle Monarchie und »soziale Frage«, in: Historische Zeitschrift, Bd. 230, 1980, S. 529-548.
– Bildungsbürgertum und Liberalismus im 19. Jahrhundert, in: Kocka, J. (Hg.), Bildungsbürgertum im 19. Jahrhundert, Teil IV: Politischer Einfluß und gesellschaftliche Formation, Stuttgart 1989, S. 95-121.
Laube, H., Das neue Jahrhundert, Bd. 2: Politische Briefe, Leipzig 1833.
Lepenies, W., Melancholie und Gesellschaft, Frankfurt/M. 1969.
– Aufstieg und Fall der Intellektuellen in Europa, Frankfurt/M.–New York 1992.
Lepsius, M. R., Zur Soziologie des Bürgertums und der Bürgerlichkeit, in: Kocka, J. (Hg.), Bürger und Bürgerlichkeit im 19. Jahrhundert, Göttingen 1987, S. 79-100.
– Der Europäische Nationalstaat: Erbe und Zukunft, in: ders., Interessen, Ideen und Institutionen, Opladen 1990, S. 256-269.
– Kritik als Beruf. Zur Soziologie der Intellektuellen, in: ders., Interessen, Ideen und Institutionen, Opladen 1990, S. 270-285.
– »Ein Unbekanntes Land«, in: Giesen, B./Leggewie, C. (Hg.), Experiment Vereinigung, Berlin 1991, S. 71-76.
Lerner, D., The Passing of Traditional Society. Modernizing the Middle East, New York 1958.
Lévi-Strauss, C., Gibt es dualistische Organisationen?, in: ders., Strukturale Anthropologie I, Frankfurt/M. 1971, S. 148-180.
– Traurige Tropen, Frankfurt/M. 1978.
Lipset, S. M., Political Man, New York 1960.
– The First New Nation – The United States in Historical and Comparative Perspective, New York 1979.
List, G., Historische Theorie und nationale Geschichte zwischen Frühliberalismus und Reichsgründung, in: Faulenbach, F. (Hg.), Geschichtswissenschaft in Deutschland, München 1974, S. 35-53.
Lovejoy, A., The Great Chain of Being, Cambridge, Mass. 1982; deutsch: Die große Kette der Wesen, Frankfurt/M. 1985.
Löwenthal, R., Neues Mittelalter oder anomische Kulturkrise, in: ders., Gesellschaftswandel und Kulturkrise, Frankfurt/M. 1979, S. 37-57.
Löwith, K., Weltgeschichte und Heilsgeschehen, Stuttgart 1953.
– (Hg.), Die Hegelsche Linke, Einleitung, S. 7-38, Stuttgart-Bad Cannstatt 1962.
Lübbe, H., Die Nostalgie des Urbanen und die europäische Anti-Revolution des Jahres 1989, in: ders., Freiheit statt Emanzipationszwang. Die liberale Tradition und das Ende der marxistischen Illusion, Osnabrück 1991, S. 75-90.
Luckmann, T., Die unsichtbare Religion, Frankfurt/M. 1991.
Luckmann, T./Berger, P. L., Die gesellschaftliche Konstruktion der Wirklichkeit, Frankfurt/M. 1969.

Luhmann, N., Diskussion als System, in: Habermas, J./Luhmann, N., Theorie der Gesellschaft oder Sozialtechnologie, Frankfurt/M. 1971, S. 316-341.
- Über die Funktion der Negation in sinnkonstituierenden Systemen, in: ders., Soziologische Aufklärung, Bd. 3, Opladen 1981, S. 35-49.
Mannheim, K., Ideologie und Utopie, Frankfurt/M. 1952.
- Essays on the Sociology of Culture, London 1956.
Marquard, O., Über einige Beziehungen zwischen Ästhetik und Therapeutik in der Philosophie des 19. Jahrhunderts, in: ders., Schwierigkeiten mit der Geschichtsphilosophie, Frankfurt/M. 1973, S. 85-106.
- Kunst als Antifiktion – Versuch über den Weg der Wirklichkeit ins Fiktive, in: ders., Aesthetica und Anaesthetica, Paderborn 1989, S. 82-99.
- Inkompetenzkompensationskompetenz. Über Kompetenz und Inkompetenz der Philosophie, in: ders., Abschied vom Prinzipiellen, Stuttgart 1981, S. 23-38.
Marx, K., Briefe aus den »Deutsch-französischen Jahrbüchern«, MEW Bd. 1, Berlin 1957.
- Zur Kritik der Hegelschen Rechtsphilosophie. Einleitung, MEW Bd. 1, Berlin 1957.
- Die heilige Familie, MEW Bd. 2, Berlin 1959, S. 7-223.
Mason, E. C., Deutsche und englische Romantik, Göttingen 1966.
Maturana, H. R., Erkennen: Die Organisation und Verkörperung von Wirklichkeit, Braunschweig-Wiesbaden 1982.
Mead, G. H., Geist, Identität und Gesellschaft, Frankfurt/M. 1973.
Meinecke, F., Weltbürgertum und Nationalstaat. Studien zur Genesis des deutschen Nationalstaats, München-Berlin 1908.
- 3 Generationen Gelehrtenpolitik, in: Historische Zeitschrift, Bd. 125, 1922, S. 248-283.
Mennemeier, F. N., Fragment und Ironie beim jungen Friedrich Schlegel. Versuch der Konstruktion einer nicht geschriebenen Theorie (1968), in: Peter, K. (Hg.), Romantikforschung seit 1945, Königstein/Ts. 1980, S. 229-250.
Menzel, U., Das Ende der »Dritten Welt« und das Scheitern der großen Theorien. Zur Soziologie einer Disziplin in auch selbstkritischer Absicht, in: Politische Vierteljahresschrift, 32, 1991, S. 4-33.
Merritt, R. L., Nation-Building in America: The Colonial Years, in: Deutsch, K. W. u. a., Nation-Building, New York 1963, S. 56-72.
Meyer, G., Die Anfänge des politischen Radikalismus im vormärzlichen Preußen, in: ders., Radikalismus, Sozialismus und bürgerliche Demokratie, hg. von H.-U. Wehler, Frankfurt/M. 1969, S. 7-107.
Meyer, T., Büchner und Weidig – Frühkommunismus und revolutionäre Demokratie. Zur Textverteilung des Hessischen Landboten, in: Arnold, H. (Hg.), Georg Büchner I/II, text und kritik, München 1979, S. 16-296.

– Die Verbreitung und Wirkung des Hessischen Landboten, in: Georg Büchner-Jahrbuch, 1, 1981, S. 68-111.
Michels, R., Historisch-kritische Untersuchungen zum politischen Verhalten der Intellektuellen, in: ders., Masse, Führer, Intellektuelle, Frankfurt/M.-New York 1987, S. 189-213.
– Zur Soziologie der Boheme und ihrer Zusammenhänge mit dem geistigen Proletariat, in: ders., Masse, Führer, Intellektuelle. Politisch-soziologische Aufsätze 1906-33, Frankfurt/M.-New York 1987, S. 214 230.
Möller, H., Vernunft und Kritik – Deutsche Aufklärung im 17. und 18. Jahrhundert, Frankfurt/M. 1986.
Mommsen, W. J., Objektivität und Parteilichkeit im historiographischen Werk Sybels und Treitschkes, in: Koselleck, R./Mommsen, W. J./Rüsen, J. (Hg.), Objektivität und Parteilichkeit, München 1977, S. 134-158.
Moser, C. F. v., Von dem deutschen Nationalgeist, o. O. 1766.
Mosse, G. L., Die Nationalisierung der Massen. Politische Symbolik und Massenbewegung in Deutschland von den napoleonischen Kriegen bis zum 3. Reich, Frankfurt/M.-Berlin 1976.
Mühlmann, W. E., Homo Creator. Abhandlungen zur Soziologie, Anthropologie und Ethnologie, Wiesbaden 1962.
– Chiliasmus, Nativismus, Nationalismus, in: Soziologie und moderne Gesellschaft, Verhandlungen des 14. Deutschen Soziologentages, Stuttgart 1966, S. 228-242.
– (Hg.), Chiliasmus und Nativismus, Berlin 1961.
Müller, A., Die Elemente der Staatskunst, in: Die politische Romantik in Deutschland. Eine Textsammlung, hg. von K. Peter, Stuttgart 1985, S. 280-300.
Münch, R., Theorie des Handelns, Frankfurt/M. 1982.
– Die Struktur der Moderne, Frankfurt/M. 1984.
– Die Kultur der Moderne, 2. Bde., Frankfurt/M. 1986.
– Dialektik der Kommunikationsgesellschaft, Frankfurt/M. 1991.
Mundt, T., Madonna, Leipzig 1835.
– Spaziergänge und Weltfahrten, Bd. 1, Altona 1838.
– (Hg.), Schriften in bunter Reihe, zur Anregung und Unterhaltung, Reprint Frankfurt/M. 1971.
Na'aman, S., Gibt es einen Wissenschaftlichen Sozialismus? Marx, Engels und das Verhältnis zwischen sozialistischen Intellektuellen und den Lernprozessen der Arbeiterbewegung, hg. von M. Vester, Hannover 1979.
Nagel, J./Olzak, S., Ethnic Mobilization in New and Old States: An Extension of the Competition Model, in: Social Problems, 30, 1982, S. 127-143.
Nairn, T., The Break-up of Britain, London 1977.
Namier, L., 1848: The Revolution of the Intellectuals, Oxford 1946.
Nedelmann, B., Georg Simmel – Emotion und Wechselwirkung in inti-

men Gruppen, in: Neidhardt, F. (Hg.), Gruppensoziologie. Perspektiven und Materialien, Sonderband 25 der Kölner Zeitschrift für Soziologie und Sozialpsychologie, Opladen 1983, S. 174-209.
- Profane und heilige »Soziale Welt« (Jahrgang 1989), in: Soziologische Revue (Jahrgang 15), 1992, S. 139-152.

Newman, G., The Rise of English Nationalism. A Cultural History 1740-1830, New York 1987.

Nielsen, F., Toward a Theory of Ethnic Solidarity in Modern Societies, in: American Sociological Review, 50, 1985, S. 133-149.

Nietzsche, F., David Strauss – der Bekenner und Schriftsteller, in: Unzeitgemäße Betrachtungen, München 1964, S. 7-72.

Nipperdey, T., Nationalidee und Nationaldenkmal in Deutschland im 19. Jahrhundert, in: ders., Gesellschaft, Kultur, Theorie, Göttingen 1976, S. 133-173.
- Der Verein als soziale Struktur in Deutschland im späten 18. und frühen 19. Jahrhundert, in: ders., Gesellschaft, Kultur, Theorie, Göttingen 1976, S. 174-205.
- Volksschule und Revolution im Vormärz. Eine Fallstudie zur Modernisierung II, in: ders., Gesellschaft, Kultur, Theorie, Göttingen 1976, S. 206-227.
- Kritik oder Objektivität? Zur Beurteilung der Revolution von 1848, in: ders., Gesellschaft, Kultur, Theorie, Göttingen 1976, S. 259-278.
- Deutsche Geschichte 1800-1866. Bürgerwelt und starker Staat, München 1983.
- Probleme der Modernisierung in Deutschland, in: ders., Nachdenken über die deutsche Geschichte, München 1990, S. 52-70.
- Auf der Suche nach Identität: Romantischer Nationalismus, in: Nachdenken über die deutsche Geschichte, München 1990, S. 132-150.
- Deutsche Geschichte 1866-1918, Bd. 1: Arbeitswelt und Bürgergeist, 2. Aufl., München 1991.

Novalis, Vermischte Bemerkungen (Blütenstaub) 1797-1798, in: ders., Schriften. Die Werke Friedrich von Hardenbergs, hg. v. P. Kluckhohn u. R. Samuel (Historisch-kritische Ausgabe), Bd. 2, 3. ergänzte, erweiterte und verbesserte Auflage, Darmstadt 1977, Abt. VI, HKA-Nr. 267.
- Schriften. Die Werke Friedrich von Hardenbergs, hg. v. P. Kluckhohn u. R. Samuel (historisch-kritische Ausgabe), Bd. 3, 3. ergänzte, erweiterte und verbesserte Auflage, Darmstadt 1977, Abt. IX, HKA-Nr. 50.
- Fragmente und Studien 1797-1798, Nr. 37, in: Novalis, Werke, hg. von G. Schulz, München 1969.

Obenaus, S., Buchmarkt, Verlagswesen und Zeitschriften, in: Glaser, H. A. (Hg.), Deutsche Literatur. Eine Sozialgeschichte, Bd. 6, Vormärz: Biedermeier, Junges Deutschland, Demokraten 1815-1848, hg. von B. Witte, Reinbek 1987, S. 44-62.

Obermann, K., Die deutschen Historiker in der Revolution von 1848/49, in: Streisand, J. (Hg.), Studien über die Geschichtswissenschaft von 1800-1871, Bd. 1: Die deutsche Geschichtswissenschaft vom Beginn des 19. Jahrhunderts bis zur Reichsgründung von oben, Berlin-Ost 1969, S. 219-240.

Oehler, K., »Idee und Grundriß der Peirceschen Semiotik«, in: Krampen, M./Posner, R./Uexküll, T. v. (Hg.), Die Welt als Zeichen. Klassiker der modernen Semiotik, Berlin 1981, S. 15-49.

Oesterle, G., Integration und Konflikt. Die Prosa Heinrich Heines im Kontext oppositioneller Literatur der Restaurationsepoche, Stuttgart 1972.

– F. Schlegel in Paris oder die romantische Gegenrevolution, in: Fink, G.-L. (Hg.), Die deutsche Romantik und die Französische Revolution. Actes du Colloque International, Collection Recherches Germaniques No. 3, Strasbourg 1989, S. 163-179.

Oesterle, I. u. G., Der literarische Bürgerkrieg, in: Mattenklott, G./Scherpe, K. R., Demokratisch-revolutionäre Literatur in Deutschland: Vormärz, Kronberg/Ts. 1974, S. 151-186.

Oevermann, U., Zwei Staaten oder Einheit? Der »dritte Weg« als Fortsetzung des deutschen Sonderweges, in: Merkur, 44, 1990, S. 91-106.

Ong, W. J., Ramus, Method, and the Decay of Dialog, Cambridge, Mass. 1958.

– Orality and Literacy – The Technologizing of the Word, London 1982.

Opp, K.-J., DDR 89. Zu den Ursachen einer spontanen Revolution, in: KZfSS, Jg. 43, 2, 1991, S. 302-321.

Packard, V., A Nation of Strangers, New York 1972.

Palm, G. F., Politisch-Moralische Reflexionen, in: Neues Hannoverisches Magazin, Jg. 4, 1794, S. 353-368.

Pankoke, E., Sociale Bewegung – Sociale Frage – Sociale Politik. Grundfragen der deutschen »Socialwissenschaft« im 19. Jahrhundert, Stuttgart 1970.

Patriotisches Archiv für Deutschland, Bd. 5, 1786.

Paz, O., Das Labyrinth der Einsamkeit, Frankfurt/M. 1988.

Peirce, C. S., Phänomen und Logik der Zeichen, hg. und übersetzt von H. Pape, Frankfurt/M. 1983.

Pepperle, H., Heinrich Heine als Philosoph, in: Höhn, G., Heinrich Heine. Ästethisch-politische Profile, Frankfurt/M. 1991, S. 155-175.

Plessner, H., Die verspätete Nation, Stuttgart 1959.

Prignitz, C., Vaterlandsliebe und Freiheit. Deutscher Patriotismus von 1750-1850, Wiesbaden 1981.

Rapaport, A., Fights, Games and Debates, Ann Arbor 1974.

Reese-Schäfer, W., Universalismus, negativer Nationalismus und die neue Einheit der Deutschen, in: Braitling, P./Reese-Schäfer, W. (Hg.), Universalismus, Nationalismus und die neue Einheit der Deutschen, Frankfurt/M. 1991, S. 39-54.

Reimann, H. L./Koselleck, R./Meier, H./Conze, W., Artikel »Demokratie«, in: Geschichtliche Grundbegriffe, Bd. 1, Stuttgart 1972, S. 821-899.
Riehl, W. H., Die bürgerliche Gesellschaft, Stuttgart-Heidelberg 1851.
Rihs, C., L'école des jeunes hegeliens et les penseurs socialistes français, Paris 1978.
Ringer, F. K., Die Gelehrten. Der Niedergang der deutschen Mandarine 1890-1933, München 1987.
Ritter, J., Hegel und die französische Revolution, Frankfurt/M. 1965.
Rochau, L. A. v., Grundsätze der Realpolitik, hg. von H.-U. Wehler, Frankfurt/M.-Berlin-Wien 1972.
Rokkan, S. u. a., Nationbuilding – A Review of Recent Comparative Research and a Selected Bibliography of Analytical Studies, in: Current Sociology, 19, 1971, S. 1-86.
Rosenberg, H., Rudolf Haym und die Anfänge des klassischen Liberalismus, München-Berlin 1933.
– Zur Geschichte der Hegelauffassung, in: ders., Politische Denkströmungen im Vormärz, Göttingen 1972, S. 69-96.
– Arnold Ruge und die »Hallischen Jahrbücher«, in: ders., Politische Denkströmungen im Vormärz, Göttingen 1972, S. 97-115.
Roth, G./Schwedler, H. (Hg.), Self-Organizing Systems. An Interdisciplinary Approach, Frankfurt/M. 1981.
Ruge, A., Der Liberalismus und die Philosophie, Gesammelte Schriften, Mannheim 1848 f., Bd. IV.
Ruge, A./Echtermeyer, T., Protestantismus und Romantik. Zur Verständigung über die Zeit, in: Hallische Jahrbücher, 1839/40.
Rüschemeyer, D., Bourgeoisie, Staat und Bildungsbürgertum. Idealtypische Modelle für die vergleichende Erforschung von Bürgertum und Bürgerlichkeit, in: Kocka, J. (Hg.), Bürger und Bürgerlichkeit im 19. Jahrhundert, Göttingen 1987, S. 101-120.
Rüsen, J., Politisches Denken und Geschichtswissenschaft bei J. G. Droysen, in: Kluxen, K./Mommsen, W. J., Politische Ideologien und nationalstaatliche Ordnung. Studien zur Geschichte des 19. und 20. Jahrhunderts. Festschrift für Theodor Schieder zu seinem 60. Geburtstag, München-Wien 1968, S. 171-188.
– Begriffene Geschichte. Genesis und Begründung der Geschichtstheorie J. G. Droysens, Paderborn 1969.
– Johann Gustav Droysen, in: Wehler, H.-U. (Hg.), Deutsche Historiker, Bd. 2, Göttingen 1971, S. 7-23.
– Der Historiker als »Parteimann des Schicksals«. Georg Gottfried Gervinus und das Konzept der objektiven Parteilichkeit im deutschen Historismus, in: Koselleck, R./Mommsen, W. J./Rüsen, J. (Hg.), Objektivität und Parteilichkeit, München 1977, S. 77-125.
Sahlins, M., Der Tod des Kapitän Cook. Geschichte als Metapher und Mythos in der Frühgeschichte des Königreiches Hawaii, Berlin 1986.

Said, E., Orientalism, New York 1978.
Sass, H. M., Nachwort zu Bauer, B., Feldzüge der Kritik, Frankfurt/M. 1968, S. 224-268.
Schelling, F. W. J., Über das Verhältnis der bildenden Künste zur Natur (1807), in: ders., Ausgewählte Schriften, Bd. 2: Schriften 1801-1803, Frankfurt/M. 1985.
Schelsky, H., Einsamkeit und Freiheit, Hamburg 1963.
– Die Arbeit tun die anderen. Klassenkampf und Priesterherrschaft der Intellektuellen, Opladen 1975.
Schieder, T., Die deutsche Geschichtsschreibung im Spiegel der Historischen Zeitschrift, in: Historische Zeitschrift, Bd. 189, 1959, S. 1-73.
– Das Problem der Revolution im 19. Jahrhundert, in: ders., Staat und Gesellschaft im Wandel unserer Zeit, München 1970, S. 11-57.
– Die Theorie der Partei im älteren deutschen Liberalismus, in: ders., Staat und Gesellschaft im Wandel unserer Zeit, München 1970, S. 110-132.
– Die geschichtlichen Grundlagen und Epochen des deutschen Parteiwesens, in: ders., Staat und Gesellschaft im Wandel unserer Zeit, München 1970, S. 133-171.
– Artikel »Sozialismus«, in: Geschichtliche Grundbegriffe, Bd. IV, Stuttgart 1985, S. 923-996.
Schieder, W., Anfänge der deutschen Arbeiterbewegung. Die Auslandsvereine im Jahrzehnt nach der Juli-Revolution 1830, Stuttgart 1963.
Schilling, H., Die Geschichte der nördlichen Niederlande, in: Geschichte und Gesellschaft, 8, 1982, S. 475-517.
– Nationale Identität und Konfession in der europäischen Neuzeit, in: Giesen, B. (Hg.), Nationale und kulturelle Identität. Studien zur Entwicklung des kollektiven Bewußtseins in der Neuzeit, Frankfurt/M. 1991, S. 192-252.
Schlawe, F., Die junghegelianische Publizistik, in: Die Welt als Geschichte, 20, 1960, S. 30-50.
Schlegel, F. v., Über das Studium der griechischen Poesie, in: ders., Schriften zur Literatur, hg. von W. Rasch, München 1972, S. 84-192.
Schleier, H., Die kleindeutsche Schule (Droysen, Sybel, Treitschke), in: Streisand, J. (Hg.), Studien über die Geschichtswissenschaft von 1800-1871, Bd. 1: Die deutsche Geschichtswissenschaft vom Beginn des 19. Jahrhunderts bis zur Reichsgründung von oben, Berlin-Ost 1969, S. 271-310.
Schluchter, W., Religion und Lebensführung, 2. Bde., Frankfurt/M. 1988.
Schmid, M., Leerformeln und Ideologiekritik, Tübingen 1972.
Schmidt, S. J. (Hg.), Der Diskurs des Radikalen Konstruktivismus, Frankfurt/M. 1987.
Schmitt, C., Nehmen/Teilen/Weiden, in: ders., Verfassungsrechtliche Aufsätze aus den Jahren 1924-1954, Berlin 1985, S. 489-504.
– Der Begriff des Politischen (1932), Berlin 1987.

Schmitt-Sasse, J., Der Patriot und sein Vaterland. Aufklärer und Reformer im sächsischen Rétablissement, in: Bödeker, H. E./Herrmann, U. (Hg.), Aufklärung als Politisierung – Politisierung als Aufklärung, Hamburg 1987, S. 237-252.

Schraepler, E., Handwerkerbünde und Arbeitervereine 1830-1854. Die politische Tätigkeit deutscher Sozialisten von Wilhelm Weitling bis Karl Marx, Berlin-New York 1972.

Schulte-Sasse, J., Das Konzept bürgerlich-literarische Öffentlichkeit und die historischen Gründe seines Zerfalls, in: Bürger, C. u. a. (Hg.), Aufklärung und literarische Öffentlichkeit, Frankfurt/M. 1980, S. 83-115.

Schulze, H., Der Weg zum Nationalstaat. Die deutsche Nationalbewegung vom 18. Jahrhundert bis zur Reichsgründung, München 1985.

Schumpeter, J. A., Kapitalismus, Sozialismus, Demokratie, Bern 1946.

Schütz, A., Der Fremde, in: ders., Gesammelte Aufsätze, Bd. II, Den Haag 1972, S. 53-69.

Seier, H., Die Staatsidee Heinrich von Sybels in den Wandlungen der Reichsgründerzeit 1862/71, Lübeck-Hamburg 1961.

– Heinrich von Sybel, in: Wehler, H.-U. (Hg.), Deutsche Historiker, Bd. 2, Göttingen 1971, S. 24-38.

– Liberalismus und Staat in Deutschland zwischen Revolution und Reichsgründung, in: Klötzer, W./Moldenhauer, R./Rebentisch, D. (Hg.), Ideen und Strukturen der deutschen Revolution 1848, Frankfurt/M. 1974, S. 69-84.

Seton-Watson, H., Nations and States: An Enquiry into the Origins of Nations and the Politics of Nationalism, Boulder, Col. 1977.

Shils, E., Intellectuals, Public Opinion and Economic Development, in: World Politics, Bd. 10, 1958, S. 232-255.

– Intellectuals, Tradition and the Tradition of Intellectuals: Some Preliminary Considerations, in: ders., Center and Periphery. Essays in Macro-Sociology, Chicago 1975, S. 21-35.

– Personal, Primordial, Sacred and Civil Ties, in: ders., Center and Periphery. Essays on Macrosociology, Chicago 1975, S. 111-126.

Siemann, W., Gesellschaft im Aufbruch. Deutschland 1849-1971, Frankfurt/M. 1990.

Simmel, G., Der Krieg und die geistige Entscheidung, München 1917.

– Der Streit, in: ders., Soziologie. Untersuchungen über die Formen der Vergesellschaftung, 4. Aufl., Berlin 1958, S. 186-255.

– Exkurs über den Fremden, in: ders., Soziologie. Untersuchungen über die Formen der Vergesellschaftung, 4. Aufl., Berlin 1958, S. 509-512.

Smith, A. D., Theories of Nationalism, London 1971.

Soeffner, H.-G., Die Ordnung der Rituale. Die Auslegung des Alltags 2, Frankfurt/M. 1992.

Staël, Madame de, Über Deutschland, hg. v. M. Bosse, Frankfurt/M. 1985.

Stein, P., Politisches Bewußtsein und künstlerischer Gestaltungswille in der politischen Lyrik 1750-1848, Hamburg o. J., S. 87-118.
Stein, L. v., Der Sozialismus und Kommunismus des heutigen Frankreich, Leipzig 1842.
Stephan, C./Leggewie, C., Abschied vom linken Gewissen, in: journal Frankfurt, 14.-27. Feb. 1991, S. 32 f.
Stichweh, R., Der frühmoderne Staat und die europäische Universität, Frankfurt/M. 1991.
Stolleis, M., Geschichte des öffentlichen Rechts in Deutschland, München 1988.
Strauss, D. F., Das Leben Jesu. Kritisch bearbeitet, Mannheim 1835.
Stuke, H., Philosophie der Tat. Studien zur »Verwirklichung der Philosophie« bei den Junghegelianern und den wahren Sozialisten, Stuttgart 1963.
Sughe, W., Saint-Simonismus und Junges Deutschland. Das Saint-Simonistische System in der deutschen Literatur der ersten Hälfte des 19. Jahrhunderts, Berlin 1935.
Sybel, H. v., Die politischen Parteien der Rheinprovinz in ihrem Verhältnis zur preußischen Verfassung, Düsseldorf 1847.
– Das neue Deutschland und Frankreich (1866), in: ders., Vorträge und Aufsätze, Berlin 1874.
Teller, W. A., Ueber Patriotismus, in: Berlinische Monatsschrift, Bd. 22, 1793, S. 431-447.
Tenbruck, F., Die unbewältigten Sozialwissenschaften oder die Abschaffung des Menschen, Graz 1984.
– Der Fortschritt der Wissenschaft als Trivialisierungsprozeß, in: ders., Die kulturellen Grundlagen der Gesellschaft, Opladen 1989, S. 143-174.
– Modernisierung – Vergesellschaftung – Gruppenbildung – Vereinswesen, in: ders., Die kulturellen Grundlagen der Gesellschaft, Opladen 1989, S. 215-226.
– Der Traum der säkularen Ökumene. Sinn und Grenze der Entwicklungsvision, in: ders., Die kulturellen Grundlagen der Gesellschaft, Opladen 1989, S. 291-307.
Thadden, R. v., Nicht Vaterland, nicht Fremde. Essays zu Geschichte und Gegenwart, München 1989.
– Aufbau nationaler Identität. Deutschland und Frankreich im Vergleich, in: Giesen, B. (Hg.), Nationale und kulturelle Identität. Studien zur Entwicklung des kollektiven Bewußtseins in der Neuzeit, Frankfurt/M. 1991, S. 493-510.
Thaulow, G., Das europäische Gleichgewicht durch den Prager Frieden vom 23. August 1866, Kiel 1867.
Thompson, E. P., The Moral Economy of the English Crowd in the 18th Century, in: Past and Present, 50, 1971, S. 76-136.

Tiryakian, E. A., Nationalism, Modernity, and Sociology, in: Sociologia Internationalis, 1, 1988, S. 1-17.
Todorov, T., Die Eroberung Amerikas. Das Problem des Anderen, Frankfurt/M. 1985.
Tönnies, F., Gemeinschaft und Gesellschaft. Grundbegriffe der reinen Soziologie (1887), Berlin 1912.
Treitschke, H. v., Zehn Jahre deutsche Kämpfe, 2. Auflage, Berlin 1879.
– Die Freiheit, in: Historische und politische Aufsätze, Bd. 3, 5. und vermehrte Auflage, Leipzig 1886, S. 3-42.
– Aufsätze, Reden, Briefe I, Meersburg 1929.
– Deutsche Geschichte im 19. Jahrhundert, Bd. 1, Neudruck Königstein/Ts.-Düsseldorf 1981.
– Deutsche Geschichte im 19. Jahrhundert, Bd. 4, Neudruck Königstein/Ts.-Düsseldorf 1981.
Troeltsch, E., Naturrecht und Humanität (1925), Neudruck Aalen 1966.
Turner, V. T., Das Ritual. Struktur und Anti-Struktur, Köln 1989.
Tyrell, H., Romantische Liebe – Überlegungen zu ihrer ›quantitativen Bestimmtheit‹, in: Baecker, D. u. a. (Hg.), Theorie als Passion. Niklas Luhmann zum 60. Geburtstag, Frankfurt/M. 1987, S. 570-599.
Valéry, P., Herr Teste, Frankfurt/M. 1984.
Vierhaus, R., Umrisse einer Sozialgeschichte der Gebildeten in Deutschland, in: ders., Deutschland im 18. Jahrhundert, Göttingen 1987, S. 167-182.
– Patriotismus, in: ders., Deutschland im 18. Jahrhundert, Göttingen 1987, S. 96-109.
– Heinrich von Kleist und die Krise des Preußischen Staates um 1800, in: ders., Deutschland im 18. Jahrhundert, Göttingen 1987, S. 216-234.
– Staaten und Stände. Vom Westfälischen bis zum Hubertusburger Frieden 1648 bis 1763, Frankfurt/M.-Berlin 1990.
Villaume, P., Patriotismus und Konstitutionalismus, in: Batscha, Z. u. a. (Hg.), Von der ständischen zur bürgerlichen Gesellschaft, Frankfurt/M. 1981, S. 267-276.
Vogt, H. (Hg.), Nationalismus gestern und heute, Opladen 1967.
Vordtriede, W., Der Berliner Saint-Simonismus, in: Heine-Jahrbuch, 14, Hamburg 1975, S. 93-110.
Walker, M., German Home-Towns, Ithaca 1971.
Weber, M., Der Nationalstaat und die Volkswirtschaftspolitik, in: ders., Gesammelte politische Schriften, Tübingen 1988, S. 1-25.
Weber, W., Priester der Klio. Historisch-sozialwissenschaftliche Studien zur Herkunft und Karriere deutscher Historiker und zur Geschichte der Geschichtswissenschaft 1800-1970, Frankfurt/M. 1984.
Wegmann, N., Diskurse der Empfindsamkeit. Zur Geschichte eines Gefühls in der Literatur des 18. Jahrhunderts, Stuttgart 1988.

Wehler, H.-U., Deutsche Gesellschaftsgeschichte, Bd. 1: Vom Feudalismus des Alten Reiches bis zur Defensiven Modernisierung der Reformära 1700-1815, München 1987.
– Deutsche Gesellschaftsgeschichte, Bd. 2: Von der Reformära bis zur industriellen und politischen »Deutschen Doppelrevolution« 1815-1845/49, München 1987.
Weingart, P./Kroll, J./Bayertz, K., Rasse, Blut und Gene. Geschichte der Eugenetik und Rassenhygiene in Deutschland, Frankfurt/M. 1988.
Weiß, J., Wiederverzauberung der Welt? Bemerkungen zur Wiederkehr der Romantik in der gegenwärtigen Kulturkritik, in: Neidhardt, F. u. a. (Hg.), Kultur und Gesellschaft, Sonderband 27 der Kölner Zeitschrift für Soziologie und Sozialpsychologie, Opladen 1986, S. 286-301.
Welke, M., Gemeinsame Lektüre und frühe Formen von Gruppenbildungen im 17. und 18. Jahrhundert: Zeitungslesen in Deutschland, in: Dann, O. (Hg.), Lesegesellschaften und bürgerliche Emanzipation – Ein europäischer Vergleich, München 1981, S. 29-53.
Wende, P., Der Revolutionsbegriff der radikalen Demokraten, in: Klötzer, W./Moldenhauer, R./Rebentisch, D. (Hg.), Ideen und Strukturen der deutschen Revolution 1848, Frankfurt/M. 1974, S. 57-68.
– Radikalismus im Vormärz. Untersuchungen zur politischen Theorie der frühen deutschen Demokratie, Wiesbaden 1975.
White, H., Tropics of Discourse. Essays in Cultural Criticism, Baltimore-London 1978.
– Droysens Historik: Geschichtsschreibung als bürgerliche Wissenschaft, in: ders., Die Bedeutung der Form, Frankfurt/M. 1990, S. 108-131.
– Metahistory: die historische Einbildungskraft im 19. Jahrhundert in Europa, Frankfurt/M. 1991.
Wiedemann, C., Römische Staatsnation und griechische Kulturnation, in: Akten des VII. Internat. Germanisten-Kongresses Göttingen 1985, Tübingen 1986, S. 173-178.
– ›Supplement seines Daseins‹? Zu den kultur- und identitätsgeschichtlichen Voraussetzungen deutscher Schriftstellerreisen nach Rom–Paris–London seit Winckelmann, in: ders. (Hg.), Rom – Paris – London. Erfahrung und Selbsterfahrung deutscher Schriftsteller und Künstler in den fremden Metropolen – Ein Symposion, Stuttgart 1988, S. 1-20.
Wienbarg, L., Ästhetische Feldzüge, hg. von W. Dietze, Berlin-Weimar 1964.
Williams, R., The Long Revolution, Harmondsworth 1961.
Windfuhr, M., Das Junge Deutschland als literarische Opposition, in: Heine-Jahrbuch, 22, 1983, S. 47-69.
Winkler, H. A., Der deutsche Sonderweg. Eine Nachlese, in: Merkur, 35, 1981, S. 793-804.
Woesler, W., Die Idee der deutschen Nationalliteratur in der zweiten

Hälfte des 18. Jahrhunderts, in: Garber, K. (Hg.), Nation und Literatur im Europa der Frühen Neuzeit, Akten des I. Internationalen Osnabrücker Kongresses zur Kulturgeschichte der Frühen Neuzeit, Tübingen 1989, S. 716-733.

Wollstein, G., Das »Großdeutschland« der Paulskirche. Nationale Ziele in der bürgerlichen Revolution 1848/49, Düsseldorf 1977.

Wülfing, W., Junges Deutschland. Texte, Kontexte, Abbildungen, Kommentar, München-Wien 1978.

– Schlagworte des Jungen Deutschland. Mit einer Einführung in die Schlagwortforschung, Berlin 1982.

– Reiseliteratur, in: Glaser, H. A. (Hg.), Deutsche Literatur. Eine Sozialgeschichte, Bd. 6, Vormärz: Biedermeier, Junges Deutschland, Demokraten 1815-1848, hg. von B. Witte, Reinbek 1987, S. 180-194.

Wülfing, W./Bruns, K./Parr, R., Historische Mythologie der Deutschen, München 1991.

Zapf, W., Der Untergang der DDR und die soziologische Theorie der Modernisierung, in: Giesen, B./Leggewie, C. (Hg.), Experiment Vereinigung, Berlin 1991, S. 38-51.

Zerubavel, E., The Fine Line. Making Distinctions in Everyday Life, New York 1991.

Zilsel, E., Die sozialen Ursprünge der neuzeitlichen Wissenschaft, Frankfurt/M. 1976.

Zimmer, H., Auf dem Altar des Vaterlandes. Religion und Patriotismus in der deutschen Kriegslyrik des 19. Jahrhunderts, Frankfurt/M. 1971.